MADRIGAL'S MAGIC KEY TO

SPANISH

MARGARITA MADRIGAL

ILLUSTRATIONS BY ANDY WARHOL

BROADWAY BOOKS / NEW YORK

BROADWAY

And gladly wolde he lerne and gladly teche.
—CHAUCER

A hardcover edition of this book was originally published in 1951 by
Doubleday. It is here reprinted by arrangement with Doubleday.

Broadway Books titles may be purchased for business or promotional use
or for special sales. For information, please write to: Special Markets
Department, Random House, Inc., 1540 Broadway, New York,
NY 10036.

BROADWAY BOOKS and its logo, a letter B bisected on the diagonal,
are trademarks of Broadway Books, a division of Random House, Inc.

Visit our website at www.broadwaybooks.com

First Broadway Books trade paperback edition published 2001.

Library of Congress Cataloging-in-Publication Data

Madrigal, Margarita.
  [Magic key to Spanish]
  Madrigal's magic key to Spanish/Margarita
    Madrigal: illustrations by Andrew Warhol.—1st ed.
    p. cm.
  Includes index.
  ISBN 0-385-41095-6
  1. Spanish language—Textbooks for foreign speakers—English.
I. Warhol, Andy, 1928–87.
II. Title.   III. Title: Magic key to Spanish.
PC4128.M35 1989   89-30448
468.2′421—dc20   CIP

38 37 36 35 34 33 32 31 30 29

Preface

$\mathcal{A}$t this moment you know several thousand Spanish words even if you have never seen or heard a Spanish word before. You are not aware of these words simply because they have not been pointed out to you. In this book I'm going to show you how easy it is to learn Spanish by showing you how much you already know. For instance, have you ever seen these Spanish words before?

popular	radio	actor
capital	conductor	ideal
animal	probable	flexible
hotel	cable	central

Can you recognize any of these words?

Atlántico	restaurante	optimista
Pacífico	importante	dentista
dramático	presidente	artista
constructivo	permanente	confusión
atractivo	medicina	invitación

If you can recognize even a few of these words, the Spanish language is yours for the taking.

It is encouraging to know that you can identify thousands upon thousands of Spanish words at sight. But it is really exciting to discover that with a few hints you yourself can form these words and that you can start out on your venture of learning Spanish with a large, ready-made vocabulary. When you study this method you will find that you will not only have the ability to recognize words, but that it will actually be within your power to convert English words into Spanish words.

Furthermore, you will learn what to do with these words. You will feel the thrill of starting right out forming sentences from the very first lesson. You will learn to think in Spanish and you will know the beauty and rhythm of spoken Spanish. When you finish this course you will be able to go to a Spanish-speaking country and talk to the people and understand them.

From the time man first began to learn foreign tongues down to the present time, language methods have relied on memory and not on the pupil's powers of creation. Now the process is reversed. This book will teach you to create. The very first lesson will prove to you that you can create at least one hundred times more material than you could possibly memorize in the same given time. Furthermore, the process of creation is exciting, whereas mechanical memorizing is tremendously boring. Also consider that you are apt to forget a word that you memorize mechanically. But a word that you create stays with you forever.

The motto of this book, if such there be, is "And gladly wolde he lerne and gladly teche" (Chaucer). From my own experience I know that what is not gladly learned is not learned at all. It is the essence of this method to make learning Spanish a pleasure for you. I have tried to guide you lovingly through the language. Every means of making it easy for you has been incorporated into this book. Thousands of questions that have been asked by former students have made it possible for me to anticipate your questions and to answer them.

Do you believe that you cannot learn a foreign tongue?

Did you study languages in school and fail to learn to speak them?

Do you know a great many Spanish words that you cannot put into sentences?

Were you ever bored in a language class?

Have you thought that learning a new language involved so much work that it couldn't fit into your schedule?

If you can answer "yes" to any of the questions above, this method is for you.

This book will teach you to:

1. Speak Spanish
2. Read Spanish
3. Write in Spanish
4. Think in Spanish

This is not an empty promise. The method has proved successful with more than a quarter of a million people in the span of a few years. Not one student who has started this method has failed. Some went more slowly than others, but in the end every student learned more Spanish for every hour that he spent with the book than he had thought possible in his fondest dreams.

This method, which has worked with so many students, will work with you. Turn to Lesson I and prove this to yourself right now.

Pronunciation Key

A   The letter A is always pronounced "ah" as in "Ah, Sweet Mystery."

E   The letter E is always pronounced "E" as in *bet, test, bless.*

I   The letter I is always pronounced "EE" as in *greet, beet.*

O   The letter O is always pronounced "O" as in obey (but without the slightest trace of a U sound. It is a clean, distinct O sound).

U   The letter U is always pronounced "OO" as in *cool, pool.*

B   1. The letter B is pronounced "B" as in *bit.*
      2. However, when a letter B appears between vowels it is pronounced very softly. In fact, the B between vowels is so soft that your lips hardly touch when you pronounce it. Try pronouncing the word "abundancia" with a very, very soft B.

C   1. The C before A, O, U is hard as the C in *can.*
      2. The C before E or I is soft as the C in *cent.*

CC   is pronounced "X." "Acción" is pronounced "axion."

CH   As in child.

D   1. The letter D is pronounced "D" as in "do."
      2. When the D is the last letter of a word or when it appears between vowels, it is pronounced as the softest TH imaginable. Say the English word "the" several times making the TH very, very soft; then say "ciudad," pronouncing both D's with the same soft TH.

Pronunciation Key

G 1. The G before A, O, U is hard as in *get*.

2. The G before E or I is pronounced H as in *hen*. "General" is pronounced "heneral."

H The H is always silent in Spanish. "Hotel" is pronounced "otel."

J The J is pronounced "H" as in *hen*.

L The L is pronounced "L" as in *let*.

LL The LL is pronounced "Y" as in *yes*. "Caballo" is pronounced "cabayo"; "llevo" is pronounced "yevo."

ñ The ñ is pronounced "NY." "Cabaña" is pronounced "cabanya" and "señor" is "senyor."

R The R is slightly trilled except when it is the first letter in a word, in which case it is strongly trilled.

RR Always strongly trilled.

T The T is always pronounced as the "TT" in *attractive*. "Patio" (pattio), "simpático" (simpáttico).

Y 1. The letter Y is pronounced "Y" as in *yet*.

2. However, when the letter Y stands alone it is pronounced "EE" as in *beet*. "Y" means "and" in Spanish.

Z The Z is pronounced "S" as in *sent*.

QUE is pronounced "KE" as in *kept*.

QUI is pronounced "KEE" as in *keen, keep*.

GUE is pronounced "GUE" as in *guest*.

GUI is pronounced "GEE" as in *geese*.

The rest of the letters are pronounced as they are in English, with only very slight variations.

In some parts of Spain the C before E or I is pronounced "TH," and the Z is always pronounced "TH."

Contents

43. Lección Número Cuarenta y Tres   424

Stem-changing verbs I, II, III. Lists of all types of stem-changing verbs.

44. Lección Número Cuarenta y Cuatro   436

Irregular past participles. Verbs that end in "uir." Impersonal verbs. How to use the verb "deber" (*should, ought, must*). Passive voice. Negatives and double negatives.

45. Lección Número Cuarenta y Cinco   443

The familiar form of address. Possessives. Diminutives. Stresses and accents.

Common Spanish Expressions   451

Vocabulary   457

Index   493

1

Lección Número Uno

el mono (*the monkey*)

$\mathcal{I}$t is very easy to build a large vocabulary of Spanish words. In fact, you already know thousands of English words that become Spanish words if you change them very slightly. These words fall into several large categories.

CATEGORY I

The first and easiest category is made up of words which end in "or." These words are often identical in Spanish and English.

Remember: "el" means "the," "un" means "a" or "an."

the actor = el actor; *an actor* = un actor

el actor   el doctor   un tractor   interior

| el color | el error | un profesor | exterior |
| el conductor | el favor | un inventor | superior |

NOTE: Spanish words that end in "or" are stressed on the last syllable. Example: doc-TOR. The letter "r" is trilled in Spanish.

CATEGORY II

Next there is a category of words that end in "al." These also are often identical in Spanish and English.

the animal = el animal

el animal	central	local	personal
el criminal	comercial	musical	rural
el canal	legal	natural	social

NOTE: Spanish words that end in "al" are stressed on the last syllable. Example: lo-CAL.

CATEGORY III

Then comes a category of words that end in "ble." These also are often identical in Spanish and English.

the cable = el cable

el cable	posible	formidable	noble
notable	flexible	probable	horrible
terrible	visible	honorable	inevitable

NOTE: Spanish words that end in "ble" are stressed on the next to the last syllable. EXAMPLE: no-TA-ble.

CATEGORY IV

A fourth large category is made up from those words that end in "ic" in English. To change them into Spanish simply add the letter "o."

IC = ICO

the public = el público

el Atlántico	democrático	elástico
el público	artístico	eléctrico
romántico	aristocrático	automático

NOTE: In Spanish the accent never alters the sound of letters. Whenever a letter is accented, stress the letter firmly. Example: PÚ-bli-co.

CATEGORY V

Another large category is made up from those words which end in "ent" or "ant." If you simply add the letter "e" to many of these, they magically become Spanish words.

$$ENT = ENTE$$
$$ANT = ANTE$$

the president = el presidente; *important* = importante

el presidente	excelente	conveniente
el accidente	importante	el elefante
el cliente	diferente	inteligente

> NOTE: Words that end in "ent" or "ant" are accented on the next to the last syllable. EXAMPLE: pre-si-DEN-te.
>
> The letter "g" is pronounced "h" as in "hen" when it appears before "e" or "i." EXAMPLE: "inteligente" is pronounced "intelihente."

Now that you know all these words, let's see how easy it is to put them into sentences. Just remember that:

"es" means "is"   "no es" means "is not"   "el" means "the"
"un" means "a" or "an"

El actor es popular.	El canal es importante.
El tenor es romántico.	El restaurante es excelente.
El presidente es diplomático.	El criminal es terrible.
El actor no es un animal.	El cliente es importante.
El elefante es un animal.	El elefante es fantástico.
El conductor no es insolente.	El cable es urgente.
El doctor es inteligente.	El hotel es excelente.

> NOTE: The letter "h" is always silent in Spanish: "hotel" is pronounced "otel."

The sentences above can be made into questions by changing the word order. In Spanish you do not say, "Is the actor popular?" You must say, "Is popular the actor?"

EXAMPLES:

¿Es popular el actor? *Is the actor popular?*
¿Es romántico el tenor? *Is the tenor romantic?*
¿Es diplomático el presidente? *Is the president diplomatic?*
¿Es importante el canal? *Is the canal important?*

WORDS TO REMEMBER

el, *the*   el mono, *the monkey*   es, *is*
un, *a, an*   el estudiante, *the student*   no es, *is not*
curioso, *curious*   en mi opinión, *in my opinion*   sí, *yes*
popular, *popular*
ay no, *oh no*

CONVERSACIÓN

¿Es popular el actor? *Is the actor popular?*
Sí, el actor es popular.

¿Es terrible el profesor? *Is the professor terrible?*
No, el profesor no es terrible. El profesor es excelente.

¿Es romántico el tenor? *Is the tenor romantic?*
Sí, el tenor es romántico.

¿Es romántico el mono? *Is the monkey romantic?*
Ay no, el mono no es romántico.

¿Es curioso el mono? *Is the monkey curious?*
Sí, el mono es curioso.

¿Es inteligente el mono?
Sí, en mi opinión, el mono es inteligente.

¿Es fantástico el elefante?
Sí, en mi opinión, el elefante es fantástico.

¿Es inteligente el presidente?
Sí, el presidente es inteligente.

¿Es arrogante el profesor?
Ay no, el profesor no es arrogante. El profesor es tolerante.

¿Es impertinente el estudiante?
No, el estudiante no es impertinente

¿Es ignorante el estudiante?
No, el estudiante no es ignorante.

¿Es excelente el restaurante?
Sí, el restaurante es excelente.

¿Es urgente el cable?
Sí, el cable es urgente.

¿Es importante el agente?
Sí, el agente es importante.

¿Es importante el cliente?
Sí, el cliente es importante.

"Es" means "is" and also "it is" or "it's."

EXAMPLES:

Es importante.	*It's important.*
Es terrible.	*It's terrible.*
Es natural.	*It's natural.*
Es personal.	*It's personal.*

Practice the following expressions:

Es posible.	Es diferente.	Es horrible.	Es conveniente.
Es probable.	Es fantástico.	Es inevitable.	Es imposible.
Es romántico.	Es ideal.	Es automático.	Es evidente.
Es legal.	Es original.	Es excelente.	Es elegante.

"No es" means "is not" and also "it is not" or "it isn't."

EXAMPLES:

No es importante.	*It isn't important.*
No es automático.	*It isn't automatic.*
No es posible.	*It isn't possible.*
No es urgente.	*It isn't urgent.*

SENTENCE-FORMING EXERCISE

You will find three columns of Spanish words below. Take words from Column 1, Column 2, and Column 3 and form complete sentences with them. For example, take "el actor" from Column 1, "es" from Column 2, and "popular" from Column 3. Put them together and they form the sentence "El actor es popular." Other sample sentences:

El restaurante es excelente.
El cliente es importante.
El doctor no es terrible.

For practice, combine the words below in different ways to form as many sentences as you can. Just be sure to use words from each of the three columns in every sentence you form.

1	2	3
el actor	es	popular
el doctor	no es	importante
el conductor		inteligente
el profesor		excelente
el inventor		competente
el tenor		romántico
el presidente		democrático
el general		diplomático
el accidente		inevitable
el cable		urgente
el agente		paciente
el cliente		(*patient*)
el paciente		impaciente
(*the patient*)		(*impatient*)
el permanente		excepcional
el tractor		(*exceptional*)
el elefante		terrible
el mono		formidable
el hotel		fantástico
el restaurante		curioso
el hospital		horrible

EXERCISE IN TRANSLATION

Translate the following sentences into Spanish. Write out each sentence in Spanish, using the columns above as a guide. After you have written out all the sentences check with the correct translations below this exercise.

1. The actor is popular.
2. The tenor is popular.
3. The restaurant is excellent.
4. The hotel is excellent.
5. The doctor is intelligent.
6. The cable is urgent.
7. The hospital is excellent.
8. The client is important.
9. The conductor is patient.
10. The general is important.
11. The president is democratic.
12. The inventor is intelligent.
13. The general is diplomatic.
14. The cable is important.

Check your sentences with the correct Spanish translations below.

1. El actor es popular.
2. El tenor es popular.
3. El restaurante es excelente.
4. El hotel es excelente.
5. El doctor es inteligente.
6. El cable es urgente.
7. El hospital es excelente.
8. El cliente es importante.
9. El conductor es paciente.
10. El general es importante.
11. El presidente es democrático.
12. El inventor es inteligente.
13. El general es diplomático.
14. El cable es importante.

Basic differences in spelling between Spanish and English.

1. In Spanish "ph" becomes "f."

PH = F

ENGLISH	SPANISH
elephant	elefante
telephone	teléfono
phonetic	fonético
phonograph	fonógrafo

2. In Spanish "th" becomes "t."

TH = T

ENGLISH	SPANISH
cathedral	catedral ·
author	autor
authentic	auténtico
methodist	metodista
catholic	católico

3. The only letters that are doubled in Spanish are "l" and "r."

DOUBLE ONLY L, R

All other letters, such as "ss, pp, mm, nn, tt, ff" (except "l," "r"), which are doubled in English, become single letters in Spanish.

EXAMPLES:

ENGLISH	SPANISH
commission	comisión
apparent	aparente
annual	anual
attractive	atractivo
different	diferente

You will find "cc" in Spanish but this is not a double "c." Each "c" is pronounced separately since each belongs to a different syllable. The first "c" has a "k" sound and the second, an "s" sound.

correction = corrección

The two "c's" go into separate syllables in the following way:

correc–ción
instruc–ción
construc–ción

4. In Spanish "tion" always becomes "ción."

TION = CIÓN

ENGLISH	SPANISH
conven*tion*	conven*ción*
conven*tion*al	conven*cio*nal

Following are long lists of words that you get free, without toil or struggle, in your very first Spanish lesson. Go through the lists reading each word aloud. These words are wonderful because you don't have to memorize them or even study them to any extent. By the time you have read the lists aloud you will have mastered the technique of making up words in each of the five different categories. For a complete explanation of stresses and accents see page 448.

CATEGORY I

Words that end in "or" are often identical in Spanish and English.

the doctor = el doctor

actor	coautor	error	humor
agresor	(*coauthor*)	exterior	inferior
ardor	color	favor	inspector
autor	conductor	fervor	instructor
(*author*)	director	furor	interior
candor	doctor	honor	motor
censor	editor	horror	opresor

pastor	rumor	tractor	vapor
profesor	sector	tumor	(*steam*)
protector	superior	tutor	vigor
reflector	tenor	valor	

Some words that end in "tor" in English end in "dor" in Spanish.

TOR = DOR

the senator = el senador

acelerador	dictador	generador	orador
colaborador	educador	investigador	radiador
creador	elevador	operador	ventilador

CATEGORY II

Words that end in "al" are often identical in Spanish and English.

abdominal	constitucional	excepcional	imperial
accidental	(*constitutional*)	(*exceptional*)	industrial
animal	continental	experimental	infernal
anual	convencional	facial	informal
arsenal	(*conventional*)	fatal	inicial
artificial	coral	federal	(*initial*)
beneficial	cordial	festival	instrumental
brutal	corral	final	intelectual
canal	credencial	formal	intencional
capital	criminal	fraternal	(*intentional*)
cardinal	cristal	frugal	internacional
carnal	(*crystal*)	fundamental	(*international*)
catedral	cultural	funeral	intestinal
(*cathedral*)	decimal	general	irracional
central	dental	gradual	(*irrational*)
cereal	editorial	gramatical	legal
ceremonial	educacional	(*grammatical*)	liberal
colonial	(*educational*)	gutural	literal
colosal	electoral	horizontal	local
(*colossal*)	elemental	hospital	manual
comercial	emocional	ideal	material
condicional	(*emotional*)	ilegal	matrimonial
(*conditional*)	episcopal	(*illegal*)	maternal
confidencial	esencial	imparcial	medicinal
(*confidential*)	(*essential*)	(*impartial*)	mental

metal	original	provincial	sentimental
monumental	ornamental	provisional	social
moral	parcial	puntual	superficial
mortal	(*partial*)	(*punctual*)	terminal
municipal	pastoral	racial	total
mural	paternal	racional	tradicional
musical	pedal	(*rational*)	(*traditional*)
nacional	pedestal	radical	trivial
(*national*)	personal	regional	tropical
natural	plural	residencial	universal
naval	portal	(*residential*)	vertical
neutral	postal	rival	visual
normal	potencial	rural	vital
ocasional	(*potential*)	sensacional	vocal
oficial	principal	(*sensational*)	jovial
oral	profesional	sensual	judicial
oriental			

NOTE: The letter "j" is always pronounced "h" in Spanish.
EXAMPLE: "jovial" is pronounced "hovial."

Some words that end in "cal" in English end in "co" in Spanish.

CAL = CO
logical = lógico

clásico	físico	mecánico	político
cómico	(*physical*)	(*mechanical*)	práctico
económico	histérico	médico	técnico
ético	(*hysterical*)	metódico	(*technical*)
(*ethical*)	idéntico	(*methodical*)	típico
			(*typical*)

CATEGORY III

Words that end in "ble" are often identical in Spanish and English.

the cable = el cable

abominable	adorable	deplorable	formidable
aceptable	afable	detestable	honorable
(*acceptable*)	cable	durable	ilimitable
adaptable	comparable	explicable	imaginable
admirable	curable	favorable	impenetrable

impregnable   intolerable   responsable   imperceptible
improbable   irreparable   (*responsible*) imposible
inalterable   irreprochable   sociable   incompatible
incalculable   irrevocable   tolerable   infalible
incomparable   irritable   variable   intangible
incurable   lamentable   venerable   invisible
inefable   laudable   vulnerable   irresistible
inestimable   miserable   accesible   plausible
inevitable   navegable   admisible   posible
inexplicable   noble   compatible   preferible
inflamable   notable   digestible   susceptible
inimitable   presentable   dirigible   tangible
insaciable   probable   flexible   terrible
inseparable   respetable   horrible   visible
interminable   (*respectable*)

CATEGORY IV

Add the letter "o" to words that end in "ic" in English.

académico   cromático   fotográfico   pacífico
acrobático   democrático   gálico   paralítico
acuático   diabético   geográfico   patriótico
aeronáutico   diagnóstico   hipnótico   plástico
agnóstico   dinámico   histórico   platónico
alegórico   diplomático   idiomático   plutocrático
anémico   dogmático   irónico   prehistórico
antiséptico   dramático   litográfico   profético
aristocrático   drástico   mágico   prolífico
aromático   económico   magnético   prosaico
arsénico   elástico   mecánico   público
Atlántico   eléctrico   melodramático   romántico
atómico   enciclopédico   metálico   rústico
auténtico   enigmático   metalúrgico   sarcástico
(*authentic*)   erótico   microscópico   sardónico
autocrático   evangélico   monástico   sinfónico
Báltico   excéntrico   mosaico   teutónico
británico   exótico   narcótico   tónico
burocrático   fanático   neurótico   tópico
cáustico   fantástico   nostálgico   trágico
científico   filantrópico   óptico   transatlántico
(*scientific*) filarmónico   orgánico   trópico
cosmético   fonético   ortopédico   volcánico

CATEGORY V

Add the letter "e" to words that end in "ent" or "ant" in English.

ENT = ENTE

the agent = el agente

accidente	eminente	indiferente	permanente
adolescente	equivalente	indolente	potente
agente	evidente	indulgente	precedente
astringente	excelente	inherente	presente
cliente	frecuente	insistente	presidente
competente	(*frequent*)	insolente	proficiente
continente	impaciente	insuficiente	prominente
contingente	(*impatient*)	inteligente	prudente
conveniente	imprudente	intermitente	reciente
decadente	incidente	irreverente	(*recent*)
decente	incompetente	negligente	suficiente
deficiente	inconsistente	occidente	superintendente
diferente	inconveniente	oriente	tangente
diligente	indecente	paciente	transparente
eficiente	independiente	(*patient*)	urgente
elocuente	(*independent*)	patente	vehemente
(*eloquent*)			

Note: Words that end in "ment" are changed into Spanish by adding the letter "o."

MENT = MENTO

the instrument = el instrumento

el implemento	el linimento	el temperamento
el monumento	el fragmento	el suplemento
el armamento	el testamento	el sacramento

ANT = ANTE

the restaurant = el restaurante

abundante	consultante	importante	lubricante
consonante	elefante	incesante	radiante
constante	elegante	instante	restaurante
dominante	ignorante	intolerante	significante

Get some 3" by 5" cards at your stationer's and copy the material that is shown on the sample below on one of them. Carry the card with you, in your pocket or purse, and glance at it during your spare moments (on the bus, while you are waiting for people, etc.). Each time you look at it try to make up several words in each category aside from those that are listed on the card.

REMINDER CARD 1

> I. OR (identical)
>   el doctor
>   el actor
>
> II. AL (identical)
>   el animal
>   personal
>
> III. BLE (identical)
>   el cable
>   probable
>
> IV. IC = ICO
>   el Atlántico
>   eléctrico
>
> V. ENT = ENTE
>   ANT = ANTE
>   el presidente
>   excelente
>   el restaurante
>   importante

Throughout your study of Spanish carry cards as reminders. Glance at them once in a while and you will progress twice as fast as you would without them.

2
Lección Número Dos

el doctor

CATEGORY VI

You can convert many English words that end in "ist" into Spanish words by adding the letter "a" to them.

$$IST = ISTA$$

the pianist = el pianista

el pianista	el oculista	un artista
el violinista	el capitalista	un novelista
el dentista	el comunista	un optimista

CATEGORY VII

You can convert many English words that end in "ous" into Spanish words by changing the "ous" to "oso."

OUS = OSO

famous = famoso

curioso	generoso	melodioso
delicioso	glorioso	religioso
famoso	ambicioso	pomposo

CATEGORY VIII

If a word ends in "tion" in English you can convert it into Spanish simply by changing the "t" to "c."

TION = CIÓN

the action = la acción

la descripción	la civilización	la cooperación
la admiración	la circulación	la distribución
la anticipación	la constitución	una invitación
la exageración	la generación	la institución

WORDS TO REMEMBER

el programa, *the program*	paciente, *patient*
el rosbif, *the roast beef*	interesante, *interesting*
el biftec, *the beefsteak*	muy, *very*
en, *in;* mi, *my*	en mi opinión, *in my opinion*

CONVERSACIÓN

¿Es popular el pianista?
Sí, el pianista es popular.

¿Es inteligente el pianista?
Sí, el pianista es inteligente.

¿Es inteligente el novelista?
Sí, el novelista es inteligente.

¿Es curioso el novelista?
Sí, el novelista es muy curioso.

¿Es curioso el dentista?
Sí, el dentista es muy curioso.

¿Es excepcional el artista?
Sí, el artista es excepcional.

¿Es famoso el presidente?
Sí, el presidente es muy famoso.

¿Es famoso el general?
Sí, el general es muy famoso.

¿Es ambicioso el pianista?
Sí, el pianista es muy ambicioso.

¿Es ambicioso el artista?
Sí, el artista es muy ambicioso.

¿Es impaciente el doctor?
Ay no, el doctor no es impaciente. El doctor es muy paciente.

¿Es impaciente el dentista?
Ay no, el dentista no es impaciente. El dentista es muy paciente.

¿Es paciente el artista?
Sí, el artista es muy paciente.

¿Es inteligente el artista?
Sí, el artista es muy inteligente.

¿Es generoso el doctor?
Sí, en mi opinión, el doctor es muy generoso.

¿Es generoso el dentista?
Sí, en mi opinión, el dentista es muy generoso.

¿Es interesante el novelista?
Sí, en mi opinión, el novelista es muy interesante.

¿Es interesante el general?
Sí, en mi opinión, el general es muy interesante.

¿Es interesante el programa?
Sí, en mi opinión, el programa es muy interesante.

¿Es delicioso el rosbif?
Sí, el rosbif es delicioso.

¿Es delicioso el biftec?
Sí, el biftec es delicioso.

SENTENCE-FORMING EXERCISE

For practice, combine the words in the columns below in different ways to form as many sentences as you can. Just be sure to use words from each of the three columns in every sentence you form.

1	2	3
El dentista	es	curioso
El artista	no es	famoso
El oculista		generoso
El pianista		ambicioso
El violinista		pomposo
El novelista		un optimista
El capitalista		un pesimista
El comunista		un animal
El socialista		importante
El optimista		inteligente
El presidente		excelente
El doctor		paciente
El conductor		impaciente
El cable		excepcional
El hotel		terrible
El restaurante		democrático
El hospital		diplomático
El rosbif		delicioso
El biftec		urgente
El estudiante		industrioso
El programa		interesante

EXERCISE IN TRANSLATION

Translate the following sentences into Spanish. Write out each sentence in Spanish, using the columns above as a guide. After you have written out the sentences, check with the correct translations below this exercise.

1. The pianist is famous.
2. The artist is ambitious.
3. The doctor is generous.
4. The novelist is intelligent.
5. The hotel is excellent.
6. The doctor is very patient.
7. The roast beef is delicious.
8. The beefsteak is delicious.
9. In my opinion, the restaurant is excellent.
10. The program is very interesting.

Check your sentences with the correct translations below.

1. El pianista es famoso.
2. El artista es ambicioso.
3. El doctor es generoso.
4. El novelista es inteligente.
5. El hotel es excelente.
6. El doctor es muy paciente.
7. El rosbif es delicioso.
8. El biftec es delicioso.
9. En mi opinión, el restaurante es excelente.
10. El programa es muy interesante.

In Spanish we have both masculine and feminine words. Masculine words take the articles "el" (the) or "un" (a, an).

EXAMPLES:

el doctor, *the doctor*   un doctor, *a doctor*
el actor, *the actor*   un actor, *an actor*
el dentista, *the dentist*   un dentista, *a dentist*
el cable, *the cable*   un cable, *a cable*
el animal, *the animal*   un animal, *an animal*

The feminine articles are "la" (the) and "una" (a, an).
Spanish words that end in "ión" are feminine and consequently take the feminine articles "la" and "una."

EXAMPLES:

la conversación, *the conver-*   una conversación, *a conversa-*
sation   *tion.*
la opinión, *the opinion*   una opinión, *an opinion*
la celebración, *the celebra-*   una celebración, *a celebration*
tion

CATEGORY VIII

Remember that if a word ends in "tion" in English, change the "t" to "c" and, presto, you have a Spanish word.

TION = CIÓN

the nation = la nación

"La" means "the"; "una" means "a, an."

la información   una invitación
la constitución   una institución
la operación   una indicación
la preparación   una composición

la producción	una acción, *an action*
la construcción	una reacción

If a word ends in "sion" in English, it ends in "sión" in Spanish also. But don't forget that you never have a double "s" in Spanish.

SION = SIÓN

la confusión	una comisión
la conclusión	una discusión
la confesión	una decisión

Notice that words which end in "ión" are feminine.

The accent indicates ONLY that the accented letter should be stressed. Notice that the final "o" of every "ión" word has an accent.

CATEGORY VI

Add the letter "a" to words that end in "ist" in English.

IST = ISTA

the dentist = el dentista

el artista	el idealista	el novelista	el publicista
el capitalista	la lista	el oculista	el pugilista
el comunista	el materialista	el oportunista	el reservista
el dentista	el metodista	el optimista	el socialista
el economista	(*methodist*)	el organista	el telegrafista
el evangelista	el modernista	el pacifista	el turista
el naturalista	el moralista	el pesimista	(*tourist*)
el guitarrista	la florista	el pianista	

CATEGORY VII

Change "ous" to "oso."

OUS = OSO

delicious = delicioso

ambicioso	fabuloso	impetuoso	meticuloso
amoroso	famoso	industrioso	misterioso
bilioso	furioso	ingenioso	(*mysterious*)
ceremonioso	generoso	laborioso	monstruoso
contagioso	glorioso	luminoso	nebuloso
curioso	gracioso	malicioso	nervioso
delicioso	imperioso	melodioso	(*nervous*)

numeroso	poroso	supersticioso	virtuoso
odioso	precioso	vicioso	voluminoso
pomposo	prodigioso	victorioso	voluptuoso
populoso	religioso	vigoroso	

CATEGORY VIII

Change "tion" to "ción." In general, words which end in "ion" in English also end in "ión" in Spanish.

$$TION = CIÓN$$
$$SION = SIÓN$$

the combination = la combinación

la abreviación	la complexión	la convulsión	la diversión
la abstención	la composición	la cooperación	la división
la abstracción	la compresión	la coordinación	la duplicación
la acción	la compulsión	la corrupción	la edición
la adhesión	la comunicación	la creación	la elección
la administra-	la concentración	la cultivación	la elevación
ción	la concepción	la decisión	la eliminación
la admiración	la concesión	la declaración	la emoción
la adopción	la conclusión	la decoración	la evaporación
la adulación	la condición	la dedicación	la evasión
la ambición	la confesión	la deducción	la exageración
la amputación	la confirmación	la definición	la excavación
la anticipación	la confusión	la degeneración	la excepción
la asociación	la congestión	la degradación	la exclamación
la atención	la conglomera-	la deliberación	la exhibición
la autorización	ción	la depresión	la expansión
la aversión	la congregación	la descripción	la expedición
la aviación	la conjugación	la desolación	la explosión
la capitulación	la consideración	la determinación	la exportación
la celebración	la consolación	la devoción	la exposición
la circulación	la constelación	la dicción	la expresión
la civilización	la constitución	la digestión	la extensión
la clasificación	la construcción	la dimensión	la federación
la coagulación	la contagión	la dirección	la formación
la colaboración	la continuación	la discreción	la generación
la colección	la contradicción	la discusión	la ilusión
la comisión	la contribución	la distinción	la ilustración
la compasión	la conversión	la distracción	la imaginación
la compensación	la convicción	la distribución	la imitación

la implicación
la impresión
la inauguración
la inclinación
la indicación
la indigestión
la indiscreción
la infección
la inflamación
la información
la iniciación
la inoculación
la inscripción
la insinuación
la inspección
la inspiración
la instalación
la institución
la instrucción
la intención
la intervención
la introducción
la intuición
la invasión
la invención
la investigación
la invitación
la irrigación
la irritación
la legión
la liberación
la limitación
la lubricación
la manipulación
la mansión

la meditación
la mención
la misión
la moderación
la multiplicación
la munición
la nación
la navegación
la nutrición
la obligación
la observación
la obsesión
la obstrucción
la ocasión
la ocupación
la operación
la opinión
la oposición
la opresión
la organización
la ovación
la participación
la pasión
la penetración
la pensión
la perfección
la persecución
la persuasión
la petición
la posesión
la posición
la precisión
la preocupación
la preparación
la preposición

la presentación
la preservación
la pretensión
la prevención
la procesión
la proclamación
la producción
la profesión
la pronunciación
la propagación
la proporción
la proposición
la propulsión
la protección
la provisión
la publicación
la radiación
la reacción
la rebelión
la recepción
la recomenda-
    ción
la recreación
la reducción
la reelección
la reflexión
la refrigeración
la región
la relación
la religión
la remuneración
la repetición
la representación
la reproducción

la reservación
la resolución
la reunión
la revelación
la revolución
la rotación
la satisfacción
la saturación
la sección
la seducción
la selección
la sensación
la separación
la sesión
la situación
la solución
la subscripción
la superstición
la suposición
la tensión
la tracción
la tradición
la transacción
la transcripción
la transforma-
    ción
la transportación
la vacación
la variación
la vegetación
la veneración
la ventilación
la versión
la visión

Turn over the reminder card that you filled out in Lesson I. Copy the material that is shown on the sample below onto your first card.

Each time you look at your card try to make up several words in each of the eight categories.

REMINDER CARD 2

VI. IST = ISTA
      el dentista
      el pianista

VII. OUS = OSO
      delicioso
      famoso

VIII. TION = CIÓN
     SION = SIÓN
      la invitación
      la conversación
      la nación
      la acción
      la discusión

3

Lección Número Tres

la casa

THE PAST TENSE

*O*rdinarily, the present tense is taught first because it comes first in the order of the language. But I feel that the past tense will be more useful to you at this point. So, at the risk of exposing myself to that dreadful epithet, unorthodox, I am jumping feet first with you into the past tense. Once you have mastered it you will have the narrative language that you use every day with your friends. You will be able to tell what you did and saw and how it impressed you. "I did" this or that is the beginning of a story, whereas "I do" thus and such is apt to stop you cold. "I eat a lot" can only be followed by a few unpleasant remarks, but "Last night I had dinner with Joe" opens up endless possibilities.

SOME EASY VERBS

There are over two hundred nouns that end in "ación" that can be converted into verbs if you simply remove the "ación" and add verb endings.

EXAMPLES:

Take the noun	: PREPARACIÓN, *preparation*
Remove the "ACIÓN"	: PREPAR
Add the letter "É"	: PREPARÉ, *I prepared*

NOUNS	REMOVE "ACIÓN"	ADD "É"
la preparación	(prepar)	preparé, *I prepared*
la celebración	(celebr)	celebré, *I celebrated*
la invitación	(invit)	invité, *I invited*
la combinación	(combin)	combiné, *I combined*
la conversación	(convers)	conversé, *I conversed*
la presentación	(present)	presenté, *I presented*

"Yo" is the word for "I" in Spanish, but it is frequently dropped.

Take the noun	: PREPARACIÓN
Remove the "ACIÓN"	: PREPAR
Add the letter "Ó"	: PREPARÓ, *you prepared*

"Usted" means "you," but it is frequently dropped.

NOUNS	REMOVE "ACIÓN"	ADD "Ó"
la celebración	(celebr)	celebró, *you celebrated*
la invitación	(invit)	invitó, *you invited*
la combinación	(combin)	combinó, *you combined*
la conversación	(convers)	conversó, *you conversed*
la presentación	(present)	presentó, *you presented*

Usted preparó. *You prepared* ¿Preparó usted? *Did you prepare?*
Usted invitó. *You invited* ¿Invitó usted? *Did you invite?*
Usted presentó. *You presented* ¿Presentó usted? *Did you present?*

Notice that the word order is inverted in questions.

"Usted" (*you*) is frequently dropped, but we'll use it in this lesson so that you will get used to the inverted order of words in questions.

PAST TENSE ENDINGS

For the first person (*I*)	É
For the second person (*you*)	Ó

WORDS TO REMEMBER

la lección, *the lesson*	en, *in*
la clase, *the class*	mi, *my*
la cena, *supper, dinner*	su, *your*
la casa, *the house*	esta mañana, *this morning*
para, *for*	esta tarde, *this afternoon*

PREPARÉ, *I prepared*
NO PREPARÉ, *I didn't prepare*
¿PREPARÓ USTED? *Did you prepare?*

CONVERSACIÓN

¿Preparó usted la lección?
Sí, preparé la lección.

¿Preparó usted la lección esta mañana?
Sí, preparé la lección esta mañana.

¿Preparó usted la lección para la clase?
Sí, preparé la lección para la clase.

¿Preparó usted la cena?
Sí, preparé la cena.

¿Preparó usted la cena esta mañana?
No, no preparé la cena esta mañana.

¿Preparó usted la cena esta tarde?
Sí, preparé la cena esta tarde.

¿Preparó usted la cena en el club?
No, no preparé la cena en el club.

¿Preparó usted la cena en el hotel?
No, no preparé la cena en el hotel.

¿Preparó usted la cena en su casa?
Sí, preparé la cena en mi casa.

SENTENCE-FORMING EXERCISE

For practice, combine the words below in different ways to form as many sentences as you can. Just be sure to use words from each of the three columns in every sentence you form.

1	2	3
¿Preparó usted? (*Did you prepare?*)	la lección	esta mañana
Preparé (*I prepared*)	la cena	esta tarde
No preparé (*I didn't prepare*)		para la clase
		en el club
		en el hotel
		en mi casa

EXERCISE IN TRANSLATION

Translate the following sentences into Spanish. Write out each sentence in Spanish, using the columns above as a guide. After you have written out all the sentences check with the correct translations below this exercise.

1. I prepared the lesson this morning.
2. I prepared (the) dinner.
3. I prepared the lesson for the class.
4. I didn't prepare (the) dinner this afternoon.
5. I didn't prepare the lesson this morning.
6. Did you prepare the lesson?
7. Did you prepare (the) dinner?
8. Did you prepare the lesson this morning?
9. Did you prepare (the) dinner this afternoon?
10. Did you prepare the lesson for the class?
11. Did you prepare the lesson this afternoon?

Check your sentences with the correct translations below.

1. Preparé la lección esta mañana.
2. Preparé la cena.
3. Preparé la lección para la clase.
4. No preparé la cena esta tarde.
5. No preparé la lección esta mañana.
6. ¿Preparó usted la lección?
7. ¿Preparó usted la cena?
8. ¿Preparó usted la lección esta mañana?
9. ¿Preparó usted la cena esta tarde?
10. ¿Preparó usted la lección para la clase?
11. ¿Preparó usted la lección esta tarde?

> NOTE: In English the word "dinner" can mean either the evening meal or the noonday meal. In Spanish "cena" is ONLY the evening meal. "Cena" actually means "supper."

4

Lección Número Cuatro

el avión

CATEGORY IX

You can convert many English words that end in "ty" into Spanish words by changing the "ty" to "dad."

$$TY = DAD$$

the capacity = la capacidad

la curiosidad	la electricidad	la prosperidad
la comunidad	la humanidad	la publicidad
la dignidad	la personalidad	la variedad

WORDS TO REMEMBER

café, *coffee*

sopa, *soup*

una ensalada, *a salad*

una aspirina, *an aspirin*

eso es ridículo, *that is ridiculous*

el taxi, *the taxi*

el tren, *the train*

el avión, *the airplane*

el aeropuerto, *the airport*

la estación, *the station*

anoche, *last night*

TOMÉ, *I took*
NO TOMÉ, *I didn't take*
¿TOMÓ USTED? *Did you take?*

In Spanish the verb "to take" is used to express eating and drinking. We say, "I took dinner," instead of, "I had dinner," "I took coffee" instead of "I had coffee."

CONVERSACIÓN

¿Tomó usted café esta mañana? (*Did you have [take] coffee this morning?*)

Sí, tomé café esta mañana. (*Yes, I had [took] coffee this morning.*)

¿Tomó usted café en el restaurante?
Sí, tomé café en el restaurante.

¿Tomó usted la cena en el restaurante?
No, no tomé la cena en el restaurante.

¿Tomó usted rosbif?
Sí, tomé rosbif.

¿Tomó usted biftec?
No, no tomé biftec.

¿Tomó usted sopa?
Sí, tomé sopa.

¿Tomó usted una ensalada?
Sí, tomé una ensalada.

¿Tomó usted una aspirina?
Ay no, eso es ridículo, no tomé una aspirina. Tomé rosbif, sopa, una ensalada, etc. (etcétera)

¿Preparó usted la cena anoche?
Sí, preparé la cena anoche.

¿Tomó usted un taxi esta mañana?
Sí, tomé un taxi esta mañana.

¿Tomó usted un tren en la estación?
No, no tomé un tren en la estación.

¿Tomó usted un avión en el aeropuerto?
No, no tomé un avión en el aeropuerto.

SENTENCE-FORMING EXERCISE

For practice, combine the words below in different ways to form as many sentences as you can. Just be sure to use words from each of the three columns in every sentence you form.

1	2	3
¿Tomó usted	café	esta mañana
(*Did you take?*)	rosbif	esta tarde
No, no tomé	biftec	anoche
(*No, I didn't take*)	la cena	en el hotel
Tomé	sopa	en el restaurante
(*I took*)	una ensalada	en la clase
	una aspirina	en el club
	chocolate	en la estación
	té (*tea*)	en el aeropuerto
	una Pepsi Cola	en el tren
	un sandwich	en el avión
	el tren	
	el avión	
	un taxi	

Notice that you don't say "at the club." In Spanish you must never say you are "at" places. You are always "in" places, such as "in the airport, in the club," etc.

EXERCISE IN TRANSLATION

Translate the following sentences into Spanish. Write out each sentence in Spanish, using the columns above as a guide. After you have written out all the sentences check with the correct translations below this exercise.

Remember that in Spanish you can never say, "I had coffee"; you must always say, "I took coffee."

In the sentences below you will find the word "took" in parentheses to remind you to use "tomé" or "tomó."

1. I had (took) roast beef.
2. I had (took) a salad in the restaurant.
3. I had (took) soup.
4. I had (took) tea at (in) the club.
5. I had (took) a sandwich in the station.
6. I took an aspirin this morning.
7. I took a taxi this afternoon.

8. I didn't have (take) beef-steak.
9. I took the plane at (in) the airport.
10. Did you have (take) soup?
11. Did you have (take) a salad?
12. Did you have (take) dinner at (in) the airport?
13. Did you have (take) coffee at (in) the club?
14. Did you take an aspirin?
15. Did you take a taxi?
16. Did you take the train?
17. Did you take the plane?

Check your sentences with the correct translations below.

1. Tomé rosbif.
2. Tomé una ensalada en el restaurante.
3. Tomé sopa.
4. Tomé té en el club.
5. Tomé un sandwich en la estación.
6. Tomé una aspirina esta mañana.
7. Tomé un taxi esta tarde.
8. No tomé biftec.
9. Tomé el avión en el aeropuerto.
10. ¿Tomó usted sopa?
11. ¿Tomó usted una ensalada?
12. ¿Tomó usted la cena en el aeropuerto?
13. ¿Tomó usted café en el club?
14. ¿Tomó usted una aspirina?
15. ¿Tomó usted un taxi?
16. ¿Tomó usted el tren?
17. ¿Tomó usted el avión?

Copy the following material on a card. Carry the card with you and glance at it whenever you have a chance.

REMINDER CARD 3

¿Tomó usted (*Did you take?*)	café	esta mañana
	la cena	esta tarde
	sopa	anoche
	una ensalada	en el hotel
No, no tomé (*No, I didn't take*)	una aspirina	en la clase
	chocolate	en el club
	té	en el tren
	un sandwich	en el avión
	un taxi	en la estación
Tomé (*I took*)	el tren	en el restaurante
	el avión	

CATEGORY IX

You have already seen how you can convert many English words that end in "ty" into Spanish words by changing the "ty" to "dad." Some of these words are seldom used in English but are common words in Spanish. For example, the Spanish word for "speed" is "velocidad" (velocity). In the following list you will find the word "speed" under "velocidad" to show that "velocidad" is the common, everyday word for "speed" in Spanish. Whenever a common Spanish word appears among these categories that has a slightly different use from the corresponding English word, the common English word will be written under it.

EXAMPLE: debilidad (*weakness*)

TY = DAD

the university = la universidad

la actividad	la debilidad	la generalidad
la adversidad	(*weakness*)	la hospitalidad
la afinidad	la dignidad	la hostilidad
la agilidad	la diversidad	la humanidad
la atrocidad	la divinidad	la identidad
la austeridad	la elasticidad	la imparcialidad
la autoridad	la electricidad	la inferioridad
(*authority*)	la eternidad	la imposibilidad
la brutalidad	la extremidad	la individualidad
la calamidad	la facilidad	la infidelidad
la capacidad	(*ease*)	la inmensidad
la caridad	la familiaridad	(*immensity*)
(*charity*)	la fatalidad	la inmoralidad
la castidad	la felicidad	(*immorality*)
(*chastity*)	(*happiness*)	la inmortalidad
la cavidad	la fertilidad	(*immortality*)
la celebridad	la festividad	la integridad
la ciudad	la fidelidad	la intensidad
(*city*)	la finalidad	la localidad
la claridad	la flexibilidad	la maternidad
la compatibilidad	la formalidad	la moralidad
la comunidad	la fraternidad	la infinidad
la cordialidad	la frivolidad	la mortalidad
la crueldad	la futilidad	la municipalidad
la curiosidad	la frugalidad	la nacionalidad

la necesidad
(*need*)
la obesidad
la obscenidad
la obscuridad
(*darkness*)
la originalidad
la personalidad
la perversidad
la popularidad
la posibilidad
la profanidad
la prosperidad
la proximidad

la publicidad
la realidad
la regularidad
la responsabilidad
la serenidad
la severidad
la simplicidad
la sinceridad
la sociabilidad
la sociedad
la susceptibilidad
la tenacidad
la tranquilidad
la trinidad

la unanimidad
la unidad
la universidad
la utilidad
la variedad
la velocidad
(*speed*)
la veracidad
la versatilidad
la virilidad
la visibilidad
la vitalidad
la vivacidad

5

Lección Número Cinco

mamá y papá

CATEGORY X

𝒴ou can convert many English words that end in "ry" into Spanish words by changing the "ry" to "rio."

$$RY = RIO$$

the canary = el canario

aniversario	extraordinario	imaginario
contrario	literario	itinerario
necesario	diccionario	involuntario

CATEGORY XI

You can convert some English words that end in "em" or "am" into Spanish words by adding the letter "a."

$$EM = EMA$$

$$AM = AMA$$

| el programa | el cablegrama | el poema |
| el telegrama | el problema | el sistema |

WORDS TO REMEMBER

un amigo, *a friend*
la fiesta, *the party*
esta mañana, *this morning*
esta tarde, *this afternoon*
el cine, *the movies*
el teatro, *the theatre*
a, *to*
a la, *to the* (fem.)

al, *to the* (masc.), a
   contraction of "a el"
al cine, *to the movies*
esta noche, *tonight* (*this night*)
Roberto, *Robert*
su mamá, *your mother*
a la fiesta, *to the party*

INVITÉ, *I invited*
NO INVITÉ, *I didn't invite*
¿INVITÓ USTED? *Did you
   invite?*

VISITÉ, *I visited*
NO VISITÉ, *I didn't visit*
¿VISITÓ USTED? *Did you
   visit?*

Invité a Roberto. *I invited Robert.*
Visité a Roberto. *I visited Robert.*

"Invité" and "visité" are followed by the letter "a." This "a" is called the personal "a" because it is used when PERSONS follow verbs.

CONVERSACIÓN

¿Invitó usted a su mamá al cine?
Sí, invité a mi mamá al cine.

¿Invitó usted a un amigo al cine?
Sí, invité a un amigo al cine esta noche.

¿Invitó usted a un amigo al teatro?
Sí, invité a un amigo al teatro.

¿Invitó usted a un amigo a la clase esta mañana?
Sí, invité a un amigo a la clase esta mañana.

¿Invitó usted al profesor a su casa esta noche?
Sí, invité al profesor a mi casa esta noche.

¿Invitó usted a Roberto a su casa?
Sí, invité a Roberto a mi casa.

¿Invitó usted al profesor a la fiesta?
Sí, invité al profesor a la fiesta.

¿Visitó usted al profesor esta mañana?
Sí, visité al profesor esta mañana.

¿Visitó usted al presidente en la Casa Blanca (the White House)
en Washington?
No, no visité al presidente en la Casa Blanca en Washington.

SENTENCE-FORMING EXERCISES

Combine the words below in different ways to form as many
sentences as you can. Just be sure to use words from each of the
three columns in every sentence you form.

Notice again that "visité" and "invité" are followed by the
personal "a."

A

1	2	3
¿Invitó usted a	su mamá	al teatro
Invité a	mi mamá	al cine
No invité a	su papá	a la fiesta
	mi papá	a la clase
	un amigo	a mi casa
	Roberto	esta mañana
		esta tarde
		esta noche

B

1	2	3
¿Visitó usted a	Roberto	esta mañana
Visité a	su mamá	esta tarde
No visité a	mi papá	esta noche

EXERCISE IN TRANSLATION

Translate the following sentences into Spanish. Write out each
sentence in Spanish, using the columns above as a guide. After

you have written out all the sentences check with the correct translations below this exercise.

1. I invited my mother to the movies.
2. I invited your mother to the party.
3. I invited Robert to the movies tonight.
4. I visited your mother this morning.
5. I visited Robert this afternoon.
6. Did you visit my father this afternoon?
7. Did you visit my mother this morning?
8. Did you visit Robert tonight?
9. Did you invite Robert to the party?
10. Did you invite a friend to the class?
11. Did you invite your mother to the movies?
12. Did you invite your father to the theatre?

Check your sentences with the correct translations below.

1. Invité a mi mamá al cine.
2. Invité a su mamá a la fiesta.
3. Invité a Roberto al cine esta noche.
4. Visité a su mamá esta mañana.
5. Visité a Roberto esta tarde.
6. ¿Visitó usted a mi papá esta tarde?
7. ¿Visitó usted a mi mamá esta mañana?
8. ¿Visitó usted a Roberto esta noche?
9. ¿Invitó usted a Roberto a la fiesta?
10. ¿Invitó usted a un amigo a la clase?
11. ¿Invitó usted a su mamá al cine?
12. ¿Invitó usted a su papá al teatro?

In Spanish we do not say "Visité *a el* doctor"; instead, we say "Visité *al* doctor." The word "al" is a contraction of "a" and "el."

EXAMPLES:

Visité *al* doctor.   Visité *al* dentista.
Visité *al* novelista.   Invité *al* profesor a la fiesta.

Copy the material that is shown on the sample below onto a card. Carry the card with you and glance at it whenever you get a chance.

REMINDER CARD 4

¿Invitó usted a (*Did you invite?*)	su mamá mi mamá su papá	al teatro al cine a la fiesta
No invité a (*I didn't invite*)	mi papá un amigo Roberto	a la clase a mi casa esta mañana
Invité a (*I invited*)		esta tarde esta noche anoche (*last night*)

NOTE: "Mamá" and "papá" are informal words like "*mom*" and "*dad*." "Madre" (*mother*) and "padre" (*father*) are more formal.

CATEGORY X

You can convert many English words that end in "ry" into Spanish words by changing the "ry" to "rio."

$$RY = RIO$$

the canary = el canario

adversario	emisario	mercenario	salario
aniversario	extraordinario	monetario	secretario
canario	fragmentario	necesario	secundario
comentario	glosario	(*necessary*)	seminario
(*comment*)	(*glossary*)	notario	solitario
contrario	hereditario	obituario	sumario
culinario	imaginario	ordinario	suplementario
diario	incendiario	parlamentario	temporario
(*diary, daily*)	involuntario	primario	tributario
diccionario	itinerario	reaccionario	veterinario
dignitario	laboratorio	revolucionario	visionario
disciplinario	literario	rosario	voluntario

Some of the above words may be made feminine simply by changing the final "o" to "a."

EXAMPLES:

el secretario (masc.), la secretaria (fem.)

CATEGORY XI

You can convert some English words that end in "em," "am," "om" into Spanish words by adding the letter "a."

el programa	el diagrama	el sistema	el emblema
el telegrama	el epigrama	el poema	el idioma
el cablegrama	el monograma	el problema	(*the language*)

Some words that end in "ma" are alike in English and Spanish: el drama, el panorama, el dilema.

"El clima" means "the climate."

6

Lección Número Seis

el teléfono

PAST TENSE (PRETERITE)

𝒴ou have already learned that if you are speaking of yourself you must end the verb in "é."

EXAMPLES: preparé, *I prepared*
tomé, *I took*
visité, *I visited*
invité, *I invited*

When speaking of anybody but yourself (singular), you must end verbs in the letter "ó."

EXAMPLES:

Roberto preparó la lección. *Robert prepared the lesson.*
El doctor tomó un taxi. *The doctor took a taxi.*
El general visitó al presidente. *The general visited the president.*
¿Preparó usted la cena? *Did you prepare dinner?*

Remember, then, that if you speak of yourself you must end the verb in "é" and if you speak of anyone else (singular) you must end the verb in "ó." This is easy to remember if you say a kind of jingle to yourself: "É for me, Ó for others."

In order to help you connect the letter "ó" with everything and everybody in the world (except yourself), I have devised a figure which I call the third man. Every time the third man appears before a verb, you can be sure that the verb must certainly end in the letter "ó."

Allow me to present the third man:

The third man is really the figure of a sleeping man wearing a sombrero. The figure has been drawn in the shape of a number 3 and will appear in the rest of the lessons like this: ვ.

The third man is a versatile fellow. He represents EVERY-THING and EVERYBODY in the world except you. When speaking of a star, a flower, a table, Julius Caesar, or your Aunt Sarah you must use the third man form, that is, you must end the verb in the letter "ó."

You already know hundreds and hundreds of verbs in English that are also Spanish verbs if you change them very slightly.

"Visité" and "invité" are like the English verbs "visited" and "invited" with the letter "d" dropped. There are a great many verbs in English that can be changed into Spanish in the same way.

Following is a list of these verbs that you can learn virtually at a glance. Notice the little drawing of the third man before every third man form below.

FIRST PERSON	THIRD MAN FORM
usé, *I used*	ვ usó, *you, he, she used*
voté, *I voted*	ვ votó, *you, he, she voted*
inventé, *I invented*	ვ inventó, *you, he, she invented*
importé, *I imported*	ვ importó, *you, he, she imported*
copié, *I copied*	ვ copió, *you, he, she copied*
curé, *I cured*	ვ curó, *you, he, she cured*
examiné, *I examined*	ვ examinó, *you, he, she examined*
noté, *I noted, noticed*	ვ notó, *you, he, she noted, noticed*
presenté, *I presented*	ვ presentó, *you, he, she presented*
comparé, *I compared*	ვ comparó, *you, he, she compared*

combiné, *I combined*   ℬ combinó, *you, he, she combined*
causé, *I caused*   ℬ causó, *you, he, she caused*
deposité, *I deposited*   ℬ depositó, *you, he, she deposited*
insulté, *I insulted*   ℬ insultó, *you, he, she insulted*
planté, *I planted*   ℬ plantó, *you, he, she planted*
patenté, *I patented*   ℬ patentó, *you, he, she patented*
cancelé, *I canceled*   ℬ canceló, *you, he, she canceled*
continué, *I continued*   ℬ continuó, *you, he, she continued*

There are other verbs that are slightly different from their English equivalents, but that are still very easy to recognize and learn.

recomendé, *I recommended*   ℬ recomendó, *you, he, she recommended*
progresé, *I progressed*   ℬ progresó, *you, he, she progressed*
anticipé, *I anticipated*   ℬ anticipó, *you, he, she anticipated*
acepté, *I accepted*   ℬ aceptó, *you, he, she accepted*
cultivé, *I cultivated*   ℬ cultivó, *you, he, she cultivated*
dicté, *I dictated*   ℬ dictó, *you, he, she dictated*
expresé, *I expressed*   ℬ expresó, *you, he, she expressed*
celebré, *I celebrated*   ℬ celebró, *you, he, she celebrated*
estudié, *I studied*   ℬ estudió, *you, he, she studied*
fotografié, *I photographed*   ℬ fotografió, *you, he, she photographed*
confesé, *I confessed*   ℬ confesó, *you, he, she confessed*
tosté, *I toasted*   ℬ tostó, *you, he, she toasted*
pasé, *I passed*   ℬ pasó, *you, he, she passed*
cooperé, *I co-operated*   ℬ cooperó, *you, he, she co-operated*

Then there are a great number of verbs that are rarely used in everyday speech in English but that are common, everyday words in Spanish.

comencé, *I began*   ℬ comenzó, *you, he, she began*
terminé, *I finished*   ℬ terminó, *you, he, she finished*
felicité, *I congratulated*   ℬ felicitó, *you, he, she congratulated*
molesté, *I bothered*   ℬ molestó, *you, he, she bothered*
entré, *I came in, went in, entered*   ℬ entró, *you, he, she came in, went in, entered*

estacioné, *I stationed,* parked (*car*)	3 estacionó, *you, he, she stationed,* parked (*car*)
saludé, *I greeted, said* "hello"	3 saludó, *you, he, she greeted, said* "hello"

As you can see by all the preceding material in the book, there is a great similarity between English and Spanish. This is of tremendous advantage to you, for it will help you to learn very quickly. But you must press this advantage and give your imagination encouragement. Try to guess the meaning of every Spanish word you encounter. Make up words and sentences. In other words, let yourself go.

Now let's see how the third man verb form is used: "I voted" is "voté." But if you wish to say that anyone else in the world voted, you must use the third man verb form "votó."

El presidente votó.	Mi papá votó.
(*The president voted.*)	Mi mamá votó.
El doctor votó.	El profesor votó.
El dentista votó.	Roberto votó.

If you wish to ask a question invert the word order.

¿Votó el presidente?	¿Votó el actor?
(*Did the president vote?*)	¿Votó el profesor?
¿Votó el general?	¿Votó usted?
(*Did the general vote?*)	¿Votó el dentista?

WORDS TO REMEMBER

y, *and*	el rancho, *the ranch*
de, *of, from*	el grupo, *the group*
el dinero, *the money*	el drama, *the drama*
el banco, *the bank*	el teléfono, *the telephone*
el pan, *the bread*	el vocabulario, *the vocabulary*
el automóvil, *the automobile*	el radio, *the radio*
espárragos, *asparagus*	en, *in, on, into*
María, *Mary*	Juan, *John*

Below, I have written some sentences for you to translate into English. If you come upon a sentence which you feel you can't translate, study it and make a wild stab at a translation. You will find that you are almost invariably right in your guess. After you have written out all the sentences in English check with the correct translation below the exercise.

EXERCISE IN TRANSLATION

You will find a personal "a" after verbs which are followed by persons.

1. Invité a un amigo a mi casa anoche.
2. § Roberto visitó a un amigo en Cuba.
3. § Mamá preparó la cena anoche.
4. § El presidente aceptó la invitación.
5. Terminé la composición para la clase.
6. § María estudió la lección esta mañana.
7. § Roberto tomó la cena en un restaurante.
8. § El doctor tomó una aspirina.
9. Usé el vocabulario en la clase.
10. § Alexander Graham Bell inventó el teléfono.
11. § Don Ameche no inventó el teléfono.
12. § Marconi inventó el radio.
13. Copié la lección anoche.
14. § El profesor tomó una Pepsi Cola.
15. § El agente importó perfume de Francia.
16. § Mi mamá visitó a un amigo en el hospital.
17. Tomé espárragos.
18. Estacioné mi automóvil.
19. § Mi padre recomendó a su amigo.
20. § El general entró en la capital.
21. § El ministro preparó el sermón para la congregación.
22. § Mi cliente importó café de Costa Rica.
23. Tosté el pan para los sandwiches.
24. § Juan entró en el hotel y saludó a su amigo.
25. § El mecánico lubricó el automóvil en el garage.
26. § Mi amigo cultivó café en el rancho.
27. § El grupo presentó un drama.
28. § El profesor felicitó al estudiante.
29. § ¿Votó usted esta mañana?
30. § El doctor curó al paciente.
31. Deposité dinero en el banco esta mañana.
32. § ¿Copió usted la composición?
33. § ¿Estudió usted la lección para la clase?
34. § ¿Aceptó usted la invitación?
35. § Mi padre invitó a Juan al cine.
36. § Juan aceptó la invitación.
37. § Edison inventó el fonógrafo.

Check your sentences with the translation below.

1. I invited a friend to my house last night.
2. Robert visited a friend in Cuba.
3. Mother prepared dinner last night.
4. The president accepted the invitation.
5. I finished the composition for the class.
6. Mary studied the lesson this morning.
7. Robert had dinner in a restaurant.
8. The doctor took an aspirin.
9. I used the vocabulary in the class.
10. Alexander Graham Bell invented the telephone.
11. Don Ameche didn't invent the telephone.
12. Marconi invented the radio.
13. I copied the lesson last night.
14. The professor had a Pepsi Cola.
15. The agent imported perfume from France.
16. My mother visited a friend in the hospital.
17. I had asparagus.
18. I parked my car.
19. My father recommended your friend.
20. The general entered the capital.
21. The minister prepared the sermon for the congregation.
22. My client imported coffee from Costa Rica.
23. I toasted the bread for the sandwiches.
24. John went into the hotel and greeted his friend.
25. The mechanic lubricated the automobile in the garage.
26. My friend cultivated coffee on the ranch.
27. The group presented a drama.
28. The professor congratulated the student.
29. Did you vote this morning?
30. The doctor cured the patient.
31. I deposited money in the bank this morning.
32. Did you copy the composition?
33. Did you study the lesson for the class?
34. Did you accept the invitation?
35. My father invited John to the movies.
36. John accepted the invitation.
37. Edison invented the phonograph.

Now, if you feel ambitious and want to try your hand at a more difficult task, translate the English sentences back into Spanish. I will say to you what the señorita said when Pedro told her he loved her so much that he would swim the Atlantic for her. She said, "Eef you can do eet, I kees you!"

You have learned forty new verbs in this lesson. Use them and enjoy them. You will find that you can make up hundreds of sentences with them.

Use the following nouns to fill in the blanks in the sentences below:

María (*Mary*)   mi papá   el doctor   el presidente
Juan (*John*)   mi mamá   el pianista   el actor

1. 🕮 . . . . aceptó la invitación.
              (*accepted the invitation*)

2. 🕮 . . . . tomó la cena en el club.
              (*had dinner at the club*)

3. 🕮 . . . . depositó dinero en el banco.
              (*deposited money in the bank*)

4. 🕮 . . . . visitó a un amigo.
              (*visited a friend*)

5. 🕮 . . . . invitó a Roberto a la fiesta.
              (*invited Robert to the party*)

7
Lección Número Siete

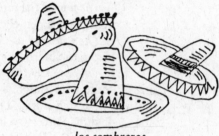

los sombreros

CATEGORY XII

You can convert some English words that end in "ce" into Spanish words by changing "ce" to "cia."

$$CE = CIA$$

the distance = la distancia

la conveniencia	la justicia
la experiencia	la significancia
la importancia	Francia
la independencia	Alicia

CATEGORY XIII

You can convert some English words that end in "cy" into Spanish words by changing the "cy" to "cia."

$$CY = CIA$$

the agency = la agencia

la aristocracia	la emergencia
la democracia	la tendencia
la diplomacia	la urgencia

WORDS TO REMEMBER

coctel de frutas, *fruit cocktail*

papas, *potatoes*

el sombrero, *the hat* (man's or woman's)

la crema, *the cream*

la carne, *the meat*

    del, *of the, from the, about the* (contraction of "de el")

    con, *with* (chile con carne, *pepper with meat*)

qué, *what*

su, *your, his, her*

durante, *during*

de, *of, from, about*

      HABLÉ, *I talked*

      NO HABLÉ, *I didn't talk*

   ⑤ ¿HABLÓ USTED? *Did you talk?*

hablé con, *I talked with*   hablé de, *I talked about*

Hablé por teléfono. *I talked on the phone, I called up.*

⑤ María habló. *Mary talked.*

Remember that when you ask a question the verb goes before the noun.

EXAMPLES:

     ⑤ ¿Habló María? *Did Mary talk?*

     ⑤ ¿Aceptó María? *Did Mary accept?*

     ⑤ ¿Habló usted por teléfono? *Did you talk*
       on the phone? Did you call up?

CONVERSACIÓN

¿Habló usted por teléfono esta mañana?

Sí, esta mañana hablé por teléfono con María.

¿Invitó usted a María a su casa?

Sí, invité a María a mi casa.

¿Aceptó María la invitación?

Sí, María aceptó la invitación.

¿Tomó María la cena en su casa?

Sí, María tomó la cena en mi casa.

¿Qué tomó María?

María tomó un coctel de frutas, sopa, papas, espárragos y una ensalada.

¿Tomó María carne?
Sí, María tomó rosbif.

¿Tomó María café?
Sí, María tomó café con crema.

¿Tomó usted chocolate?
No, no tomé chocolate, tomé café con crema.

¿Habló usted con María durante la cena?
Sí, hablé mucho con María durante la cena.

¿Habló usted del teatro con María?
Sí, hablé del teatro con María.

¿Habló María de su (*her*) permanente?
Sí, María habló de su permanente y de su sombrero.

¿Habló María con su mamá?
Sí, María, habló con mi mamá y con mi papá.

SENTENCE-FORMING EXERCISE

Combine the phrases in Column 1 and Column 2 to form as many sentences as you can. Just be sure to use words from each of the columns in every sentence you form.

1	2
Hablé (*I talked*)	por teléfono
No hablé (*I didn't talk*)	con María
¿Habló usted? (*Did you talk?*)	con el doctor
María habló (*Mary talked*)	con Juan
Roberto habló (*Robert talked*)	con Alberto
El doctor habló (*The doctor talked*)	de la clase
¿Habló María (*Did Mary talk?*)	de México
¿Habló Roberto (*Did Robert talk?*)	del accidente
¿Habló el doctor	del teatro
¿Habló mamá	en la clase
	esta mañana

EXERCISE IN TRANSLATION

Translate the following sentences into Spanish. The above columns can be used as a translation guide. After you have written

out all the sentences check with the correct translations below
this exercise.

1. I talked with Mary this
morning.
2. I talked about Mexico in the
class.
3. I didn't talk with the doctor.
4. Mary talked with John.
5. The doctor called up. (The
doctor talked on the phone.)
6. Robert called up. (Robert
talked on the phone.)
7. The doctor talked about the
accident.
8. Robert talked about the
theater.

9. Did you talk with the doctor?
10. Did you talk about Mexico
in the class?
11. Did you talk about the theater?
12. Did you call up? (Did you
talk on the phone?)
13. Did mother talk with the
doctor?
14. Did Robert talk in the class
this morning?
15. Did Mary talk about the
theater?

Check your sentences with the correct translations below.

1. Hablé con María esta mañana.
2. Hablé de México en la clase.
3. No hablé con el doctor.
4. María habló con Juan.
5. El doctor habló por teléfono.
6. Roberto habló por teléfono.
7. El doctor habló del accidente.
8. Roberto habló del teatro.

9. ¿Habló usted con el doctor?
10. ¿Habló usted de México en
la clase?
11. ¿Habló usted del teatro?
12. ¿Habló usted por teléfono?
13. ¿Habló mamá con el doctor?
14. ¿Habló Roberto en la clase
esta mañana?
15. ¿Habló María del teatro?

Use the following nouns to fill in the blanks in the sentences
below:

el doctor	el profesor	María
el dentista	mi mamá	Roberto
el oculista	el general	Alberto

1. Hablé con ....
   (*I talked with*)
2. Roberto habló con ....
   (*Robert talked with*)
3. Hablé por teléfono con ....
   (*I called up*)

4. ℬ El doctor habló por teléfono con ....
(*The doctor called up*)

REMINDER CARD 5

Hablé	por teléfono
(*I talked*)	con Roberto
	con María
ℬ ¿Habló usted?	con su mamá
(*Did you talk?*)	de México
	de la clase
No hablé	del cine
(*I didn't talk*)	del teatro
	en la clase
	mucho (*much, a lot*)

Copy the above material onto a card. Carry the card with you and glance at it whenever you get a chance.

CATEGORY XII

Remember that you can convert some English words that end in "ce" into Spanish words by changing the "ce" to "cia." These words are feminine and take the articles "la" (*the*) and "una" (*a, an*).

CE = CIA

the distance = la distancia

abstinencia	circunstancia	difidencia	frecuencia
abundancia	coherencia	diligencia	gracia
adolescencia	coincidencia	distancia	impaciencia
Alicia	conciencia	efervescencia	impertinencia
ambulancia	conferencia	elegancia	importancia
arrogancia	(*lecture*)	elocuencia	incidencia
asistencia	consecuencia	esencia	independencia
ausencia	convalecencia	evidencia	indiferencia
(*absence*)	conveniencia	excelencia	indolencia
benevolencia	decadencia	experiencia	indulgencia
ciencia	desobediencia	exuberancia	inocencia
circunferencia	diferencia	Francia	insignificancia

insistencia	malicia	persistencia	temperancia
insolencia	obediencia	precedencia	tolerancia
instancia	ocurrencia	preferencia	turbulencia
inteligencia	opulencia	preponderancia	vehemencia
intolerancia	paciencia	repugnancia	vigilancia
justicia	permanencia	resonancia	violencia
licencia	perseverancia	significancia	virulencia

A few words that end in "ce" in English are masculine in Spanish.

el servicio, *the service*

el vicio, *the vice*

el divorcio, *the divorce*

el edificio, *the building*

el prefacio, *the preface*

el palacio, *the palace*

CATEGORY XIII

Remember that you can convert some English words that end in "cy" into Spanish words by changing the "cy" to "cia." These words are feminine and take the articles "la" (*the*) and "una" (*a, an*).

CY = CIA

the agency = la agencia

la aristocracia	la discrepancia	la emergencia
la burocracia	la eficacia	la decencia
la democracia	la farmacia	la tendencia
la diplomacia	la agencia	la urgencia

Another basic difference in spelling between Spanish and English: when an English word begins with "s" and is followed by a consonant you must put an "e" before the "s" in Spanish.

SP = ESP

especial, *special*

espiritual, *spiritual*

esplendor, *splendor*

estable, *stable* (adj.)

establidad, *stability*

especialista, *specialist*

España, *Spain*

esposo, *husband, spouse*

esposa, *wife*

estación, *station*

estudiante, *student*

estúpido, *stupid*

especialidad, *specialty*

el español, *Spanish*

8

Lección Número Ocho

el fonógrafo

The best way to learn Spanish is through large concepts and ideas, not through memorizing little isolated words. One idea well established in your mind will give you two hundred verbs forever. And every time you use one of these two hundred verbs you become more automatic in the use of the other hundred ninety-nine!

Memorizing is dull and ineffectual. When you learn twenty verbs by rote you are apt to forget most of them and be bored by all of them. You are annoyed by the fact that you have to sit down and toil over them, and they become your enemies. But when you invent a verb it is your creation; you have made it, and you will always like it.

You are probably saying, "How can I invent a verb? Where do I start?"

Start with words that end in "tion" in English.

1. *invitation*
2. *preparation*
3. *co-operation*
4. *imitation*
5. *continuation*
6. *recitation*

Convert them into Spanish nouns by changing "t" to "c" as you learned in Lesson 2.

1. invitación
2. preparación
3. cooperación
4. imitación
5. continuación
6. recitación

Then remove "ación."

1. invit — ación
2. prepar — ación
3. cooper — ación
4. imit — ación
5. continu — ación
6. recit — ación

Add "é" for me, "ó" for anybody else (third man).

1. invité,   𝕊 invitó
2. preparé,   𝕊 preparó
3. cooperé,   𝕊 cooperó
4. imité,   𝕊 imitó
5. continué,   𝕊 continuó
6. recité,   𝕊 recitó

Never let a word lie fallow in your mind. The minute you have learned it, try to use it. The mental process of using the word makes it stay with you. Now, let's take the above words and put them into sentences.

Translate into Spanish:

1. I invited Mary to the party.
2. I prepared dinner last night.
3. 𝕊 The general co-operated with the president.
4. 𝕊 The monkey imitated Mary.
5. 𝕊 Robert recited a poem (un poema) in the class.

Check your sentences with those below to see if they are correct.

1. Invité a María a la fiesta.
2. Preparé la cena anoche.
3. 𝕊 El general cooperó con el presidente.
4. 𝕊 El mono imitó a María.
5. 𝕊 Roberto recitó un poema en la clase.

EXERCISE IN WRITING

Following is a list of nouns converted into verbs.

1. Use a sheet of lined paper that has been divided into three columns, and cover up all but the first (left-hand) column below.
2. Drop "ación" from each noun in the first column.
3. Add "é" for me (as in the second column below), and write the verb in the first column of your sheet.
4. Add "ó" for anybody else, writing the verb in the second column of your sheet.
5. Then translate the verb into English.
6. Now check your three columns with the three right-hand columns below.

NOUNS CONVERTED INTO VERBS
PAST TENSE (PRETERITE)

NOUNS	FIRST PERSON	THIRD MAN	
la acumulación	acumulé	acumuló	*accumulated*
la acusación	acusé	acusó	*accused*
la administración	administré	administró	*administrated*
la admiración	admiré	admiró	*admired*
la adoración	adoré	adoró	*adored*
la afirmación	afirmé	afirmó	*affirmed*
la agitación	agité	agitó	*agitated*
la animación	animé	animó	*animated*
la anticipación	anticipé	anticipó	*anticipated*
la apreciación	aprecié	apreció	*appreciated*
la aproximación	aproximé	aproximó	*approximated*
la asociación	asocié	asoció	*associated*
la aspiración	aspiré	aspiró	*aspired*
la calculación	calculé	calculó	*calculated*
la celebración	celebré	celebró	*celebrated*
la circulación	circulé	circuló	*circulated*
la coagulación	coagulé	coaguló	*coagulated*
la colaboración	colaboré	colaboró	*collaborated*
la combinación	combiné	combinó	*combined*
la compensación	compensé	compensó	*compensated*
la compilación	compilé	compiló	*compiled*
la concentración	concentré	concentró	*concentrated*
la condensación	condensé	condensó	*condensed*

la confirmación	confirmé	confirmó	*confirmed*
la congratulación	congratulé	congratuló	*congratulated*
la conservación	conservé	conservó	*conserved*
la consideración	consideré	consideró	*considered*
la consolación	consolé	consoló	*consoled*
la consolidación	consolidé	consolidó	*consolidated*
la contaminación	contaminé	contaminó	*contaminated*
la contemplación	contemplé	contempló	*contemplated*
la continuación	continué	continuó	*continued*
la conversación	conversé	conversó	*conversed*
la cooperación	cooperé	cooperó	*co-operated*
la coordinación	coordiné	coordinó	*co-ordinated*
la culminación	culminé	culminó	*culminated*
la cultivación	cultivé	cu´vó	*cultivated*
la declaración	declaré	declaró	*declared*
la decoración	decoré	decoró	*decorated*
la deliberación	deliberé	deliberó	*deliberated*
la denunciación	denuncié	denunció	*denounced*
la deterioración	deterioré	deterioró	*deteriorated*
la determinación	determiné	determinó	*determined*
la detestación	detesté	detestó	*detested*
la dominación	dominé	dominó	*dominated*
la estimulación	estimulé	estimuló	*stimulated*
la estrangulación	estrangulé	estranguló	*strangled*
la evaporación	evaporé	evaporó	*evaporated*
la exageración	exageré	exageró	*exaggerated*
la exasperación	exasperé	exasperó	*exasperated*
la excavación	excavé	excavó	*excavated*
la excitación	excité	excitó	*excited*
la exclamación	exclamé	exclamó	*exclaimed*
la experimentación	experimenté	experimentó	*experimented*
la exploración	exploré	exploró	*explored*
la exportación	exporté	exportó	*exported*
la exterminación	exterminé	exterminó	*exterminated*
la fascinación	fasciné	fascinó	*fascinated*
la fermentación	fermenté	fermentó	*fermented*
la fluctuación	fluctué	fluctuó	*fluctuated*
la formación	fonné	formó	*formed*
la formulación	formulé	formuló	*formulated*
la graduación	gradué	graduó	*graduated*
la imaginación	imaginé	imaginó	*imagined*
la imitación	imité	imitó	*imitated*

la imploración	imploré	😕 imploró	*implored*
la improvisación	improvisé	😕 improvisó	*improvised*
la inauguración	inauguré	😕 inauguró	*inaugurated*
la inflación	inflé	😕 infló	*inflated*
la información	informé	😕 informó	*informed*
la iniciación	inicié	😕 inició	*initiated*
la inoculación	inoculé	😕 inoculó	*inoculated*
la insinuación	insinué	😕 insinuó	*insinuated*
la inspiración	inspiré	😕 inspiró	*inspired*
la instalación	instalé	😕 instaló	*installed*
la interpretación	interpreté	😕 interpretó	*interpreted*
la invitación	invité	😕 invitó	*invited*
la irritación	irrité	😕 irritó	*irritated*
la laceración	laceré	😕 laceró	*lacerated*
la lamentación	lamenté	😕 lamentó	*lamented*
la limitación	limité	😕 limitó	*limited*
la manifestación	manifesté	😕 manifestó	*manifested*
la manipulación	manipulé	😕 manipuló	*manipulated*
la matriculación	matriculé	😕 matriculó	*matriculated*
la meditación	medité	😕 meditó	*meditated*
la observación	observé	😕 observó	*observed*
la ocupación	ocupé	😕 ocupó	*occupied*
la operación	operé	😕 operó	*operated*
la orientación	orienté	😕 orientó	*oriented*
la participación	participé	😕 participó	*participated*
la penetración	penetré	😕 penetró	*penetrated*
la perforación	perforé	😕 perforó	*perforated*
la precipitación	precipité	😕 precipitó	*precipitated*
la predominación	prediminé	😕 predominó	*predominated*
la premeditación	premedité	😕 premeditó	*premeditated*
la preocupación	preocupé	😕 preocupó	*worried* (*preoccupied*)
la preparación	preparé	😕 preparó	*prepared*
la presentación	presenté	😕 presentó	*presented*
la preservación	preservé	😕 preservó	*preserved*
la proclamación	proclamé	😕 proclamó	*proclaimed*
la protestación	protesté	😕 protestó	*protested*
la recitación	recité	😕 recitó	*recited*
la reclamación	reclamé	😕 reclamó	*reclaimed*
la recomendación	recomendé	😕 recomendó	*recommended*
la recuperación	recuperé	😕 recuperó	*recuperated*
la reformación	reformé	😕 reformó	*reformed*

la regeneración	regeneré	regeneró	regenerated
la registración	registré	registró	registered
la reparación	reparé	reparó	repaired
la representación	representé	representó	represented
la salvación	salvé	salvó	saved
la saturación	saturé	saturó	saturated
la separación	separé	separó	separated
la situación	situé	situó	situated
la toleración	toleré	toleró	tolerated
la transformación	transformé	transformó	transformed
la transportación	transporté	transportó	transported
la vacilación	vacilé	vaciló	vacillated
la variación	varié	varió	varied
la ventilación	ventilé	ventiló	ventilated
la vibración	vibré	vibró	vibrated

Now that you know the technique of changing "ación" nouns into verbs you are ready to begin working with speed. You can get the most advantage out of these verbs if you learn to form them in the flick of an eyelash.

The best way to learn to change these nouns into verbs quickly is to look at the noun, remove "ación," and add the letter "é" in one quick mental process. Do not read the noun aloud. Just look at it, change it as quickly as you can, and repeat the verb aloud. As you read the list of nouns, change each into a verb as quickly as you can. You will find that by the time you have reached the end of the list you can change a noun into a verb in a split second.

FORMING QUESTIONS

Cover the right-hand column and translate the expressions on the left.

1. *Did you vote?*	¿Votó usted?
2. *Did you continue?*	¿Continuó usted?
3. *Did you co-operate?*	¿Cooperó usted?
4. *Did you exaggerate?*	¿Exageró usted?
5. *Did you exclaim?*	¿Exclamó usted?
6. *Did you participate?*	¿Participó usted?
7. *Did you protest?*	¿Protestó usted?
8. *Did you recite?*	¿Recitó usted?
9. *Did you go in?*	¿Entró usted?

10. *Did Robert vote?*	§¿Votó Roberto?
11. *Did Robert co-operate?*	§¿Cooperó Roberto?
12. *Did Robert protest?*	§¿Protestó Roberto?
13. *Did Mary recite?*	§¿Recitó María?
14. *Did Mary go in?*	§¿Entró María?
15. *Did the doctor co-operate?*	§¿Cooperó el doctor?
16. *Did the doctor go in?*	§¿Entró el doctor?
17. *Did the doctor come in?*	§¿Entró el doctor?
18. *Did Albert come in?*	§¿Entró Alberto?
19. *Did Albert go in?*	§¿Entró Alberto?
20. *Did the general co-operate?*	§¿Cooperó el general?
21. *Did Robert install the radio?*	§¿Instaló Roberto el radio?

WORDS TO REMEMBER

ESTACIONÉ	§ESTACIONÓ, *parked (car)*
ENTRÉ	§ENTRÓ, *went in, came in*
DEPOSITÉ	§DEPOSITÓ, *deposited*
INSTALÉ	§INSTALÓ, *installed, set up*
PREOCUPÉ	§PREOCUPÓ, *worried*

el dinero, *the money*   dónde, *where*
el fonógrafo, *the phonograph*   quién, *who*
la antena, *the antenna*   en frente de, *in front of*
su, *your, his, her*
¿Quién entró? *Who came in?*

CONVERSACIÓN

¿Dónde estacionó usted su automóvil? (*Where did you park your car?*)
Estacioné mi auto en frente del banco.

¿Entró usted en el banco?
Sí, entré en el banco.

¿Depositó usted dinero en el banco?
Sí, deposité dinero en el banco.

¿Quién habló por teléfono esta mañana?
Roberto habló por teléfono esta mañana.

¿Invitó usted a Roberto a su casa?
Sí, invité a Roberto a mi casa.

¿Dónde estacionó Roberto su auto?
Roberto estacionó su auto en frente de mi casa.

¿Entró Roberto a su casa?
Sí, Roberto entró a mi casa.

¿Quién instaló el radio en su casa?
Roberto instaló el radio en mi casa.

¿Instaló Roberto la antena para el radio?
Sí, Roberto instaló la antena para el radio.

¿Instaló Roberto el fonógrafo?
Sí, Roberto instaló una combinación radio fonógrafo.

¿Inventó Roberto el radio?
Ay no, eso es ridículo. Roberto no inventó el radio.

¿Quién inventó el radio?
Marconi inventó el radio.

¿Tomó Roberto la cena en su casa?
Sí, Roberto tomó la cena en mi casa.

¿Qué tomó Roberto para la cena?
Roberto tomó un coctel de frutas, sopa, rosbif, espárragos y una ensalada.

¿Tomó Roberto café?
Sí, Roberto tomó café con crema.

¿Quién preparó la cena?
Mamá preparó la cena.

¿Quién preocupó a mamá?
Roberto preocupó a mamá.

SENTENCE-FORMING EXERCISES

Combine the words below in different ways to form as many sentences as you can. Just be sure to use words from each of the three columns in every sentence you form.

A

These verbs are followed by persons, so the personal "a" is required. Notice the personal "a" before each person in the third column.

1	2	3
¿Quién (*who*)	recomendó	a Juan
Roberto	visitó	a mi padre
María	invitó	a Roberto
El doctor	operó	al paciente
El paciente	preocupó (*worried*)	al doctor
El conductor	acusó	al criminal
El general	salvó (*saved*)	a su amigo

B

These verbs are not followed by persons and therefore do not require the personal "a."

1	2	3
El novelista	acumuló	una fortuna
Roberto	depositó	el dinero en el banco
El presidente	inauguró	el monumento
María	estudió	la lección
¿Quién	instaló	el fonógrafo
El estudiante	usó	el vocabulario
Alberto	terminó (*finished*)	la composición
Mi mamá	preparó	la cena
El doctor	estacionó	el auto
Juan	copió (*copied*)	el vocabulario
Mi papá	tomó	una ensalada
El dentista	habló	por teléfono

EXERCISE IN TRANSLATION

Translate the following sentences into Spanish. Write out each sentence in Spanish, using the columns above as a guide. After you have written all the sentences check with the correct translations given below this exercise.

1. Robert visited my father.
2. Mary invited your friend.
3. The patient worried the doctor.
4. The general saved his friend.
5. Who invited John?
6. Who recommended John?
7. Who invited Robert?
8. The novelist accumulated a fortune.
9. Mary deposited the money in the bank.
10. The student used the vocabulary.

11. Albert finished the composition.
12. My mother prepared the dinner.
13. John parked the car.
14. My father called up (talked on the phone).
15. Who installed the phonograph?

Check your sentences with the correct translations below.

1. Roberto visitó a mi padre (a mi papá).
2. María invitó a su amigo.
3. El paciente preocupó al doctor.
4. El general salvó a su amigo.
5. ¿Quién invitó a Juan?
6. ¿Quién recomendó a Juan?
7. ¿Quién invitó a Roberto?
8. El novelista acumuló una fortuna.
9. María depositó el dinero en el banco.
10. El estudiante usó el vocabulario.
11. Alberto terminó la composición.
12. Mi mamá preparó la cena.
13. Juan estacionó el auto.
14. Mi papá habló por teléfono.
15. ¿Quién instaló el fonógrafo?

9

Lección Número Nueve

el diablo

There are two verbs in Spanish that mean *is:* "es" and "está."
§ "ESTÁ" IS USED TO SAY WHERE THINGS ARE OR TO ASK WHERE THINGS ARE.

DÓNDE (*where*)

¿Dónde está María? *Where is Mary?*
¿Dónde está la estación? *Where is the station?*
Mi papá está en Cuba. *My father is in Cuba.*

§ "ESTÁ" IS ALSO USED TO SAY HOW PEOPLE ARE OR TO ASK HOW PEOPLE ARE.

CÓMO (*how*)

¿Cómo está su mamá? *How is your mother?*
¿Cómo está usted? *How are you?*
Mi papá está bien. *My father is well.*
Mi mamá está muy bien. *My mother is very well.*

Let's reduce this to a short rule: "Dónde" (*where*) and "cómo" (*how*) take "está."

The following dialogue is repeated millions of times every day in the Spanish-speaking world.

—¿Cómo está usted? *How are you?*
—¿Bien, gracias, y usted? *Well, thank you, and you?*
—Muy bien, gracias. *Very well, thank you.*

WORDS TO REMEMBER

el diablo, *the devil*
el infierno, *hell*
la oficina, *the office*
un hombre, *a man*
una mujer, *a woman*
la crema, *the cream*
el club de tenis, *the tennis club*
¿Cómo está usted? *How are you?*

pero, *but*
gracias, *thank you*
bien, *well*
en la casa, *in the house*
en casa, *at home*
en el refrigerador, *in the refrigerator*
en el sofá, *on the sofa*

CONVERSACIÓN

¿Cómo está usted?
Bien, gracias, y usted?
Muy bien, gracias.

¿Cómo está su mamá?
Mamá está muy bien, gracias.

¿Cómo está su papá?
Papá está bien, gracias.

¿Cómo está Roberto?
Roberto está muy bien, gracias.

¿Dónde está Roberto?
Roberto está en el club de tenis.

¿Dónde está su mamá?
Mamá está en casa.

¿Dónde está su papá?
Papá está en la oficina.

¿Dónde está la crema?
La crema está en el refrigerador.

¿Dónde está el conductor?
El conductor está en el tren.

¿Dónde está el presidente?
El presidente está en la Casa Blanca.

¿Dónde está el doctor?
El doctor está en su oficina.

¿Dónde está el diablo?
El diablo está en el infierno.

¿Es Roberto un diablo?
Ay no, Roberto no es un diablo. Roberto es terrible, pero no es un diablo.

¿Es un ángel Roberto? Ay no, Roberto no es un ángel.
¿Qué es Roberto? Roberto es un hombre.

¿Es María un hombre?
Ay no, eso es ridículo, María no es un hombre, María es una mujer.

SENTENCE-FORMING EXERCISES

Combine the words in the columns below in different ways to form as many sentences as you can. Just be sure to use words from each of the columns in every sentence you form.

A

1.	2.
¿Dónde está (*Where is?*)	el restaurante?
	la estación?
	el banco?
	el hospital?
	el auto?
	el dinero?
	el teléfono?
	su papá?
	su mamá?
	su sombrero?
	la crema?

B

1	2	3
El doctor	8 está (*is*)	en el hotel
El mecánico	8 no está (*isn't*)	en el garage
El teléfono		en la oficina
El profesor		en casa
El tren		en el club
Su sombrero		en la estación
El dinero		en el sofá
La crema		en el banco
Roberto		en el refrigerador

C

1	2
8 ¿Cómo está (*How is, how are you?*)	su mamá?
	su papá?
	usted?
	Roberto?
	el profesor?
	su amigo?

D

1	2	3
Mi amigo	8 está (*is*)	bien
El paciente	8 no está (*isn't*)	bien, gracias
El doctor		muy bien, gracias
El profesor		mejor (*better*)
Mi papá		mejor, gracias
Mi mamá		

EXERCISE IN TRANSLATION

Translate the following sentences into Spanish. Write out each sentence in Spanish, using the columns above as a guide. After you have written out all the sentences check with the correct translations below this exercise.

1. Where is the station?
2. Where is the bank?
3. Where is the telephone?
4. Where is your father?

5. Where is the car?
6. The mechanic is in the garage.
7. The money is in the bank.
8. The train is in the station.
9. Your hat is on the sofa.
10. The cream is in the refrigerator.

11. How are you?
12. How is your mother?
13. My mother is well, thank you.
14. The patient is better.
15. My father is better, thank you.

Check your sentences with the correct translations below.

1. ¿Dónde está la estación?
2. ¿Dónde está el banco?
3. ¿Dónde está el teléfono?
4. ¿Dónde está su papá?
5. ¿Dónde está el auto?
6. El mecánico está en el garage.
7. El dinero está en el banco.
8. El tren está en la estación.

9. Su sombrero está en el sofá.
10. La crema está en el refrigerador.
11. ¿Cómo está usted?
12. ¿Cómo está su mamá?
13. Mi mamá está bien, gracias.
14. El paciente está mejor.
15. Mi papá está mejor, gracias.

NOTE: Pronouns are frequently dropped in Spanish. People often drop the "usted" in "¿Cómo está usted?" and simply say, "¿Cómo está?" This means "How are you?" and is absolutely complete and correct.

"Está" is a third man form and is used with anybody but yourself.

⑧ Está bien.

{
You are well.
He is well.
She is well.
It's O.K.
It's fine.
It's all right.
}

⑧ ¿Está bien?

{
Are you well?
Is he well?
Is she well?
Is it O.K.?
}

⑧ No está.

{
You aren't here.
He isn't here.
She isn't here.
It isn't here.
}

You don't need to say the word "here" in Spanish. You **can** just say, "No está."

℥ Está en casa.
$\begin{cases} \textit{You're at home.} \\ \textit{He's at home.} \\ \textit{She's at home.} \end{cases}$

REMINDER CARD 6

℥ ¿Dónde está (*Where is*)	el banco? su papá? Roberto? la crema? el dinero? mi sombrero? la estación? el teléfono?
℥ ¿Cómo está (*How are you, how is?*)	usted? Roberto? su mamá? su papá?
Bien, gracias (*Well, thank you*)	

Copy the above material onto a card. Carry the card with **you** and glance at it whenever you get a chance.

10

Lección Número Diez

las frutas

*R*emember that you can convert many English words that end in *"ce"* into Spanish if you change the *"ce"* to "cia."

$$CE = CIA$$

la ambulancia, *the ambulance*
la distancia, *the distance*
Alicia, *Alice*
Francia, *France*
la conveniencia, *the convenience*

la coincidencia, *the coincidence*
la experiencia, *the experience*
la independencia, *the independence*
la diferencia, *the difference*

You can convert many English words that end in *"cy"* into Spanish if you change the *"cy"* to "cia."

CY = CIA

la democracia, *democracy*
la agencia, *the agency*
urgencia, *urgency*
la aristocracia, *the aristocracy*
la emergencia, *the emergency*

CATEGORY XIV

Some words that end in *"ine"* in English end in "ina" in Spanish.

INE = INA

the sardine = la sardina

la gasolina
la medicina

la gabardina
la quinina

WORDS TO REMEMBER

una blusa, *a blouse*
un suéter, *a sweater*
una tienda, *a store*
el pan, *the bread*
la carne, *the meat*
la farmacia, *the drugstore*
el automóvil, *the automobile*
la agencia de automóviles, *the automobile agency*

cuándo, *when*
qué, *what*
bonito, *pretty*
chocolate, *chocolate (drink)*
chocolates, *chocolates (candy)*
Marta, *Martha*
frutas, *fruits*
rosas, *roses*

la semana pasada, *last week* (*literally, the week past*)

COMPRÉ, *I bought*
NO COMPRÉ, *I didn't buy*
§ ¿COMPRÓ USTED? *did you buy?*

§ ¿Dónde compró usted? *Where did you buy?*
§ ¿Cuándo compró usted? *When did you buy?*
§ ¿Qué compró usted?. *What did you buy?*
§ ¿Qué compró Alicia? *What did Alice buy?*
§ ¿Qué compró su mamá? *What did your mother buy?*

CONVERSACIÓN

¿Compró usted una ambulancia?
Ay no, eso es ridículo, no compré una ambulancia. Compré un automóvil.

¿Dónde compró usted el auto?
Compré el auto en la agencia de automóviles.

¿Cuándo compró usted el auto?
Compré el auto la semana pasada.

¿Qué compró Alicia en Francia?
Alicia compró perfume en Francia.

¿Es París la capital de Francia?
Sí, París es la capital de Francia.

¿Compró Alicia un sombrero en París?
Sí, Alicia compró un sombrero en París.

¿Es bonito el sombrero?
Sí, el sombrero es muy bonito.

¿Es elegante el sombrero?
Sí, el sombrero es muy elegante.

¿Compró usted un sombrero la semana pasada?
Sí, compré un sombrero la semana pasada.

¿Compró usted una blusa la semana pasada?
Sí, compré una blusa la semana pasada.

¿Dónde compró usted la blusa?
Compré la blusa en una tienda.

¿Qué compró su mamá esta mañana?
Mamá compró un suéter para mi papá esta mañana.

¿Dónde compró su mamá el suéter?
Mamá compró el suéter en la tienda.

¿Qué compró Marta esta mañana?
Marta compró carne, pan, café, espárragos, y chocolate esta mañana.

¿Qué compró Alicia esta tarde?
Alicia compró frutas esta tarde.

¿Compró usted chocolates para su mamá?
Sí, compré chocolates para mi mamá.

¿Qué compró usted en la farmacia?
Compré alcohol en la farmacia.

¿Compró usted aspirinas en la farmacia?
Sí, compré aspirinas en la farmacia.

¿Qué compró el doctor?
El doctor compró rosas para una señorita.

SENTENCE-FORMING EXERCISES

Combine the words in the columns below in different ways to form as many sentences as you can. Again, be sure to use words from each of the columns in every sentence you form.

A

1	2	3
♫ ¿Compró usted (*Did you buy?*)	carne	en una tienda
No compré (*I didn't buy*)	pan	para mi mamá
	café	para mi papá
Compré (*I bought*)	espárragos	para su mamá
♫ Compró Roberto (*Did Robert buy?*)	chocolate	para su papá
	chocolates	para Marta
♫ ¿Compró Marta	aspirinas	en Francia
♫ ¿Compró su mamá	alcohol	la semana pasada
♫ ¿Compró Alicia	un sombrero	esta mañana
♫ Alicia compró	una blusa	esta tarde
♫ Alicia no compró	el auto	esta noche
♫ Marta compró	perfume	en París
♫ Marta no compró	frutas	en la agencia de
	un suéter	automóviles
	rosas	

B

1	2
♫ ¿Qué compró Alicia (*What did Alice buy?*)	en la tienda?
♫ ¿Qué compró usted (*What did you buy?*)	en París?
♫ ¿Qué compró Roberto	esta mañana?
♫ ¿Qué compró Marta	esta tarde?
♫ ¿Qué compró su papá	en la farmacia?

C

	1	2
	¿Cuándo compró usted	la casa
	(*When did you buy?*)	el auto
		el tractor
	¿Cuándo compró Marta	el suéter
	(*When did Martha buy?*)	la blusa

EXERCISE IN TRANSLATION

Translate the following sentences into Spanish. Write out each
sentence in Spanish, using the columns above as a guide. Check
your sentences with the correct translations below this exercise.

1. Did you buy a blouse this morning?
2. Did you buy the car in the automobile agency?
3. Did you buy perfume in Paris?
4. Did you buy the car last week?
5. Did you buy chocolates for your mother?
6. Did you buy a sweater for your father?
7. I bought a hat this morning.
8. Did Martha buy a hat in Paris?
9. Alice didn't buy bread this morning.
10. What did Martha buy in the store?
11. What did Robert buy in the drugstore?
12. What did your father buy this afternoon?
13. When did you buy the house?
14. When did you buy the car?
15. When did Martha buy the blouse?

Check your sentences with the correct translations below.

1. ¿Compró usted una blusa esta mañana?
2. ¿Compró usted el auto en la agencia de automóviles?
3. ¿Compró usted perfume en París?
4. ¿Compró usted el auto la semana pasada?
5. ¿Compró usted chocolates para su mamá?
6. ¿Compró usted un suéter para su papá?
7. Compré un sombrero esta mañana.
8. ¿Compró Marta un sombrero en París?
9. Alicia no compró pan esta mañana.
10. ¿Qué compró Marta en la tienda?

11. ¿Qué compró Roberto en la farmacia?
12. ¿Qué compró su papá esta tarde?
13. ¿Cuándo compró usted la casa?
14. ¿Cuándo compró usted el auto?
15. ¿Cuándo compró Marta la blusa?

CATEGORY XIV

Some words that end in *"in"* or *"ine"* in English end in "ina" in Spanish.

$$IN = INA$$
$$INE = INA$$

the medicine = la medicina

la medicina	la vaselina	la vitamina
la quinina	la gelatina	la aspirina
la penicilina	la parafina	la cafeína
la cocaína	la glicerina	la nicotina
la aureomicina	la sardina	la doctrina
la disciplina	la gasolina	la rutina
la heroína	la gabardina	la marina
la mina		(*the navy*)
(*the mine*)		

REMINDER CARD 7

ℬ ¿Qué compró usted (*What did you buy?*)	esta mañana? esta tarde? en la farmacia? en la tienda?
ℬ ¿Qué compró María (*What did Mary buy?*)	
ℬ ¿Dónde compró usted (*Where did you buy?*)	la casa? el auto? el tractor? la blusa? el sombrero?
ℬ ¿Cuándo compró usted (*When did you buy?*)	

EXTRA WORDS

caro, *expensive*

barato, *cheap*

el precio, *the price*

la bolsa, *the purse*

agradable, *nice, agreeable*

el abogado, *the lawyer*

el ingeniero, *the engineer*

joven, *young*

viejo (masc.), *old*

vieja (fem.), *old*

11

Lección Número Once

el tren

"V isitar" means "to visit" and is the infinitive of the verb. It is called the infinitive because it is infinite; it doesn't say who visited or when anyone visited. It goes on forever with no person or time attached to it.

You can form the infinitive of all the verbs you have learned thus far by removing the "é" of the past tense, first person and adding "ar."

EXAMPLES:

invité, *I invited*	invitar, *to invite*
hablé, *I talked*	hablar, *to talk*
compré, *I bought*	comprar, *to buy*

The infinitive is a very handy form of the verb because in combination with "Voy a" (*I'm going to*) it expresses future action.

EXAMPLES:

Voy a visitar. *I'm going to visit.*
Voy a comprar. *I'm going to buy.*
Voy a hablar. *I'm going to talk.*
Voy a terminar. *I'm going to finish.*

Voy a tomar la cena. *I'm going to have dinner.*
Voy a estar en casa. *I'm going to be at home.*

(Here you use "estar" because you say WHERE you're going to be.)

ß "Va a" means:
$\begin{cases} you\ are\ going\ to & are\ you\ going\ to? \\ he\ is\ going\ to & is\ he\ going\ to? \\ she\ is\ going\ to & is\ she\ going\ to? \\ it\ is\ going\ to & is\ it\ going\ to? \end{cases}$

EXAMPLES:

ß ¿Va a San Francisco? *Are you going to San Francisco?*
ß ¿Va a Cuba? *Are you going to Cuba?*
ß ¿Va a la clase? *Are you going to the class?*
ß ¿Va a comprar una casa? *Are you going to buy a house?*
ß ¿Va a visitar a María? *Are you going to visit Mary?*

QUESTIONS	ANSWERS
ß ¿Va a tomar el tren? (*Are you going to take the train?*)	Sí, voy a tomar el tren. (*Yes, I'm going to take the train.*)
ß ¿Va a estudiar? (*Are you going to study?*)	Sí, voy a estudiar. (*Yes, I'm going to study.*)
ß ¿Va a terminar? (*Are you going to finish?*)	Sí, voy a terminar. (*Yes, I'm going to finish.*)
ß ¿Va a estar en Cuba mañana? (*Are you going to be in Cuba tomorrow?*)	Sí, voy a estar en Cuba mañana. (*Yes, I'm going to be in Cuba tomorrow.*)
ß ¿Va al cine? (*Are you going to the movies?*)	Sí, voy al cine. (*Yes, I'm going to the movies.*)

WORDS TO REMEMBER

un boleto, *a ticket*
en avión, *by plane*
en tren, *by train*
quién, *who*

naturalmente, *naturally*
probablemente, *probably*
mañana, *tomorrow*

BESÉ, *I kissed*
NO BESÉ, *I didn't kiss*
ß BESÓ, *you, he, she kissed*

> VOY A, *I'm going to*
> NO VOY A, *I'm not going to*
> ⒊ VA A,

> | | |
> |---|---|
> | *you are going to* | *are you going to?* |
> | *he, she is going to* | *is he, she going to?* |
> | *it is going to* | *is it going to?* |

⒊ "Va a estudiar" means:

> | | |
> |---|---|
> | *you are going to study* | *are you going to study?* |
> | *he is going to study* | *is he going to study?* |
> | *she is going to study* | *is she going to study?* |

Don't forget that the third man form stands for everybody (singular) in the world except yourself.

CONVERSACIÓN

¿Va a visitar a María en San Francisco? (*Are you going to visit Mary in San Francisco?*)

Sí, voy a visitar a María en San Francisco.

¿Va a San Francisco en avión? (*Are you going to San Francisco by plane?*)

No, no voy a San Francisco en avión.

¿Va a San Francisco en tren?

Sí, voy a San Francisco en tren.

¿Va a comprar un boleto?

Sí, voy a comprar un boleto.

¿Dónde va a comprar el boleto?

Voy a comprar el boleto en la estación.

¿Dónde va a tomar el tren?

Voy a tomar el tren en la estación.

¿Quién va a tomar su boleto en el tren?

El conductor va a tomar mi boleto en el tren.

¿Va a hablar con el conductor?

Sí, voy a hablar con el conductor.

¿Va a besar al conductor?

Ay no, eso es ridículo, no voy a besar al conductor.

¿Va a tomar la cena en el tren?

Sí, voy a tomar la cena en el tren.

¿Va a hablar con una señorita en el tren?
Sí, probablemente voy a hablar con una señorita en el tren.

¿Va a estudiar en el tren?
Sí, voy a estudiar en el tren.

¿Va a terminar la composición para la clase en el tren?
Sí, voy a terminar la composición para la clase en el tren.

¿Va a besar a María en la estación en San Francisco?
Sí, voy a besar a María en la estación.

¿Va a estacionar su auto en frente de la casa de María?
No, no voy a estacionar mi auto en frente de la casa de María. Mi auto no está en San Francisco.

¿Dónde está su auto?
Mi auto está en casa.

¿Va a tomar un taxi en frente de la estación con María?
Sí, voy a tomar un taxi en frente de la estación con María.

¿Va a fotografiar a María?
Sí, voy a fotografiar a María con mi cámara.

¿Va a invitar a María al cine en San Francisco?
Sí, voy a invitar a María al cine.

¿Va a comprar los boletos para el cine?
Sí, naturalmente, voy a comprar los boletos para el cine.

¿Va a estar en San Francisco mañana?
No, no voy a estar en San Francisco mañana.

SENTENCE-FORMING EXERCISE

Combine the words below in different ways to form as many sentences as you can. Be sure to use words from each of the columns in every sentence you form.

1	2	3	4
Voy a	estudiar	la lección	esta tarde
(*I'm going to*)	terminar	la composición	mañana
	estar (*to be*)	en casa	esta mañana
	estacionar	(*at home*)	esta noche

3 ¿Va a (*Are you going to?*)	hablar con comprar besar a fotografiar a visitar a invitar a tomar Cuba la clase	su auto el doctor un sombrero María Roberto su mamá Alicia la cena un taxi el tren	a la fiesta (*to the party*)

EXERCISE IN TRANSLATION

Translate the following sentences into Spanish. Write out each sentence in Spanish, using the columns above as a guide. Check your sentences with the correct translations below this exercise.

1. I'm going to take a taxi.
2. I'm going to buy a car.
3. I'm going to visit Mary tonight.
4. I'm going to buy a hat this afternoon.
5. I'm going to be at home this morning.
6. I'm going to study the lesson this afternoon.
7. I'm going to invite Alice to the party.
8. Are you going to finish the composition?
9. Are you going to Cuba?
10. Are you going to the class?
11. Are you going to be at home tonight?
12. Are you going to park your car?

Check your sentences with the correct translations below.

1. Voy a tomar un taxi.
2. Voy a comprar un auto.
3. Voy a visitar a María esta noche.
4. Voy a comprar un sombrero esta tarde.
5. Voy a estar en casa esta mañana.
6. Voy a estudiar la lección esta tarde.
7. Voy a invitar a Alicia a la fiesta.
8. ¿Va a terminar la composición?
9. ¿Va a Cuba?
10. ¿Va a la clase?
11. ¿Va a estar en casa esta noche?
12. ¿Va a estacionar su auto?

CATEGORY XV

You can convert many English words that end in *"ive"* into Spanish by changing the *"ive"* to "ivo."

IVE = IVO
active = activo
the explosive = el explosivo

abusivo	destructivo	instintivo	perceptivo
activo	digestivo	(*instinctive*)	posesivo
adhesivo	efectivo	instructivo	positivo
adjetivo	evasivo	interrogativo	primitivo
(*adjective*)	excesivo	intransitivo	productivo
agresivo	exclusivo	intuitivo	progresivo
alternativo	expansivo	inventivo	provocativo
atractivo	explosivo	legislativo	receptivo
colectivo	expresivo	lucrativo	reflexivo
comparativo	fugitivo	motivo	relativo
consecutivo	furtivo	narrativo	repulsivo
conservativo	imaginativo	nativo	respectivo
creativo	imperativo	negativo	retroactivo
decisivo	impulsivo	nutritivo	sedativo
defectivo	incentivo	objetivo	subversivo
defensivo	incisivo	(*objective*)	superlativo
definitivo	indicativo	ofensivo	transitivo
derivativo	infinitivo	opresivo	
descriptivo	informativo	pasivo	

POR is used with communications and time.

> EXAMPLES: por radio, *on the radio*
> por una hora, *for an hour*

PARA is used with people and occasions.

> EXAMPLES: para mi mamá, *for my mother*
> para la fiesta, *for the party*

POR (communications, time)   **PARA** (people, occasions)

POR (communications, time)	PARA (people, occasions)
por cable, *by cable*	para mi mamá, *for my mother*
por teléfono, *on the phone*	para Roberto, *for Robert*
por radio, *on the radio*	para mí, *for me*
por televisión, *on television*	para el doctor, *for the doctor*
por una hora, *for an hour*	para la clase, *for the class*
por una semana, *for a week*	para la fiesta, *for the party*

REMINDER CARD 8

Voy a	comprar	una casa
(*I'm going to*)	visitar a	María
	estar (*to be*)	en casa
₿ ¿Va a	estudiar	la lección
(*Are you going to?*)	Cuba	esta noche
	la clase	mañana
₿ Va a	tomar	la cena
(*You are going to*)		un taxi
		el avión
		el tren

Test Your Progress

*N*ow that you have completed eleven lessons this is a good place to pause and see what you have learned. The following test is chosen from the categories of words that you should know at this point. Let's see how well you have learned them.

TEST I

Fill in the blanks with the Spanish equivalents of the following English words. You should be able to complete this test in fifteen minutes.

1. the actor ——————
2. natural ——————
3. the president ——————
4. the favor ——————
5. elastic ——————
6. probable ——————
7. the restaurant ——————
8. artistic ——————
9. the cable ——————
10. superior ——————
11. the doctor ——————
12. important ——————
13. urgent ——————
14. the client ——————
15. personal ——————
16. the license ——————
17. the aspirin ——————
18. descriptive ——————
19. curiosity ——————
20. the situation ——————
21. delicious ——————
22. flexible ——————
23. the agency ——————
24. attractive ——————
25. the sardine ——————
26. terrible ——————
27. the dentist ——————
28. generous ——————
29. the invitation ——————
30. insignificant ——————
31. the optimist ——————
32. famous ——————

33. the action ————————
34. the pianist ————————
35. meticulous ————————
36. the university ————————
37. the tractor ————————
38. prosperity ————————
39. the telegram ————————
40. the production ————————
41. the distance ————————

42. the medicine ————————
43. television ————————
44. the coincidence ————————
45. active ————————
46. electricity ————————
47. the recommendation ————
48. excellent ————————
49. the responsibility ————
50. the tendency ————————

That was a fair test. Each word illustrated something you have learned by now if you have read the lessons seriously.

Now check your words with the correct answers below. If you have made no more than six errors you are doing superior work. Continue to read the lessons as carefully as you have before.

If you have not written more than twenty-five words correctly, you are only hitting the high spots. I suggest that you review the categories before you go on to the next lesson.

1. el actor
2. natural
3. el presidente
4. el favor
5. elástico
6. probable
7. el restaurante
8. artístico
9. el cable
10. superior
11. el doctor
12. importante
13. urgente
14. el cliente
15. personal
16. la licencia
17. la aspirina

18. descriptivo
19. curiosidad
20. la situación
21. delicioso
22. flexible
23. la agencia
24. atractivo
25. la sardina
26. terrible
27. el dentista
28. generoso
29. la invitación
30. insignificante
31. el optimista
32. famoso
33. la acción
34. el pianista

35. meticuloso
36. la universidad
37. el tractor
38. prosperidad
39. el telegrama
40. la producción
41. la distancia
42. la medicina
43. televisión
44. la coincidencia
45. activo
46. electricidad
47. la recomendación
48. excelente
49. la responsabilidad
50. la tendencia

TEST II

This test will show you how well you have learned the verbs. Fill in the blanks with the Spanish equivalents of the following English words. You should be able to complete this test in ten minutes.

1. I prepared. ————————

2. Did you take? ————————

3. I didn't invite. ————————

4. I visited. ————————

5. I talked. ————————

6. Did you talk? ————————

7. Robert talked. ————————

8. I bought. ————————

9. Did you buy? ————————

10. I'm going to invite. ————————
————————————————

11. Are you going to visit? ——
————————————————

12. I'm going to Cuba. ————
————————————————

13. I didn't prepare. ————————

14. I invited. ————————

15. Robert visited. ————————

16. Are you going to buy? ——
————————————————

17. I'm going to take. ————————
————————————————

18. I'm going to talk. ————————
————————————————

19. Are you going to talk? ——
————————————————

20. I'm going to study. ————————
————————————————

This test is not easy. If you have 15 or more correct answers your work is superior. If you have less than 10 correct answers you should review the verbs before you go on to the next lesson.

Check your verbs with the correct answers below.

1. Preparé.
2. ¿Tomó usted?
3. No invité.
4. Visité.
5. Hablé.
6. ¿Habló usted?
7. Roberto habló.
8. Compré.
9. ¿Compró usted?
10. Voy a invitar.

11. ¿Va a visitar?   16. ¿Va a comprar?
12. Voy a Cuba.   17. Voy a tomar.
13. No preparé.   18. Voy a hablar.
14. Invité.   19. ¿Va a hablar?
15. Roberto visitó.   20. Voy a estudiar.

TEST III

The following test will show you how well you can understand Spanish sentences written on the subjects you have learned. Write the English equivalents of the following Spanish sentences. You should be able to complete this test in ten minutes.

1. Es importante.
2. El programa es muy interesante.
3. Preparé la lección esta mañana.
4. Tomé la cena con Roberto anoche.
5. María habló por teléfono.
6. Hablé de México en la clase.
7. ¿Copió usted la composición?
8. Mi papá estacionó el auto.
9. ¿Quién habló por teléfono esta mañana?
10. ¿Quién entró?
11. El paciente preocupó al doctor.
12. ¿Cómo está usted?
13. Compré una blusa esta mañana.
14. ¿Qué compró Alicia esta tarde?
15. ¿Cuándo compró usted la casa?
16. ¿Dónde está mi sombrero?
17. ¿Va a estar en Cuba mañana?
18. Voy al cine esta noche.
19. Voy a tomar la cena en el tren.
20. ¿Quién va a comprar los boletos?

This was an easy test. If you have eighteen or more correct answers you are doing superior work. If you have less than twelve correct answers you are not reading the lessons carefully enough. Try to do better on the next lessons.

Check your sentences with the correct translations below.

1. It's important.
2. The program is very interesting.
3. I prepared the lesson this morning.
4. I had dinner with Robert last night.
5. Mary called up.
6. I talked about Mexico in the class.

7. Did you copy the composition?

8. My father parked the car (auto).

9. Who called up this morning?

10. Who came in? (Who went in?)

11. The patient worried the doctor.

12. How are you?

13. I bought a blouse this morning.

14. What did Alice buy this afternoon?

15. When did you buy the house?

16. Where is my hat?

17. Are you going to be in Cuba tomorrow? (Is he, she going to be in Cuba tomorrow?)

18. I'm going to the movies tonight.

19. I'm going to have dinner on the train.

20. Who is going to buy the tickets?

Lección Número Doce

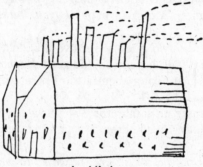

la fábrica

$\mathcal{V}$a a comprar" is a third man form and means:

you are going to buy	*are you going to buy?*
he is going to buy	*is he going to buy?*
she is going to buy	*is she going to buy?*

In fact, it refers to anybody (singular) in the world except yourself.

When pupils reach this point they often ask, "How do you know who's going to buy, if it can mean so many different persons?" The answer is that people always know the subject of their conversation. If they are talking about Charles, it obviously means that Charles is going to buy. If they are talking about Mary, it means that Mary is going to buy, and so on.

In Spanish you always establish the subject of conversation and continue to talk in the third man form indefinitely. Everyone knows that if you are talking about Charles, everything you say is about Charles, although you don't mention him again. Then, when you want to change the subject, you mention somebody else. For example, "Is Mary going to San Francisco too?" This starts a whole conversation about Mary.

One day, one of my pupils asked a Mexican visitor, "How do you know what you're talking about?" The Mexican smiled and answered, "Señorita, Mexicans always know what they're talking about, don't Americans?"

1. ¿Va a comprar la casa? *Are you going to buy the house?*
2. ¿Va a comprar la casa su papá? *Is your father going to buy the house?*

Notice that the two questions above are identical except that the words "su papá" have been added to the second. This word order is used when asking about a third person in the future.

EXAMPLES:

1. ¿Va a comprar un sombrero? *Are you going to buy a hat?*
2. ¿Va a comprar un sombrero su mamá? *Is your mother going to buy a hat?*
1. ¿Va a estacionar el auto? *Are you going to park the car?*
2. ¿Va a estacionar el auto Roberto? *Is Robert going to park the car?*
1. ¿Va a tomar un taxi? *Are you going to take a taxi?*
2. ¿Va a tomar un taxi María? *Is Mary going to take a taxi?*

WORDS TO REMEMBER

la universidad, *the university*	mañana, *tomorrow*
la fábrica, *the factory*	cuándo, *when*
Carlos, *Charles*	probablemente, *probably*
qué, *what*	

TRABAJAR, *to work*   TRABAJÉ, *I worked*
NO TRABAJÉ, *I didn't work*
§ ¿TRABAJÓ USTED? *Did you work?*
Voy a trabajar. *I'm going to work*
§ ¿Va a trabajar Carlos? *Is Charles going to work?*

CONVERSACIÓN

¿Va a trabajar mañana?
Sí, voy a trabajar mañana.

¿Dónde va a trabajar?
Voy a trabajar en la universidad.

¿Va a trabajar mañana el profesor?
Sí, el profesor va a trabajar mañana.

¿Dónde va a trabajar el profesor?
El profesor va a trabajar en la universidad.

¿Va a trabajar mañana su papá?
Sí, papá va a trabajar mañana.

¿Dónde va a trabajar su papá?
Papá va a trabajar en la oficina.

¿Va a trabajar esta tarde el doctor?
Sí, el doctor va a trabajar esta tarde.

¿Dónde va a trabajar el doctor?
El doctor va a trabajar en el hospital.

¿Va a trabajar mañana Carlos?
Sí, Carlos va a trabajar mañana.

¿Dónde va a trabajar Carlos?
Carlos va a trabajar en la fábrica.

¿Dónde va a trabajar María?
María va a trabajar en casa.

¿Va a comprar una casa su papá?
Sí, papá va a comprar una casa.

¿Va a comprar una casa en San Francisco?
No, no va a comprar una casa en San Francisco.

¿Dónde va a comprar la casa?
Va a comprar la casa en Santa Barbara.

¿Cuándo va a comprar la casa?
Va a comprar la casa mañana.

¿Va a comprar una casa su mamá?
No, no va a comprar una casa.

¿Qué va a comprar su mamá?
Va a comprar un sombrero y un suéter para papá.

¿Va a comprar una blusa?
Sí, probablemente va a comprar una blusa.

¿Compró usted un radio?   ¿Compró usted una blusa?
No, no compré un radio.   No, no compré una blusa.

    ¿Va a comprar un radio?
    Sí, probablemente va a comprar un radio.

SENTENCE-FORMING EXERCISES

Combine the words below in different ways to form as many sentences as you can. Just be sure to use words from each of the columns in every sentence you form.

A

1	2	3	4
¿Va a	comprar	una casa	Roberto?
	trabajar	mañana	María?
	tomar	la cena	Carlos?
	hablar	por teléfono	Alicia?
	estacionar	el auto	el doctor?
	estudiar	la lección	su mamá?
	preparar	el radio	su papá?
	instalar	un taxi	Marta?

B

1	2	3	4
María	va a	exportar	café
Carlos	(*is going to*)	importar	perfume
Alicia		recitar	un poema
Marta		votar	mañana
Roberto		copiar	la lección
El doctor		visitar	al paciente
Mi mamá		aceptar	la invitación
Mi papá		trabajar	esta tarde
		tomar	la cena
			un taxi

EXERCISE IN TRANSLATION

Translate the following sentences into Spanish. Write out each sentence in Spanish, using the columns above as a guide. Check your sentences with the correct translations below this exercise.

1. Is Robert going to buy a house?
2. Is Mary going to work tomorrow?
3. Is Charles going to park the car?
4. Is your father going to take a taxi?
5. Is your mother going to prepare dinner?
6. Is the doctor going to buy the car?
7. Is Charles going to prepare the lesson?
8. Is Martha going to have (take) dinner?
9. Charles is going to import coffee.
10. Martha is going to vote tomorrow.
11. The doctor is going to visit the patient.
12. My mother is going to accept the invitation.
13. My father is going to have (take) dinner.
14. Alice is going to take a taxi.
15. Mary is going to recite a poem.

Check your sentences with the correct translations below.

1. ¿Va a comprar una casa Roberto?
2. ¿Va a trabajar mañana María?
3. ¿Va a estacionar el auto Carlos?
4. ¿Va a tomar un taxi su papá?
5. ¿Va a preparar la cena su mamá?
6. ¿Va a comprar el auto el doctor?
7. ¿Va a preparar la lección Carlos?
8. ¿Va tomar la cena Marta?
9. Carlos va a importar café.
10. Marta va a votar mañana.
11. El doctor va a visitar al paciente.
12. Mi mamá va a aceptar la invitación.
13. Mi papá va a tomar la cena.
14. Alicia va a tomar un taxi.
15. María va a recitar un poema.

The plural of "voy a" and "va a" is "vamos a" (*we are going to*) and "van a" (*they are going to*).

IR, *to go*

VOY A (*I'm going to*)	VAMOS A (*we are going to*)
𝕊 VA A (*you are going to, he, she, it is going to*)	𝕊𝕊 VAN A (*they, you* (pl.) *are going to*)

Notice that there are two third man figures before the plural third man form. The plural third man form of the verbs will be indicated by two third man figures throughout the book.

SINGULAR

PLURAL

Voy a trabajar. *I'm going to work.*

Vamos a trabajar. *We are going to work.*

⚇ Va a trabajar. *You are going to work.*

⚇⚇ Van a trabajar. *They are going to work.*

Fill in the blanks below with the following words:

trabajar
estudiar
votar
hablar por teléfono

visitar a María
invitar a Carlos
tomar la cena
comprar una casa

1. Voy a ———————————————
   (*I'm going to*)

2. Va a ——————————————————
   (*You are going to*)

3. Vamos a ———————————————
   (*We are going to*)

4. Van a ——————————————————
   (*They are going to*)

5. Carlos va a —————————————
   (*Charles is going to*)

"Vamos a" means *"we are going to"* and also *"let's"* or *"let's go"* (to a place).

Vamos al cine. *Let's go to the movies.*
Vamos al parque. *Let's go to the park.*
Vamos a la fiesta. *Let's go to the party.*
Vamos a terminar. *Let's finish.*

REMINDER CARD 9

Voy a (*I'm going to*)	tomar la cena tomar un taxi hablar por teléfono
ᗷ Va a (*You are going to*)	comprar una blusa trabajar mañana
Vamos a (*We are going to,*) (*let's go, let's*)	votar a la fiesta al cine a la clase
ᗷᗷ Van a (*They are going to*)	

EXTRA WORDS

el **sábado**, *Saturday, on Saturday*

el **domingo**, *Sunday, on Sunday*

el **lunes**, *Monday, on Monday*

el **martes**, *Tuesday, on Tuesday*

el **miércoles**, *Wednesday, on Wednesday*

el **jueves**, *Thursday, on Thursday*

el **viernes**, *Friday, on Friday*

I'm going to a party on Saturday. Voy a una fiesta el sábado.

In Spanish you NEVER say "on Saturday" but simply "the Saturday."

FUTURE TENSE

There is a future tense in Spanish which is not frequently used in conversation. You will find it used more often in written Spanish.

Add the following endings to the complete infinitive.

É (*I*)	EMOS (*we*)
ᗷ Á (*you*)	ᗷᗷ ÁN (*they*)

COMPRAR, *to buy*

COMPRARÉ (*I shall buy*)	COMPRAREMOS (*we shall buy*)
𝕊 COMPRARÁ (*you will buy*)	𝕊𝕊 COMPRARÁN (*they will buy*)

VENDER, *to sell*

VENDERÉ (*I shall sell*)	VENDEREMOS (*we shall sell*)
𝕊 VENDERÁ (*you will sell*)	𝕊𝕊 VENDERÁN (*they will sell*)

ESCRIBIR, *to write*

ESCRIBIRÉ (*I shall write*)	ESCRIBIREMOS (*we shall write*)
𝕊 ESCRIBIRÁ (*you will write*)	𝕊𝕊 ESCRIBIRÁN (*they will write*)

You needn't learn this tense now. Just look it over and remember that it exists.

13

Lección Número Trece

el calendario

VERBS THAT END IN "ER" AND "IR"

*A*ll the verbs you have learned thus far end in "ar" in the infinitive. However, there are two other kinds of verbs in Spanish, which end in "er" or in "ir" in the infinitive.

EXAMPLES:

RECIBIR, *to receive* DESCRIBIR, *to describe*
ESCRIBIR, *to write* COMPRENDER, *to understand*

SERVIR, *to serve* VENDER, *to sell*

Voy a recibir. *I'm going to receive.*

¿Va a servir café? *Are you going to serve coffee?*

WORDS TO REMEMBER

el diccionario, *the dictionary* un diario, *a diary*
el calendario, *the calendar* por favor, *please*
el dormitorio, *the bedroom* absolutamente, *absolutely*

discreto, *discreet*

la secretaria, *the secretary* (*fem.*)

el notario público, *the notary public*

el obituario, *the obituary*

una carta, *a letter*

muchos (masc.), *many*

muchas (fem.), *many*

muchos teléfonos, *many telephones*

muchas cartas, *many letters*

es terrible, *it's terrible, is it terrible?*

eso es terrible, *that is terrible*

es necesario, *it's necessary, is it necessary?*

es necesario escribir, *it is necessary to write, is it necessary to write?*

el directorio de teléfono, *the telephone directory*

hay, *there is, there are, is there? are there?*

el despacho, *the office*

> NOTE: "Despacho" and "oficina" both mean "office." In some countries "despacho" is more common, in others, "oficina." It's good to know both.

CONVERSACIÓN

¿Va a recibir muchas cartas esta mañana?
Sí, voy a recibir muchas cartas esta mañana.

¿Va a escribir muchas cartas esta mañana?
Sí, voy a escribir muchas cartas esta mañana.

¿Va a escribir el directorio de teléfono?
Ay no, eso es absolutamente ridículo. No voy a escribir el directorio de teléfono.

¿Va a escribir un obituario?
Por favor, profesor, eso es terrible. No voy a escribir un obituario.

¿Va a escribir un diario en el despacho?
No, no voy a escribir un diario en el despacho. No es discreto.

¿Va a escribir un poema en el despacho?
No, no voy a escribir un poema en el despacho.

¿Va a recibir muchas cartas su papá?
Sí, papá va a recibir muchas cartas.

¿Va a recibir muchas cartas la secretaria?
Sí, la secretaria va a recibir muchas cartas.

¿Va a escribir muchas cartas la secretaria?
Sí, la secretaria va a escribir muchas cartas.

¿Va a hablar con el notario su papá?
Sí, papá va a hablar con el notario público.

¿Hay un diccionario en su despacho?
No, es terrible, pero no hay un diccionario en mi despacho.

¿Va a comprar un diccionario la secretaria?
Sí, la secretaria va a comprar un diccionario.

¿Es necesario comprar un diccionario para el despacho?
Sí, es necesario comprar un diccionario para el despacho.

¿Es necesario escribir cartas en el despacho?
Sí, es necesario escribir muchas cartas en el despacho.

¿Hay muchos teléfonos en el despacho?
Sí, hay muchos teléfonos en el despacho.

¿Hay un calendario en el despacho?
Sí, hay un calendario en el despacho.

¿Hay un canario en el despacho?
No, no hay un canario en el despacho.

¿Hay un dormitorio en el despacho?
Ay no, no hay un dormitorio en el despacho.

¿Hay un dormitorio en su casa?
Sí, hay un dormitorio en mi casa.

¿Va a servir café la secretaria?
Sí, la secretaria va a servir café en el despacho.

¿Va a servir sandwiches la secretaria?
No, la secretaria no va a servir sandwiches.

¿Va a vender sandwiches la secretaria?
No, eso es ridículo, la secretaria no va a vender sandwiches.

¿Va a vender automóviles la secretaria?
No, la secretaria no va a vender automóviles.

¿Quién va a vender automóviles?
El agente de automóviles va a vender automóviles.

¿Va a hablar con la secretaria Carlos?
Sí, Carlos va a hablar con la secretaria.

¿Va a comprender la conversación Carlos?
Sí, naturalmente, Carlos va a comprender la conversación.

¿Va a recibir muchas cartas Carlos?
Sí, Carlos va a recibir muchas cartas.

¿Va a comprender las cartas Carlos?
Sí. Carlos va a comprender las cartas.

SENTENCE-FORMING EXERCISES

Combine the words below in different ways to form as many
sentences as you can. Just be sure to use words from each of the
columns in every sentence you form.

A

1	2	3	4
¿Va a	recibir	la carta	Carlos?
	servir	sandwiches	María?
	escribir	un poema	Roberto?
	comprender	la lección	el estudiante?
	vender	la casa	su papá?
		el radio	Alicia?
		café	Marta?
		el cable	su secretaria?
		el telegrama	

B

1	2	3	4
Carlos	va a	recibir	el cable
María	(is going to)	escribir	una carta
Roberto		servir	café
El estudiante		comprender	la conversación
Mi mamá		vender	el fonógrafo
Mi papá		describir	el accidente
La secretaria			una composición

EXERCISE IN TRANSLATION

Translate the following sentences into Spanish. Write out each sentence in Spanish, using the columns above as a guide. Check your sentences with the correct translations below this exercise.

1. Is Mary going to write the letter?
2. Is Charles going to sell the radio?
3. Is your father going to sell the house?
4. Is Alice going to serve coffee?
5. Is Martha going to understand the cable?
6. Is your secretary going to receive the telegram?
7. Is Robert going to understand the lesson?
8. Charles is going to write a letter.
9. Mary is going to sell the phonograph.
10. Mary is going to write a composition.
11. My mother is going to serve coffee.
12. Charles is going to receive the cable.

Check your sentences with the correct translations below.

1. ¿Va a escribir la carta María?
2. ¿Va a vender el radio Carlos?
3. ¿Va a vender la casa su papá?
4. ¿Va a servir café Alicia?
5. ¿Va a comprender el cable Marta?
5. ¿Va a recibir el telegrama su secretaria?
7. ¿Va a comprender la lección Roberto?
8. Carlos va a escribir una carta.
9. María va a vender el fonógrafo.
10. María va a escribir una composición.
11. Mi mamá va a servir café.
12. Carlos va a recibir el cable.

EXTRA WORDS

la pluma, *the pen*
el lápiz, *the pencil*
la tinta, *the ink*
el paquete, *the package*
el sobre, *the envelope*
el papel, *the paper*

el escritorio, *the desk*
el correo, *the post office*
correo aéreo, *air mail*
la estampilla, *the stamp*
el buzón, *the mailbox*
el cartero, *the mailman*
mi jefe, *my boss (my chief)*

In some cases if you add "ly" to English adjectives, they become adverbs.

EXAMPLE:

constant + ly = constantly

If you add "mente" to Spanish adjectives, they become adverbs.

EXAMPLE:

constante + mente = constantemente (*constantly*)

LY = MENTE

SPANISH	ENGLISH

principalmente, *principally*
personalmente, *personally*
generalmente, *generally*
naturalmente, *naturally*
posiblemente, *possibly*
probablemente, *probably*
normalmente, *normally*
finalmente, *finally*

If a Spanish adjective ends in "o," change the "o" to "a" and add "mente."

ADJECTIVES	ADVERBS
completo, *complete*	completamente, *completely*
rápido, *rapid*	rápidamente, *rapidly*
público, *public*	públicamente, *publicly*
íntimo, *intimate*	íntimamente, *intimately*
comparativo, *comparative*	comparativamente, *comparatively*
absoluto, *absolute*	absolutamente, *absolutely*

14

Lección Número Catorce

la guitarra

PAST TENSE OF
"ER" AND "IR" VERBS

The past tense endings of "ar" verbs are "é" for the first person, "ó" for anybody else (singular).

EXAMPLE:

comprar, *to buy*   compré, *I bought*   § compró, *anybody else bought*

The past tense of "er" and "ir" verbs is formed by removing the "er" or the "ir" and adding "í" for the first person singular and "ió" for anybody else (singular).

EXAMPLE:

recibir, *to receive*	recibí, *I received*	§ recibió, *anybody else re-received*
escribir *to write*	escribí, *I wrote*	§ escribió, *anybody else wrote*
vender, *to sell*	vendí, *I sold*	§ vendió, *anybody else sold*
comprender, *to understand*	comprendí, *I understood*	§ comprendió, *anybody else understood*
describir, *to describe*	describí, *I described*	§ describió, *anybody else described*

WRITTEN EXERCISE

Following is a list of "er" and "ir" infinitives converted into the past tense.

1. Cover up the two right-hand columns.
2. Remove "er" or "ir" from the infinitive in the left-hand column.
3. Add "í" for "I" as in the second column below.
4. Add "ió" for anybody else (third man) as in the third column below.
5. Check your columns with those below.

VERB LIST

INFINITIVES	I	YOU, HE, SHE, IT
asistir, *to attend*	asistí	asistió
batir, *to beat* (*eggs*)	batí	batió
confundir, *to confuse*	confundí	confundió
consistir, *to consist*	consistí	consistió
decidir, *to decide*	decidí	decidió
describir, *to describe*	describí	describió
descubrir, *to discover*	descubrí	descubrió
discutir, *to discuss*	discutí	discutió
dividir, *to divide*	dividí	dividió
escribir, *to write*	escribí	escribió
evadir, *to evade*	evadí	evadió
exhibir, *to exhibit*	exhibí	exhibió
existir, *to exist*	existí	existió
interrumpir, *to interrupt*	interrumpí	interrumpió
invadir, *to invade*	invadí	invadió
ocurrir, *to happen*	ocurrí	ocurrió
permitir, *to allow*	permití	permitió
persuadir, *to persuade*	persuadí	persuadió
prohibir, *to prohibit*	prohibí	prohibió
recibir, *to receive*	recibí	recibió
resistir, *to resist*	resistí	resistió
sufrir, *to suffer*	sufrí	sufrió
vivir, *to live*	viví	vivió
absorber, *to absorb*	absorbí	absorbió

aprehender, *to arrest*	aprehendí	𝔅 aprehendió
cometer, *to commit*	cometí	𝔅 cometió
comprender, *to understand*	comprendí	𝔅 comprendió
conmover, *to move emotionally*	conmoví	𝔅 conmovió
convencer, *to convince*	convencí	𝔅 convenció
depender, *to depend*	dependí	𝔅 dependió
disolver, *to dissolve*	disolví	𝔅 disolvió
exceder, *to exceed*	excedí	𝔅 excedió
extender, *to extend*	extendí	𝔅 extendió
favorecer, *to favor*	favorecí	𝔅 favoreció
mover, *to move*	moví	𝔅 movió
ofender, *to offend*	ofendí	𝔅 ofendió
ofrecer, *to offer*	ofrecí	𝔅 ofreció
proceder, *to proceed*	procedí	𝔅 procedió
resolver, *to solve, resolve*	resolví	𝔅 resolvió
suspender, *to suspend*	suspendí	𝔅 suspendió
vender, *to sell*	vendí	𝔅 vendió

Lord Melbourne said, "Wealth is so much the greatest good that Fortune has to bestow that in the Latin and English languages it has usurped her name."

The use of the word "fortune" to mean both wealth and good luck may indicate that in the eyes of the Romans no one could accumulate a fortune without help from Fortuna, the goddess of chance. Therefore, wealth came from good luck and not necessarily good luck from wealth. Be that as it may, Spanish is a daughter of the Latin language and accepts the relationship between the two words. "Fortuna" means both wealth and good luck in Spanish. "Por fortuna" means fortunately, and "afortunado," fortunate.

WORDS TO REMEMBER

por fortuna, *fortunately*
la música, *the music*
español, *Spanish*
el parque, *the park*
especialmente, *specially*
de, *of, from, about*

la guitarra, *the guitar*
la persona, *the person*
sus experiencias, *his experiences*
magnífica, *magnificent* (*used very much*)

las tiendas, *the stores*   muy bien, *very well*
una carta interesante, *an interesting letter*

Notice that "interesante" follows "carta." The adjective usually
follows the noun in Spanish.

ESCRIBIR, *to write*   RECIBIR, *to receive*
ESCRIBÍ, *I wrote*   RECIBÍ, *I received*
§ ¿ESCRIBIÓ USTED? *did*   § RECIBIÓ USTED? *did you*
   you write?   *receive?*
COMPRENDER, *to under-*   VENDER, *to sell*
   stand   VENDÍ, *I sold*
COMPRENDÍ, *I understood*   § ¿VENDIÓ USTED? *did*
§ ¿COMPRENDIÓ USTED?   *you sell?*
   did you understand?

CONVERSACIÓN

¿Escribió usted una carta esta mañana?
No, esta mañana no escribí una carta.

¿Recibió usted una carta esta mañana?
Sí, esta mañana recibí una carta en español.

¿Comprendió usted la carta?
Sí, por fortuna comprendí la carta muy bien.

¿Recibió usted la carta de México?
No, no recibí la carta de México. Recibí la carta de un amigo en
Colombia.

¿Escribió su amigo en español?
Sí, mi amigo escribió en español.

¿Escribió su amigo una carta interesante?
Sí, mi amigo escribió una carta muy interesante.

¿Escribió su amigo de sus experiencias en Colombia?
Sí, mi amigo escribió de muchas experiencias interesantes en
Colombia.

¿Habló su amigo con muchas personas en Bogotá?
Sí, mi amigo habló con muchas personas en Bogotá.

¿Entró su amigo a muchas tiendas en Bogotá?
Sí, mi amigo entró a muchas tiendas en Bogotá.

¿Compró su amigo una guitarra en Colombia?
Sí, mi amigo compró una guitarra magnífica en Colombia.

¿Fotografió su amigo a muchas personas en Colombia?

Sí, mi amigo fotografió a las señoritas, a los actores, a los guitarristas y a muchas personas en general.

¿Describió su amigo las fiestas?

Sí, mi amigo describió las fiestas. Escribió mucho de la música, especialmente de la música de guitarra.

¿Vendió su amigo muchos automóviles en Bogotá?

Sí, mi amigo vendió muchos autos en Bogotá. Mi amigo es agente de automóviles.

¿Vendió su amigo sombreros en Colombia?

Ay no, mi amigo no vendió sombreros. Vendió tractores y automóviles.

¿Vendió usted tractores y automóviles en Colombia?

No, no vendí tractores y automóviles en Colombia.

¿Vendió usted blusas en Colombia?

No, no vendí blusas en Colombia.

¿Vendió usted rosas en el parque?

Ay no, eso es absolutamente ridículo. No vendí rosas en el parque.

¿Vendió usted su honor?

Por favor, profesor, eso es terrible. No vendí mi honor.

SENTENCE-FORMING EXERCISES

Combine the words below in different ways to form as many sentences as you can. Just be sure to use words from each of the three columns in every sentence you form.

A

1	2	3
ℰ ¿Recibió usted (*Did you receive?*)	una carta	de México
	muchas cartas	de Carlos
Recibí (*I received*)	un telegrama	de mi papá
ℰ ¿Escribió usted (*Did you write?*)	un cable	esta mañana
	un paquete	en el despacho
Escribí (*I wrote*)	(*a package*)	anoche (*last night*)
	un poema	en la clase
	una composición	

B

1	2	3
§ ¿Vendió usted (*Did you sell?*)	la casa	la semana pasada (*last week*)
Vendí (*I sold*)	el radio	esta mañana
§ ¿Compró usted (*Did you buy?*)	el fonógrafo	esta tarde
Compré (*I bought*)	un rancho	esta noche
	el auto	en Colombia
	la guitarra	en México
	el tractor	en la tienda
	un diccionario	

EXERCISE IN TRANSLATION

Translate the following sentences into Spanish. Write out each sentence in Spanish, using the columns above as a guide. Check your sentences with the correct translations below this exercise.

1. Did you receive a letter this morning?
2. Did you receive a cable from Charles?
3. Did you receive a telegram from my father?
4. I received many letters this morning.
5. I received a telegram from my father.
6. I received a package from Mexico.
7. I wrote a composition last night.
8. I wrote a letter this morning.
9. Did you write a poem?
10. Did you sell the house last week?
11. Did you sell the radio this morning?
12. Did you sell the car this afternoon?
13. Did you buy the guitar in Colombia?
14. I bought the car in Mexico.
15. I bought a ranch in Mexico.

Check your sentences with the correct translations below.

1. ¿Recibió usted una carta esta mañana?
2. ¿Recibió usted un cable de Carlos?
3. ¿Recibió usted un telegrama de mi papá?
4. Recibí muchas cartas esta mañana.
5. Recibí un telegrama de mi papá.
6. Recibí un paquete de México.
7. Escribí una composición anoche.
8. Escribí una carta esta mañana.

9. ¿Escribió usted un poema?
10. ¿Vendió usted la casa la semana pasada?
11. ¿Vendió usted el radio esta mañana?
12. ¿Vendió usted el auto esta tarde?
13. ¿Compró usted la guitarra en Colombia?
14. Compré el auto en México.
15. Compré un rancho en México.

If a noun ends in a vowel, add the letter "s" to form the plural.

SINGULAR	PLURAL
la casa, *the house*	las casas, *the houses*
la guitarra, *the guitar*	las guitarras, *the guitars*
la fábrica, *the factory*	las fábricas, *the factories*
la planta, *the plant*	las plantas, *the plants*
la vitamina, *the vitamin*	las vitaminas, *the vitamins*
el sombrero, *the hat*	los sombreros, *the hats*
el auto, *the car*	los autos, *the cars*
el radio, *the radio*	los radios, *the radios*
el artículo, *the article*	los artículos, *the articles*

If a noun ends in a consonant, add "es" to form the plural.

SINGULAR	PLURAL
el doctor	los doctores
el tractor	los tractores
el motor	los motores
el color	los colores
el animal	los animales
el metal	los metales
la universidad	las universidades
la ciudad (*the city*)	las ciudades (*the cities*)
la nación	las naciones

Adjectives usually follow nouns in Spanish.

la clase interesante, *the interesting class*
el programa interesante, *the interesting program*
la casa grande, *the big house*
la casa blanca, *the white house*
el río grande, *the big river*
un restaurante excelente, *an excellent restaurant*

REMINDER CARD 10

¿Recibió usted (*Did you receive?*)	una carta muchas cartas
Recibí (*I received*)	un cable un telegrama
¿Escribió usted (*Did you write?*)	un paquete (*a package*)
cribí (*I wrote*)	un poema una composición

Copy the above material onto a card. Carry the card with you and glance at it whenever you get a chance.

EXTRA WORDS

la ciudad, *the city*
ei país, *the country* (*nation*)
el banco, *the bank*
la biblioteca, *the library*
la librería, *the bookstore*
el edificio, *the building*

la escuela, *the school*
la maestra, *the teacher*
el museo, *the museum*
la cárcel, *the jail*
la farmacia, *the drugstore*
la botica, *the drugstore*

15

Lección Número Quince

un programa de televisión

TRABAJAR, *to work, to act*
TRABAJÉ, *I worked, acted*
𝄞 ¿TRABAJÓ USTED? *did you work, act?*
VOY A TRABAJAR, *I'm going to work, act*
FELICITAR, *to congratulate*
FELICITÉ, *I congratulated*
𝄞 ¿FELICITÓ USTED? *did you congratulate?*

Voy a felicitar. *I'm going to congratulate.*

VER, *to see*
VÍ, *I saw*
𝄞 ¿VIÓ USTED? *did you see?*
VOY A VER, *I'm going to see*
APLAUDIR, *to applaud*
APLAUDÍ, *I applauded*
𝄞 ¿APLAUDIÓ USTED? *did you applaud?*

Voy a aplaudir. *I'm going to applaud.*

WORDS TO REMEMBER

¡Caramba! *Gee whiz!*

al contrario, *on the contrary*

una comedia, *a play, a comedy*

otra comedia, *another play*

el papel, *the paper, the role in a play*

un programa de televisión, *a television program*

la semana pasada, *last week*

un poco eccéntrico, *a little eccentric*

trabajó muy bien, *he (she) acted very well*

romántico (masc.), *romantic* (for a man)

romántica (fem.), *romantic* (for a woman)

Ví una comedia, *I saw a play*

¿Va a ver una comedia? *Are you going to see a play?*

¿Por qué aplaudió usted? *Why did you applaud?*

¿Vió usted? *Did you see?*

francamente, *frankly*

¿Por qué? *Why?*

porque, *because*

después de, *after*

CONVERSACIÓN

¿Vió usted una comedia la semana pasada?

Sí, la semana pasada ví "Romeo y Julieta."

¿Quién escribió "Romeo y Julieta"?

Shakespeare escribió "Romeo y Julieta."

¿Es romántico Romeo?

Sí, Romeo es romántico.

¿Es romántica Julieta?

Ay sí, Julieta es romántica.

¿Trabajó bien Carlos en "Romeo y Julieta"? *Did Charles act well in "Romeo and Juliet"?*

Sí, Carlos trabajó muy bien en el papel de Romeo.

¿Es eccéntrico Carlos?

Sí, francamente Carlos es un poco eccéntrico.

¿Es sarcástico Carlos?

No, Carlos no es sarcástico.

¿Qué drama vió usted anoche?

Anoche ví "Hamlet."

¿Es cómico "Hamlet"?

No, al contrario, "Hamlet" es trágico.

¿Es dramático "Hamlet"?
Sí, "Hamlet" es muy dramático.

¿Quién escribió "Hamlet"?
Shakespeare escribió "Hamlet."

¿Aplaudió mucho el público anoche?
Sí, el público aplaudió mucho anoche.

¿Aplaudió usted mucho?
Sí, aplaudí mucho.

¿Por qué aplaudió usted mucho?
Aplaudí mucho porque Carlos es mi amigo y trabajó muy bien anoche.

¿Vió usted a Carlos esta mañana?
Sí, esta mañana ví a Carlos.

¿Habló usted con Carlos?
Sí, hablé del teatro con Carlos.

¿Felicitó usted a Carlos?
Sí, felicité a Carlos porque trabajó muy bien en "Hamlet."

¿Va a ver otra comedia esta noche?
Sí, esta noche voy a ver otra comedia.

¿Dónde va a comprar el boleto?
Voy a comprar el boleto en el teatro.

¿Vió usted un programa de televisión esta tarde?
Sí, esta tarde ví un programa de televisión.

¿Vió usted una operación en el hospital esta mañana?
Sí, esta mañana ví una operación en el hospital.

¿Aplaudió el paciente después de la operación?
Caramba, profesor, eso es ridículo, el paciente no aplaudió después de la operación.

SENTENCE-FORMING EXERCISE

Combine the words below in different ways to form as many sentences as you can. Just be sure to use words from each of the three columns in every sentence you form.

1	2	3
¿Vió usted (*Did you see?*)	a Antonio (*Anthony*)	anoche la semana pasada
Ví (*I saw*)	una comedia un programa	de televisión esta mañana
Voy a ver (*I'm going to see*)	a Carlos a Marta	mañana (*tomorrow*) esta tarde
¿Va a ver (*Are you going to see?*)	a Roberto al doctor	esta noche en Cuba
Vamos a ver (*We are going to see*)	a su papá al general a su secretaria	en México

EXERCISE IN TRANSLATION

Translate the following sentences into Spanish. Write out each sentence in Spanish, using the columns above as a guide. Check your sentences with the correct translations below this exercise.

REMEMBER TO USE THE
PERSONAL "A" BEFORE PERSONS

1. Did you see Charles last night?
2. Did you see the doctor this afternoon?
3. Did you see the general last week?
4. Did you see Anthony last night?
5. I saw a television program.
6. I saw your secretary this afternoon.
7. I saw Anthony last night.
8. I saw Charles this morning.
9. I'm going to see the doctor tomorrow.
10. I'm going to see Robert tonight.
11. I'm going to see your secretary tomorrow.
12. I'm going to see your father tonight.
13. We are going to see a television program.
14. We are going to see the general in Cuba.
15. We are going to see Robert tomorrow.

Check your sentences with the correct translations below.

1. ¿Vió usted a Carlos anoche?
2. ¿Vió usted al doctor esta tarde?
3. ¿Vió usted al general la semana pasada?
4. ¿Vió usted a Antonio anoche?
5. Ví un programa de televisión.
6. Ví a su secretaria esta tarde.

7. Ví a Antonio anoche.
8. Ví a Carlos esta mañana.
9. Voy a ver al doctor mañana.
10. Voy a ver a Roberto esta noche.
11. Voy a ver a su secretaria mañana.
12. Voy a ver a su papá esta noche.
13. Vamos a ver un programa de televisión.
14. Vamos a ver al general en Cuba.
15. Vamos a ver a Roberto mañana.

AGREEMENT OF ADJECTIVES

In Spanish the "o" is a masculine letter and the "a" is a feminine letter. A great many words end in the letter "o" in the masculine and in the letter "a" in the feminine.

When adjectives modify a masculine word they nearly always end in "o."

EXAMPLE: el hombre romántico, *the romantic man*

When adjectives modify a feminine word they nearly always end in "a."

EXAMPLE: la mujer romántica, *the romantic woman*

Plural nouns must be followed by plural adjectives.

EXAMPLES: los hombres románticos, *the romantic men*
las mujeres románticas, *the romantic women*

Adjectives agree with nouns in number and gender.

MASCULINE SINGULAR	MASCULINE PLURAL
el actor famoso (*the famous actor*)	los actores famosos (*the famous actors*)
el hombre generoso (*the generous man*)	los hombres generosos (*the generous men*)
el actor romántico (*the romantic actor*)	los actores románticos (*the romantic actors*)
el doctor ambicioso (*the ambitious doctor*)	los doctores ambiciosos (*the ambitious doctors*)
el sombrero bonito (*the pretty hat*)	los sombreros bonitos (*the pretty hats*)
el sombrero blanco (*the white hat*)	los sombreros blancos (*the white hats*)

FEMININE SINGULAR	FEMININE PLURAL
la mujer famosa (*the famous woman*)	las mujeres famosas (*the famous women*)
la mujer bonita (*the pretty woman*)	las mujeres bonitas (*the pretty women*)
la casa blanca (*the white house*)	las casas blancas (*the white houses*)
la blusa negra (*the black blouse*)	las blusas negras (*the black blouses*)

If an adjective ends in "e," it can modify singular masculine and feminine words without change. It stays as it is.

el hombre interesante (*the interesting man*)	la mujer interesante (*the interesting woman*)
el sombrero grande (*the big hat*)	la casa grande (*the big house*)

To form the plural of adjectives that end in "e," add the letter "s."

los hombres interesantes, *the interesting men*
las mujeres interesantes, *the interesting women*

REMINDER CARD 11

₿ ¿Vió usted (*Did you see?*)	a Antonio un programa	anoche de televisión
Ví (*I saw*)	una comedia a Carlos	en el teatro esta mañana
₿ ¿Va a ver (*Are you going to see?*)	a Roberto a María	esta tarde esta noche
Voy a ver (*I'm going to see*)		mañana (*tomorrow*)

Copy the above material onto a card. Carry the card with you and glance at it whenever you get a chance.

EXTRA WORDS

amarillo, *yellow*	gris, *gray*
rojo, *red*	azul, *blue*
colorado, *red*	color café, *brown*
verde, *green*	pardo, *brown*

16

Lección Número Diez y Seis

una flor

THE VERB "LEER," *to read*

CATEGORY XVI

Many English words that end in a consonant and the letter "*y*" can be converted into Spanish words by changing the "*y*" to "*ía*."

$$Y = ÍA$$

the economy, *la economía*

la geometría	la biografía	la geología	la filosofía
la melodía	la anatomía	la energía	la ironía

WORDS TO REMEMBER

una novela, *a novel*

el periódico, *the newspaper*

el periodista, *the journalist*

un artículo, *an article*

un actor de cine, *a movie actor*

la biografía, *the biography*

la columna, *the column*

la frase, *the sentence*

la revista, *the magazine*

el libro, *the book*

la flor, *the flower*

las flores, *the flowers*

la fotografía, *the photograph* (this can be shortened to "la foto")
las fotografías bonitas, *the pretty photographs*
sus cartas de amor, *your love letters*
varios (masc.), varias (fem.), *several*
no hay, *there is not, there are not*
la semana pasada, *last week*
quién, *who*

LEER, *to read*
VOY A LEER, *I'm going to read*
LEÍ, *I read* (past)
¿LEYÓ USTED? *did you read?*

¿Va a leer el periódico? *Are you going to read the newspaper?*

Notice that the "i" is changed to "y" in "leyó."

CONVERSACIÓN

¿Leyó usted una novela la semana pasada?
Sí, leí una novela muy interesante la semana pasada.

¿Leyó usted Don Quixote la semana pasada?
No, no leí Don Quixote la semana pasada.

¿Quién escribió Don Quixote?
Cervantes escribió Don Quixote.

¿Leyó usted el periódico esta mañana?
Sí, leí el periódico esta mañana. Esta mañana tomé café y leí el periódico en mi casa.

¿Leyó usted un artículo interesante en el periódico?
Sí, leí un artículo muy interesante de las experiencias de Goya en Madrid.

¿Quién escribió el artículo?
Un periodista mexicano escribió el artículo.

¿Vió usted fotografías interesantes en el periódico?
Sí, ví varias fotografías muy interesantes: una fotografía del presidente en frente de la Casa Blanca, una fotografía de un actor de cine, y una foto de un gorila fantástico.

¿Leyó usted un editorial en el periódico?
Sí, leí un editorial muy interesante.

¿Leyó usted una columna de Hollywood?
Sí, leí una columna de Hollywood con descripciones de varios actores y con fotografías en color.

¿Leyó usted el periódico en la clase?
No, eso es terrible, no leí el periódico en la clase. Leí una composición en la clase.

¿Preparó usted frases para la clase?
Sí, preparé frases para la clase.

¿Leyó usted las frases en la clase?
Sí, leí las frases en la clase.

¿Leyó usted un poema romántico en la clase?
No, no leí un poema romántico en la clase. Leí un poema romántico en mi casa anoche.

¿Leyó usted sus cartas de amor en la clase?
Caramba, profesor, eso es terrible. No leí mis cartas de amor en la clase.

¿Leyó usted una revista anoche?
Sí, anoche leí una revista muy interesante.

¿Vió usted fotografías bonitas en la revista?
Sí, ví varias fotografías de flores. Ví fotografías de camelias, gardenias, dalias, y begonias.

¿Leyó usted un libro interesante la semana pasada?
Sí, la semana pasada leí un libro muy interesante. Leí una biografía de Simón Bolívar.

¿Leyó usted el menú en el restaurante?
Sí, leí el menú en el restaurante.

¿Leyó usted el menú en la clase?
Ay no, no leí el menú en la clase. No hay menú en la clase.

¿Va a leer el periódico esta noche?
Sí, esta noche voy a leer el periódico.

¿Va a leer el periódico su papá?
Sí, papá va a leer el periódico.

SENTENCE-FORMING EXERCISE

Combine the words below in different ways to form as many sentences as you can. Just be sure to use words from each of the columns in every sentence you form.

1	2	3
¿Leyó usted *(Did you read?)*	el periódico	esta mañana
Leí *(I read)*	una novela	la semana pasada
	un artículo	en el periódico
Va a leer *(Are you going to read?)*	un editorial	esta tarde
	un poema	esta noche
Voy a leer *(I'm going to read)*	las frases	en la clase
	una columna	anoche
¿Leyó Roberto *(Did Robert read?)*	la carta	en el despacho
	la revista	en el tren
El periodista escribió *(The journalist wrote)*	un libro	en el avión
	la biografía	en Cuba
¿Vió usted *(Did you see?)*	muchas cartas	en una revista
	las fotografías	en su casa
Ví *(I saw)*	las flores	en el parque *(in the park)*
	las camelias	
	a Roberto	en el club

EXERCISE IN TRANSLATION

Translate the following sentences into Spanish. Write out each sentence in Spanish, using the columns above as a guide. Check your sentences with the correct translations below this exercise.

1. Did you read the newspaper this morning?
2. Did you read a novel last week?
3. Did you read the sentences in the class?
4. Did you read many letters in the office?
5. Did you read the magazine on the train?
6. I read an article in the newspaper.
7. I read a book on the plane.
8. I read a poem in the class.
9. Are you going to read the sentences?
10. Are you going to read the magazine on the train?
11. Did Robert read a book on the plane?

12. Did you see the pictures (photographs) in the newspaper?
13. Did you see the flowers in the park?
14. I saw Robert in the club.
15. I saw the pictures (photographs) in the magazine.

Check your sentences with the correct translations below.

1. ¿Leyó usted el periódico esta mañana?
2. ¿Leyó usted una novela la semana pasada?
3. ¿Leyó usted las frases en la clase?
4. ¿Leyó usted muchas cartas en el despacho?
5. ¿Leyó usted la revista en el tren?
6. Leí un artículo en el periódico.
7. Leí un libro en el avión.
8. Leí un poema en la clase.
9. ¿Va a leer las frases?
10. ¿Va a leer la revista en el tren?
11. ¿Leyó Roberto un libro en el avión?
12. ¿Vió usted las fotografías en el periódico?
13. ¿Vió usted las flores en el parque?
14. Ví a Roberto en el club.
15. Ví las fotografías en la revista.

CATEGORY XVI

Many English words that end in a consonant and the letter "*y*" can be converted into Spanish words by changing the "*y*" to "ía."

$$Y = \text{ÍA}$$

ny = nía	gy = gía	my = mía	py = pía
sy = sía	dy = día	try = tría	phy = fía

la economía, *the economy*   energiá, *energy*

agonía	cortesía	geología	patología
analogía	(*courtesy*)	geometría	(*pathology*)
anatomía	economía	garantía	pleuresía
antología	espía	(*guarantee*)	profesía
(*anthology*)	(*spy*)	hipocresía	psicología
arqueología	filosofía	(*hypocrisy*)	sinfonía
(*archeology*)	fisiología	ideología	sociología
astronomía	fotografía	ironía	trigonometría
biografía	geografía	monotonía	zoología

The word "vista" (*view*) has some interesting combinations in Spanish.

la vista, *the view*
la revista, *the review, magazine*
la entrevista, *the interview*
entrevistar, *to interview*
Voy a entrevistar. *I'm going to interview*
Entrevisté. *I interviewed*
§ Entrevistó. *Anybody else interviewed*

REMINDER CARD 12

§ ¿Leyó usted	el periódico
(*Did you read?*)	una novela
Leí	un artículo
(*I read*)	la revista
§ ¿Va a leer	un libro
(*Are you going to read?*)	la biografía
Voy a leer	la carta
(*I'm going to read*)	

Copy the above material onto a card. Carry the card with you and glance at it whenever you get a chance.

EXTRA WORDS

la palabra, *the word*
el argumento, *the plot*
el estilo, *the style*
me gusta, *I like it*
me gustó, *I liked it*

durante, *during*
mientras, *while*
despacio, *slowly*
aprisa, *fast*
interesantísimo, *most interesting*

Words that end in "*cle*" in English:

el artículo, *article*
el obstáculo, *obstacle*
el vehículo, *vehicle*
el círculo, *circle*

el semicírculo, *semicircle*
el músculo, *muscle*
el espectáculo, *spectacle*

17

Lección Número Diez y Siete

el tomate

PLURAL "AR" VERBS

*N*ow that you have mastered "é" for me, "ó" for anybody else, you have come to the exciting moment when you can learn the plurals. Up to this time you have been talking about half the world, the singular world. Now, with the plural, you will be able to talk about everything under the living sun.

The plural endings of "ar" verbs are "amos" for we and "aron" for anybody else (plural).

SINGULAR

TRABAJÉ, *I worked*
8 TRABAJÓ, *you, he, she worked*
did you, he, she work?

PLURAL

TRABAJAMOS, *we worked*
88 TRABAJARON, *you (pl.) worked, they worked*
did you (pl.) work? did they work?

Notice that there are two third man figures before the plural third man form. The plural third man form of the verbs will be indicated by two third man figures throughout the book.

Trabajé mucho. *I worked a lot.*
8 Mi amigo trabajó mucho. *My friend worked a lot.*
Trabajamos mucho. *We worked a lot.*
88 Mis amigos trabajaron mucho. *My friends worked a lot.*
88 Trabajaron mucho. *They worked a lot. You* (pl.) *worked a lot.*
88 ¿Trabajaron mucho? *Did they work a lot? did you* (pl.) *work a lot?*

WRITTEN EXERCISE

Following is a list of infinitives converted into the plural past tense.

1. Cover up the two right-hand columns.
2. Remove "ar" from the infinitive in the left-hand column.
3. Add "amos" for "we" as in the second column below.
4. Add "aron" for "they" as in the third column below.
5. Check your columns with those below.

VERB LIST

INFINITIVES	WE	THEY, YOU (PL.)
tomar, *to take*	tomamos	88 tomaron
visitar, *to visit*	visitamos	88 visitaron
invitar, *to invite*	invitamos	88 invitaron
comprar, *to buy*	compramos	88 compraron
trabajar, *to work*	trabajamos	88 trabajaron
hablar, *to talk*	hablamos	88 hablaron
preparar, *to prepare*	preparamos	88 prepararon
cultivar, *to cultivate*	cultivamos	88 cultivaron
votar, *to vote*	votamos	88 votaron
inventar, *to invent*	inventamos	88 inventaron
importar, *to import*	importamos	88 importaron
exportar, *to export*	exportamos	88 exportaron
copiar, *to copy*	copiamos	88 copiaron
depositar, *to deposit*	depositamos	88 depositaron
progresar, *to progress*	progresamos	88 progresaron
aceptar, *to accept*	aceptamos	88 aceptaron

estudiar, *to study*	estudiamos	88 estudiaron
terminar, *to finish*	terminamos	88 terminaron
comenzar, *to begin*	comenzamos	88 comenzaron
entrar, *to go in, come in*	entramos	88 entraron
estacionar, *to park*	estacionamos	88 estacionaron
recomendar, *to recommend*	recomendamos	88 recomendaron
instalar, *to install*	instalamos	88 instalaron
ventilar, *to ventilate*	ventilamos	88 ventilaron

WORDS TO REMEMBER

una semana, *a week*
el fin de semana, *the week end*
el campo, *the country*
la coliflor, *the cauliflower*
el tomate, *the tomato*
¡Qué cena! *What a dinner!*
usted (sing.), *you*
ustedes (pl.), *you*

el jardín, *the garden*
las papas, *the potatoes*
las mentas, *the mints, pepper-mints*
yo, *I*
Carlos y yo, *Charles and I*
el éxito, *the success*
durante, *during*
pero, *but*

delicioso (masc.), deliciosa (fem.), *delicious*
simpático (masc.), simpática (fem.), *charming*
perfecto (masc.), perfecta (fem.), *perfect*
la lección de español, *the Spanish lesson* (*the lesson of Spanish*)
un coctel de frutas, *a fruit cocktail* (*a cocktail of fruits*)
la casa de Roberto, *Robert's house* (*the house of Robert*)

PASAR, *to pass, to spend* (time), *to happen*

PASÉ (*I passed*)	PASAMOS (*we passed*)
8 PASÓ (*you, he, she, it passed*)	88 PASARON (*they, you* (pl.) *passed*)

ACEPTAR, *to accept*

ACEPTÉ (*I accepted*)	ACEPTAMOS (*we accepted*)
§ ACEPTÓ (*you accepted*)	§§ ACEPTARON (*they accepted*)

TOMAR, *to take*

TOMÉ (*I took*)	TOMAMOS (*we took*)
§ TOMÓ (*you took*)	§§ TOMARON (*they took*)

¿Qué pasó? *What happened?*
¿Hablaron ustedes? *Did you* (pl.) *talk?*
¿Trabajaron ustedes? *Did you* (pl.) *work?*
¿Aceptaron ustedes? *Did you* (pl.) *accept?*

You can leave off the "ustedes" in the above sentences and simply say, "aceptaron," "trabajaron," and "hablaron."

CONVERSACIÓN

¿Aceptaron ustedes la invitación de Roberto?
Sí, aceptamos la invitación de Roberto.

¿Pasaron ustedes el fin de semana con Roberto?
Sí, Carlos y yo pasamos el fin de semana con Roberto.

¿Pasaron el fin de semana en el campo?
Sí, la casa de Roberto está en el campo. Pasamos el fin de semana en la casa de Roberto.

¿Tomaron la cena en la casa de Roberto?
Sí, tomamos una cena deliciosa en la casa de Roberto.

¿Qué tomaron para la cena?
Tomamos un coctel de frutas, sopa, rosbif, papas, espárragos,

coliflor, tomates, una ensalada deliciosa, frutas, café y mentas.
¡Caramba, qué cena!

¿Hablaron mucho durante la cena?
Sí, hablamos mucho durante la cena. Hablamos de Carlos y de
su éxito en el papel de Romeo en el teatro la semana pasada.
Trabajó muy bien. Hablamos de Romeo y de Carlos. Carlos es
muy romántico y es un Romeo perfecto.

¿Es simpático Carlos?
Sí, Carlos es muy simpático.

¿Es popular Carlos?
Sí, Carlos es muy popular, especialmente con las señoritas.

¿Felicitaron a Carlos por su éxito en el teatro?
Sí, felicitamos a Carlos por su éxito en el teatro.

¿Estudiaron la lección de español con Roberto?
Sí, Carlos y yo estudiamos la lección de español con Roberto.

¿Prepararon una composición para la clase?
Sí, preparamos una composición fantástica para la clase.

¿Hablaron con la mamá de Roberto?
Sí, hablamos mucho con la mamá de Roberto.

¿Es simpática la mamá de Roberto?
Sí, la mamá de Roberto es muy simpática.

¿Pasaron la noche en un hotel?
No, no pasamos la noche en un hotel. Pasamos la noche en la
casa de Roberto.

¿Pasaron una semana en la casa de Roberto?
Ay no, no pasamos una semana en la casa de Roberto. Pasamos
el fin de semana en la casa de Roberto.

¿Trabajaron en el jardín de Roberto?
Sí, trabajamos mucho en el jardín de Roberto.

¿Hay dalias en el jardín de Roberto?
Sí, hay dalias muy bonitas en el jardín de Roberto.

¿Trabajó Roberto en el jardín?
Ay no, Roberto no trabajó en el jardín. Carlos y yo trabajamos
en el jardín y Roberto habló mucho pero no trabajó. Roberto

habló mucho, tomó una Pepsi Cola, y leyó un artículo en el periódico. Roberto es terrible.

SENTENCE-FORMING EXERCISES

Combine the words below in different ways to form as many sentences as you can. Just be sure to use words from each of the columns in every sentence you form.

A

1	2	3
33 ¿Tomaron (*Did they take?*)	la cena	en el restaurante
	rosbif	para la cena
33 ¿Visitaron (*Did they visit?*)	a María	en el hospital
	a Carlos	en Cuba
33 ¿Invitaron (*Did they invite?*)	a Roberto	a la fiesta
	a Juan	al cine
33 Compraron (*They bought*)	una casa	en el campo
	un suéter	para Carlos
33 Copiaron (*They copied*)	la lección	en la clase
	las frases	para la clase
33 Pasaron (*They spent*)	la noche	en San Francisco
	una semana (*a week*)	en Cuba

B

1	2	3
Carlos y yo (*Charles and I*)	visitamos	a Roberto
	invitamos	a María
El doctor y yo	tomamos	un taxi
Mi mamá y yo	compramos	un auto
Juan y yo	estudiamos	la lección

C

1	2	3
Carlos y María	33 estudiaron	la lección
Los doctores	33 examinaron	al paciente
Los actores	33 trabajaron (*acted*)	muy bien
Mis clientes	33 hablaron	con el agente
Los estudiantes	33 prepararon	una composición

EXERCISE IN TRANSLATION

Translate the following sentences into Spanish. Write out each sentence in Spanish using the columns above as a guide. Check your sentences with the correct translations below this exercise.

1. Did they have (take) dinner in the restaurant?
2. Did they have (take) roast beef for dinner?
3. Did they visit Mary in the hospital?
4. Did they invite John to the party?
5. They bought a house in the country.
6. They copied the sentences in the class.
7. They spent the night in San Francisco.
8. They spent a week in Cuba.
9. Charles and I visited Robert.
10. The doctor and I took a taxi.
11. My mother and I bought a car.
12. The students prepared a composition.

Check your sentences with the translations below.

1. ¿Tomaron la cena en el restaurante?
2. ¿Tomaron rosbif para la cena?
3. ¿Visitaron a María en el hospital?
4. ¿Invitaron a Juan a la fiesta?
5. Compraron una casa en el campo.
6. Copiaron las frases en la clase.
7. Pasaron la noche en San Francisco.
8. Pasaron una semana en Cuba.
9. Carlos y yo visitamos a Roberto.
10. El doctor y yo tomamos un taxi.
11. Mi mamá y yo compramos un auto.
12. Los estudiantes prepararon una composición.

EXERCISE IN PRONUNCIATION

The letters that receive the accent or the stress of the voice have been set in heavy type below in order to help you get the swing and rhythm of these verbs.

Read the verbs below aloud, stressing very firmly the letters in heavy type.

VERB LIST

INFINITIVES	WE	THEY, YOU (PL.)
tomar, *to take*	tomamos	tomaron
visitar, *to visit*	visitamos	visitaron
invitar, *to invite*	invitamos	invitaron
comprar, *to buy*	compramos	compraron
trabajar, *to work*	trabajamos	trabajaron
hablar, *to talk*	hablamos	hablaron
preparar, *to prepare*	preparamos	prepararon
cultivar, *to cultivate*	cultivamos	cultivaron
votar, *to vote*	votamos	votaron
inventar, *to invent*	inventamos	inventaron
importar, *to import*	importamos	importaron
exportar, *to export*	exportamos	exportaron
copiar, *to copy*	copiamos	copiaron
depositar, *to deposit*	depositamos	depositaron
progresar, *to progress*	progresamos	progresaron
aceptar, *to accept*	aceptamos	aceptaron
estudiar, *to study*	estudiamos	estudiaron
terminar, *to finish*	terminamos	terminaron
comenzar, *to begin*	comenzamos	comenzaron
entrar, *to go in, come in*	entramos	entraron
estacionar, *to park*	estacionamos	estacionaron
recomendar, *to recommend*	recomendamos	recomendaron

EXTRA WORDS

el comedor, *the dining room*
la sala, *the living room*
la cocina, *the kitchen*
la cocinera, *the cook*
la criada, *the maid*
la escalera, *the staircase, ladder*
la almohada, *the pillow*

las cortinas, *the curtains, drapes*
las sábanas, *the sheets*
la silla, *the chair*
la cama, *the bed*
la lámpara, *the lamp*
la alfombra, *the rug*
la mesa, *the table*

18

Lección Número Diez y Ocho

tarjeta postal

PLURAL "ER" AND "IR" VERBS

The plural endings for "er" and "ir" verbs are "imos" for "we" and "ieron" for "they."

SINGULAR

ESCRIBÍ, *I wrote*

2 ESCRIBIÓ, *you, he, she wrote*
did you, he, she write?

PLURAL

ESCRIBIMOS, *we wrote*

22 ESCRIBIERON, *you (pl.) wrote, they wrote*
did you (pl.) write? did they write?

Escribí una carta. *I wrote a letter.*
Mi amigo escribió una carta. *My friend wrote a letter.*
Escribimos muchas cartas. *We wrote many letters.*
Mis amigos escribieron muchas cartas. *My friends wrote many letters.*
Escribieron muchas cartas. *They wrote many letters.*

WRITTEN EXERCISE

Following is a list of infinitives converted into the plural past tense.

1. Cover up the two right-hand columns.
2. Remove "er" or "ir" from the infinitive in the left-hand column.
3. Add "imos" for "we" as in the second column below.
4. Add "ieron" for "they" as in the third column below.
5. Check your columns with those below.

VERB LIST

INFINITIVES	WE	THEY, YOU (PL.)
comprender, *to understand*	comprendimos	comprendieron
vender, *to sell*	vendimos	vendieron
ver, *to see*	vimos	vieron
convencer, *to convince*	convencimos	convencieron
ofender, *to offend*	ofendimos	ofendieron
extender, *to extend*	extendimos	extendieron
escribir, *to write*	escribimos	escribieron
aplaudir, *to applaud*	aplaudimos	aplaudieron
describir, *to describe*	describimos	describieron
recibir, *to receive*	recibimos	recibieron
asistir, *to attend*	asistimos	asistieron
discutir, *to discuss*	discutimos	discutieron
dividir, *to divide*	dividimos	dividieron
sufrir, *to suffer*	sufrimos	sufrieron
permitir, *to allow*	permitimos	permitieron
existir, *to exist*	existimos	existieron

The letter "i" is awkward between two vowels. It is changed to "y" in "leyó" (*you read*) and "leyeron" (*they read*).

WORDS TO REMEMBER

el mes, *the month*

el mes de mayo, *the month of May*

las tarjetas postales, *the post cards*

entusiasmo, *enthusiasm*

el mercado, *the market*

la playa, *the beach*

español, *Spanish*

las playas famosas, *the famous beaches*

Roberto y yo, *Robert and I*

el efecto, *the effect*

para, *in order to*

para comprender, *in order to understand*

guapo, (sing.), *handsome*

guapos (pl.), *handsome*

hombres guapos, *handsome men*

una película, *a film*

NOTE: Notice that "famosas" is feminine plural to modify "playas" which is feminine plural.

VERBS TO REMEMBER

vimos, *we saw*

¿vieron? *did you (pl.) see?*

recibimos, *we received*

¿recibieron? *did you (pl.) receive?*

visitamos, *we visited*

¿visitaron? *did you (pl.) visit?*

comprendimos, *we understood*

¿comprendieron? *did you (pl.) understand?*

escribimos, *we wrote*

¿escribieron? *did you (pl.) write?*

hablamos, *we talked*

¿hablaron? *did you (pl.) talk?*

CONVERSACION

¿Pasaron el mes de mayo en México? (*Did you (pl.) spend the month of May in Mexico?*)

Sí, Roberto y yo pasamos el mes de mayo en México.

¿Visitaron a Luis en Acapulco?

Sí, visitamos a Luis en Acapulco.

¿Vieron las playas famosas de Acapulco?

Sí, vimos las playas famosas de Acapulco.

¿Vieron a muchas señoritas bonitas en Acapulco?

Sí, vimos a muchas señoritas bonitas en Acapulco.

¿Vieron a muchos hombres guapos en Acapulco?

Sí, vimos a muchos hombres guapos en Acapulco.

¿Hablaron español con los mexicanos?

Sí, hablamos español con los mexicanos.

¿Comprendieron a los mexicanos?

¡Naturalmente! Comprendimos a los mexicanos muy bien.

¿Recibieron mi carta en Acapulco?

Sí, recibimos su carta en Acapulco. Gracias.

¿Recibieron un cable en Acapulco?

Sí, recibimos un cable de mamá en Acapulco.

¿Escribieron muchas cartas en Acapulco?

No, no escribimos muchas cartas en Acapulco; escribimos muchas tarjetas postales.

¿Leyeron los periódicos en México?

Sí, leímos los periódicos en México.

¿Comprendieron los artículos en español?

Sí, comprendimos los artículos muy bien.

¿Comprendieron las fotografías?

¡Eso es ridículo! No es necesario hablar español para comprender las fotografías.

¿Vieron mercados interesantes en México?

Sí, vimos mercados muy interesantes en México.

¿Vendieron sombreros en el mercado?

Ay no, no vendimos sombreros en el mercado. Roberto y yo compramos sombreros en el mercado.

¿Compraron flores en el mercado?

Sí, compramos muchas flores en el mercado.

¿Vieron una película mexicana?

Vimos varias películas mexicanas. Vimos una comedia excelente y un drama extraordinario.

¿Vieron una comedia en el teatro?

Sí, vimos una comedia excelente. Un actor famoso representó el papel principal y trabajó muy bien.

¿Hablaron en español los actores?

Sí, los actores hablaron en español.

¿Comprendieron ustedes la comedia?

Sí, comprendimos la comedia muy bien.

¿Aplaudieron mucho en el teatro?

Sí, aplaudimos mucho en el teatro.

¿Vieron a muchas personas interesantes en México?

Sí, vimos a muchas personas interesantes en México.

¿Leyeron el diccionario en México?

No, eso es ridículo, no leímos el diccionario en México. Leímos periódicos mexicanos y revistas mexicanas.

¿Hablaron de México en la clase de español?

Sí, hablamos de México en la clase con un efecto fantástico.

¿Aplaudieron mucho los estudiantes?

Sí, los estudiantes aplaudieron con mucho entusiasmo.

¿Vieron los estudiantes las fotografías de México?

Sí, los estudiantes vieron las fotografías de México.

SENTENCE-FORMING EXERCISES

Combine the words below in different ways to form as many sentences as you can. Just be sure to use words from each of the columns in every sentence you form.

A

1	2	3
§§ ¿Escribieron	muchas cartas	en México?
(*Did you* (pl.) *write?*	tarjetas postales	
Did they write?	(*post cards*)	esta mañana?
§§ ¿Aplaudieron	mucho	en el teatro?
§§ ¿Hablaron de	sus experiencias	en la clase?
§§ ¿Vendieron	la casa	ayer (*yesterday*)?
§§ ¿Comprendieron	la conversación	en la clase?
§§ ¿Recibieron	el cable	esta tarde?
§§ ¿Vieron	a Luis	en Acapulco?
§§ ¿Leyeron	el artículo	en el periódico?
§§ ¿Compraron	una casa	en el campo?
§§ ¿Tomaron	sopa	anoche (*last night*)?

B

1	2	3
Mamá y yo	vimos	el accidente
(*Mother and I*)	(*saw*)	
Carlos y yo	trabajamos	mucho
Roberto y yo	comprendimos	la lección
Marta y yo	escribimos	muchas cartas
Luis y yo	leímos	el artículo
María y yo	tomamos	un taxi
Juan y yo	aplaudimos	en el teatro

C

1	2	3
Carlos y María	vieron (*saw*)	al profesor
Roberto y María	describieron	la casa
Los actores	leyeron	el artículo
Mis clientes	escribieron	muchas cartas
Los estudiantes	comprendieron	la lección
Los mexicanos	aplaudieron	con entusiasmo

EXERCISE IN TRANSLATION

Translate the following sentences into Spanish. Write out each sentence in Spanish, using the columns above as a guide. Check your sentences with the correct translations below this exercise.

1. Did they write many letters this morning?
2. Did they sell the house yesterday?
3. Did you (pl.) understand the conversation in the class?
4. Did they receive the cable this afternoon?
5. Did they read the article in the newspaper?
6. Did they buy a house in the country?
7. Mother and I took a taxi.
8. Mother and I saw the accident.
9. Robert and I saw Charles.
10. Louis and I read the article.
11. Charles and Mary saw a film.
12. My clients wrote many letters.
13. The students understood the lesson.
14. The Mexicans applauded with enthusiasm.
15. The students saw a Mexican film.

Check your sentences with the correct translations below.

1. ¿Escribieron muchas cartas esta mañana?
2. ¿Vendieron la casa ayer?
3. ¿Comprendieron la conversación en la clase?
4. ¿Recibieron el cable esta tarde?
5. ¿Leyeron el artículo en el periódico?
6. ¿Compraron una casa en el campo?
7. Mamá y yo tomamos un taxi.
8. Mamá y yo vimos el accidente.

9. Roberto y yo vimos a Carlos.
10. Luis y yo leímos el artículo.
11. Carlos y María vieron una película.
12. Mis clientes escribieron muchas cartas.
13. Los estudiantes comprendieron la lección.
14. Los mexicanos aplaudieron con entusiasmo.
15. Los estudiantes vieron una película mexicana.

Use the following adjectives to fill in the blanks in the sentences below. Remember that adjectives agree with nouns in gender and number.

MASCULINE SINGULAR	MASCULINE PLURAL
(For nouns that take "el")	(For nouns that take "los")
curioso	curiosos
famoso	famosos
ambicioso	ambiciosos
generoso	generosos
guapo	guapos
interesante	interesantes

FEMININE SINGULAR	FEMININE PLURAL
(For nouns that take "la")	(For nouns that take "las")
curiosa	curiosas
bonita	bonitas
deliciosa	deliciosas
famosa	famosas
generosa	generosas
interesante	interesantes

1. El actor es ————————————————

2. El hombre es ————————————————
   (*The man is*)

3. La señorita es ————————————————

4. Mi madre es ————————————————
   (*My mother is*)

5. La conversación es ————————————————

6. Los actores son —————————————————
   (*The actors are*)

7. Los mexicanos son —————————————————
   (*Mexican men are*)

8. Las mexicanas son —————————————————
   (*Mexican women are*)

9. Las playas son —————————————————
   (*The beaches are*)

10. Las mentas son —————————————————
    (*The mints are*)

11. Las composiciones son —————————————————
    (*The compositions are*)

LOS MESES DEL AÑO
THE MONTHS OF THE YEAR

enero, *January*	mayo, *May*	septiembre, *September*
febrero, *February*	junio, *June*	octubre, *October*
marzo, *March*	julio, *July*	noviembre, *November*
abril, *April*	agosto, *August*	diciembre, *December*

uno, *one*	cinco, *five*	nueve, *nine*
dos, *two*	seis, *six*	diez, *ten*
tres, *three*	siete, *seven*	once, *eleven*
cuatro, *four*	ocho, *eight*	doce, *twelve*

el cinco de mayo, *the fifth of May* (*the five of May*)
el diez de abril, *the tenth of April* (*the ten of April*)
el cuatro de julio, *the fourth of July* (*the four of July*)

In Spanish *the first of January* is "el primero de enero." *The second of January* is "el dos de enero" (*the two of January*). This applies to every month of the year. After the first you simply say the two, the three, the four, etc.

el primero de septiembre, *the first of September*
el dos de septiembre, *the "two" of September*
el tres de septiembre, *the "three" of September*
And so on for all the days of the month.

REMINDER CARD 13

33 ¿Compraron	una casa	en el campo
(*Did you* (pl.) *buy?*	un auto	ayer (*yesterday*)
Did they buy?)	aspirinas	en la farmacia
Compramos	una blusa	en la tienda
(*We bought*)		

33 ¿Recibieron	el cable	esta tarde
(*Did you* (pl.) *receive?*	muchas cartas	ayer
Did they receive?)	un telegrama	esta mañana
Recibimos	una tarjeta postal	de María
(*We received*)	(*a post card*)	

Copy the above material onto a card. Carry the card with you and glance at it whenever you get a chance.

19

Lección Número Diez y Nueve

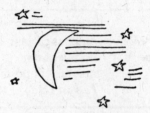

la luz de la luna

You can convert many English words that end in "ct" into Spanish words by adding the letter "o" to them.

CT = CTO

the product = el producto

el conflicto	el insecto	correcto
el acto	perfecto	contacto
el defecto	directo	extracto

VERBS TO REMEMBER

CANTAR, *to sing*

CANTÉ (*I sang*)	CANTAMOS (*we sang*)
§ CANTÓ (*you, he,* *she sang*)	§§ CANTARON (*they, you* (pl.) *sang*)

Voy a cantar. *I'm going to sing.*
§ **¿Va a cantar?** *Are you going to sing?*

VER, *to see*

VÍ (*I saw*)	VIMOS (*we saw*)
§ VIÓ (*you, he,* *she saw*)	§§ VIERON (*they, you* (pl.) *saw*)

Voy a ver. *I'm going to see.*
§ **¿Va a ver?** *Are you going to see?*

LEER, *to read*

LEÍ (*I read*)	LEÍMOS (*we read*)
§ LEYÓ (*you, he,* *she read*)	§§ LEYERON (*they read*)

Voy a leer. *I'm going to read.*
§ **¿Va a leer?** *Are you going to read?*

OÍR, *to hear*

OÍ (*I heard*)	OÍMOS (*we heard*)
§ OYÓ (*you, he,* *she heard*)	§§ OYERON (*they heard*)

Voy a oír. *I'm going to hear.*
§ **¿Va a oír?** *Are you going to hear?*

Notice that in "oír" and "leer" each "i" that appears between vowels has been changed to "y." Whenever an "i" changes to "y" in a verb it changes only in the third man form, singular and plural.

WORDS TO REMEMBER

las noticias, *the news*

el noticiario, *the newsreel*

la terraza, *the terrace*

la canción, *the song*

¡Qué romántico! *How romantic!*

¡Qué terrible! *How terrible!*

¿Cantó Roberto? *Did Robert sing?*

Oí. *I heard* (accent the "i" firmly).

Leí. *I read.*

Ví. *I saw.*

la luna, *the moon*

la luz, *the light*

el concierto, *the concert*

el discurso, *the speech*

la música, *the music*

por qué, *why*

porque, *because*

por radio, *on the radio*

muy mal, *very badly*

¿Oyó usted? *Did you hear?*

¿Leyó usted? *Did you read?*

¿Vió usted? *Did you see?*

ver, *to see*

a la luz de la luna, *by the light of the moon*

con un efecto desastroso, *with a disastrous effect*

CONVERSACIÓN

¿Leyó usted las noticias en el periódico esta mañana?

Sí, leí las noticias en el periódico esta mañana.

¿Oyó usted las noticias por radio esta mañana?

Sí, oí las noticias por radio esta mañana.

¿Vió usted un noticiario en el cine anoche?

Sí, ví un noticiario en el cine anoche.

¿Oyó usted las composiciones de los estudiantes en la clase esta tarde?

Sí, oí las composiciones de los estudiantes en la clase esta tarde.

¿Oyó usted una conversación interesante en la clase esta tarde?

Sí, oí una conversación muy interesante en la clase esta tarde.

¿Oyó usted el discurso del presidente por radio?

Sí, oí el discurso del presidente por radio.

¿Oyó usted un concierto esta mañana?

Sí, oí un concierto excelente esta mañana.

¿Oyó usted a un violinista famoso esta mañana?

Sí, oí a un violinista muy famoso esta mañana.

¿Oyeron el concierto su papá y su mamá?

Sí, mi papá y mi mamá oyeron el concierto.

¿Oyeron las noticias su papá y su mamá?

No, mi papá y mi mamá no oyeron las noticias esta mañana. Mi papá y mi mamá leyeron las noticias en el periódico.

¿Oyó usted una explosión esta mañana?

No, por fortuna no oí una explosión esta mañana.

¿Oyó usted un programa de radio interesante esta mañana?

Sí, esta mañana oí un programa de radio muy interesante.

¿Oyó usted música de la América Latina en el programa?

Sí, oí música de la América Latina en el programa.

¿Oyó usted música de guitarra en el programa?

No, no oí música de guitarra en el programa, pero oí mucha música de guitarra en Acapulco. Oí a un trío de guitarristas magníficos en el hotel Pacífico. Cantaron en la terraza del hotel a la luz de la luna.

¡Qué romántico!

Sí, muy romántico.

¿Vió usted la luna en Acapulco?

Sí, ví la luna en Acapulco. Es muy romántico ver la luna en una noche tropical.

¿Cantaron un tango los guitarristas?

Sí, los guitarristas cantaron un tango.

¿Cantó Roberto?

Sí. ¡Qué terrible! Roberto cantó con el trío con un efecto desastroso.

¿Por qué cantó Roberto?

Roberto cantó porque es muy indiscreto.

¿Aplaudió usted cuando Roberto cantó?

No, naturalmente no aplaudí cuando Roberto cantó porque cantó muy mal.

¿Cantaron los mexicanos en la playa?
Sí, invité al trío de guitarristas a la playa y cantaron canciones mexicanas a la luz de la luna.

¿Cantaron en español?
Sí, cantaron en español.

¿Comprendió usted las canciones?
Sí, comprendí las canciones muy bien.

¿Cantó usted en la playa?
No, no canté en la playa.

¿Cantó Roberto en la playa?
Sí. ¡Qué terrible! Roberto cantó en la playa.

SENTENCE-FORMING EXERCISE

Combine the words below in different ways to form as many sentences as you can. Be sure to use words from each of the columns in every sentence you form.

A

1	2	3
Canté (*I sang*)	una canción	en la clase
§ Roberto cantó	un tango	en la playa
§ ¿Cantó Roberto	muy mal	anoche
Cantamos (*We sang*)	muy bien (*very well*)	esta noche
§§ Cantaron (*They sang*)	muchas canciones	por radio
Voy a cantar	en la clase	esta tarde

B

1	2	3
Ví (*I saw*)	una película	anoche
§ ¿Vió usted (*Did you see?*)	(*a film*)	en el cine
§ Marta vió	un noticiario	esta tarde
Vimos (*We saw*)	a su mamá	ayer (*yesterday*)
§§ Mis amigos vieron	a Luis	la semana pasada
(*My friends saw*)	una comedia	de televisión
	un programa	en el periódico
	las fotografías	

C

1	2	3
Leí (*I read*)	una novela	esta semana
§ ¿Leyó usted (*Did you read?*)	un artículo	(*this week*)
	el periódico	esta noche
§ Luis leyó	las noticias	esta mañana
Leímos	la carta	en el periódico
§§ Mis amigos leyeron (*My friends read*)	la revista	anoche
	las frases	en el tren
Oí (*I heard*)	el concierto	en la clase
§ ¿Oyó usted (*Did you hear?*)	al pianista	por radio
	el discurso	en el concierto
Oímos (*We heard*)	las canciones	ayer (*yesterday*)
§§ Mis amigos oyeron (*My friends heard*)	la conversación	anoche
	la explosión	en la clase
		esta mañana

EXERCISE IN TRANSLATION

Translate the following sentences into Spanish. Write out each sentence in Spanish, using the columns above as a guide. Check your sentences with the correct translations below this exercise.

1. I sang a song in (the) class.
2. Robert sang very badly last night.
3. They sang very well this afternoon.
4. They sang a lot of songs on the radio.
5. I saw a newsreel at the movies.
6. I saw a movie (film) last night.
7. We saw a play yesterday.
8. My friends saw a television program.
9. Martha saw the pictures (photographs) in the newspaper.
10. Did you read the newspaper this morning?
11. My friends read (past) the news in the newspaper.
12. I read the letter last night.
13. Louis read the sentences in the class.
14. Did you hear the speech yesterday?
15. We heard the conversation in the class.
16. Did you hear the concert on the radio?

Check your sentences with the correct translations below.

1. Canté una canción en la clase.
2. Roberto cantó muy mal anoche.
3. Cantaron muy bien esta tarde.
4. Cantaron muchas canciones por radio.
5. Ví un noticiario en el cine.
6. Ví una película anoche.
7. Vimos una comedia ayer.
8. Mis amigos vieron un programa de televisión.
9. Marta vió las fotografías en el periódico.
10. ¿Leyó usted el periódico esta mañana?
11. Mis amigos leyeron las noticias en el periódico.
12. Leí la carta anoche.
13. Luis leyó las frases en la clase.
14. ¿Oyó usted el discurso ayer?
15. Oímos la conversación en la clase.
16. ¿Oyó usted el concierto por radio?

CATEGORY XVII
CT = CTO
the product = el producto

abstracto	compacto	electo	intelecto
acto	contacto	exacto	perfecto
arquitecto	correcto	extracto	predilecto
(*architect*)	defecto	imperfecto	proyecto
aspecto	dialecto	incorrecto	(*project*)
circunspecto	directo	indirecto	tacto
(*circumspect*)	efecto	insecto	

In a few words that belong to this category the letter "c" is dropped.

el distrito, *the district*
distinto, *distinct, different*
es distinto, *it's different*

instinto, *instinct*
el contrato, *the contract*

Other basic differences in spelling between Spanish and English:

The letter "j" in English words sometimes becomes a "y" in the corresponding Spanish words.

el proyecto, *the project*
el mayor, *the major, the eldest*
(el alcalde, *the mayor*)

la inyección, *the injection*
la mayoría, *the majority*
proyectar, *to project*

EXTRA WORDS

la pantalla, *the movie screen*	la actriz, *the actress*
el talón, *the ticket stub*	el fin, *the end*
la taquilla, *the box office*	al fin, *at last*
la película, *the film*	finalmente, *finally*

NOTE: In Spanish a noun cannot be used to modify another noun. Instead, the two nouns are separated by the word "de," as below:

programa de radio, *radio program*

programa de televisión, *television program*

música de guitarra, *guitar music*

trío de guitarra, *guitar trio*

clase de español, *Spanish class*

coctel de frutas, *fruit cocktail*

sopa de tomate, *tomato soup*

jugo de naranja, *orange juice*

20

Lección Número Veinte

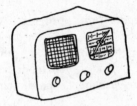

el radio

ESTAR, *to be (where, how)*

ESTOY	ESTAMOS
(*I am*)	(*we are*)
𝕊 ESTÁ	𝕊𝕊 ESTÁN
(*you are he, she is*)	(*they are*)

Voy a estar. *I'm going to be.*

MASCULINE (for men)	FEMININE (for women)
Estoy contento. *I'm happy.*	Estoy contenta. *I'm happy.*
Estoy solo. *I'm alone.*	Estoy sola. *I'm alone.*
Estoy cansado. *I'm tired.*	Estoy cansada. *I'm tired.*
𝕊 ¿Está listo? *Are you ready?*	𝕊 ¿Está lista? *Are you ready?*
𝕊 ¿Está listo Roberto? *Is Robert ready?*	𝕊 ¿Está lista María? *Is Mary ready?*
𝕊 ¿Está ocupado? *Are you busy?*	𝕊 ¿Está ocupada? *Are you busy?*

MASCULINE (for men)	FEMININE (for women)
§ ¿Está preocupado? *Are you worried?*	§ ¿Está preocupada? *Are you worried?*
Estoy enfermo. *I'm sick* (masc.).	§ Está enferma. *She's sick* (fem.).

Remember that if a man says that he is happy he must use the masculine adjective. He must say, "Estoy contento." If a woman says that she is happy, she must use the feminine adjective. She must say, "Estoy contenta."

Estoy triste. *I'm sad* (both masc. and fem.). Adjectives that end in "e" are both masculine and feminine.

Estoy preocupada por Carlos. *I'm worried over (by) Charles.*
Está muy enfermo. *You are (he is) very sick.*

WORDS TO REMEMBER

buenas noticias, *good news*
pobre Carlos, *poor Charles*
en cinco minutos, *in five minutes*
en una hora, *in an hour*
§ ¿Leyó Roberto? *Did Robert read?*
dictar, *to dictate*

nunca, *never*
pronto, *soon*
cuándo, *when*
también, *also*
mejor, *better*
Está muy enfermo. *He's very sick.*

CONVERSACIÓN

¿Cómo está usted?
Bien, gracias, ¿y usted?
Bien, gracias.
¿Está cansado?
No, por fortuna no estoy cansado.
¿Está contento?
Sí, estoy muy contento esta mañana porque recibí una carta con buenas noticias.
¿Está triste?
Ay no, no estoy triste. Estoy muy contento.
¿Cómo está María?
María está bien, gracias.

¿Dónde está María?
María está con Roberto.

¿Está sola María?
No, María no está sola. María está con Roberto.

¿Está solo Roberto?
No, Roberto no está solo. Roberto está con María y está muy contento.

¿Cómo está Alberto?
Alberto está bien, gracias.

¿Dónde está Alberto?
Alberto está en el despacho. Está muy ocupado esta mañana.

¿Recibió Alberto muchas cartas?
Sí, Alberto recibió muchas cartas.

¿Dictó Alberto muchas cartas esta mañana?
Sí, Alberto dictó muchas cartas esta mañana.

¿Está ocupado Alberto?
Sí, Alberto está muy ocupado.

¿Está ocupada María?
Sí, María está muy ocupada también.

¿Está cansada María?
Sí, María está cansada porque trabajó mucho esta mañana.

¿Está preocupada María?
Sí, María está muy preocupada por Carlos. Carlos está en el hospital.
¡Pobre Carlos!

¿Está preocupado Alberto?
Sí, Alberto está preocupado también.

¿Por qué está preocupado Alberto?
Alberto está preocupado por Carlos.

¿Está ocupado Roberto?
No, Roberto no está ocupado. Roberto nunca está ocupado.

¿Invitó usted a Roberto a la fiesta?
Sí, invité a Roberto a la fiesta.

¿Está listo Roberto?
No, Roberto no está listo. Roberto nunca está listo.

¿Va a estar listo en cinco minutos?
No, Roberto no va a estar listo en cinco minutos.

¿Va a estar listo pronto?
No, no va a estar listo pronto.

¿Cuándo va a estar listo?
Va a estar listo en una hora.

SENTENCE-FORMING EXERCISES

Combine the words below in different ways to form as many sentences as you can. Be sure to use words from each of the columns in every sentence you form.

A (HOW)

1	2	3
	MASCULINE	FEMININE
Estoy (*I am*)	contento	contenta
⅀ ¿Está usted (*Are you?*)	solo	sola
Voy a estar (*I'm going to be*)	listo	lista
	ocupado	ocupada
⅀ Eduardo va a estar (*Edward is going to be*)	triste	triste
	preocupado	preocupada
⅀ Alicia está	enfermo (*sick*)	enferma (*sick*)
⅀ Juan está	bien (*well*)	bien
	mejor (*better*)	mejor

B (HOW)

1	2	3
	MASCULINE PLURAL	FEMININE PLURAL
Estamos (*We are*)	contentos	contentas
⅀⅀ Están (*They are. Are they?*)	solos	solas
	cansados	cansadas
	listos	listas
	ocupados	ocupadas
	preocupados	preocupadas
	tristes	tristes
	enfermos (*sick*)	enfermas (*sick*)
	bien (*well*)	bien

C (WHERE)

1	2
Estoy (*I am*)	en la clase
⅋ ¿Está usted (*Are you?*)	en el despacho
⅋ Eduardo está (*Edward is*)	en Cuba
Estamos (*We are*)	en casa
⅋⅋ Alberto y María están	en el hospital
⅋⅋ Están (*They are*)	en el club
⅋ Mi sombrero está	en el sofá

EXERCISE IN TRANSLATION

Translate the following sentences into Spanish. Write out each sentence in Spanish, using the columns above as a guide. Check your sentences with the correct translations below this exercise.

1. Alice is happy.
2. John is ready.
3. Are you well?
4. Are you sad?
5. John is better.
6. Edward is going to be tired.
7. I'm going to be busy (when a man says it).
8. I'm going to be busy (when a woman says it).
9. I'm tired (when a man says it).
10. I'm tired (when a woman says it).
11. I'm ready (when a man says it).
12. I'm ready (when a woman says it).
13. I'm happy (when a man says it).
14. I'm happy (when a woman says it).
15. Are you alone (when speaking to a man)?
16. Are you alone (when speakin to a woman)?
17. Are you worried (when speaking to a man)?
18. Are you worried (when speaking to a woman)?
19. We are tired (men).
20. We are tired (women).
21. They are ready (men).
22. They are ready (women).
23. Are they alone (men)?
24. I am in the office.
25. Albert and Mary are in Cuba.
26. They are at (in) the club.
27. Are you at home?
28. I'm at home.
29. They are at home.
30. Edward is in the hospital.

Check your sentences with the correct translations below.

1. Alicia está contenta.
2. Juan está listo.
3. ¿Está usted bien?
4. ¿Está usted triste?
5. Juan está mejor.
6. Eduardo va a estar cansado.
7. Voy a estar ocupado.
8. Voy a estar ocupada.
9. Estoy cansado.
10. Estoy cansada.
11. Estoy listo.
12. Estoy lista.
13. Estoy contento.
14. Estoy contenta.
15. ¿Está solo?
16. ¿Está sola?
17. ¿Está preocupado?
18. ¿Está preocupada?
19. Estamos cansados.
20. Estamos cansadas.
21. Están listos.
22. Están listas.
23. ¿Están solos?
24. Estoy en el despacho.
25. Alberto y María están en Cuba.
26. Están en el club.
27. ¿Está usted en casa?
28. Estoy en casa.
29. Están en casa.
30. Eduardo está en el hospital.

EXTRA WORDS

el comedor, *the dining room*
el baño, *the bathroom*
el corredor, *the hall*
la sala, *the living room*
la cocina, *the kitchen*
el cuarto, *the room*

🕃 Está en la cocina. *It's in the kitchen. He, she is in the kitchen.*

🕃 Está en la sala. *It's in the living room. He, she is in the living room.*

🕃 Está en el baño. *It's in the bathroom.*

🕃 Está en el comedor. *It's in the dining room.*

🕃 Está furioso. *He is furious.*   🕃 Está enojado. *He is angry.*

🕃 Está furiosa. *She is furious.*   🕃 Está enojada. *She is angry.*

Remember that "where" and "how" take "está."

Always use "es" with a noun or a characteristic (permanent quality).

NOUN: El elefante es un animal. *The elephant is an animal.*
(Since "animal" is a noun you must use "es.")

CHARACTERISTIC: El elefante es grande. *The elephant is big.*
(Since being big is a characteristic [permanent quality] of an elephant, you must use "es.")

El doctor es inteligente. *The doctor is intelligent.*
(Since being intelligent is a characteristic [permanent quality]
  you must use "es.")
Es rico. *He is rich.* (characteristic)
Es alto. *He is tall.* (characteristic)

CATEGORY XVIII

URE = URA

the literature = la literatura

la agricultura
la arquitectura
la aventura
(*adventure*)
la caricatura
(*cartoon, caricature*)
la criatura
(*creature, child*)
la cultura
la tortura

la escultura
(*sculpture*)
la estatura
(*stature*)
la estructura
(*structure*)
la figura
la fractura
futura
(masc., futuro)
la horticultura

la literatura
la manufactura
la miniatura
obscura (*dark*)
(masc., obscuro)
prematura
(masc., prematuro)
pura
(masc., puro)
la temperatura

CATEGORY XIX

UTE = UTO

the minute = el minuto

absoluto
astuto
el atributo
el bruto

diminuto
el instituto
irresoluto
el minuto

el substituto
el tributo

Test Your Progress

*N*ow that you have completed twenty lessons let's try another test to see how well you are grasping the lessons.

TEST I

Fill in the blanks below with the plural of the following words. You should be able to complete this test in five minutes.

1. la casa ——————
2. la planta ——————
3. el sombrero ——————
4. la guitarra ——————
5. el radio ——————
6. el hombre guapo ——————

———————————
7. la señorita bonita ——————

———————————
8. el doctor ——————
9. el animal ——————
10. el color ——————
11. la nación ——————
12. la ciudad ——————
13. la novela interesante ——————

———————————
14. el artista famoso ——————

———————————

Check your answers with the words below. If you have twelve or more correct answers, you have learned how to form the plurals very well. If you have fewer than eight correct answers, you are not reading the lessons carefully enough. Try to do better next time.

1. las casas
2. las plantas
3. los sombreros
4. las guitarras
5. los radios
6. los hombres guapos
7. las señoritas bonitas
8. los doctores
9. los animales
10. los colores
11. las naciones
12. las ciudades
13. las novelas interesantes
14. los artistas famosos

TEST II

This is an important test because it will show you how thoroughly you have learned the verbs. I hope that you will get a high score on this one.

Fill in the blanks with the Spanish equivalents of the following English words. You should be able to complete this test in ten minutes.

1. We worked. ——————

2. They bought. ——————

3. I sang. ——————

4. We talked. ——————

5. They are going to buy. —— ——————

6. We are going to invite. —— ——————

7. Did they finish? —————— ——————

8. I passed. ——————

9. We invited. ——————

10. I received. ——————

11. We saw. ——————

12. I heard. ——————

13. We read (past tense). —— ——————

14. They are going to see. —— ——————

15. They sang. ——————

16. How is Mary? —————— ——————

17. They saw. ——————

18. Who saw? ——————

19. We wrote. ——————

20. I served. ——————

21. They understood. —————— ——————

22. We bought. ——————

23. They worked. ——————

24. I understood. ——————

25. We received. ——————

26. Who wrote? ——————

27. Did you sell? ——————

28. I saw. ——————

29. I read (past tense). ——————

30. We understood. ——————

31. They heard. ——————

32. I am going to sell. —————— ——————

33. We heard. ——————

34. Mary is happy. —————— ——————

35. They sold. ——————

36. Robert saw. ——————

This was a difficult test. If you have thirty or more correct answers you are doing extremely well. Read the next lessons at the same speed. Try to keep up the high caliber of your work. If you have no more than eighteen correct answers, you had better review the verbs before you go on to the next lessons. Check your results with the correct answers below.

1. trabajamos	19. escribimos
2. compraron	20. serví
3. canté	21. comprendieron
4. hablamos	22. compramos
5. van a comprar	23. trabajaron
6. vamos a invitar	24. comprendí
7. ¿terminaron?	25. recibimos
8. pasé	26. ¿quién escribió?
9. invitamos	27. ¿vendió usted?
10. recibí	28. ví
11. vimos	29. leí
12. oí	30. comprendimos
13. leímos	31. oyeron
14. van a ver	32. voy a vender
15. cantaron	33. oímos
16. ¿cómo está María?	34. María está contenta.
17. vieron	35. vendieron
18. ¿quién vió?	36. Roberto vió

TEST III

Now let's see how well you can convert adjectives into adverbs. Fill in the blanks below with the adverbs which correspond to the following adjectives. The first answer has been solved for you so that you can be sure how this test should be done. You should be able to complete this test in five minutes.

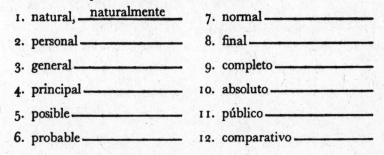

1. natural, <u>naturalmente</u>   7. normal _____

2. personal _____   8. final _____

3. general _____   9. completo _____

4. principal _____   10. absoluto _____

5. posible _____   11. público _____

6. probable _____   12. comparativo _____

If only one or two of your answers are wrong you have learned how to form adverbs very well. If you have made more than five mistakes, however, you are not reading the lessons carefully enough. Check your adverbs with the following list.

1. naturalmente	5. posiblemente	9. completamente
2. personalmente	6. probablemente	10. absolutamente
3. generalmente	7. normalmente	11. públicamente
4. principalmente	8. finalmente	12. comparativamente

21

Lección Número Veintiuno

las pipas

FUMAR, *to smoke*

FUMÉ (*I smoked*)	FUMAMOS (*we smoked*)
8 FUMÓ (*you smoked*)	88 FUMARON (*they smoked*)

ING = ANDO (for "ar" verbs)

PRESENT PARTICIPLES

visit*ando*, visit*ing*   habl*ando*, talk*ing*
compr*ando*, buy*ing*   trabaj*ando*, work*ing*

ING = IENDO (for "er" and "ir" verbs)

PRESENT PARTICIPLES

escrib*iendo*, writ*ing*   recib*iendo*, receiv*ing*
v*iendo*, see*ing*   comprend*iendo*, understand*ing*

WRITTEN EXERCISES

Following is a list of infinitives converted into present participles.

1. Cover up the two right-hand columns.
2. Remove "ar" from the infinitive in the left-hand column.
3. Add "ando" (as in the third column below).
4. Translate (as in the fourth column below).
5. Check your columns with the columns below.

INFINITIVE		PRESENT PARTICIPLE	
hablar	to speak	hablando	speaking
comprar	to buy	comprando	buying
tomar	to take	tomando	taking
votar	to vote	votando	voting
exportar	to export	exportando	exporting
fumar	to smoke	fumando	smoking
estudiar	to study	estudiando	studying
preparar	to prepare	preparando	preparing
copiar	to copy	copiando	copying
dictar	to dictate	dictando	dictating
recitar	to recite	recitando	reciting
demandar	to sue	demandando	suing
flotar	to float	flotando	floating
marchar	to march	marchando	marching
murmurar	to murmur	murmurando	murmuring
conversar	to converse	conversando	conversing
anticipar	to anticipate	anticipando	anticipating
celebrar	to celebrate	celebrando	celebrating
acumular	to accumulate	acumulando	accumulating
cooperar	to co-operate	cooperando	co-operating
cultivar	to cultivate	cultivando	cultivating
trabajar	to work	trabajando	working

1. Cover up the two right-hand columns.
2. Remove "er" or "ir" from the infinitives in the left-hand column.
3. Add "iendo" (as in the third column on the next page).
4. Translate (as in the fourth column on the next page).
5. Check your columns with the columns on the next page.

INFINITIVE		PRESENT PARTICIPLE	
escribir	*to write*	escribiendo	*writing*
vivir	*to live*	viviendo	*living*
aplaudir	*to applaud*	aplaudiendo	*applauding*
recibir	*to receive*	recibiendo	*receiving*
decidir	*to decide*	decidiendo	*deciding*
asistir	*to attend*	asistiendo	*attending*
insistir	*to insist*	insistiendo	*insisting*
describir	*to describe*	describiendo	*describing*
dividir	*to divide*	dividiendo	*dividing*
persuadir	*to persuade*	persuadiendo	*persuading*
sufrir	*to suffer*	sufriendo	*suffering*
ver	*to see*	viendo	*seeing*
comprender	*to understand*	comprendiendo	*understanding*
vender	*to sell*	vendiendo	*selling*
absorber	*to absorb*	absorbiendo	*absorbing*
convencer	*to convince*	convenciendo	*convincing*
extender	*to extend*	extendiendo	*extending*
mover	*to move*	moviendo	*moving*
ofender	*to offend*	ofendiendo	*offending*
ofrecer	*to offer*	ofreciendo	*offering*
leer	*to read*	leyendo	*reading*
oír	*to hear*	oyendo	*hearing*

Notice that the "iendo" has been changed to "yendo" in "leyendo" and "oyendo." When the letter "i" appears between two vowels it is changed to "y."

HOW TO USE THE PRESENT PARTICIPLE

Estoy estudiando
  (*I am studying*)

Estamos estudiando
  (*We are studying*)

⑄ Está estudiando
  (*You are studying*)

⑄⑄ Están estudiando
  (*They are studying*)

EXERCISE IN TRANSLATION

1. Cover up the right-hand column.
2. Translate the left-hand column (write out).
3. Check your translations with the right-hand column.

AR verbs, ANDO

I am buying.	Estoy comprando.
You are working.	⅊ Está trabajando.
We are preparing.	Estamos preparando.
They are copying.	⅊⅊ Están copiando.
I am studying.	Estoy estudiando.
He is progressing.	⅊ Está progresando.
We are smoking.	Estamos fumando.
He is dictating.	⅊ Está dictando.
She is reciting.	⅊ Está recitando.

ER and IR verbs, IENDO

I am writing.	Estoy escribiendo.
She is selling.	⅊ Está vendiendo.
We are seeing.	Estamos viendo.
They are understanding	⅊⅊ Están comprendiendo.
I am reading.	Estoy leyendo.
He is living.	⅊ Está viviendo.
They are applauding.	⅊⅊ Están aplaudiendo.

Notice that the "i" in leyendo is changed to "y" because it appears between two vowels.

WORDS TO REMEMBER

la frase, *the sentence*
perezoso (masc.), *lazy*
perezosa (fem.), *lazy*
una pipa, *a pipe*
un cigarro, *a cigarette*

un cigarrillo, *a cigarette*
¡Qué idea! *What an idea!*
un puro, *a cigar*
mi abuelo, *my grandfather*
mi abuela, *my grandmother*

¿Está estudiando? *Are you studying?*

CONVERSACIÓN

¿Está estudiando la lección?
Sí, estoy estudiando la lección.

¿Está preparando una composición para la clase?
No, no estoy preparando una composición para la clase.

¿Está recitando un poema?
No, no estoy recitando un poema.

¿Está hablando italiano?

No, no estoy hablando italiano. Estoy hablando español.

¿Está escribiendo una carta?

No, no estoy escribiendo una carta.

¿Está escribiendo un poema?

No, no estoy escribiendo un poema.

¿Está leyendo una novela en la clase?

Ay no, eso es ridículo, no estoy leyendo una novela en la clase.

¿Está leyendo el periódico en la clase?

No, eso es absolutamente ridículo. No estoy leyendo el periódico en la clase. Estoy hablando español en la clase.

¿Están progresando los estudiantes en la clase?

Sí, los estudiantes están progresando mucho en la clase.

¿Está dictando frases el profesor?

No, el profesor no está dictando frases.

¿Está trabajando Roberto?

Ay no, Roberto no está trabajando.

¿Está estudiando Roberto?

Ay no, Roberto no está estudiando. Roberto es muy perezoso.

¿Es perezosa María?

No, María no es perezosa. María es muy industriosa.

¿Es industrioso Roberto?

¡Caramba, profesor, qué idea! Roberto no es industrioso. Roberto es muy perezoso.

¿Está fumando Roberto?

No, Roberto no está fumando.

¿Está fumando una pipa el profesor?

No, el profesor no está fumando una pipa.

¿Está fumando un cigarro el profesor?

No, el profesor no está fumando un cigarro.

¿Está fumando un puro su abuelo?

Sí, mi abuelo está fumando un puro.

¿Está leyendo una novela su abuela?

Sí, mi abuela está leyendo una novela.

¿Está fumando una pipa su abuela?

Ay no, eso es absolutamente ridículo. Mi abuela no está fumando una pipa.

SENTENCE-FORMING EXERCISES

Combine the words below in different ways to form as many
sentences as you can. Be sure to use words from each of the
columns in every sentence you form.

A

1	2	3
Estoy (*I am*)	trabajando	en el despacho
𝕊 ¿Está (*Are you? Is he? Is she?*)	preparando	la cena
	copiando	las frases
Estamos (*We are*)	fumando	un puro
𝕊𝕊 Están (*They are*)	dictando	una carta
𝕊 Mi abuelo está (*My grandfather is*)	escribiendo	un artículo
	leyendo	una novela

B

1	2	3
𝕊 ¿Está (*Is?*)	estudiando	Roberto?
	leyendo	su abuela?
	fumando	su abuelo?
	trabajando	su papá

EXERCISE IN TRANSLATION

Translate the following sentences into Spanish. Write out each
sentence in Spanish, using the columns above as a guide. Check
your sentences with the correct translations below this exercise.

1. I am working at (in) the office.
2. I am preparing dinner.
3. Are you copying the sentences?
4. I am studying the vocabulary.
5. I am writing an article.
6. Are you reading a novel?
7. We are copying the sentences.
8. My grandfather is dictating a letter.
9. My grandfather is smoking a cigar.
10. They are writing the sentences.
11. They are preparing dinner.
12. Is Robert studying?
13. Is your grandmother reading?
14. Is your grandfather smoking?
15. Is your father working?

Check your sentences with the correct translations below.

1. Estoy trabajando en el despacho.
2. Estoy preparando la cena.
3. ¿Está copiando las frases?
4. Estoy estudiando el vocabulario.
5. Estoy escribiendo un artículo.
6. ¿Está leyendo una novela?
7. Estamos copiando las frases.
8. Mi abuelo está dictando una carta.
9. Mi abuelo esta fumando un puro.
10. Están escribiendo las frases.
11. Están preparando la cena.
12. ¿Está estudiando Roberto?
13. ¿Está leyendo su abuela?
14. ¿Está fumando su abuelo?
15. ¿Está trabajando su papá?

EXTRA WORDS

MASCULINE	FEMININE
mi **hermano**, *my brother*	mi **hermana**, *my sister*
mi **primo**, *my cousin (man)*	mi **prima**, *my cousin (woman)*
mi **suegro**, *my father-in-law*	mi **suegra**, *my mother-in-law*
mi **tío**, *my uncle*	mi **tía**, *my aunt*
mi **cuñado**, *my brother-in-law*	mi **cuñada**, *my sister-in-law*
mi **sobrino**, *my nephew*	mi **sobrina**, *my niece*
mi **nieto**, *my grandson*	mi **nieta**, *my granddaughter*
mi **hijo**, *my son*	mi **hija**, *my daughter*
mi **esposo**, *my husband*	mi **esposa**, *my wife*
mis **padres**, *my parents*	la **familia**, *the family*
mis **parientes**, *my relatives*	la **gente**, *the people*

REMINDER CARD 14

Estoy	trabajando
(*I am*)	estudiando
ℬ ¿Está	hablando
(*Are you? Is he, she?*)	escribiendo
Estamos	sufriendo
(*We are*)	(*suffering*)
ℬ Están	ING = ANDO
(*They are*)	(for "ar" verbs)
	ING = IENDO
	(for "er, ir" verbs)

Copy the above material on a card. Carry the card with you and glance at it whenever you get a chance.

22

Lección Número Veintidós

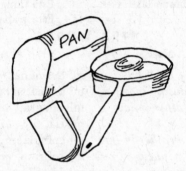

el pan y un huevo

PRESENT TENSE

"Ar," "er," and "ir" verbs end in "o" in the first person of the present tense.

EXAMPLES:

hablo, *I speak*

vendo, *I sell*

compro, *I buy*

escribo, *I write*

WRITTEN EXERCISE

Following is a list of infinitives converted into the first person, present tense.

1. Cover up the two right-hand columns.
2. Remove "ar," "er," or "ir" from the infinitive in the left-hand column.
3. Add the letter "o" as in the second column on next page.
4. Translate, as in the third column on next page.
5. Check your columns with those on next page.

6. Read the middle column in the book aloud, firmly stressing the letters in heavy type.

INFINITIVE	FIRST PERSON	TRANSLATION
tomar	t**o**mo	*I take*
comprar	c**o**mpro	*I buy*
hablar	h**a**blo	*I speak*
trabajar	trab**a**jo	*I work*
estudiar	est**u**dio	*I study*
terminar	term**i**no	*I finish*
bailar	b**a**ilo	*I dance*
invitar	inv**i**to	*I invite*
visitar	vis**i**to	*I visit*
comprender	compr**e**ndo	*I understand*
vender	v**e**ndo	*I sell*
leer	l**e**o	*I read*
aprender	apr**e**ndo	*I learn*
escribir	escr**i**bo	*I write*
vivir	v**i**vo	*I live*
recibir	rec**i**bo	*I receive*
insistir	ins**i**sto	*I insist*
describir	descr**i**bo	*I describe*
decidir	dec**i**do	*I decide*
sufrir	s**u**fro	*I suffer*

Notice that you stress the next to the last syllable in the present tense. Stress this syllable very firmly.

"Ar" verbs end in "a" in the third man form, that is, when speaking of anybody but yourself.

EXAMPLES: habla,   *you speak*   *do you speak?*
                        he speaks   *does he speak?*
                        she speaks   *does she speak?*

Alberto trabaja mucho. *Albert works a lot.*
María habla español. *Mary speaks Spanish.*
¿Habla usted español? *Do you speak Spanish?*
¿Estudia usted mucho? *Do you study a lot?*
Roberto no estudia. *Robert doesn't study.*
Roberto baila muy bien. *Robert dances very well.*

WRITTEN EXERCISE

Following is a list of "ar" infinitives converted into the present tense, third man form.

1. Cover up the right-hand columns.
2. Remove "ar" from the infinitive in the left-hand column.
3. Add the letter "a" as in the second column below.
4. Translate as in the third column below.
5. Check your columns with those below.
6. Now read the third man form (middle column) aloud, firmly stressing each heavy-type letter. These letters have been printed in heavy type for your convenience. Remember to stress THE NEXT TO THE LAST SYLLABLE in the present tense. Pay particular attention to the heavy-type letters below.

INFINITIVE	THIRD MAN FORM	TRANSLATION
comprar	compra	*you buy, he, she buys*
hablar	habla	*you speak, he, she speaks*
tomar	toma	*you take, he, she takes*
trabajar	trabaja	*you work, he, she works*
estudiar	estudia	*you study, he, she studies*
terminar	termina	*you finish, he, she finishes*
bailar	baila	*you dance, he, she dances*
votar	vota	*you vote, he, she votes*
visitar	visita	*you visit, he, she visits*
invitar	invita	*you invite, he, she invites*
preparar	prepara	*you prepare, he, she prepares*
importar	importa	*you import, he, she imports*
exportar	exporta	*you export, he, she exports*
depositar	deposita	*you deposit, he, she deposits*
aceptar	acepta	*you accept, he, she accepts*
entrar	entra	*you go in, he, she goes in*
estacionar	estaciona	*you park, he, she parks (car)*
dictar	dicta	*you dictate, he, she dictates*
pasar	pasa	*you pass, he, she passes*
usar	usa	*you use, he, she uses*
copiar	copia	*you copy, he, she copies*

VERBS TO REMEMBER

ESPERAR, *to hope, to wait for, to expect*
ESPERO, *I hope*
ESPERO HABLAR, *I hope to speak*

§ ESPERA
you hope	*do you hope?*
he hopes	*does he hope?*
she hopes	*does she hope?*

§ CANTA
you sing	*do you sing?*
he sings	*does he sing?*
she sings	*does she sing?*

§ BAILA
you dance	*do you dance?*
he dances	*does he dance?*
she dances	*does she dance?*

HABLO, *I speak*   § ¿HABLA? *do you speak?*
CANTO, *I sing*   § ¿CANTA? *do you sing?*
BAILO, *I dance*   § ¿BAILA? *do you dance?*

§ ¿Fuma su abuelo? *Does your grandfather smoke?*

WORDS TO REMEMBER

nunca, *never*
el desayuno, *breakfast*
el almuerzo, *lunch*
después de, *after*
el jugo, *the juice*
la leche, *the milk*
el té, *the tea*
el pan, *the bread*
inglés, *English*
unas veces, *sometimes*
un huevo, *an egg*
un huevo frito, *a fried egg*
huevos revueltos, *scrambled eggs*
huevos pasados por agua, *soft-boiled eggs (literally, eggs passed through water)*

nunca bailo, *I never dance*
para el desayuno, *for breakfast*
para el almuerzo, *for lunch*
después de la cena, *after dinner*
jugo de naranja, *orange juice*
jugo de tomate, *tomato juice*
jugo de piña, *pineapple juice*
pan tostado, *toast*
Estoy estudiando. *I am studying.*
en las fiestas, *at parties*
bien, *well*
pronto, *soon*
cuándo, *when*

CONVERSACIÓN

The letters that must be stressed in the verbs are not in bold face below. You must remember to stress the next to the last syllable of every verb. You're on your own now.

¿Habla usted español?

Sí, hablo español.

¿Habla bien?

No, no hablo bien, pero estoy estudiando y espero hablar bien muy pronto.

¿Habla español en la clase?

Sí, hablo español en la clase.

¿Habla español en casa?

No, en casa hablo inglés.

¿Habla usted mucho?

No, no hablo mucho.

¿Habla mucho Roberto?

Sí, Roberto habla constantemente y cuando no habla, canta.

¿Canta usted en la clase de español?

Sí, canto en la clase de español.

¿Baila usted en la clase de español?

No, eso es absolutamente ridículo. No bailo en la clase. Bailo mucho en las fiestas pero nunca bailo en la clase.

¿Baila su abuelo?

Sí, mi abuelo baila muy bien. Mi abuelo baila el vals y el tango con mucho entusiasmo.

¿Fuma su abuelo?

Sí, mi abuelo fuma mucho. Mi abuelo fuma su pipa después de la cena.

¿Toma usted café para el desayuno?

Sí, tomo café en la mañana para el desayuno y en la noche después de la cena.

¿Toma usted un huevo frito para el desayuno?

Sí, generalmente tomo un huevo frito para el desayuno?

¿Toma usted huevos revueltos?

Sí, unas veces tomo huevos revueltos, pero generalmente tomo un huevo frito para el desayuno.

¿Toma usted pan tostado para el desayuno?

Sí, tomo pan tostado para el desayuno.

¿Toma usted huevos pasados por agua para el desayuno?

No, generalmente no tomo huevos pasados por agua. Generalmente tomo un huevo frito con pan tostado para el desayuno.

¿Toma usted jugo de naranja para el desayuno?

Sí, tomo jugo de naranja para el desayuno.

¿Toma usted jugo de tomate para el desayuno?

No, no tomo jugo de tomate para el desayuno. Tomo jugo de tomate para el almuerzo.

¿Toma usted jugo de piña para el desayuno?

No, no tomo jugo de piña para el desayuno. Unas veces tomo jugo de piña para el almuerzo.

¿Toma usted leche para el almuerzo?

No, no tomo leche para el almuerzo. Generalmente tomo té para el almuerzo.

¿Toma usted pan para el almuerzo?

Sí, tomo pan para el almuerzo.

SENTENCE-FORMING EXERCISES

Combine the words below in different ways to form as many sentences as you can. Just be sure to use words from each of the columns in every sentence you form.

A

1	2	3
Hablo (*I speak*)	español	en la clase
Comprendo (*I understand*)	la situación	muy bien
	el periódico	en la mañana
Compro (*I buy*)	con Roberto	en la tienda
Trabajo (*I work*)	la lección	después de la cena
Estudio (*I study*)	mucho	en las fiestas
Bailo (*I dance*)	las revistas	en el tren
Leo (*I read*)	huevos	para el desayuno
Tomo (*I take*)	té	para el almuerzo
	jugo de naranja	para la cena
	jugo de piña	
	huevos revueltos	

B

1	2	3
Roberto	ℨ habla español	muy bien
Luis	ℨ estudia	mucho
Alberto	ℨ baila	el tango
María	ℨ trabaja	en el banco
Alicia	ℨ toma	mucho café
Marta	ℨ prepara	la cena
Mi abuelo	ℨ fuma	después de la cena
Mi abuela	ℨ no fuma	una pipa

C

In this exercise you can either use the "usted" or drop it. Both forms are absolutely correct and complete. The "usted" is frequently dropped in conversation.

1	2
ℨ ¿Habla (usted)	español (*Spanish*)?
(*Do you speak?*)	italiano (*Italian*)?
ℨ ¿Estudia (usted)	en la universidad?
(*Do you study?*)	mucho café (*a lot of coffee*)?
ℨ ¿Trabaja (usted)	una pipa (*a pipe*)?
(*Do you work?*)	cigarros (*cigarettes*)?
ℨ ¿Toma (usted)	mucho (*a lot*)?
(*Do you take?*)	después de la cena (*after supper*)?
ℨ ¿Fuma (usted)	
(*Do you smoke?*)	en el banco (*in the bank*)?

Notice that in questions you use the third man form of the verb.

EXERCISE IN TRANSLATION

Translate the following sentences into Spanish. Write out each sentence in Spanish, using the columns above as a guide. Check your sentences with the correct translations below this exercise.

1. I understand the situation very well.
2. I work with Robert in the store.
3. I study the lesson after dinner.
4. I read (present) the newspaper in the morning.

5. I have eggs for breakfast.
6. I have tea for lunch.
7. I have coffee for dinner.
8. I have orange juice for breakfast.
9. I have scrambled eggs for breakfast.
10. Robert speaks Spanish very well.
11. Louis studies a lot.
12. Albert works in the bank.
13. My grandfather smokes after dinner.
14. Do you speak Spanish?
15. Do you study after dinner?
16. Do you work in the bank?

Check your sentences with the correct translations below.

1. Comprendo la situación muy bien.
2. Trabajo con Roberto en la tienda.
3. Estudio la lección después de la cena.
4. Leo el periódico en la mañana.
5. Tomo huevos para el desayuno.
6. Tomo té para el almuerzo.
7. Tomo café para la cena.
8. Tomo jugo de naranja para el desayuno.
9. Tomo huevos revueltos para el desayuno.
10. Roberto habla español muy bien.
11. Luis estudia mucho.
12. Alberto trabaja en el banco.
13. Mi abuelo fuma después de la cena.
14. ¿Habla usted español?
15. ¿Estudia usted después de la cena?
16. ¿Trabaja usted en el banco?

NOTE: "Espero" means "I hope" and is followed by the infinitive.

Espero ver la película. *I hope to see the film.*
Espero comprender. *I hope to understand.*
Espero bailar mucho. *I hope to dance a lot.*
Espero trabajar mucho. *I hope to work a lot.*
Espero vender la casa. *I hope to sell the house.*
Espero comprar un auto. *I hope to buy a car.*
Espero que sí. *I hope so.*
Espero que no. *I hope not.*

EXTRA WORDS

una vez, *one time, once*
dos veces, *two times, twice*
tres veces, *three times*

muchas veces, *many times, often*
unas veces, *sometimes*

otra vez, *again (another time)*

tal vez, *maybe*

una servilleta, *a napkin*

un mantel, *a tablecloth*

el plato, *the plate, the dish*

los platos, *the dishes*

el vaso, *the glass*

un vaso de leche, *a glass of milk*

un vaso de agua, *a glass of water*

una taza, *a cup*

una taza de café, *a cup of coffee*

azúcar, *sugar*

una propina, *a tip*

REMINDER CARD 15

Hablo (*I speak*)	español
☙ ¿Habla (*Do you speak?*)	italiano
Trabajo (*I work*)	en el banco
☙ ¿Trabaja (*Do you work?*)	en la tienda
Estudio (*I study*)	(*in the store*)
	después de la cena
	(*after dinner*)

Copy the above material onto a card. Carry the card with you and glance at it whenever you get a chance.

23

Lección Número Veintitrés

la máquina de escribir

PRESENT TENSE

*T*he present tense of "er" and "ir" verbs is formed by removing the "er" or the "ir" and adding "o" for the first person and "e" for anybody else (singular).

ESCRIBIR,	**ESCRIBO,**	§ **ESCRIBE,**
to write	*I write*	*you write*
		he, she writes
RECIBIR,	**RECIBO,**	§ **RECIBE,**
to receive	*I receive*	*you receive*
		he, she receives
COMPRENDER,	**COMPRENDO,**	§ **COMPRENDE,**
to understand	*I understand*	*you understand*
		he, she understands
VENDER,	**VENDO,**	§ **VENDE,**
to sell	*I sell*	*you sell*
		he, she sells
APRENDER,	**APRENDO,**	§ **APRENDE,**
to learn	*I learn*	*you learn*
		he, she learns

LEER,
  to read
	LEO,
	  I read
		ℬ LEE,
		  you read
		  he, she reads

VIVIR,
  to live
	VIVO,
	  I live
		ℬ VIVE,
		  you live
		  he, she lives

COMER,
  to eat
	COMO,
	  I eat
		ℬ COME,
		  you eat
		  he, she eats

BEBER,
  to drink
	BEBO,
	  I drink
		ℬ BEBE,
		  you drink
		  he, she drinks

WRITTEN EXERCISE

Following is a list of infinitives converted into the present tense.

1. Cover up all but the first column.
2. Remove "er" or "ir" from the infinitives in the first column.
3. Add the letter "o" (as in the second column) and translate (as in the third column).
4. Add the letter "e" (as in the fourth column) and translate (as in the fifth column).
5. Check your columns with those below.
6. Read the second and fourth columns in the book aloud, firmly stressing the heavy-type letters in columns 2 and 4.

1	2	3	4	5
escribir	es**cribo**	*I write*	ℬ es**cribe**	*you write* (*he, she writes*)
recibir	re**cibo**	*I receive*	ℬ re**cibe**	*you receive*
vivir	**vivo**	*I live*	ℬ **vive**	*you live*
comprender	compr**endo**	*I understand*	ℬ compr**ende**	*you understand*
vender	v**endo**	*I sell*	ℬ v**ende**	*you sell*
aprender	apr**endo**	*I learn*	ℬ apr**ende**	*you learn*
leer	l**eo**	*I read*	ℬ l**ee**	*you read*
describir	des**cribo**	*I describe*	ℬ des**cribe**	*you describe*
decidir	deci'	*I decide*	ℬ de**cide**	*you decide*
sufrir	**sufr**	*I suffer*	ℬ **sufre**	*you suffer*
dividir	div'	*I divide*	ℬ di**vide**	*you divide*
permitir	perm..o	*I allow*	ℬ per**mite**	*you allow*

1	2	3	4	5
persuadir	persuado	*I persuade*	♫ persuade	*you persuade*
resistir	resisto	*I resist*	♫ resiste	*you resist*
comer	como	*I eat*	♫ come	*you eat*
beber	bebo	*I drink*	♫ bebe	*you drink*

Remember that in the present tense you stress the next to the last syllable.

WORDS TO REMEMBER

nuevo (masc.), nueva (fem.), *new*

Nueva York, *New York*

solo (masc.), sola (fem.), *alone*

muchos (masc.), muchas (fem.), *many*

unos (masc.), unas (fem.), *some*

unas cartas, *some letters*

todo (masc.), toda (fem.), *all*

todos (masc.), todas (fem.), *all, every*

todos los días, *every day* (*all the days*)

todas las mañanas, *every morning* (*all the mornings*)

otro (masc.), otra (fem.), *another* (NEVER say "un otro")

otros (masc.), otras (fem.), *other, others*

la familia, *the family*

la avenida, *the avenue*

la ciudad, *the city*

o, *either, or*

un departamento, *an apartment*

la palabra, *the word*

los Estados Unidos, *the United States*

la máquina, *the machine*

la máquina de escribir, *the typewriter*

el día, *the day*

el otro día, *the other day*

un día, *one day* (NEVER say "una día")

hay, *there is, there are, is there? are there?*

♫ ¿Lee usted? *Do you read?*

♫ ¿Aprende usted? *Do you learn?*

♫ ¿Está usted leyendo? *Are you reading?*

♫ ¿Dónde vive usted? *Where do you live?*

CONVERSACIÓN

¿Dónde vive usted?

Vivo en Nueva York.

¿Vive usted solo (sola)?
No, no vivo solo (sola). Vivo con mi familia.

¿Dónde vive el presidente de los Estados Unidos?
El presidente de los Estados Unidos vive en la Casa Blanca en Washington.

¿Dónde vive Roberto?
Roberto vive en la Avenida de la Reforma.

¿Dónde vive María?
María vive en un departamento en la Avenida de las **Américas**.

¿Dónde vive Luis?
Luis vive en la Ciudad de México.

¿Dónde vive Carlos?
Carlos vive en la Ciudad de México también.

¿Escribe Carlos muchas cartas?
No, Carlos no escribe muchas cartas.

¿Escribe usted muchas cartas?
Sí, escribo muchas cartas.

¿Escribe las cartas en inglés o en español?
Escribo unas cartas en inglés y otras en español.

¿Escribe usted las cartas en máquina?
Sí, escribo las cartas en máquina.

¿Hay muchas máquinas de escribir en su despacho?
Sí, hay muchas máquinas en mi despacho.

¿Está usted leyendo la lección en el libro de español?
Sí, estoy leyendo la lección en el libro de español.

¿Comprende usted la lección?
Sí, comprendo la lección muy bien.

¿Comprende usted la conversación en la clase?
Sí, comprendo la conversación en la clase perfectamente.

¿Aprende usted mucho en la clase?
Sí, aprendo mucho en la clase.

¿Aprende usted muchas palabras en la clase?
Sí, aprendo muchas palabras en la clase.

¿Lee usted la lección en la clase?
Sí, leo la lección en la clase.

¿Lee usted el periódico todos los días?

Sí, leo el periódico todos los días.

¿Lee usted muchos libros?

Sí, leo muchos libros.

¿Lee muchos libros Tomás?

No, Tomás no lee muchos libros. Tomás nunca lee. Tomás es muy ignorante.

¿Es ignorante Roberto?

No, Roberto es muy perezoso pero no es ignorante.

SENTENCE-FORMING EXERCISES

Combine the words below in different ways to form as many sentences as you can. Be sure to use words from each of the columns in every sentence you form.

A

1	2	3
Vivo	en un departamento	en Nueva York
Leo	el periódico	todas las mañanas
Recibo	muchas cartas	(*every morning*)
Escribo	un artículo	en el despacho
Comprendo	la lección	todas las tardes
Aprendo	mucho (*a lot*)	muy bien
		en la clase

B

Questions usually require the third man form of the verb. You generally ask someone else what he did or does.

1	2	3
𝕊 ¿Lee usted	el periódico	todas las mañanas?
(*Do you read?*)	muchas cartas	(*every morning*)
𝕊 ¿Recibe usted	las frases	todos los días?
𝕊 ¿Escribe usted	el vocabulario	(*every day*)
𝕊 ¿Aprende usted	en una casa	en su casa?
𝕊 ¿Vive usted	muchos tractores	en la clase?
𝕊 ¿Vende usted		o en un departamento?
		(*or in an apartment*)
		en la agencia?

C

1	2	3
Carlos	§ vende	muchos autos
María	§ escribe	artículos interesantes
Mamá	§ recibe	muchas cartas
Luis	§ comprende	la conversación
Roberto	§ come (*eats*)	mucho

EXERCISE IN TRANSLATION

Translate the following sentences into Spanish. Write out each sentence in Spanish, using the columns above as a guide. Check your sentences with the correct translations below this exercise.

1. I live in an apartment in New York.
2. I read the newspaper every morning.
3. I understand the lesson very well.
4. I learn a lot in the class.
5. I read (present) the lesson in the class.
6. Do you read a lot every day?
7. Do you live in a house or in an apartment?
8. Do you write the sentences in the class?
9. Do you learn the vocabulary in the class?
10. Do you read a magazine in the class?
11. Charles sells many cars.
12. Mary writes interesting articles.
13. Louis understands the conversation.
14. Robert eats a lot.

Check your sentences with the correct translations below.

1. Vivo en un departamento en Nueva York.
2. Leo el periódico todas las mañanas.
3. Comprendo la lección muy bien.
4. Aprendo mucho en la clase.
5. Leo la lección en la clase.
6. ¿Lee usted mucho todos los días?
7. ¿Vive usted en una casa o en un departamento?
8. ¿Escribe usted las frases en la clase?
9. ¿Aprende usted el vocabulario en la clase?
10. ¿Lee usted una revista en la clase?
11. Carlos vende muchos autos.
12. María escribe artículos interesantes.
13. Luis comprende la conversación.
14. Roberto come mucho.

EXTRA WORDS

la calle, *the street*	la esquina, *the corner*
el chofer, *the driver (taxi)*	el ómnibus, *the bus*
a la derecha, *to the right, on the right*	el camión, *the truck (the bus, in Mexico)*
a la izquierda, *to the left, on the left*	el elevador, *the elevator*

la Primera Avenida, *First Avenue*
la Segunda Avenida, *Second Avenue*
la Tercera Avenida, *Third Avenue*
la Cuarta Avenida, *Fourth Avenue*
la Quinta Avenida, *Fifth Avenue*
la acera, *the sidewalk*

> NOTE I: "Creo" actually means "I believe," but in common usage it means "I think."

Creo que es interesante. *I think that it's interesting.*
Creo que es terrible. *I think it's terrible.*
Creo que es bueno. *I think it's good.*
Creo que es simpático. *I think that he (she) is charming.*
¿Qué cree usted? *What do you think?*
Creo que sí. *I think so.*
Creo que no. *I think not. I don't think so.*

CREER, *to think, to believe*

CREO, *I think*
℥ CREE, *you think*
he, she thinks

> NOTE II: Remember that adjectives agree with nouns in gender and number. Masculine adjectives modify masculine nouns and feminine adjectives modify feminine nouns.

The "o" is a masculine letter.   The "a" is a feminine letter.

MASCULINE	FEMININE
muchos hombres (*many men*)	muchas mujeres (*many women*)
muchos sombreros (*many hats*)	muchas blusas (*many blouses*)

todos los hombres
  (*all the men*)

todas las mujeres
  (*all the women*)

todos los muchachos
  (*all the boys*)

todas las mañanas
  (*every morning, all the mornings*)

el otro caballero
  (*the other gentleman*)

otro hombre
  (*another man*)

todas las tardes
  (*every afternoon, all the afternoons*)

otro amigo
  (*another friend*)

todas las noches
  (*every night, all the nights*)

unos amigos
  (*some friends*)

otra amiga
  (*another friend*, fem.)

un sombrero nuevo
  (*a new hat*)

unas amigas
  (*some friends*, fem.)

una blusa nueva
  (*a new blouse*)

Adjectives usually follow nouns in Spanish.

EXCEPTION: Adjectives of quantity or number go before the nouns.

QUANTITY

NUMBER

mucho café

cinco sombreros, *five hats*

mucha leche

tres meses, *three months*

REMINDER CARD 16

8 ¿Vive usted
  (*Do you live?*)   en el campo
Vivo   en un departamento
  (*I live*)   solo, sola
8 ¿Escribe usted   muchas cartas
  (*Do you write?*)
Escribo
  (*I write*)
8 ¿Dónde vive usted?   (*Where do you live?*)

Copy the above material onto a card. Carry the card with you and glance at it whenever you have a chance.

24

Lección Número Veinticuatro

las canastas

PRESENT TENSE PLURAL

*W*ithout exception, EVERY first person plural of EVERY verb in EVERY tense ends in "MOS."

The present tense endings for the first person plural are:

AMOS for AR verbs
EMOS for ER verbs
IMOS for IR verbs

HABLAR, *to speak*   HABLAMOS, *we speak*
VENDER, *to sell*   VENDEMOS, *we sell*
VIVIR, *to live*   VIVIMOS, *we live*

WRITTEN EXERCISE

1. Cover up the two right-hand columns.
2. Remove "ar," "er," or "ir" from each infinitive in the left-hand column.
3. Add AMOS for "ar" verbs, EMOS for "er" verbs, IMOS for "ir" verbs (as in the center column on next page).
4. Translate (as in the right-hand column on next page).
5. Check your columns with those on next page.

6. Read the middle column in the book aloud, firmly stressing the heavy-type letters in the center column.

"AR" VERBS	FIRST PERSON PLURAL	TRANSLATION
comprar	compr**a**mos	*we buy*
hablar	habl**a**mos	*we speak*
tomar	tom**a**mos	*we take*
estudiar	estudi**a**mos	*we study*
trabajar	trabaj**a**mos	*we work*
cantar	cant**a**mos	*we sing*
terminar	termin**a**mos	*we finish*
aceptar	acept**a**mos	*we accept*
votar	vot**a**mos	*we vote*
estacionar	estacion**a**mos	*we park*
estar	est**a**mos	*we are*
invitar	invit**a**mos	*we invite*
"ER" VERBS		
comprender	comprend**e**mos	*we understand*
vender	vend**e**mos	*we sell*
leer	le**e**mos	*we read*
aprender	aprend**e**mos	*we learn*
depender	depend**e**mos	*we depend*
ofrecer	ofrec**e**mos	*we offer*
"IR" VERBS		
vivir	viv**i**mos	*we live*
recibir	recib**i**mos	*we receive*
escribir	escrib**i**mos	*we write*
oír	o**í**mos	*we hear*
discutir	discut**i**mos	*we discuss*
describir	describ**i**mos	*we describe*

PRESENT TENSE

HABLAR, *to speak*

HABLO (*I speak*)	HABLAMOS (*we speak*)
2 HABLA (*you speak*)	**22** HABLAN (*they speak*)

VENDER, *to sell*

VENDO (*I sell*)	VENDEMOS (*we sell*)
8 VENDE (*you sell*)	88 VENDEN (*they sell*)

VIVIR, *to live*

VIVO (*I live*)	VIVIMOS (*we live*)
8 VIVE (*you live*)	88 VIVEN (*they live*)

Notice that the third man plural is formed by adding the letter "N" to the third man singular.

WRITTEN EXERCISE

1. Cover up the two right-hand columns.
2. Add the letter "n" to the third man singular in the left-hand column (this converts it into a third man plural).
3. Translate.
4. Check your columns with the two right-hand columns below.
5. Read the first and third columns in the book aloud, firmly stressing the heavy-type letters.

THIRD MAN SINGULAR		THIRD MAN PLURAL	
8 habla	*you speak*	88 hablan	*they speak*
8 compra	*you buy*	88 compran	*they buy*
8 termina	*you finish*	88 terminan	*they finish*
8 trabaja	*you work*	88 trabajan	*they work*
8 visita	*you visit*	88 visitan	*they visit*
8 invita	*you invite*	88 invitan	*they invite*
8 canta	*you sing*	88 cantan	*they sing*
8 baila	*you dance*	88 bailan	*they dance*
8 comprende	*you understand*	88 comprenden	*they understand*
8 vende	*you sell*	88 venden	*they sell*
8 lec	*you read*	88 leen	*they read*

𝕊 aprende	*you learn*	𝕊𝕊 aprenden	*they learn*
𝕊 escribe	*you write*	𝕊𝕊 escriben	*they write*
𝕊 vive	*you live*	𝕊𝕊 viven	*they live*
𝕊 decide	*you decide*	𝕊𝕊 deciden	*they decide*
𝕊 recibe	*you receive*	𝕊𝕊 reciben	*they receive*
𝕊 describe	*you describe*	𝕊𝕊 describen	*they describe*

VERBS TO REMEMBER
LLEVAR, *to wear, to carry*

LLEVO, (*I wear, carry*)	LLEVAMOS (*we wear, carry*)
𝕊 LLEVA (*you wear, carry*)	𝕊𝕊 LLEVAN (*they wear, carry*)

When you hear this verb you can tell whether it means "to wear" or "to carry" by its use in the sentence. "Llevan canastas" obviously means "They carry baskets" and certainly not "They wear baskets."

WORDS TO REMEMBER

noches de luna, *moonlight nights*

violetas frescas, *fresh violets*

hay, *there is, there are, is there? are there?*

son, *are* (plural of "es")

muchos, *many*

sarapes, *Mexican blankets*

con frecuencia, *frequently, often* (*with frequence*)

bonito (masc.), *pretty*

pintoresco (masc.), *picturesque*

el mercado, *the market*

la literatura, *literature*

la política, *politics*

los pantalones, *the trousers*

la cortesía, *courtesy*

la falda, *the skirt*

la camisa, *the shirt*

blanco (masc.), *white*

grande, *big, large*

su canasta, *your basket, his, her, their basket*

sus canastas, *your baskets, his, her, their baskets*

acompañamiento de guitarra, *guitar accompaniment*

qué, *what* (*with* an accent)

que, *that* (*without* an accent)

mujeres que venden, *women who sell* (literally *women that sell*)

hombres que venden, *men who sell* (literally, *men that sell*)
"¿Quién?" means "Who?" when asking a question such as
"¿Quién cantó?" (*Who sang?*)
¿Son interesantes los mercados mexicanos? *Are Mexican markets
interesting?*

CONVERSACIÓN

¿Son interesantes los mercados mexicanos?
Sí, los mercados mexicanos son muy interesantes y pintorescos. En
los mercados hay mujeres que venden tomates, naranjas, espárragos, papas, huevos, flores, etc.

¿Qué llevan las mujeres?
Las mujeres llevan blusas de muchos colores y faldas muy bonitas.

¿Venden canastas en el mercado?
Sí, en el mercado venden canastas con decoraciones muy bonitas.

¿Venden flores en el mercado?
Sí, muchas mujeres llevan canastas de flores y con frecuencia invitan al turista a comprar sus flores. "Violetas, señorita violetas
frescas, rosas bonitas, señorita. ¿Va a comprar rosas?"

¿Qué venden los hombres?
Los hombres venden sombreros y sarapes en el mercado.

¿Qué llevan los hombres?
Los hombres llevan camisas blancas y pantalones blancos, sombreros grandes y sarapes de muchos colores diferentes. Los sarapes
mexicanos son muy pintorescos.

¿Dónde cultivan los mexicanos las frutas que venden en los mercados?
Los mexicanos cultivan las frutas que venden en los mercados en
las haciendas y en los ranchos.

¿Hablan español los mexicanos?
Sí, los mexicanos hablan español.

¿Es interesante la conversación de los mexicanos?
Sí, la conversación de los mexicanos es muy interesante. Los mexicanos hablan mucho con sus amigos. Hablan de la política, la
música, la literatura, y especialmente de las señoritas bonitas.

¿Hay muchas fiestas en México?

Sí, en México hay muchas fiestas. Los mexicanos invitan a sus amigos a muchas fiestas. La hospitalidad mexicana es extraordinaria.

¿Son románticos los mexicanos?

Sí, los mexicanos son muy románticos. Los hombres invitan a las señoritas a bailar con mucha cortesía. Los mexicanos son galantes y románticos. Las señoritas son coquetas.

¿Cantan mucho los mexicanos?

Sí, los mexicanos cantan mucho. Los mexicanos cantan en las fiestas con acompañamiento de guitarra. Cantan en los patios en las noches de luna. Cantan, toman café, fuman cigarros, y hablan interminablemente.

¿Bailan mucho los mexicanos?

Sí, los mexicanos bailan mucho.

SENTENCE-FORMING EXERCISES

Combine the words below in different ways to form as many sentences as you can. Just be sure to use words from each of the columns in every sentence you form.

A

1	2	3
Trabajamos (*we work*)	mucho	en la tienda
Preparamos	la lección	muy bien
Visitamos	a mi primo	con frecuencia
Comprendemos	la conversación	perfectamente
Escribimos	muchas cartas	en el despacho
Vivimos	en una casa	en el campo
Tomamos	café	a la una (*at one o'clock*)
	el almuerzo (*lunch*)	a las ocho (*at eight o'clock*)
	el desayuno (*breakfast*)	a las siete (*at seven o'clock*)
	la cena	

B

1	2	3
Los estudiantes	88 hablan	muy bien
Los hombres	88 llevan	camisas
Las señoritas	88 llevan	blusas
Las mujeres	88 llevan	canastas
Mis primos	88 viven	en Costa Rica
Mis amigos	88 trabajan	en el banco
Las secretarias	88 escriben	muchas cartas
Carlos y Roberto	88 comprenden	la lección
María y Alicia	88 preparan	la cena

EXERCISE IN TRANSLATION

Translate the following sentences into Spanish. Write out each sentence in Spanish, using the columns above as a guide. Check your sentences with the correct translations below this exercise.

1. We visit my cousin often (with frequence).
2. We understand the lesson very well.
3. We write many letters in the office.
4. We live in a house in the country.
5. We have coffee in the office.
6. We have lunch at one o'clock.
7. We have breakfast at eight o'clock.
8. We have dinner at seven o'clock.
9. The students speak very well.
10. The women carry baskets.
11. My cousins live in Costa Rica.
12. My friends work in the bank.
13. The secretaries write many letters.
14. Charles and Robert understand the lesson.
15. Mary and Alice prepare dinner.

Check your sentences with the correct translations below.

1. Visitamos a mi primo con frecuencia.
2. Comprendemos la lección muy bien.
3. Escribimos muchas cartas en el despacho.
4. Vivimos en una casa en el campo.
5. Tomamos café en el despacho.
6. Tomamos el almuerzo a la una.
7. Tomamos el desayuno a las ocho.
8. Tomamos la cena a las siete.
9. Los estudiantes hablan muy bien.
10. Las mujeres llevan canastas.
11. Mis primos viven en Costa Rica.

12. Mis amigos trabajan en el banco.

13. Las secretarias escriben muchas cartas.

14. Carlos y Roberto comprenden la lección.

15. María y Alicia preparan la cena.

NOTE I: Remember that if a noun is feminine it is followed by a feminine adjective and if a noun is masculine it is followed by a masculine adjective. Boys don't mix with girls grammatically as they do in real life.

Plural nouns are followed by plural adjectives. In other words, adjectives must agree with nouns in number and gender.

MASCULINE SINGULAR	MASCULINE PLURAL
el sombrero bonito	los sombreros bonitos
el mercado pintoresco	los mercados pintorescos
el hombre guapo	los hombres guapos

FEMININE SINGULAR	FEMININE PLURAL
la blusa bonita	las blusas bonitas
la casa blanca	las casas blancas
la mujer generosa	las mujeres generosas

NOTE II: The letters MOS and N are very important in Spanish because they form the plural of verbs.

THIRD MAN SINGULAR			THIRD MAN PLURAL
3 habla	plus the letter N	=	33 hablan
3 vende	plus the letter N	=	33 venden
3 compra	plus the letter N	=	33 compran
3 vota	plus the letter N	=	33 votan
3 va (*you go*)	plus the letter N	=	33 van (*they go*)
3 está (*you are*)	plus the letter N	=	33 están (*they are*)

THIRD MAN SINGULAR			FIRST PERSON PLURAL
3 habla	plus MOS	=	hablamos
3 vende	plus MOS	=	vendemos
3 compra	plus MOS	=	compramos
3 vota	plus MOS	=	votamos
3 va (*you go*)	plus MOS	=	vamos (*we go*)
3 está (*you are*)	plus MOS	=	estamos (*we are*)

Remember, however, that the first person plural of IR verbs is IMOS (vivimos, *we live*).

WRITTEN EXERCISE

1. Cover up all but the left-hand column.
2. Remove "ar," "er," or "ir" from the infinitives in the left-hand column.
3. Add the present tense endings to each verb.
4. Check your columns with those below.
5. READ ALOUD ALL THE COLUMNS BELOW, FIRMLY STRESSING THE HEAVY-TYPE LETTERS.

	I	YOU	WE	THEY
hablar	hablo	habla	hablamos	hablan
comprar	compro	compra	compramos	compran
trabajar	trabajo	trabaja	trabajamos	trabajan
bailar	bailo	baila	bailamos	bailan
visitar	visito	visita	visitamos	visitan
llevar	llevo	lleva	llevamos	llevan
invitar	invito	invita	invitamos	invitan
tomar	tomo	toma	tomamos	toman
vender	vendo	vende	vendemos	venden
comprender	comprendo	comprende	comprendemos	comprenden
aprender	aprendo	aprende	aprendemos	aprenden
vivir	vivo	vive	vivimos	viven
recibir	recibo	recibe	recibimos	reciben
escribir	escribo	escribe	escribimos	escriben
decidir	decido	decide	decidimos	deciden

Remember that in the present tense you must stress the next to the last syllable.

NOTE: "La comida" means "the meal" and also "lunch" when lunch is the big meal of the day. Both "comida" and "almuerzo" are used very much in Spanish.

EXTRA WORDS

a la una, *at one o'clock*
a las dos, *at two o'clock*
a las tres, *at three o'clock*
a las cuatro, *at four o'clock*
a las cinco, *at five o'clock*
a las seis, *at six o'clock*
a las siete, *at seven o'clock*
a las ocho, *at eight o'clock*
a las nueve, *at nine o'clock*
a las diez, *at ten o'clock*
a las once, *at eleven o'clock*
a las doce, *at twelve o'clock*

a las dos y media, *at two-thirty* (*at two and a half*)
a las dos y cuarto, *at two-fifteen* (*at two and a quarter*)
al cuarto para las tres, *at a quarter to* (*for*) *three*
el reloj, *the clock, the watch*
¿A qué hora? *At what time?*
¿A qué hora es la clase? *At what time is the class?*

25

Lección Número Veinticinco

NOUNS RELATED TO VERBS

*N*ouns are often very closely related to verbs. For example, there is a large group of nouns that are identical to the first person present singular of their corresponding verbs.

Read the following exercise aloud, firmly stressing the heavy-type letters.

INFINITIVES		NOUNS
votar	voto, *I vote*	el voto, *the vote*
usar	uso, *I use*	el uso, *the use*
cantar	canto, *I sing*	el canto, *the song*
progresar	progreso, *I progress*	el progreso, *the progress*
robar	robo, *I steal*	el robo, *the robbery*
estudiar	estudio, *I study*	el estudio, *the study*
besar	beso, *I kiss*	el beso, *the kiss*
insultar	insulto, *I insult*	el insulto, *the insult*
pesar	peso, *I weigh*	el peso, *the weight*
odiar	odio, *I hate*	el odio, *the hatred*
refrescar	refresco, *I refresh*	el refresco, *the refreshment*
triunfar	triunfo, *I triumph*	el triunfo, *the triumph*
trabajar	trabajo, *I work*	el trabajo, *the work*
anunciar	anuncio, *I advertise*	el anuncio, *the advertisement*
archivar	archivo, *I file*	el archivo, *the file* (letters)
cepillar	cepillo, *I brush*	el cepillo, *the brush*
dibujar	dibujo, *I draw*	el dibujo, *the drawing*

divorciar	divorcio, *I divorce*	el divorcio, *the divorce*
fracasar	fracaso, *I fail*	el fracaso, *the failure*
gritar	grito, *I shout*	el grito, *the shout, scream*
saludar	saludo, *I greet*	el saludo, *the greeting*
cambiar	cambio, *I change*	el cambio, *the change*
caminar	camino, *I walk*	el camino, *the road*
abrazar	abrazo, *I hug*	el abrazo, *the hug*
arreglar	arreglo, *I arrange*	el arreglo, *the arrangement*

Notice that in the infinitive you stress the LAST syllable; in the present tense and the noun you stress THE NEXT TO THE LAST syllable.

WRITTEN EXERCISE

Following is a list of infinitives converted into nouns.
1. Cover up the right-hand column.
2. Remove "ar" from the infinitive in the left-hand column.
3. Add the letter "o" (this converts the infinitive into a noun).
4. Translate the nouns.
5. Check your columns with those below.

INFINITIVES	NOUNS
cantar, *to sing*	el canto, *the song*
usar, *to use*	el uso, *the use*
robar, *to steal*	el robo, *the robbery*
besar, *to kiss*	el beso, *the kiss*
insultar, *to insult*	el insulto, *the insult*
pesar, *to weigh*	el peso, *the weight*
odiar, *to hate*	el odio, *the hatred*
refrescar, *to refresh*	el refresco, *the refreshment*
trabajar, *to work*	el trabajo, *the work*
cepillar, *to brush*	el cepillo, *the brush*
dibujar, *to draw*	el dibujo, *the drawing*
fracasar, *to fail*	el fracaso, *the failure*
gritar, *to shout*	el grito, *the shout*
saludar, *to greet*	el saludo, *the greeting*
cambiar, *to change*	el cambio, *the change*
caminar, *to walk*	el camino, *the road*

PAST TENSE OF IRREGULAR VERBS

The verb "estar" is irregular.

ESTAR, *to be (where, how)*

PRESENT TENSE	PAST TENSE
ESTOY, *I am*	ESTUVE, *I was*
⑧ ESTÁ, *you are, he, she, it is*	⑧ ESTUVO, *you were, he, she, it was*
ESTAMOS, *we are*	
⑧⑧ ESTÁN, *they, you* (pl.) *are*	ESTUVIMOS, *we were*
	⑧⑧ ESTUVIERON, *they, you* (pl.) *were*

Estoy ocupado.	Estuve ocupado.
(*I am busy.*)	(*I was busy.*)
Estoy cansado.	Estuve cansado.
(*I am tired.*)	(*I was tired.*)
Estoy en Cuba.	Estuve en Cuba.
(*I am in Cuba.*)	(*I was in Cuba.*)
Estoy con Roberto.	Estuve con Roberto.
(*I am with Robert.*)	(*I was with Robert.*)
Estoy en casa.	Estuve en casa.
(*I'm at home.*)	(*I was at home.*)

Remember that you use the verb "estar" to say "where" or "how" things or people are.

The verb "tener" (*to have*) is irregular.

TENER, *to have*

TUVE, *I had*	TUVIMOS, *we had*
⑧ TUVO, *you, he, she, it had*	⑧⑧ TUVIERON, *they, you* (pl.) *had*

Now let's study the pattern of these irregular verbs.

ESTUVE, *I was*	TUVE, *I had*
⑧ ESTUVO, *you were, he, she, it was*	⑧ TUVO, *you, he, she had*

Notice that these verbs end in "e" in the first person and in "o" in the third man form. They have the same endings as regular "ar" verbs in the past tense, except that the final letter has no accent.

Below there is a list of regular "ar" verbs and a list of irregular verbs. Compare the endings of the regular verbs with those of the irregular verbs and you will see that they are alike, except for the fact that the irregular verbs have no accent on the final letter.

Do not try to memorize all these verbs. They will be presented in future lessons. They are used here only to show you that irregular verbs are not the devils they are generally thought to be. Their endings in the past are like the endings of "ar" verbs except that they have no accent.

PAST OF REGULAR "AR" VERBS		PAST OF IRREGULAR VERBS	
trabajé	𝕊 trabajó	estuve	𝕊 estuvo
(I worked)	(you worked)	(I was)	(you were)
compré	𝕊 compró	tuve	𝕊 tuvo
(I bought)	(you bought)	(I had)	(you had)
hablé	𝕊 habló	vine	𝕊 vino
(I talked)	(you talked)	(I came)	(you came)
tomé	𝕊 tomó	dije	𝕊 dijo
(I took)	(you took)	(I said)	(you said)
terminé	𝕊 terminó	hice	𝕊 hizo
(I finished)	(you finished)	(I did)	(you did)
canté	𝕊 cantó	traje	𝕊 trajo
(I sang)	(you sang)	(I brought)	(you brought)
cambié	𝕊 cambió	puse	𝕊 puso
(I changed)	(you changed)	(I put)	(you put)
caminé	𝕊 caminó	pude	𝕊 pudo
(I walked)	(you walked)	(I could)	(you could)

Perhaps it will comfort you to know that (aside from the verbs you have studied thus far) the above list includes most of the completely irregular verbs of the language that you will need to learn for ordinary conversation and that by the time you learn these verbs well you will have overcome what is considered one of the major obstacles in learning Spanish. I think that when you see these verbs gathered together in a list as they are above, you

will agree that they are more friendly than forbidding. All you
have to remember is that you must end them all in "e" for the
first person singular and "o" for anybody else singular.

In this lesson we will work only with:

ESTUVE *I was*   TUVE *I had*
§ ESTUVO *you were, he, she,*   § TUVO, *you, he, she had*
   it was

WORDS TO REMEMBER

la entrevista, *the interview*   la primavera, *spring*
una cita, *an appointment*   el verano, *summer*
cuándo, *when*
la semana pasada, *last week*
estuve enfermo (masc.), *I was sick*
estuve enferma (fem.), *I was sick*
lindo (masc.), linda (fem.), *lovely, very pretty* (used very much)
las visitas, *the visitors, company* (both masc. and fem.)
¿Dónde estuvo usted? *Where were you?*
¿Estuvo usted en la clase? *Were you in the class?*
¿Tuvo usted catarro? *Did you have a cold?*
Tuve catarro. *I had a cold.*
Tuve que estudiar. *I had to study.*
Tuve que trabajar. *I had to work.*
¿Tuvo que trabajar? *Did you have to work?*

Notice that "tuve que" and "tuvo que" are used with the infinitive. "Tuve que" means "I had to" and "Tuvo que" means
"You had to."

CONVERSACIÓN

¿Estuvo usted en clase la semana pasada?
Sí, estuve en la clase la semana pasada.

¿Estuvo usted en su despacho esta mañana?
Sí, estuve en mi despacho esta mañana.

¿Dónde estuvo usted esta tarde?
Estuve en mi despacho esta tarde.

¿Estuvo usted ocupado?
Sí, estuve muy ocupado.

¿Estuvo usted cansado anoche?
Sí, estuve muy cansado anoche.

¿Cuándo estuvo usted en México?
Estuve en México en la primavera.

¿Es linda la primavera en México?
Sí, la primavera es linda en México.

¿Cuándo estuvo usted en Costa Rica?
Estuve en Costa Rica en el verano.

¿Tuvo usted una entrevista con el presidente de Costa Rica?
No, no tuve una entrevista con el presidente de Costa Rica.

¿Tuvo usted una conversación interesante en la clase?
Sí, tuve una conversación muy interesante en la clase.

¿Tuvo usted una fiesta anoche?
Sí, tuve una fiesta anoche.

¿Tuvo muchas visitas?
Sí, tuve muchas visitas.

¿Tuvo usted catarro?
Ay no, por fortuna no tuve catarro.

¿Tuvo usted una cita con el doctor?
No, no tuve una cita con el doctor.

¿Tuvo que estudiar la lección?
Sí, tuve que estudiar la lección para la clase.

¿Tuvo que trabajar esta mañana?
Sí, tuve que trabajar esta mañana.

¿Tuvo que preparar la cena?
No, no tuve que preparar la cena.

¿Tuvo que leer la composición?
Sí, tuve que leer la composición.

¿Tuvo que escribir muchas cartas?
Sí, tuve que escribir muchas cartas.

¿Tuvo que aprender la lección?
Sí, tuve que aprender la lección.

¿Tuvo que estudiar mucho?
Sí, tuve que estudiar mucho.

SENTENCE-FORMING EXERCISES

Combine the words below in different ways to form as many sentences as you can. Just be sure to use words from each of the columns in every sentence you form.

A

1	2	3
Tuve	catarro	la semana pasada
(*I had*)	una fiesta	anoche
🎵 ¿Tuvo	una cita	esta tarde
(*Did you have?*)	un accidente	esta mañana
	una conversación	interesante
	visitas	el sábado (*on Saturday*)

B

1	2	3
Estuve	en Cuba	en la primavera
(*I was*)	en México	el verano pasado
🎵 ¿Estuvo	en la clase	esta mañana
(*Were you:*	en casa	anoche
Was he, she?)	con Roberto	ayer (*yesterday*)
	cansado (a) (*tired*)	esta tarde
	ocupado (a)	en el despacho
	contento (a)	en Cuba
	en el despacho	esta noche
	en Costa Rica	en el otoño
	en Francia	en el invierno
	enfermo (a) (*sick*)	en el hospital

C

1	2	3
Tuve que	estudiar	mucho
(*I had to*)	preparar	la cena
🎵 ¿Tuvo que	trabajar	ayer
(*Did you have to?*)	leer	el libro
	escribir	muchas cartas
	aprender	las palabras
	caminar (*to walk*)	al despacho

D

1	2
🕭 ¿Por qué no vende (*Why don't you sell?*)	la casa?
🕭 ¿Por qué no compra (*Why don't you buy?*)	el fonógrafo?
🕭 ¿Por qué no va (*Why don't you go?*)	un auto?
🕭 ¿Por qué no está (*Why aren't you?*)	un refrigerador?
🕭 ¿Por qué no lee (*Why don't you read?*)	a la fiesta?
🕭 ¿Por qué no toma (*Why don't you take?*)	al cine?
🕭 ¿Por qué no escribe (*Why don't you write?*)	contento?
	listo?
	el periódico?
	la revista?
	un taxi?
	un avión?
	la carta?
	las frases?

E

1	2
Cuándo estuve (*When I was*)	en el hospital
Cuándo estuvo (*When you were*)	en Costa Rica
	en México
	en Cuba
	enfermo
	en California
	en Buenos Aires

EXERCISE IN TRANSLATION

Translate the following sentences into Spanish. Write out each sentence in Spanish, using the columns above as a guide. Check your sentences with the correct translations below this exercise.

1. I had a cold last week.
2. I had a party last night.
3. I had an appointment this afternoon.
4. I had company on Saturday.
5. Did you have a party last night?
6. Did you have an interesting conversation?
7. Did you have company last night?
8. I was in Cuba last summer.
9. I was busy this afternoon.

10. I was at (in) the office this afternoon.
11. I was at home last night.
12. I was sick in the hospital.
13. Were you at home this morning?
14. Were you busy at (in) the office?
15. Were you in France in the spring?
16. I had to study a lot.
17. I had to work yesterday.
18. I had to walk to the office.
19. I had to read the book.
20. Why don't you sell the house?
21. Why don't you buy a car?
22. Why don't you go to the movies?
23. Why aren't you happy?
24. Why don't you read the newspaper?
25. Why don't you take a plane?

Check your sentences with the correct translations below.

1. Tuve catarro la semana pasada.
2. Tuve una fiesta anoche.
3. Tuve una cita esta tarde.
4. Tuve visitas el sábado.
5. ¿Tuvo una fiesta anoche?
6. ¿Tuvo una conversación interesante?
7. ¿Tuvo visitas anoche?
8. Estuve en Cuba el verano pasado.
9. Estuve ocupado (ocupada) esta tarde.
10. Estuve en el despacho esta tarde.
11. Estuve en casa anoche.
12. Estuve enfermo (enferma) en el hospital.
13. ¿Estuvo en casa esta mañana?
14. ¿Estuvo ocupado (ocupada) en el despacho?
15. ¿Estuvo en Francia en la primavera?
16. Tuve que estudiar mucho.
17. Tuve que trabajar ayer.
18. Tuve que caminar al despacho.
19. Tuve que leer el libro.
20. ¿Por qué no vende la casa?
21. ¿Por qué no compra un auto?
22. ¿Por qué no va al cine?
23. ¿Por qué no está contento (contenta)?
24. ¿Por qué no lee el periódico?
25. ¿Por qué no toma un avión?

At the beginning of this lesson there is a list of nouns that are identical to the first person present of the verb. There are other nouns that are identical to the third person present of their corresponding "ar" verbs. These are all feminine since they end in "a."

Say these aloud, stressing firmly the heavy type letters in the Spanish words.

INFINITIVES	THIRD PERSON PRESENT	NOUNS
notar	nota, *he notices*	la nota, *the note*
dudar	duda, *he doubts*	la duda, *the doubt*
envidiar	envidia, *he envies*	la envidia, *the envy*
firmar	firma, *he signs*	la firma, *the signature*
visitar	visita, *he visits*	la visita, *the visit, the visitor*
renunciar	renuncia, *he resigns*	la renuncia, *the resignation*
preguntar	pregunta, *he asks*	la pregunta, *the question*
copiar	copia, *he copies*	la copia, *the copy*
culpar	culpa, *he blames*	la culpa, *the blame*
comprar	compra, *he buys*	la compra, *the purchase*
cargar	carga, *he loads*	la carga, *the cargo*
causar	causa, *he causes*	la causa, *the cause*
fabricar	fabrica, *he manufactures*	la fábrica, *the factory*
criticar	critica, *he criticizes, reviews*	la crítica, *the review* (play)

Notice that "fábrica" and "crítica" have written accents on the first syllable and therefore are slightly irregular.

EXTRA WORDS
MÁS means *"more"*

ADJECTIVE	COMPARATIVE	SUPERLATIVE
bonito (a), pretty	más bonito, *prettier* (*more pretty*)	el más bonito, *the prettiest*
grande, *big*	más grande, *bigger* (*more big*)	el más grande, *the biggest*
alto (a), *tall*	más alto, *taller* (*more tall*)	el más alto, *the tallest*
gordo (a), *fat*	más gordo, *fatter* (*more fat*)	el más gordo, *the fattest*
delgado (a), thin	más delgado, *thinner*	el más delgado, *the thinnest*
raro (a), strange	más raro, *stranger*	el más raro, *the strangest*

*chiquito (a),   más chiquito, *smaller*   el más chiquito, *the*
small (*little*)   *smallest*

feo (a), *ugly*   más feo, *uglier*   el más feo, *the ugliest*

*"Chiquito" really means "little," but it is used very much
in Spanish. "Pequeño" is actually the word for "small."

Two adjectives that become entirely different words in the
comparative (both in Spanish and English) are:

bueno, *good*   mejor, *better*   el mejor, *the best*

malo, *bad*   peor, *worse*   el peor, *the worst*

TAN means *"so"*

tan grande, *so big*   tan bonito, *so pretty*   tan malo, *so bad*

tan bueno, *so good*   tan alto, *so tall*   tan raro, *so strange*

tan chiquito, *so little*   tan feo, *so ugly*   tan interesante, *so*
                                             interesting

EXAMPLES:

§ Es tan simpático. *He's so charming.*

§ Es tan simpática. *She's so charming.*

§ Es tan interesante. *It's so interesting.*

§ Es tan raro. *It's so strange.*

TANTO, TANTA means *"so much"*
TANTOS, TANTAS means *"so many"*

MASCULINE   FEMININE

tanto queso, *so much cheese*   tanta limonada, *so much lem-*
                                       onade

tanto café, *so much coffee*   tanta sopa, *so much soup*

tantos hombres, *so many men* tantas mujeres, *so many women*

tantos autos, *so many cars*   tantas blusas, *so many blouses*

EXAMPLES:

Hay tanto tráfico. (*There is so much traffic.*)

Hay tantas dificultades.
$$\begin{cases} \textit{(There are so many} \\ \quad \textit{problems.} \\ \textit{There is so much} \\ \quad \textit{trouble.} \\ \textit{There are so many} \\ \quad \textit{difficulties.)} \end{cases}$$

Tuve (*I had*)
ᶚ ¿Tuvo (*Did you have?*)

catarro
una fiesta
visitas
una cita

Estuve (*I was*)
ᶚ ¿Estuvo (*Were you?*)

en Cuba
en casa
cansado (a)
ocupado (a)

Copy the above material on a card. Carry the card with you and glance at it whenever you get a chance.

26

Lección Número Veintiséis

IR, TO GO

*J*here is only one devil verb in Spanish and that is the verb "ir" (*to go*). It has no rhyme or reason, no logic, and nothing to recommend it except, perhaps, its eccentricity. When you first begin to use the verb in its different forms you may be annoyed with it. But you will soon learn to like it because, although it is very irregular, it will save you work in many ways. This verb, combined with infinitives, is a godsend.

IR, *to go*

VOY (*I go, I'm going*)	VAMOS (*we go, we are going*)

§ VA
(*you go, you are going,*
   he, she, it goes, is going)
	§§ VAN
	(*they, you* (pl.) *go, they,*
	   you (pl.) *are going*)

The past tense of "ir" is entirely different from the present but is easy to learn.

IR, *to go*

FUÍ (*I went*)	FUIMOS (*we went*)
§ FUÉ (*you, he, she, it went*)	**§§** FUERON (*they, you* (pl.) *went*)

Voy a la fiesta. *I'm going to the party.*

Fuí a la fiesta. *I went to the party.*

Voy a la clase. *I'm going to the class.*

Fuí a la clase. *I went to the class.*

Voy a México. *I'm going to Mexico.*

Fuí a México. *I went to Mexico.*

Voy a su casa. *I'm going to your house.*

Fuí a su casa. *I went to your house.*

Voy a estudiar. *I'm going to study.*

Fuí a estudiar. *I went to study.*

Voy a nadar. *I'm going to swim.*

Fuí a nadar. *I went to swim.*

Voy a bailar. *I'm going to dance.*

Fuí a bailar. *I went to dance.*

Voy a pescar. *I'm going to fish.*

Fuí a pescar. *I went to fish.*

VERBS TO REMEMBER

NADAR, *to swim*

PRESENT		PAST	
NADO (*I swim*)	NADAMOS (*we swim*)	NADÉ (*I swam*)	NADAMOS (*we swam*)
𝔷 NADA (*you swim*)	𝔷𝔷 NADAN (*they swim*)	𝔷 NADÓ (*you swam*)	𝔷𝔷 NADARON (*they swam*)

Voy a nadar. *I'm going to swim (swimming).*
Fuí a nadar. *I went to swim (swimming).*
Estoy nadando. *I am swimming.*
Voy a pescar. *I'm going to fish (fishing).*

VINE, *I came*
𝔷 VINO, *you, he, she came did you, he, she come?*

HICE, *I did*
𝔷 HIZO, *you, he, she did did you, he, she do?*

WORDS TO REMEMBER

la cosa, *the thing*
muchas cosas, *many things*
la vista, *the view*

agua cristalina, *crystal water*
las palmeras, *the palm trees*
¡Qué lindo! *How lovely!*

azul, *blue*

el cielo azul, *the blue sky*

pintoresco, *picturesque*

hay, *there is, there are, is there? are there?*

magnífico, *magnificent, excellent*

el baño, *the bath*

la orquesta, *the orchestra*

la calle, *the street*

los jardines, *the gardens*

el cuarto, *the room*

la lancha, *the launch, the boat* (*small*)

baño de sol, *sun bath* (*bath of sun*)

el barco, *the ship, the boat* (*large*)

§ ¿Vino en barco? *Did you come by boat?*

§ ¿Qué hizo? *What did you do?*

Hice muchas cosas. *I did many things.*

§ ¿Tuvo usted? *Did you have?*

§ ¿Estuvo usted en Cuba? *Were you in Cuba?*

la playa, *the beach*

septiembre, *September*

octubre, *October*

una curva blanca, *a white curve*

bueno, *good*

¿Qué? (with accent), *what?*

que (without accent), *that*

con mis primos, *with my cousins*

§ ¿Fué? *Did you go?*

Fuí. *I went.*

CONVERSACIÓN

¿Estuvo usted en Cuba en septiembre o en octubre?

Estuve en Cuba en septiembre.

¿Hizo muchas cosas interesantes en Cuba?

Sí, hice muchas cosas interesantes en Cuba.

¿Qué hizo?

Hice muchas cosas. Fuí a nadar con mis amigos, fuí a tomar la cena en muchos restaurantes y fuí a pescar en una lancha.

¿Nadó usted mucho?

Sí, nadé mucho y tomé baños de sol en una playa blanca y tropical.

¿Hay playas magníficas en Cuba?

Sí, en Cuba hay playas magníficas. Hay una playa linda que es una curva blanca con una vista de agua cristalina y de palmeras y de cielo azul. ¡Qué lindo!

¿Son interesantes los restaurantes cubanos?

Sí, los restaurantes cubanos son muy interesantes. En unos restaurantes hay orquestas excelentes y guitarristas que cantan canciones lindas.

¿Fué a muchos restaurantes? *Did you go to many restaurants?*
Sí, fuí a muchos restaurantes.

¿Fué al cine en Cuba? *Did you go to the movies in Cuba?*
Sí, fuí al cine.

¿Fué a muchas playas diferentes?
Sí, fuí a muchas playas diferentes.

¿Fué a muchas fiestas?   ¿Fué a nadar con Luis?
Sí, fuí a muchas fiestas.   Sí, fuí a nadar con Luis.

¿Fué a visitar a Luis?   ¿Fué a las fiestas con Luis?
Sí, fuí a visitar a Luis.   Sí, fuí a las fiestas con Luis.

¿Fué a pescar con Luis?   ¿Fué en barco o en avión?
Sí, fuí a pescar con Luis.   Fuí en barco.

¿Fué a Cuba solo (sola)?
No, no fuí a Cuba solo (sola). Fuí a Cuba con mis primos.

¿Tuvo usted un cuarto bueno en el hotel?
Sí, tuve un cuarto muy bueno en el hotel.

¿Son pintorescas las calles en Cuba?
Sí, las calles son muy pintorescas en Cuba. En las calles hay hombres que venden flores y frutas. En las casas hay patios y jardines con canarios que cantan y con flores lindas.

¿Cuándo vino usted a Nueva York?
Vine a Nueva York la semana pasada.

¿Vino usted en avión?   ¿Vino usted en barco?
No, no vine en avión.   Sí, vine en barco.

SENTENCE-FORMING EXERCISES

Combine the words below in different ways to form as many sentences as you can. Be sure to use words from each of the columns in every sentence you form.

A

1	2	3
¿Estuvo (*Were you?*)	en el despacho	esta mañana
Estuve (*I was*)	en Cuba	con mis primos
	en México	el verano pasado
	en casa	(*last summer*)
	con Luis	anoche
	en la clase	esta tarde
	en el parque (*in the park*)	toda la tarde (*all afternoon*)

B

1	2	3
Tuve (*I had*)	un accidente	en Cuba
¿Tuvo (*Did you have?*)	catarro (*a cold*)	la semana pasada
	una fiesta linda	linda
	un plan	excelente
	visitas (*company*)	el sábado (*on Saturday*)

C

1	2	3
Vine (*I came*)	a la clase	esta mañana
¿Vino (*Did you come?*)	a la fiesta	anoche
¿Carlos vino (*Charles came*)	a mi casa	ayer
	al despacho	esta tarde
¿María vino (*Mary came*)	a Nueva York	en tren
	a México	en barco (*by boat*)
¿Vino Carlos (*Did Charles come?*)	a Bolivia	en avión
	a la playa	la semana pasada (*last week*)

D

1	2	3
Hice (*I did*)	una cosa, *a thing*	interesante
¿Hizo (*Did you do?*)	muchas cosas	interesantes
Carlos hizo (*Charles did*)	el trabajo (*the work*)	esta mañana
		en Cuba

E

1	2	3
Voy a (*I'm going to*)	trabajar	mañana
𝕊 ¿Va a (*Are you going to?*)	estudiar	esta mañana
Vamos a (*We are going to*)	ver	un cine
𝕊𝕊 Van a (*They are going to*)	pescar	en Canadá
Fuí a (*I went to*)	nadar	con mi primo
Fuimos a (*We went to*)	vender	el auto
𝕊𝕊 Fueron a (*They went to*)	comprar	una casa
𝕊 Roberto va a	hablar	por teléfono
(*Robert is going to*)	leer	la novela
𝕊 Alicia va a (*Alice is going to*)	tomar	el tren
𝕊 Carlos va a	estar	cansado (*tired*)
(*Charles is going to*)		

In the above exercise (E) the forms of the verb "ir" (*to go*) have been used with the infinitive to show what people are going to do or did. Notice that the second column of this exercise is made up entirely of infinitives. In the exercise below (F) the forms of the verb "ir" (*to go*) are used with places to show where people are going or went, so the second column of the exercise is made up entirely of a list of places.

F

1	2	3
Voy (*I'm going, I go*)	al cine	esta noche
𝕊 ¿Va (*Are you going?*)	a la clase	mañana (*tomorrow*)
Vamos (*We are going*)	al campo	el sábado (*on Saturday*)
𝕊𝕊 Van (*They are going, they go*)	al teatro	con frecuencia (*often*)
Fuí (*I went*)	a una fiesta	todas las semanas (*every week*)
𝕊 ¿Fué (*Did you go?*)	a la ópera	con Carlos
Fuimos (*We went*)	al parque	esta tarde
𝕊𝕊 Fueron (*They went*)	a la estación	con Marta

EXERCISE IN TRANSLATION

Translate the following sentences into Spanish. Write out each sentence in Spanish, using the columns above as a guide. Check your sentences with the translations below this exercise.

1. I was at home last night.
2. I was in the park all afternoon.
3. Were you in Mexico last summer?
4. I had a cold last week.
5. I had a lovely party.
6. I had company on Saturday.
7. Did you have a party on Saturday?
8. I came to New York by train.
9. Did Charles come to the party last night?
10. Did Mary come to the beach last week?
11. Did you have company on Saturday?
12. Did you come to Mexico by plane?
13. I did an interesting thing.
14. Did Charles come to the office this afternoon?
15. Did you do the work this morning?
16. Charles did the work in the office.
17. I did many interesting things in Cuba.
18. Charles did many interesting things.
19. I'm going to work tomorrow.
20. We are going to sell the car.
21. They are going to buy a house.
22. Are you going fishing (to fish) tomorrow?
23. Are you going swimming (to swim) tomorrow?
24. We went to work this morning.
25. They went to walk in the park.
26. They went fishing (to fish) with my cousin.
27. I'm going to the movies tonight.
28. Are you going to the class tomorrow?
29. We are going to the country on Saturday.
30. They go to the theater often.
31. I'm going to a party tonight.
32. They are going to the country on Saturday.
33. Are you going to the movies tonight?
34. I go to the movies often.
35. We go to the opera every week.
36. I go to the country every week.
37. They went to the station with Martha.
38. We went to the park this afternoon.
39. Did you go to the country on Saturday?
40. Did you go to the class this afternoon?
41. I went to the movies with Charles.
42. I went to a party on Saturday.

Check your sentences with the correct translations below.

1. Estuve en casa anoche.
2. Estuve en el parque toda la tarde.
3. ¿Estuvo en México el verano pasado?
4. Tuve catarro la semana pasada.
5. Tuve una fiesta linda.
6. Tuve visitas el sábado.
7. ¿Tuvo una fiesta el sábado?
8. Vine a Nueva York en tren.
9. ¿Vino Carlos a la fiesta anoche?
10. ¿Vino María a la playa la semana pasada?
11. ¿Tuvo visitas el sábado?
12. ¿Vino a México en avión?
13. Hice una cosa interesante.
14. ¿Vino Carlos al despacho esta tarde?
15. ¿Hizo el trabajo esta mañana?
16. Carlos hizo el trabajo en el despacho.
17. Hice muchas cosas interesantes en Cuba.
18. Carlos hizo muchas cosas interesantes.
19. Voy a trabajar mañana.

20. Vamos a vender el auto.
21. Van a comprar una casa.
22. ¿Va a pescar mañana?
23. ¿Va a nadar mañana?
24. Fuimos a trabajar esta mañana.
25. Fueron a caminar en el parque.
26. Fueron a pescar con mi primo.
27. Voy al cine esta noche.
28. ¿Va a la clase mañana?
29. Vamos al campo el sábado.
30. Van al teatro con frecuencia.
31. Voy a una fiesta esta noche.
32. Van al campo el sábado.
33. ¿Va al cine esta noche?
34. Voy al cine con frecuencia.
35. Vamos a la ópera todas las semanas.
36. Voy al campo todas las semanas.
37. Fueron a la estación con Marta.
38. Fuimos al parque esta tarde.
39. ¿Fué al campo el sábado?
40. ¿Fué a la clase esta tarde?
41. Fuí al cine con Carlos.
42. Fuí a una fiesta el sábado.

NOTE: Remember the subject pronouns are frequently dropped in Spanish. "Yo vine" means "I came," but you almost always drop the pronoun "yo" and simply say, "Vine." "¿Vino usted a la fiesta?" means "Did you come to the party?" but you almost always drop the "usted" and simply say "¿Vino a la fiesta?" You can either use the word "usted" or drop it. Both forms are absolutely correct and complete. However, you will find that in ordinary conversation Spanish-speaking people almost always drop subject pronouns.

EXTRA WORDS

el hotel, *the hotel*
la llave, *the key*
la cuenta, *the bill*
un cuarto con baño, *a room with bath*
un cuarto exterior, *an outside room*
el cuarto, *the room*
el primer piso, *the first floor*
el segundo piso, *the second floor*

el tercer piso, *the third floor*
el cuarto piso, *the fourth floor*
el quinto piso, *the fifth floor*
el sexto piso, *the sixth floor*
el séptimo piso, *the seventh floor*
el octavo piso, *the eighth floor*
el noveno piso, *the ninth floor*
el décimo piso, *the tenth floor*

Copy the material that is shown on the samples below on cards. Carry the cards with you and glance at them whenever you get a chance.

REMINDER CARD 18

Hice (*I did*)   una cosa interesante
§ ¿Hizo (*Did you do?*)   muchas cosas
§ ¿Hizo Carlos (*Did Charles do?*)   el trabajo
§ Carlos hizo (*Charles did*)

Vine (*I came*)   a la fiesta
§ ¿Vino (*Did you come?*)   a mi casa
§ Eduardo vino (*Edward came*)   a la playa
§ ¿Vino Eduardo (*Did Edward come?*)   al despacho

REMINDER CARD 19

Fuí a (*I went to*)	nadar (*swimming*)
� ¿Fué a (*Did you go to?*)	pescar (*fishing*)
Fuimos a (*We went to*)	trabajar
�� Fueron a (*They went to*)	ver a mamá

Fuí (*I went*)	al cine
� Fué (*Did you go?*)	al campo
Fuimos (*We went*)	a una fiesta
�� Fueron (*They went*)	a la estación

27

Lección Número Veintisiete

---

*T*here are two verbs in Spanish that mean *I have:* "Tengo," which denotes possession, "Tengo un auto" (*I have a car*), and "he," which is an auxiliary or helping verb and which can be used only with other verbs. "He preparado" (*I have prepared*).

HE means *I have* (only when used in combination with another verb).

HE PREPARADO, *I have prepared.*

PREPARADO is the past participle of the verb. In order to form the past participle of AR verbs, remove the AR from the infinitive and add ADO.

INFINITIVES	PRESENT PERFECT TENSE
hablar, *to talk*	he hablado, *I have talked*
depositar, *to deposit*	he depositado, *I have deposited*
tomar, *to take*	he tomado, *I have taken*
bailar, *to dance*	he bailado, *I have danced*
trabajar, *to work*	he trabajado, *I have worked*
terminar, *to finish*	he terminado, *I have finished*
comenzar, *to begin*	he comenzado, *I have begun*
estar, *to be*	he estado, *I have been*
cantar, *to sing*	he cantado, *I have sung*
ganar, *to earn*	he ganado, *I have earned*
caminar, *to walk*	he caminado, *I have walked*
mandar, *to send*	he mandado, *I have sent*

esperar, *to hope*	he esperado, *I have hoped*
regresar, *to return*	he regresado, *I have returned*
contestar, *to answer*	he contestado, *I have answered*
cambiar, *to change*	he cambiado, *I have changed*
pescar, *to fish*	he pescado, *I have fished*
viajar, *to travel*	he viajado, *I have traveled*

COMPRAR, *to buy*

HE COMPRADO (*I have bought*)	**HEMOS COMPRADO** (*we have bought*)
ℨ HA COMPRADO (*you have bought*) (*he, she has bought*)	**ℨℨ HAN COMPRADO** (*they, you* (pl.) *have bought*)

AUXILIARY VERB (Use only with other verbs)

HABER, *to have*

HE (*I have*)	**HEMOS** (*we have*)
ℨ HA (*you have*)	**ℨℨ HAN** (*they have*)

TRABAJAR, *to work*

HE TRABAJADO (*I have worked*)	**HEMOS TRABAJADO** (*we have worked*)
ℨ HA TRABAJADO (*you have worked*)	**ℨℨ HAN TRABAJADO** (*they have worked*)

Notice that the past participle (trabajado) does not change. Only the auxiliary verbs "he, ha, hemos, han" change.

CAMINAR, *to walk*

HE CAMINADO (*I have walked*)	**HEMOS CAMINADO** (*we have walked*)
⅔ HA CAMINADO (*you have walked*)	**⅔⅔ HAN CAMINADO** (*they have walked*)

Notice that the past participle (caminado) does not change. It remains the same in the four forms.

GANAR, *to earn, to win, to gain*

HE GANADO (*I have earned*)	**HEMOS GANADO** (*we have earned*)
⅔ HA GANADO (*you have earned*)	**⅔⅔ HAN GANADO** (*they have earned*)

Notice that the past participle (ganado) does not change. It remains the same in the four forms. Only the auxiliary verbs "he, ha, hemos, han" change.

VIAJAR, *to travel*

HE VIAJADO (*I have traveled*)	**HEMOS VIAJADO** (*we have traveled*)
⅔ HA VIAJADO (*you have traveled*)	**⅔⅔ HAN VIAJADO** (*they have traveled*)

Words that are associated with traveling begin with the letters "via" (as in via Chicago).

VIAJAR, *to travel*
EL VIAJE, *the trip*
EL VIAJERO, *the traveler*

In order to form the past participle of "er" or of "ir" verbs, remove the "er" or the "ir" from the infinitive and add "ido."

INFINITIVES	PRESENT PERFECT TENSE
vender, *to sell*	he vendido, *I have sold*
comprender, *to understand*	he comprendido, *I have understood*
aprender, *to learn*	he aprendido, *I have learned*
convencer, *to convince*	he convencido, *I have convinced*
correr, *to run*	he corrido, *I have run*
ofender, *to offend*	he ofendido, *I have offended*
ofrecer, *to offer*	he ofrecido, *I have offered*
asistir, *to attend*	he asistido, *I have attended*
decidir, *to decide*	he decidido, *I have decided*
discutir, *to discuss, to argue*	he discutido, *I have discussed*
dividir, *to divide*	he dividido, *I have divided*
existir, *to exist*	he existido, *I have existed*
permitir, *to permit*	he permitido, *I have permitted*
persuadir, *to persuade*	he persuadido, *I have persuaded*
recibir, *to receive*	he recibido, *I have received*
sufrir, *to suffer*	he sufrido, *I have suffered*
vivir, *to live*	he vivido, *I have lived*
resistir, *to resist*	he resistido, *I have resisted*
oír, *to hear*	he oído, *I have heard*
leer, *to read*	he leído, *I have read*

"Oído" and "leído" have an accent on the letter "í."

VENDER, *to sell*

HE VENDIDO (*I have sold*)	**HEMOS VENDIDO** (*we have sold*)
🢃 HA VENDIDO (*you have sold*)	**🢃🢃 HAN VENDIDO** (*they have sold*)

VIVIR, *to live*

HE VIVIDO (*I have lived*)	HEMOS VIVIDO (*we have lived*)
§ HA VIVIDO (*you have lived*)	§§ HAN VIVIDO (*they have lived*)

Remember that the third man form in all tenses stands for everybody and everything in the world except you.

§ HA CAMINADO means:

you have walked	*have you walked?*
he has walked	*has he walked?*
she has walked	*has she walked?*
it has walked	*has it walked?*

There are a few irregular past participles in Spanish. Two of them which you must know are "visto" (*seen*) and "escrito" (*written*).

VER, *to see*

HE VISTO (*I have seen*)	HEMOS VISTO (*we have seen*)
§ HA VISTO (*you have seen*)	§§ HAN VISTO (*they have seen*)

ESCRIBIR, *to write*

HE ESCRITO (*I have written*)	HEMOS ESCRITO (*we have written*)
§ HA ESCRITO (*you have written*)	§§ HAN ESCRITO (*they have written*)

WORDS TO REMEMBER

este año, *this year*

la familia, *the family*

el viaje, *the trip*

la América del Sur, *South America*

todo el día, *all day* (singular)

todos los días, *every day* (plural)

varios (masc.), varias (fem.,), *several*

varias veces, *several times*

He ganado dinero. *I have earned money.*

He estado. *I have been.*

He estado ocupado. *I have been busy.*

¿Dónde ha estado? *Where have you been?*

¿Ha estado en Cuba? *Have you been in Cuba?*

He terminado. *I have finished.*

también, *too, also*

nunca, *never*

hoy, *today*

últimamente, *lately*

unos clientes, *some clients*

unos contratos, *some contracts*

He visto. *I have seen.*

He escrito. *I have written.*

He leído. *I have read.*

CONVERSACIÓN

¿Ha estado en Cuba este año? *Have you been in Cuba this year?*
Sí, he estado en Cuba este año.

¿Ha viajado en la América del Sur? *Have you traveled in South America?*
Sí, he viajado mucho en la América del Sur.

¿Ha viajado en barco o en avión? *Have you traveled by boat or by plane?*
He viajado en barco y también en avión.

¿Ha viajado con su familia?
Sí, he viajado con mi familia.

¿Ha hablado de sus viajes en la clase?
Sí, he hablado de mis viajes en la clase.

¿Ha estudiado la lección para la clase?
Sí, he estudiado la lección para la clase.

¿Ha preparado una composición para la clase?
Sí, he preparado una composición para la clase.

¿Ha terminado la composición?
Sí, he terminado la composición.

¿Ha trabajado mucho este año?
Sí, he trabajado mucho este año. He vendido muchos autos este año.

¿Ha leído el periódico hoy?
Sí, he leído el periódico hoy.

¿Ha leído una novela esta semana?
Sí, he leído una novela esta semana.

¿Ha recibido muchas cartas últimamente?
Sí, he recibido muchas cartas últimamente.

¿Ha escrito muchas cartas hoy?
Sí, he escrito muchas cartas hoy.

¿Ha escrito una novela últimamente?
Ay no, no he escrito una novela últimamente. Nunca he escrito una novela.

¿Ha visto a Roberto últimamente?
No, no he visto a Roberto últimamente.

¿Ha visto a María últimamente?
No, no he visto a María últimamente.

¿Dónde ha estado hoy?
He estado en el despacho hoy.

¿Ha estado muy ocupado (a)?
Sí, he estado muy ocupado (a) todo el día. He trabajado mucho hoy. He hablado por teléfono con varias personas, he visto a varios clientes, he escrito muchas cartas y he leído unos contratos.

¿Ha ganado mucho dinero este año?
Sí, he ganado mucho dinero este año.

SENTENCE-FORMING EXERCISES

Combine the words below in different ways to form as many sentences as you can. Just be sure to use words from each of the columns in every sentence you form.

A

1	2
He estudiado (*I have studied*)	la lección
He preparado	la cena
He terminado (*I have finished*)	la composición
He viajado (*I have traveled*)	mucho
He tomado (*I have had*)	la cena
He trabajado	en el despacho
He contestado (*I have answered*)	el teléfono
He escrito (*I have written*)	la carta
He visto (*I have seen*)	a Roberto
He mandado (*I have sent*)	el cable
He cambiado (*I have changed*)	el dinero
He pescado	en Cuba
He nadado	en México
He vivido	en Guatemala
He vendido	la casa
He convencido	a Roberto
He aprendido	el vocabulario
He asistido a (*I have attended*)	la clase

Notice that "asistir" (*to attend*) must be followed by "a."
When asking a question, you generally use the third man verb form.

B

1	2
§ ¿Ha depositado (*Have you deposited?*)	el dinero?
§ ¿Ha tomado	la cena?
§ ¿Ha estudiado	español?
§ ¿Ha mandado (*Have you sent?*)	el cable?
§ ¿Ha trabajado	hoy?
§ ¿Ha pescado	últimamente?
§ ¿Ha escrito	la carta?
§ ¿Ha visto	a Roberto últimamente?
§ ¿Ha leído	el libro?
§ ¿Ha asistido a	la clase?
§ ¿Ha vivido	en Cuba?

C

1	2
Hemos vendido (*We have sold*)	la casa
🎵🎵 Han estudiado (*They have studied*)	español
Hemos viajado	mucho
🎵🎵 Han vivido	en Venezuela
Hemos ofendido	a Carlos
🎵🎵 Han estado (*They have been*)	ocupados
Hemos tomado (*We have had*)	la cena
🎵🎵 Han visto	la comedia
Hemos terminado	el trabajo
🎵🎵 Han viajado	mucho

EXERCISE IN TRANSLATION

Translate the following sentences into Spanish. Write out each sentence in Spanish, using the columns above as a guide. Check your sentences with the correct translations below this exercise.

1. I have studied the lesson.
2. I have finished the composition.
3. I have traveled a lot (much).
4. I have worked in the office.
5. I have answered the phone.
6. I have written the letter.
7. I have seen Robert.
8. I have sent the cable.
9. I have fished in Cuba.
10. I have lived in Guatemala.
11. I have sold the house.
12. Have you deposited the money?
13. Have you studied Spanish?
14. Have you sent the cable?
15. Have you worked today?
16. Have you seen Robert lately?
17. Have you read the book?
18. We have sold the house.
19. We have traveled a lot (much).
20. We have had dinner.
21. We have finished the work.
22. They have studied Spanish.
23. They have been busy.
24. They have been in Venezuela.

Check your sentences with the translations below.

1. He estudiado la lección.
2. He terminado la composición.
3. He viajado mucho.
4. He trabajado en el despacho.
5. He contestado el teléfono.
6. He escrito la carta.
7. He visto a Roberto.
8. He mandado el cable.
9. He pescado en Cuba.

10. He vivido en Guatemala.
11. He vendido la casa.
12. ¿Ha depositado el dinero?
13. ¿Ha estudiado español?
14. ¿Ha mandado el cable?
15. ¿Ha trabajado hoy?
16. ¿Ha visto a Roberto última-mente?

17. ¿Ha leído el libro?
18. Hemos vendido la casa.
19. Hemos viajado mucho.
20. Hemos tomado la cena.
21. Hemos terminado el trabajo.
22. Han estudiado español.
23. Han estado ocupados.
24. Han estado en Venezuela.

The past participle is used as an adjective in Spanish.

EXAMPLE: he educado, *I have educated*

un hombre educado, *an educated man*

When the past participle is used as an adjective it has the masculine, feminine, singular, and plural endings as adjectives do.

un hombre educado, *an educated man*
una mujer educada, *an educated woman*
hombres educados, *educated men*
mujeres educadas, *educated women*

Adjectives must agree with nouns in gender and number.

EXAMPLES:

la leche evaporada, *the evaporated milk*
la leche condensada, *the condensed milk*
la tierra cultivada, *the cultivated earth*
una colonia explorada, *an explored colony*
el papel perforado, *the perforated paper*
el programa variado, *the varied program*
los hombres educados, *the educated men*
los cuartos ventilados, *the ventilated rooms*

"He estado" is used with the present participle in the following manner:

he estado estudiando, *I have been studying*
he estado cantando, *I have been singing*
he estado trabajando, *I have been working*
he estado bailando, *I have been dancing*
he estado vendiendo, *I have been selling*
he estado aprendiendo, *I have been learning*

Don't forget that "ing" equals "ando" (for "ar" verbs), "iendo" (for "er" and "ir" verbs).

mandando, *sending*
escribiendo, *writing*

EXTRA WORDS

ahora, *now*	fácil, *easy*	hasta, *until*
hoy, *today*	difícil, *difficult*	mientras, *while*
aprisa, *fast*	cada, *each*	entonces, *then*
	todavía, *yet, still*	

Todavía no he terminado. *I haven't finished yet.*

REMINDER CARD 20

	AR VERBS
He	trabajado mucho
(*I have*)	estudiado español
	terminado el trabajo
⑧ ¿Ha	contestado la carta
(*Have you?*)	
	ER AND IR VERBS
Hemos	vivido en Cuba
(*We have*)	recibido la carta
⑧⑧ Han	vendido la casa
(*They have*)	(Irr.) visto (*seen*) a Luis
	(Irr.) escrito un libro

Copy the above material onto a card. Carry the card with you and glance at it whenever you get a chance.

28

Lección Número Veintiocho

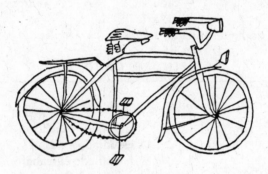

la bicicleta

SPELLING CHANGES IN VERBS

There are some verbs in Spanish that are regular when you pronounce them but that have irregularities in spelling when you write them. The only purpose of the irregularities in spelling is to keep the verbs regular in their pronunciation.

> PAGAR, *to pay*
> PAGUÉ, *I paid*
> 3 PAGÓ, *you, he, she paid*

Notice that "pagué" ends in "gué" instead of just "gé." Verbs that end in "gar" in the infinitive end in "gué" in the first person past, in order to retain the hard sound of the "g." The hard "g" is sometimes indicated in the same way in English. The "g" in "gentle" is soft, and in order to make it hard you spell it "gue" as in "guest." The "gue" in Spanish is pronounced as the "gue" in "guest."

INFINITIVE	FIRST PERSON PAST	THIRD PERSON PAST
investigar, *to investigate*	investigué, *I investigated*	💲 investigó, *you investigated*
cargar, *to load*	cargué, *I loaded*	💲 cargó, *you loaded*
castigar, *to punish*	castigué, *I punished*	💲 castigó, *you punished*
fumigar, *to fumigate*	fumigué, *I fumigated*	💲 fumigó, *you fumigated*
irrigar, *to irrigate*	irrigué, *I irrigated*	💲 irrigó, *you irrigated*
llegar, *to arrive*	llegué, *I arrived*	💲 llegó *you arrived*
entregar, *to deliver*	entregué, *I delivered*	💲 entregó, *you delivered*
navegar, *to sail*	navegué, *I sailed*	💲 navegó, *you sailed*
jugar, *to play* (a game)	jugué, *I played*	💲 jugó, *you played*
apagar, *to put out* (the light)	apagué, *I put out* (the light)	💲 apagó, *you put out* (the light)
obligar, *to oblige, force*	obligué, *I forced*	💲 obligó, *you forced*

PUBLICAR, *to publish*   PUBLIQUÉ, *I published*
💲 PUBLICÓ, *you, he, she published*

Notice that "publiqué" ends in "qué" instead of "cé." Verbs that end in "car" in the infinitive end in "qué" in the first person past, in order to retain the hard "k" sound. "The "qué" is pronounced "ke" as in "kept."

INFINITIVE	FIRST PERSON PAST	THIRD PERSON PAST
atacar, *to attack*	ataqué, *I attacked*	💲 atacó, *you attacked*
fabricar, *to manufacture*	fabriqué, *I manufactured*	💲 fabricó, *you manufactured*
criticar, *to criticize*	critiqué, *I criticized*	💲 criticó, *you criticized*
sacrificar, *to sacrifice*	sacrifiqué, *I sacrificed*	💲 sacrificó, *you sacrificed*

practicar, *to practice*	practiqué, *I practiced*	𝕊 practicó, *you practiced*
marcar, *to mark*	marqué, *I marked*	𝕊 marcó, *you marked*
complicar, *to complicate*	compliqué, *I complicated*	𝕊 complicó, *you complicated*
duplicar, *to duplicate*	dupliqué, *I duplicated*	𝕊 duplicó, *you duplicated*
dedicar, *to dedicate*	dediqué, *I dedicated*	𝕊 dedicó, *you dedicated*
indicar, *to indicate*	indiqué, *I indicated*	𝕊 indicó, *you indicated*
lubricar, *to lubricate*	lubriqué, *I lubricated*	𝕊 lubricó, *you lubricated*
explicar, *to explain*	expliqué, *I explained*	𝕊 explicó, *you explained*
pescar, *to fish*	pesqué, *I fished*	𝕊 pescó, *you fished*
tocar, *to play* (an instrument)	toqué, *I played*	𝕊 tocó, *you played*
sacar, *to take out*	saqué, *I took out*	𝕊 sacó, *you took out*

VERBS TO REMEMBER
PAGAR, *to pay*

PRESENT

PAGO (*I pay*)	PAGAMOS (*we pay*)
𝕊 PAGA (*you pay*)	𝕊𝕊 PAGAN (*they pay*)

PAST (PRETERITE)

PAGUÉ (*I paid*)	PAGAMOS (*we paid*)
𝕊 PAGÓ (*you paid*)	𝕊𝕊 PAGARON (*they paid*)

LLEGAR, *to arrive, get here, get there*

PRESENT

LLEGO (*I arrive*)	LLEGAMOS (*we arrive*)
8 LLEGA (*you arrive*)	**88** LLEGAN (*they arrive*)

PAST (PRETERITE)

LLEGUÉ (*I arrived*)	LLEGAMOS (*we arrived*)
8 LLEGÓ (*you arrived*)	**88** LLEGARON (*they arrived*)

Voy a llegar. *I'm going to arrive.*
He llegado. *I have arrived.*   Estoy llegando. *I am arriving.*

SACAR, *to take out*

PRESENT

SACO (*I take out*)	SACAMOS (*we take out*)
8 SACA (*you take out*)	**88** SACAN (*they take out*)

PAST (PRETERITE)

SAQUÉ (*I took out*)	SACAMOS (*we took out*)
8 SACÓ (*you took out*)	**88** SACARON (*they took out*)

Voy a sacar. *I'm going to take out.*
He sacado. *I have taken out.*   Estoy sacando. *I am taking out.*

TOCAR, *to play* (an instrument)
to knock on the door,
to touch

PRESENT

TOCO (*I play*)	TOCAMOS (*we play*)
3 TOCA (*you play*)	33 TOCAN (*they play*)

*PAST (PRETERITE)

TOQUÉ (*I played*)	TOCAMOS (*we played*)
3 TOCÓ (*you played*)	33 TOCARON (*they played*)

Voy a tocar el piano. *I'm going to play the piano.*
He tocado el piano. *I have played the piano.*
Estoy tocando el piano. *I'm playing the piano.*

*Notice that the word "preterite" appears after "past" above. "Preterite" is actually the name of this past tense.

WORDS TO REMEMBER

la bicicleta, *the bicycle*
el vestido, *the dress*
su hermano, *your brother*
la tienda, *the store*
su tío, *your uncle*
mi tía, *my aunt*
la renta, *the rent*
3 ¿Quién ganó? *Who won?*
beisbol, *baseball* (Spanish spelling)
futbol, *football* (Spanish spelling)
¿A qué hora? *At what time?*
llegar, *to arrive*
sacar, *to take out*
Tuve una fiesta. *I had a party.*
ayer, *yesterday*
para, *in order to, for*
para pagar, *in order to pay*
para comprar, *in order to buy*

¡Qué suerte! *What luck!*

tarde, *late*

temprano, *early*

a tiempo, *on time*

ganar, *to earn, gain, win*

jugar, *to play* (a game)

Jugué bridge. *I played bridge.*

siempre, *always*

el cumpleaños, *the birthday*

§ ¿Tuvo una fiesta? *Did you have a party?*

a las ocho, *at eight o'clock*

a las ocho y media, *at eight-thirty* (at eight and a half)

a las ocho y cuarto, *at eight-fifteen* (at eight and a quarter)

la cuenta, *the bill, the check in a restaurant, the account*

§ Papá paga las cuentas. *Father pays the bills.*

CONVERSACIÓN

¿Va a comprar un sombrero su mamá?

Sí, mamá va a comprar un sombrero en la tienda.

¿Quién va a pagar la cuenta de la tienda?

Papá va a pagar la cuenta de la tienda. Papá siempre paga las cuentas.

¿Va a sacar el dinero del banco su papá?

Sí, papá va a sacar el dinero del banco para pagar las cuentas.

¿Va a pagar la renta su papá?

Sí, papá va a pagar la renta.

¿Va a sacar dinero del banco su hermano?

Sí, mi hermano va a sacar dinero del banco para comprar una bicicleta.

¿Sacó usted dinero del banco ayer?

Sí, ayer saqué dinero del banco para comprar un vestido.

¿A qué hora va a llegar su tío esta noche?

Mi tío va a llegar a las ocho.

¿Va a llegar tarde el tren?

No, el tren no va a llegar tarde. Va a llegar a tiempo.

¿Va a llegar temprano el tren?

No, el tren no va a llegar temprano. Va a llegar a tiempo.

¿A qué hora va a llegar el tren?

El tren va a llegar a las ocho.

¿Llegó usted a la clase tarde?
No, no llegué a la clase tarde. Llegué a tiempo, pero Roberto
llegó tarde porque es muy perezoso.

¿A qué hora llegó usted al teatro anoche?
Anoche llegué al teatro a las ocho y media, pero Roberto llegó a
las ocho y cuarto. Roberto siempre llega a la clase tarde y al teatro
temprano.

¿Tuvo usted una fiesta anoche?
Sí, anoche tuve una fiesta para celebrar el cumpleaños de
Roberto.

¿Jugó usted tenis en la fiesta?
Ay no, no jugué tenis en la fiesta.

¿Jugó usted beisbol en la fiesta?
Caramba, profesor, eso es ridículo. No jugué beisbol en la fiesta.

¿Jugó usted futbol en la fiesta?
Por favor, profesor, eso es absolutamente ridículo. No jugué futbol
en la fiesta.

¿Jugó usted canasta en la fiesta?
Sí, jugué canasta en la fiesta.

¿Quién ganó?
Roberto ganó. Roberto siempre gana.

¿Jugó usted bridge en la fiesta?
Sí, jugué bridge en la fiesta.

¿Quién gano?
Roberto ganó. ¡Qué suerte!

¿Tocó usted el piano en la fiesta?
No, no toqué el piano en la fiesta.

¿Quién tocó el piano?
Luis tocó el piano.

¿Toca bien Luis?
Sí, Luis toca el piano muy bien.

¿Tocó usted la guitarra?
Sí, toqué la guitarra.

¿Quién cantó?
Roberto cantó.

¿Canta bien Roberto?

Ay no, Roberto canta muy mal. Es catastrófico cuando Roberto canta.

SENTENCE-FORMING EXERCISES

Combine the words below in different ways to form as many sentences as you can. Be sure to use words from each of the columns in every sentence you form.

A

JUGAR, *to play a game*

1	2	3
Jugué (*I played*)	tenis	esta tarde
₰ ¿Jugó (*Did you play?*)	canasta	con Marta
Voy a jugar	beisbol	mañana
₰ ¿Ha jugado (*Have you played?*)	futbol	con Roberto
		en el club
Estoy jugando (*I am playing*)		anoche
		ayer
₰ Roberto está jugando (*Robert is playing*)		

NOTE: The verb "jugar" is followed by "a," but you will find that the "a" is often omitted.

B

LLEGAR, *to arrive, to get to, to get here, there*

1	2	3
Llegué (*I got to, arrived*)	a la clase	tarde
	al teatro	temprano
₰ ¿Llegó (*Did you get to, arrive?*)	a su casa	a tiempo esta mañana
	al despacho	esta noche
Voy a llegar	a Cuba	a las ocho
He llegado	al cine	a las ocho y media
₰ Luis llegó	al teatro	a las ocho y cuarto
₰ El tren llegó	a la fiesta	a tiempo
₰ El avión va a llegar	a Nueva York	muy tarde

C

TOCAR, *to play* (an instrument), *to knock on the door,*
to ring, to touch

1	2	3
Toqué (*I played, rang,* etc.)	el piano	ayer
	el violín	hoy (*today*)
▓ ¿Tocó (*Did you play, ring,* etc.?	el órgano	esta noche
	la guitarra	en la fiesta
▓ Luis tocó	la flauta	en la orquesta
▓ Quién tocó	(*the flute*)	en la banda
(*Who played, etc?*	el acordeón	muchas veces
▓ Roberto tocó	la puerta	(*many times*)
He tocado	(*the door*)	esta mañana
(*I have played,* etc.)	el timbre	
Estoy tocando (*I am* playing, etc.)	(*the doorbell*)	
	muchas veces	
▓ El teléfono tocó	(*many times*)	
(*The phone rang*)		

D

PAGAR, *to pay*

1	2	3
Pagué (*I paid*)	la cuenta	en el restaurante
▓ ¿Pagó (*Did you pay?*)	las cuentas	de la tienda
▓ Papá paga (*Father pays*)	la renta	este mes (*this month*)
▓ Luis pagó (*Louis paid*)		

E

1	2
▓ ¿Cuánto pagó por (*How much did you pay for, how much did he pay for, how much did she pay for?*)	el sombrero?
	la casa?
	el auto?
	el radio?
	el vestido (*the dress*)?

F

1	2	3
Pagué	la cuenta	ayer
8 Luis pagó	las cuentas	la semana pasada
8 Papá pagó	(2) dos dólares	por la pipa
8 Marta pagó	(3) tres dólares	por el libro
8 Alberto pagó	(4) cuatro dólares	por las flores
Pagamos	(5) cinco dólares	por la blusa
88 Pagaron	(6) seis dólares	por los discos
	(7) siete dólares	por el sombrero
	(8) ocho dólares	por la pipa
	(9) nueve pesos	por la canasta
	(10) diez pesos	por el perfume
	(15) quince centavos	por el periódico
	(20) veinte centavos	por la revista
	(25) veinticinco centavos	por el pan
	(30) treinta centavos	por la leche
	(40) cuarenta centavos	por las frutas
	(50) cincuenta centavos	por las rosas

Accent the "o" in "dólares" firmly. Almost all students mispronounce this word.

EXERCISE IN TRANSLATION

Translate the following sentences into Spanish. Write out each sentence in Spanish, using the columns above as a guide. Check your sentences with the translations below this exercise.

1. I played tennis this afternoon.
2. I am going to play bridge tonight.
3. Robert is playing tennis at (in) the club.
4. Have you played tennis with Mary?
5. I got to the theater early.
6. I am going to get to the office on time this week.
7. The train arrived in New York on time.
8. Louis got to Cuba at eight tonight.

9. Did you get to the theater on time?
10. Louis played the violin in the orchestra.
11. Did you play the accordion at the party?
12. Who played the guitar at the party?
13. I am ringing the doorbell.
14. I paid the check in the restaurant.
15. Louis paid the rent this month.
16. Father pays the bills.
17. How much did you pay for the dress?
18. I paid five dollars for the pipe.
19. I paid six dollars for the perfume.
20. Louis paid the bills last week.
21. They paid four dollars for the records.
22. Martha paid two dollars for the book.
23. Father paid twenty-five cents for the magazine.
24. We paid thirty cents for the bread.
25. Albert paid fifty cents for the basket.

Check your sentences with the translations below.

1. Jugué tenis esta tarde.
2. Voy a jugar bridge esta noche.
3. Roberto está jugando tenis en el club.
4. ¿Ha jugado tenis con María?
5. Llegué al teatro temprano.
6. Voy a llegar al despacho a tiempo esta semana.
7. El tren llegó a Nueva York a tiempo.
8. Luis llegó a Cuba a las ocho esta noche.
9. ¿Llegó al teatro a tiempo?
10. Luis tocó el violín en la orquesta.
11. ¿Tocó el acordeón en la fiesta?
12. ¿Quién tocó la guitarra en la fiesta?
13. Estoy tocando el timbre.
14. Pagué la cuenta en el restaurante.
15. Luis pagó la renta este mes.
16. Papá paga las cuentas.
17. ¿Cuánto pagó por el vestido?
18. Pagué cinco dólares por la pipa.
19. Pagué seis dólares por el perfume.
20. Luis pagó las cuentas la semana pasada.
21. Pagaron cuatro dólares por los discos.
22. Marta pagó dos dólares por el libro.
23. Papá pagó veinticinco centavos por la revista.
24. Pagamos treinta centavos por el pan.
25. Alberto pagó cincuenta centavos por la canasta.

The three auxiliary verbs "ha," "va," and "está" end in the letter "a." In the third man form singular (when speaking of anybody but yourself) the auxiliary verbs end in "a."

¿Ha trabajado mucho? *Have you worked a lot?*
¿Va a trabajar mucho? *Are you going to work a lot?*
¿Está trabajando mucho? *Are you working a lot?*
¿Ha pagado la cuenta? *Have you paid the bill?*
¿Va a pagar la cuenta? *Are you going to pay the bill?*
¿Está pagando la cuenta? *Are you paying the bill?*
¿Ha estudiado mucho?
¿Va a estudiar mucho?
¿Está estudiando mucho?

Keep in mind that in the third man verb form auxiliary verbs (singular) end in "a." It makes conversation much easier.

EXTRA WORDS

MASCULINE SINGULAR	MASCULINE PLURAL
este hombre, *this man*	estos hombres, *these men*
este barco, *this ship*	estos barcos, *these ships*
este sombrero, *this hat*	estos sombreros, *these hats*
este perro, *this dog*	estos perros, *these dogs*
este gato, *this cat*	estos gatos, *these cats*
este papel, *this paper*	estos papeles, *these papers*
este mes, *this month*	estos meses, *these months*
este año, *this year*	estos años, *these years*
ese hombre, *that man*	esos hombres, *those men*
ese barco, *that ship*	esos barcos, *those ships*
ese papel, *that paper*	esos papeles, *those papers*
ese año, *that year*	esos años, *those years*
ese doctor, *that doctor*	esos doctores, *those doctors*
ese caballo, *that horse*	esos caballos, *those horses*

FEMININE SINGULAR	FEMININE PLURAL
esta blusa, *this blouse*	estas blusas, *these blouses*
esta casa, *this house*	estas casas, *these houses*
esta semana, *this week*	estas semanas, *these weeks*
esta mesa, *this table*	estas mesas, *these tables*

esa mesa, *that table*	esas mesas, *those tables*
esa flor, *that flower*	esas flores, *those flowers*
esa pluma, *that pen*	esas plumas, *those pens*
esa taza, *that cup*	esas tazas, *those cups*

"Este" means "this" when it is used as a masculine adjective that modifies a noun.

>   EXAMPLES:

> este hombre, *this man*
> este mes, *this month*

"Esto" means "this" when it is used as a pronoun referring to something that is neither masculine nor feminine.

>   EXAMPLES:

> Esto es bueno. *This is good.*
> Esto es malo. *This is bad.*

"Este" is an adjective. ("Este" is used as a pronoun only when it means "this one," masc.)

"Esto" is a pronoun.

LOS NÚMEROS (*THE NUMBERS*)

0 cero	12 doce	24 veinticuatro
1 uno	13 trece	25 veinticinco
2 dos	14 catorce	26 veintiséis
3 tres	15 quince	27 veintisiete
4 cuatro	16 diez y seis	28 veintiocho
5 cinco	17 diez y siete	29 veintinueve
6 seis	18 diez y ocho	30 treinta
7 siete	19 diez y nueve	31 treinta y uno
8 ocho	20 veinte	32 treinta y dos, etc.
9 nueve	21 veintiuno	40 cuarenta
10 diez	22 veintidós	41 cuarenta y uno
11 once	23 veintitrés	42 cuarenta y dos, etc.

50 cincuenta	104 ciento cuatro, etc.
51 cincuenta y uno, etc.	150 ciento cincuenta
60 sesenta	175 ciento setenta y cinco
61 sesenta y uno, etc.	200 doscientos
70 setenta	300 trescientos
71 setenta y uno, etc.	400 cuatrocientos
80 ochenta	500 quinientos
81 ochenta y uno, etc.	600 seiscientos
90 noventa	700 setecientos
91 noventa y uno, etc.	800 ochocientos
100 cien	900 novecientos
101 ciento uno	1,000 mil
102 ciento dos	1,300 mil trescientos
103 ciento tres	2,000 dos mil, etc.

50,000 cincuenta mil
1,000,000 un millón
$2,000,000 dos millones de dólares.

29

Lección Número Veintinueve

las palmeras

REVIEW OF VERBS

"Verb" is derived from the Latin "verbum," which means "word." The verb is the master word, the king of words. It is the word that governs, dominates, and breathes life into a sentence.

You cannot speak Spanish correctly without being able to use verbs in all their forms. This is not difficult, however, because Spanish verbs follow a beautiful logic; they are clear, concise, well ordered, and almost perfectly organized.

You have already learned the most useful and important forms of the verb. But before you proceed with other material it is good to assemble all the tenses of the verbs that you already know into one lesson, so that you can review what you have studied. Master the verbs.

In reviewing, you will find one complete "ar" verb in the left-hand column below, and one complete "er" verb in the right-hand column below. The endings and the auxiliary verbs (estoy, he, etc.) have been printed in capital letters so that you can recognize them easily.

AR VERB	ER VERB
CAMINAR, *to walk*	APRENDER, *to learn*

PRESENT

caminO, *I walk*
§ caminA, *you walk, he, she walks*
caminAMOS, *we walk*
§§ caminAN, *they, you* (pl.) *walk*

PRESENT

aprendO, *I learn*
§ aprendE, *you learn*
aprendEMOS, *we learn*
§§ aprendEN, *they learn*

PAST (PRETERITE)

caminÉ, *I walked*
§ caminÓ, *you walked*
caminAMOS, *we walked*
§§ caminARON, *they walked*

PAST (PRETERITE)

aprendÍ, *I learned*
§ aprendIÓ, *you learned*
aprendIMOS, *we learned*
§§ aprendIERON, *they learned*

FUTURE

VOY A caminAR, *I'm going to walk*
§ VA A caminAR, *you are going to walk*
VAMOS A caminAR, *we are going to walk*
§§ VAN A caminAR, *they are going to walk*

FUTURE

VOY A aprendER, *I'm going to learn*
§ VA A aprendER, *you are going to learn*
VAMOS A aprendER, *we are going to learn*
§§ VAN A aprendER, *they are going to learn*

PRESENT PERFECT

HE caminADO, *I have walked*
§ HA caminADO, *you have walked*
HEMOS caminADO, *we have walked*
§§ HAN caminADO, *they have walked*

PRESENT PERFECT

HE aprendIDO, *I have learned*
§ HA aprendIDO, *you have learned*
HEMOS aprendIDO, *we have learned*
§§ HAN aprendIDO, *they have learned*

PRESENT PROGRESSIVE	PRESENT PROGRESSIVE
ESTOY caminANDO, *I am walking*	ESTOY aprendIENDO, *I am learning*
§ ESTÁ caminANDO, *you* *are walking*	§ ESTÁ aprendIENDO, *you* *are learning*
ESTAMOS caminANDO, *we are walking*	ESTAMOS aprend- IENDO, *we are learning*
§§ ESTÁN caminANDO, *they are walking*	§§ ESTÁN aprendIENDO, *they are learning*

Following is a list of infinitives for you to put into all tenses and forms. Use the model verbs above as a guide.

1. Remove "ar" from each of the following infinitives and write out all the tenses as shown in "caminar," above. All the letters and words that are printed in capital letters in "caminar" must be added to each "ar" verb.

ganar, *to win, earn, gain*	llorar, *to cry*
limpiar, *to clean*	gritar, *to shout, to scream*
mandar, *to send*	tomar, *to take*
manejar, *to drive* (a car)	cantar, *to sing*
pintar, *to paint*	cocinar, *to cook*
planchar, *to iron*	terminar, *to finish*
lavar, *to wash*	contestar, *to answer*
saltar, *to jump*	arreglar, *to arrange*
cuidar, *to take care of*	nadar, *to swim*
ayudar, *to help, to aid*	trabajar, *to work*
alquilar, *to rent*	hablar, *to speak, to talk*
dudar, *to doubt*	comprar, *to buy*

cambiar, *to change*
pasar, *to pass, to spend time, to happen*
regresar, *to return, to come back, to get back*
dejar, *to let, to allow, to leave* (a thing or person)
llevar, *to wear, to carry, to take* (someone someplace)
bajar, *to go down, to get off* (a train, plane, bus, etc.)

2. Remove "er" from each of the following infinitives and write out all the tenses as shown in "aprender" above. All the letters and words that are printed in capital letters in "aprender" must be added to each "er" verb.

vender, *to sell*
correr, *to run*
comer, *to eat*
beber, *to drink*
coser, *to sew*

comprender, *to understand*
sorprender, *to surprise*
prometer, *to promise*
barrer, *to sweep*

"Ir" and "er" verbs are identical in all their forms except one. The first person present of "er" verbs ends in EMOS in the plural.

EXAMPLE: "aprendemos" (*we learn*). HOWEVER, THE FIRST PERSON PRESENT OF "IR" VERBS ENDS IN "IMOS" IN THE PLURAL.

EXAMPLE: vivimos, *we live*.

Remove "ir" from each of the following infinitives and write out all the tenses as shown in "aprender" above, but remember to change the first person plural ending of the present to "imos."

vivir, *to live*
decidir, *to decide*
dividir, *to divide*
subir, *to go up*
resistir, *to resist*

recibir, *to receive*
persuadir, *to persuade*
asistir, *to attend*
discutir, *to discuss, to argue*
interrumpir, *to interrupt*

You probably will be tempted to skip some of the verbs above because there are so many of them. Resist the temptation. This is by far the most important exercise in the book. MASTER THE VERBS.

The three most important things to remember about verbs are:

1. IN THE PAST TENSE, END ALL VERBS IN "Ó" WHEN SPEAKING ABOUT ANYBODY BUT YOURSELF (SINGULAR).

2. END ALL AUXILIARY VERBS IN "A" WHEN SPEAKING ABOUT ANYBODY BUT YOURSELF (SINGULAR).

   👤 va a comprar, *anybody* (except me) *is going to buy*
   👤 ha comprado, *anybody* (except me) *has bought*
   👤 está comprando, *anybody* (except me) *is buying*

3. VERBS THAT APPEAR IN QUESTIONS ARE GENERALLY IN THE THIRD MAN VERB FORM IN ALL TENSES. You usually ask questions about other people and not about yourself.

WORDS TO REMEMBER

he estado, *I have been*

una taza de café, *a cup of coffee*

el trabajo, *the work*

por dos años, *for two years*

Aprendí a nadar. *I learned to swim.*

este año, *this year*

contestar, *to answer*

siempre, *always*

hermano, *brother*

Aprendí a manejar el auto. *I learned to drive the car.* (Use "a" when "aprender" is followed by a verb.)

Aprendí las palabras. *I learned the words.*

He visto. *I have seen* (irregular).

He escrito. *I have written* (irregular).

EXERCISE IN TRANSLATION

Translate the following sentences into Spanish. Check your sentences with the correct translations that follow this exercise.

1. I am studying Spanish.
2. Do you speak Spanish?
3. Where do you live?
4. Where does Charles live?
5. She works in a store.
6. Did you write the letter?
7. They live in an apartment on Madison Avenue.
8. I read (past) the newspaper this morning.
9. Have you read "Don Quixote"?
10. Martha speaks Spanish very well.
11. I have studied the lesson.
12. I had eggs for breakfast this morning.
13. He is going to Cuba tomorrow.
14. Is he going by boat or by plane?
15. Who bought the tickets?
16. Do you understand?
17. We have been very busy.
18. Have you seen Henry?
19. Have you written the card?
20. Did you have a cup of coffee for breakfast?
21. He has deposited a lot of money in the bank this year.
22. How are you?
23. How is your mother?
24. Where is your sister?
25. Who is going to buy the tickets?
26. We have finished the work.
27. Have you received the cable?
28. I saw an interesting film last night.
29. I have lived in this house for two years.
30. What did you decide?
31. He is talking on the phone.
32. I'm learning to drive a car.
33. We are learning to speak Spanish.

34. I have learned many words in the class.
35. My grandfather always smokes a pipe after dinner.
36. When did you sell the house?
37. I'm going to take an aspirin.
38. Henry spent a week in Cuba.
39. They have traveled a lot this year.
40. Have you answered the letter?

Check your sentences with the following translations.

1. Estoy estudiando español.
2. ¿Habla usted español?
3. ¿Dónde vive usted?
4. ¿Dónde vive Carlos?
5. Trabaja en una tienda.
6. ¿Escribió usted la carta?
7. Viven en un departamento en la Avenida Madison.
8. Leí el periódico esta mañana.
9. ¿Ha leído "Don Quixote"?
10. Marta habla español muy bien.
11. He estudiado la lección.
12. Tomé huevos para el desayuno esta mañana.
13. Va a Cuba mañana.
14. ¿Va en barco o en avión?
15. ¿Quién compró los boletos?
16. ¿Comprende? (You can also say, ¿Comprende usted?)
17. Hemos estado muy ocupados.
18. ¿Ha visto a Enrique?
19. ¿Ha escrito la tarjeta?
20. ¿Tomó usted una taza de café para el desayuno?
21. Ha depositado mucho dinero en el banco este año.
22. ¿Cómo está?
23. ¿Cómo está su mamá?
24. ¿Dónde está su hermana?
25. ¿Quién va a comprar los boletos?
26. Hemos terminado el trabajo.
27. ¿Ha recibido el cable?
28. Ví una película interesante anoche.
29. He vivido en esta casa dos años.
30. ¿Qué decidió?
31. Está hablando por teléfono.
32. Estoy aprendiendo a manejar un auto.
33. Estamos aprendiendo a hablar español.
34. He aprendido muchas palabras en la clase.
35. Mi abuelo siempre fuma una pipa después de la cena.
36. ¿Cuándo vendió la casa?
37. Voy a tomar una aspirina.
38. Enrique pasó una semana en Cuba.
39. Han viajado mucho este año.
40. ¿Ha contestado la carta?

PRESENT PERFECT

He trabajado,	*I have worked*
Ha trabajado,	*you have worked, he, she has worked*
Hemos trabajado,	*we have worked*
Han trabajado,	*they, you (pl.) have worked*

PAST PERFECT

Había trabajado,	*I had worked*
§ Había trabajado,	*you had worked*
Habíamos trabajado,	*we had worked*
§§ Habían trabajado,	*they had worked*

Remember that "mos" is the symbol of all first person plurals and "n" is the symbol of all third man form plurals. All verbs end in "mos" in the first person plural, and in "n" in the third man plural.

plural first person = MOS
plural third man form = N

Notice that in order to form the plural of "había" you just add "mos" or "n" to the singular.

SINGULAR	PLURAL
había + mos	= habíamos
había + n	= habían

PRESENT PROGRESSIVE

Estoy trabajando,	*I am working*
§ Está trabajando,	*you are working*
Estamos trabajando,	*we are working*
§§ Están trabajando,	*they are working*

PAST PROGRESSIVE

Estaba trabajando,	*I was working*
§ Estaba trabajando,	*you were working*
Estábamos trabajando,	*we were working*
§§ Estaban trabajando,	*they were working*

SINGULAR	PLURAL
estaba + mos	= estábamos
estaba + n	= estaban

SUBJECT PRONOUNS

yo, *I*	nosotros, *we* (masculine)
usted, *you*	nosotras, *we* (feminine)
él, *he*	ustedes, *you* (plural)
ella, *she*	ellos, *they* (masculine)
	ellas, *they* (feminine)

30

Lección Número Treinta

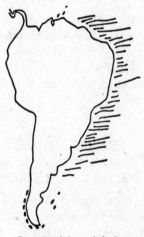

La América del Sur

PRESENT TENSE

AR verb	ER verb
hablar, *to speak*	vender, *to sell*
hablO, *I speak*	vendO, *I sell*
8 hablA, *you speak*	**8** vendE, *you sell*
hablAMOS, *we speak*	vendEMOS, *we sell*
88 hablAN, *they speak*	**88** vendEN, *they sell*

The endings of the above verbs have been printed in capital letters to remind you that in the present tense, the endings of "ar" verbs are based on the letter "a" and the endings of "er" verbs are based on the letter "e," except for the first person singular, which ends in "o." In chart form:

PRESENT TENSE

HABLAR, *to speak*		VENDER, *to sell*	
hablO	hablAMOS	vendO	vendEMOS
🅢 hablA	🅢🅢 hablAN	🅢 vendE	🅢🅢 vendEN

RADICAL CHANGING VERBS

There are some verbs that are completely regular in their endings but that change in the body (root, stem) of the verb. These verbs are known as "Radical Changing Verbs," which means root or stem changing verbs.

There are some verbs in which the letter "e" changes to "ie" in the stem.

EXAMPLE:

PENSAR, *to think*

pIEnso, *I think*   pensamos, *we think*
🅢 pIEnsa, *you think*   🅢🅢 pIEnsan, *they think*

The changes have been printed in capital letters for your convenience. Notice that the "e" changes to "ie" in all forms of the present except the first person plural. The "e" remains an "e" in the infinitive and in the first person plural and changes to "ie" in the other forms. Following is a chart that shows the connection between the infinitive and the first person plural.

pensar

pIEnso	pensamos
🅢 pIEnsa	🅢🅢 pIEnsan

THE FIRST PERSON PLURAL DOES NOT CHANGE.

The letter "e" does not change to "ie" unless the stress or accent of the word falls upon it. The letter "e" does not receive the stress in "pensamos" or in "pensar," consequently the "e" does not change to "ie" in these two forms.

CERRAR, *to close, to shut*

cIErro, *I close*   cerramos, *we close*

§ cIErra, *you close*   §§ cIErran, *they close*

IN CHART FORM:

cerrar

cIErro	cerramos
§ cIErra	§§ cIErran

THE FIRST PERSON PLURAL DOES NOT CHANGE.

These radical changing verbs are regular in the past and in all the other tenses you have learned.

SAMPLE VERBS

RADICAL CHANGING "AR" VERB		RADICAL CHANGING "ER" VERB	
CERRAR, *to close, to shut*		ENTENDER, *to understand*	
PRESENT (IRREGULAR)		PRESENT (IRREGULAR)	
cerrar		entender	
cIErro	cerramos	entIEndo	entendemos
§ cIErra	§§ cIErran	§ entIEnde	§§ entIEnden
PAST (REGULAR)		PAST (REGULAR)	
cerré	cerramos	entendí	entendimos
§ cerró	§§ cerraron	§ entendió	§§ entendieron

Voy a cerrar	Voy a entender
(*I'm going to close*)	(*I'm going to understand*)
He cerrado	He entendido
(*I have closed*)	(*I have understood*)
Estoy cerrando	Estoy entendiendo
(*I am closing*)	(*I am understanding*)

NOTICE THAT THE "E" CHANGES TO "IE" ONLY IN THE PRESENT TENSE.

There are some verbs in which the letter "o" changes to "ue" in the stem or body of the verb.

EXAMPLE:

ENCONTRAR, *to find, to meet, to encounter*
encuentro, *I find*   encontramos, *we find*
§ encuentra, *you find*   §§ encuentran, *they find*

IN CHART FORM:

encontrar

encUEntro	encontramos
§ encUEntra	§§ encUEntran

THE FIRST PERSON PLURAL DOES NOT CHANGE.

RECORDAR, *to remember, to recall*

recuerdo, *I remember*   recordamos, *we remember*
§ recuerda, *you remember*   §§ recuerdan, *they remember*

IN CHART FORM:

recordar

recUErdo	recordamos
§ recUErda	§§ recUErdan

THE FIRST PERSON PLURAL DOES NOT CHANGE.

CONTAR, *to count, to recount, to tell* (a story)

cuento, *I count*   contamos, *we count*
§ cuenta, *you count*   §§ cuentan, *they count*

IN CHART FORM:

contar

cUEnto	contamos
§ cUEnta	§§ cUEntan

THE FIRST PERSON PLURAL DOES NOT CHANGE.

In one verb the letter "u" changes to "ue."

jugar, *to play* (a game)

jUEgo	jugamos
3 jUEga	33 jUEgan

All these rules and examples can be boiled down to:

I. E = IE   O = UE

II. THESE CHANGES OCCUR ONLY IN THE PRESENT TENSE.

III. THE FIRST PERSON PLURAL OF THE PRESENT TENSE DOES NOT CHANGE.

WORDS TO REMEMBER

el chiste, *the joke*
chistoso, *funny*
el cuento, *the story*
Elena, *Helen*
la puerta, *the door*
la ventana, *the window*
la semana pasada, *last week*
después (de), *after*
después de la cena, *after dinner*
después del almuerzo, *after lunch*
antes de la clase, *before the class*
¿Cuánto cuesta? *How much does it cost?*
¿Cuánto vale? *How much is it worth?*

el nombre, *the name*
el número de teléfono, *the telephone number*
la dirección, *the address*
también, *also*
¿Quién ganó? *Who won?*

When you ask the price of things in stores you can use either of the above expressions, but "¿Cuánto vale?" is preferred.

juego, *I play* (games)
pienso, *I think*
cierro, *I close*
entiendo, *I understand*
recuerdo, *I remember*

cuento, *I tell* (a story)
conté, *I told*
abrir, *to open* (regular verb)
abro, *I open*

CONVERSACIÓN

¿Juega usted tenis en la clase?
No, no juego tenis en la clase. Juego tenis en el club.

¿Juega usted futbol en la clase?
Ay no, eso es imposible, no juego futbol en la clase.

¿Juega usted bridge en la clase?
No, no juego bridge en la clase. Es imposible.

¿Habla usted español en la clase?
Sí, hablo español en la clase.

¿Piensa usted en español en la clase?
Sí, pienso en español en la clase.

¿Piensa mucho en la clase?
Sí, pienso mucho en la clase.

¿Cierra usted la puerta de la casa?
Sí, cierro la puerta de la casa.

¿Cierra usted las ventanas?
No, no cierro las ventanas. Abro las ventanas.

¿Entiende usted la conversación en la clase?
Sí, entiendo la conversación en la clase.

¿Entiende usted español?
Sí, entiendo español.

¿Entiende usted italiano?
No, no entiendo italiano.

¿Entiende usted la lección?
Sí, entiendo la lección.

¿Recuerda usted el vocabulario de la semana pasada?
Sí, recuerdo el vocabulario de la semana pasada.

¿Recuerda usted el nombre del doctor?
Sí, recuerdo el nombre del doctor.

¿Recuerda usted el número de teléfono de Roberto?
Sí, recuerdo el número de teléfono de Roberto.

¿Recuerda usted la dirección de Enrique?
No, no recuerdo la dirección de Enrique.

¿Cuenta usted cuentos en la clase?
Sí, cuento cuentos en la clase.

¿Cuenta cuentos el profesor?
Sí, el profesor cuenta cuentos muy interesantes.

¿Cuenta chistes el profesor?
Sí, el profesor cuenta chistes.

¿Cuenta chistes Roberto?
Sí, Roberto cuenta muchos chistes.

SENTENCE-FORMING EXERCISES

Combine the words below in different ways to form as many sentences as you can. Be sure to use words from each of the columns in every sentence you form.

A

1	2
𝕊 ¿Juega usted (*Do you play?*)	tenis
Juego (*I play*)	canasta
Jugamos (*We play*)	bridge
𝕊𝕊 ¿Juegan (*Do you* (pl.), *they play?*)	beisbol
Jugué (*I played*)	futbol
𝕊 ¿Jugó usted (*Did you play?*)	golf
Jugamos (*We played*)	
𝕊𝕊 Jugaron (*They played*)	
He jugado (*I have played*)	

B

1	2
𝕊 ¿Entiende usted (*Do you understand?*)	la lección
Entiendo (*I understand*)	el vocabulario
Entendemos	español
𝕊𝕊 Entienden	italiano

C

	1	2
§	¿Quién abrió (*Who opened?*)	la ventana
§	Carlos abrió (*Charles opened*)	la puerta
	Abrí (*I opened*)	las ventanas
	Abrimos (*We opened*)	las puertas
§§	Abrieron (*They opened*)	
§	¿Quién cerró (*Who closed?*)	
	Cerré (*I closed, I shut*)	
	Cierro (*I close, I shut*)	
§	Carlos cierra (*Charles closes*)	

D

	1	2
§	¿Recuerda (*Do you remember?*)	el número de
	Recuerdo (*I remember*)	teléfono
	No recuerdo (*I don't remember*)	(*the telephone*
§	¿No recuerda (*Don't you remember?*)	*number*)
		la dirección
		(*the address*)
		el poema

EXERCISES IN TRANSLATION

Translate the following sentences into Spanish. Write out each sentence in Spanish, using the columns above as a guide. Check your sentences with the translations below this exercise.

1. Do you play tennis?
2. I play bridge.
3. Do they play baseball?
4. We play bridge.
5. I played golf.
6. Did you play tennis?
7. I played tennis this morning.
8. We played bridge today.
9. They played baseball today.
10. I played tennis with Robert.
11. Do you understand the lesson?
12. Do you understand Spanish?
13. I understand Italian.
14. We understand the vocabulary.
15. Do you understand?
16. I understand the lesson.
17. Who opened the window?
18. Charles opened the window.
19. I opened the windows.
20. Who closed the door?
21. I close the door.
22. I closed the windows.

23. Charles closes the windows.
24. Do you remember the telephone number?
25. I remember the address.
26. Don't you remember?
27. Remember?
28. Do you remember the poem?
29. I don't remember the telephone number.
30. Do you remember the address?

Check your sentences with the translations below.

1. ¿Juega usted tenis?
2. Juego bridge.
3. ¿Juegan beisbol?
4. Jugamos bridge.
5. Jugué golf.
6. ¿Jugó usted tenis?
7. Jugué tenis esta mañana.
8. Jugamos bridge hoy.
9. Jugaron beisbol hoy.
10. Jugué tenis con Roberto.
11. ¿Entiende la lección?
12. ¿Entiende español?
13. Entiendo italiano.
14. Entendemos el vocabulario.
15. ¿Entiende? (or ¿Entiende usted?)
16. Entiendo la lección.
17. ¿Quién abrió la ventana?
18. Carlos abrió la ventana.
19. Abrí las ventanas.
20. ¿Quién cerró la puerta?
21. Cierro la puerta.
22. Cerré las ventanas.
23. Carlos cierra las ventanas.
24. ¿Recuerda el número de teléfono?
25. Recuerdo la dirección.
26. ¿No recuerda?
27. ¿Recuerda?
28. ¿Recuerda el poema?
29. No recuerdo el número de teléfono.
30. ¿Recuerda la dirección?

Remember that you can either use the word "usted" or drop it. You can either say "¿Entiende usted?" (*Do you understand?*) or simply "¿Entiende?" Both of these forms are correct, and both are used in ordinary conversation.

When "antes de" (*before*) and "después de" (*after*) are followed by verbs, the infinitive form is used.

> antes de estudiar, *before studying*
> antes de tomar la cena, *before having dinner*
> antes de contar el cuento, *before telling the story*
> antes de ir, *before going*
> antes de ver, *before seeing*
> después de recibir la carta, *after receiving the letter*
> después de ver a Elena, *after seeing Helen*
> después de cerrar la puerta, *after closing the door*

"Antes de" and "después de" are not necessarily followed by verbs. They can be followed by nouns.

> antes de la cena, *before dinner*
> antes del desayuno, *before breakfast*
> antes del almuerzo, *before lunch*
> después de la fiesta, *after the party*
> después de la clase, *after the class*

"Comprender" and "entender" both mean *to understand*. They are interchangeable. It's a good idea to study "entender" well, since it is radical changing. Remember that the present tense is:

ENT*I*ENDO	ENTENDEMOS
ENT*I*ENDE	ENT*I*ENDEN

"Pensar" (*to think*) expresses the act of thinking, but don't forget that if you wish to express an opinion and say, "I think," you must use the verb "creer" (*to believe*).

> Creo que es interesante. *I think that it's interesting.*
> Creo que sí. *I think so.*
> Creo que no. *I think not.*

EXTRA WORDS

You have learned that there is a large group of nouns that are identical to the first person present of their corresponding verbs.

EXAMPLES:

INFINITIVES	PRESENT	NOUNS
cantar	canto, *I sing*	el canto, *the song*
trabajar	trabajo, *I work*	el trabajo, *the work*
cepillar	cepillo, *I brush*	el cepillo, *the brush*
dibujar	dibujo, *I draw*	el dibujo, *the drawing*
diseñar	diseño, *I design*	el diseño, *the design*

When a verb is irregular its corresponding noun is irregular in the same way.

EXAMPLES:

INFINITIVES	PRESENT	NOUNS
gobernar, *to govern*	gobierno, *I govern*	el gobierno, *the government*
helar, *to freeze*	hielo, *I freeze*	el hielo, *the ice*
contar, *to recount, to tell*	cuento, *I tell*	el cuento, *the story*
volar, *to fly*	vuelo, *I fly*	el vuelo, *the flight*
consolar, *to console*	consuelo, *I console*	el consuelo, *the consolation*
descontar, *to discount*	descuento, *I discount*	el descuento, *the discount*
soltar, *to untie, to let loose*	suelto, *I let loose*	el suelto, *loose change*
soñar, *to dream*	sueño, *I dream*	el sueño, *the dream*
tronar, *to thunder*	trueno, *I thunder*	el trueno, *the thunder*
encontrar, *to encounter*	encuentro, *I encounter*	el encuentro, *the encounter*
recordar, *to remember*	recuerdo, *I remember*	el recuerdo, *the remembrance*
jugar, *to play*	juego, *I play*	el juego, *the game*
apretar, *to squeeze*	aprieto, *I squeeze*	un aprieto, *a jam, a tight spot*

There are some feminine nouns that are identical to the third person singular of their corresponding verbs.

EXAMPLES:

INFINITIVES	PRESENT	NOUNS
apostar, *to bet*	apuesta, *he bets*	la apuesta, *the bet*
mostrar, *to show*	muestra, *he shows*	la muestra, *the sample*
probar, *to taste, to prove*	prueba, *he proves*	la prueba, *the proof*
rodar, *to roll*	rueda, *he rolls*	la rueda, *the wheel*
contar, *to count*	cuenta, *he counts*	la cuenta, *the bill, check in a restaurant*

Test Your Progress

*N*ow that you have completed thirty lessons, it's time to check your progress again.

TEST I

Fill in each blank below, translating the words under the blanks. You should be able to complete this test in five minutes.

raro (*strange*)	1. _____ (stranger)	11. _____ (the strangest)
bonito (*pretty*)	2. _____ (prettier)	12. _____ (the prettiest)
grande (*big*)	3. _____ (bigger)	13. _____ (the biggest)
alto (*tall*)	4. _____ (taller)	14. _____ (the tallest)
gordo (*fat*)	5. _____ (fatter)	15. _____ (the fattest)
delgado (*thin*)	6. _____ (thinner)	16. _____ (the thinnest)
feo (*ugly*)	7. _____ (uglier)	17. _____ (the ugliest)
bueno (*good*)	8. _____ (better)	18. _____ (the best)
malo (*bad*)	9. _____ (worse)	19. _____ (the worst)
bonita (*pretty, fem.*)	10. _____ (prettier, fem.)	20. _____ (the prettiest, fem.)

Now check your answers with those below. If you made less than four errors you are doing exceptionally good work. If you made more than ten errors, however, you have not learned this material carefully enough.

1. más raro	6. más delgado	11. el más raro	16. el más delgado
2. más bonito	7. más feo	12. el más bonito	17. el más feo
3. más grande	8. mejor	13. el más grande	18. el mejor
4. más alto	9. peor	14. el más alto	19. el peor
5. más gordo	10. más bonita	15. el más gordo	20. la más bonita

TEST II

Now comes the important verb test. Fill in the blanks with the Spanish equivalents of the following English words. You should be able to complete this test in twenty minutes.

1. I work.

2. They bought.

3. We take.

4. Do you speak?

5. I invite.

6. Edward sings.

7. We visit.

8. I have finished.

9. I'm going to pass.

10. I am singing.

11. I have received.

12. Mary is writing.

13. I have understood.

14. We have sold.

15. Have you read?

16. I heard.

17. I saw.

18. Where are you?

19. She has invited.

20. They are reading.

21. I went.

22. I had bought.

23. She was writing.

24. Did you go?

25. I had an accident.

26. I prepare.

27. Have you bought?

28. They have invited.

29. He smokes.

30. He is swimming.

31. I paid.

32. He lives.

33. They wear.

34. Who paid?

35. I hope.

36. I hope to see.

37. We hope to buy.

38. I close.

39. I tell (a story).

40. We find.

41. I play (a game).

42. She is going to buy.

43. They are working.

44. We are studying.

45. They are studying.

46. She came.

47. They did.

48. We went.

49. I had to work.

50. He had to see.

Check your answers with those below.

1. Trabajo.
2. Compraron.
3. Tomamos.
4. ¿Habla usted?
5. Invito.
6. Eduardo canta.
7. Visitamos.
8. He terminado.
9. Voy a pasar.
10. Estoy cantando.
11. He recibido.
12. María está escribiendo.

13. He comprendido.
14. Hemos vendido.
15. ¿Ha leído?
16. Oí.
17. Ví.
18. ¿Dónde está?
19. Ha invitado.
20. Están leyendo.
21. Fuí.
22. Había comprado.
23. Estaba escribiendo.
24. ¿Fué usted? (¿Fué?)
25. Tuve un accidente.
26. Preparo.
27. ¿Ha comprado?
28. Han invitado.
29. Fuma.
30. Está nadando.
31. Pagué.

32. Vive.
33. Llevan.
34. ¿Quién pagó?
35. Espero.
36. Espero ver.
37. Esperamos comprar.
38. Cierro.
39. Cuento.
40. Encontramos.
41. Juego.
42. Va a comprar.
43. Están trabajando.
44. Estamos estudiando.
45. Están estudiando.
46. Vino.
47. Hicieron.
48. Fuimos.
49. Tuve que trabajar.
50. Tuvo que ver.

This was a very difficult test. If you made no more than five errors, you passed the test with flying colors. You are a first class student. Keep up the good work.

If you made twenty or more errors, you should review Lessons 20–30 before you go on.

31

Lección Número Treinta y Uno

THE NONCONFORMIST VERBS

*B*asically, there are three main groups of verbs in Spanish.

1. Regular verbs.
2. Radical changing verbs.
3. Irregular verbs.

I call the irregular verbs the nonconformists because they don't conform to the rules and frequently go off half cocked in different directions.

The nonconformist verbs have a sort of club in which they accept only peculiar verbs as members of their society. If a verb has an outstanding idiosyncrasy, it can belong to the nonconformist club. If a verb dares to be regular or even radical changing, the nonconformists will have nothing to do with it, tagging it as "too common."

"Ir" (*to go*) is the president of the nonconformist club because it is so completely irregular that you can't even recognize its different tenses unless you know them, which you do.

The nonconformist club consists of eighteen important members and a few hangers-on.

NONCONFORMIST VERBS

Past Tense (Preterite)

You already know the past tense of most of the nonconformist verbs. Of the eighteen verbs, eleven end in "e" in the first person singular of the past and in "o" in the third man form singular of the past. You have already studied these verbs and know that the "e" and the "o" are not accented.

The past tense endings of eleven nonconformist verbs are:

SINGULAR	PLURAL
E	IMOS
S O	**SS** IERON

This is the most important chart in the book. It puts the past tense of irregular verbs snugly in your pocket.

Remember that these are the endings of eleven nonconformist verbs. Some are "ar" verbs, some are "er," and some are "ir" verbs. But they all have the same past tense endings as in the chart above.

Past Tense (Preterite)

GROUP I

For your convenience, the letters that should be stressed will be in heavy type in the following lists.

E	IMOS
O	IERON

	E	O	IMOS	IERON
1. tener, *to have*	t**u**ve	**S** t**u**vo	tuv**i**mos	**SS** tuvi**e**ron
2. estar, *to be*	est**u**ve	**S** est**u**vo	estuv**i**mos	**SS** estuvi**e**ron
3. andar, *to walk*	and**u**ve	**S** and**u**vo	anduv**i**mos	**SS** anduvi**e**ron
4. poner, *to put*	p**u**se	**S** p**u**so	pus**i**mos	**SS** pusi**e**ron
5. poder, *to be able*	p**u**de	**S** p**u**do	pud**i**mos	**SS** pudi**e**ron
6. saber, *to know*	s**u**pe	**S** s**u**po	sup**i**mos	**SS** supi**e**ron

7. venir, *to come*	vine	𝕊 vino	vinimos	𝕊𝕊 vinieron
8. hacer, *to do*	hice	𝕊 hizo	hicimos	𝕊𝕊 hicieron
9. querer, *to want*	quise	𝕊 quiso	quisimos	𝕊𝕊 quisieron
10. decir, *to say*	dije	𝕊 dijo	dijimos	𝕊𝕊 dijeron
11. traer, *to bring*	traje	𝕊 trajo	trajimos	𝕊𝕊 trajeron

Notice that all the verbs end in "ieron" in the third person plural with the exception of the last two verbs, "dijeron" and "trajeron." In these two verbs the letter "i" is omitted.

Notice that in the eleven verbs above, the first person of each verb sets the pattern for the entire past tense of the verb.

TENER, to have		*VENIR, to come*	
*TUV*e	*TUV*imos	*VIN*e	*VIN*imos
𝕊 *TUV*o	𝕊𝕊 *TUV*ieron	𝕊 *VIN*o	𝕊𝕊 *VIN*ieron

Once you know that "TUVE" is the first person singular, you can be sure that the three other forms will begin with "TUV." Only the endings change. Once you establish that the first person of "venir" is "VINE," you know that all the other forms must begin with "VIN."

These verbs play a kind of follow-the-leader in their irregularities.

Two of the eighteen nonconformist verbs are completely regular in the past.

12. salir, *to go out*	salí	𝕊 salió	salimos	𝕊𝕊 salieron
13. ver, *to see*	ví	𝕊 vió	vimos	𝕊𝕊 vieron

In two of the eighteen verbs the letter "i" changes to "y" when it appears between vowels.

14. oír,	oí	𝔖 oyó	oímos	𝔖𝔖 oyeron
to hear				

15. caer,	caí	𝔖 cayó	caímos	𝔖𝔖 cayeron
to fall				

Although "dar" (*to give*) is an "ar" verb it has "er" endings in the past tense.

16. dar,	dí	𝔖 dió	dimos	𝔖𝔖 dieron
to give				

You already know the past of "ir." And if you know the past of "ir," you know the past of "ser" because they are absolutely identical.

17. ir,	fuí	𝔖 fué	fuimos	𝔖𝔖 fueron
to go				

18. ser,	fuí	𝔖 fué	fuimos	𝔖𝔖 fueron
to be				

IMPERFECT TENSE OF SABER AND QUERER

When you wish to say "I wanted" in Spanish you generally use the imperfect tense, "quería." The imperfect is a past tense that you will learn later on.

IMPERFECT

QUERER, *to want, to love*

QUERÍA (*I wanted*)	QUERÍAMOS (*we wanted*)
𝔖 QUERÍA *you, he, she,* *it wanted*	𝔖𝔖 QUERÍAN (*they, you wanted*)

Notice that there is no differenuce between the first person and the third man form in the singular. The entire singular is "quería," which means: *I wanted, you wanted, he wanted, she wanted, it wanted.*

When you wish to say, "I knew" in Spanish you use the imperfect tense "sabía."

IMPERFECT

SABER, *to know*

SABÍA (*I knew*)	SABÍAMOS (*we knew*)
S SABÍA (*you, he, she knew*)	**SS** SABÍAN (*they knew*)

Notice that there is no difference between the first person and the third man form in the singular. "Sabía" means: *I knew, you knew, he knew, she knew.*

PRESENT TENSE OF NONCONFORMIST VERBS

GROUP I

Of the eighteen members, nine end in "go" in the first person singular of the present.

FIRST PERSON SINGULAR, PRESENT	INFINITIVE
TENGO, *I have*	TENER, *to have*
VENGO, *I come*	VENIR, *to come*
PONGO, *I put*	PONER, *to put*
TRAIGO, *I bring*	TRAER, *to bring*
CAIGO, *I fall*	CAER, *to fall*
DIGO, *I say*	DECIR, *to say*
HAGO, *I do, I make*	HACER, *to do, to make*
OIGO, *I hear*	OÍR, *to hear*
SALGO, *I go out*	SALIR, *to go out*

The best way to learn these verb forms is by reciting them in groups of threes. Recite them out loud and learn them just as you would learn a poem.

Stress the heavy-type letters firmly.

tengo	traigo	hago
vengo	caigo	salgo
pongo	oigo	digo

Of these nine verbs, five are regular in the present, except for the first person singular. They are:

PRESENT TENSE

HACER, *to do, to make*

HAGO (*I do, make*)	HACEMOS (*we do, make*)
3 HACE (*you do, make, he, she, it does, makes*)	**33** HACEN (*they, you* (pl.) *do, make*)

PONER, *to put*

PONGO (*I put*)	PONEMOS (*we put*)
3 PONE (*you put*)	**33** PONEN (*they put*)

TRAER, *to bring*   CAER, *to fall*

TRAIGO (*I bring*)	TRAEMOS (*we bring*)	CAIGO (*I fall*)	CAEMOS (*we fall*)
3 TRAE (*you bring*)	**33** TRAEN (*they bring*)	**3** CAE (*you fall*)	**33** CAEN (*they fall*)

SALIR, *to go out, to leave* (a place)

SALGO (*I go out*)	SALIMOS (*we go out*)
3 SALE (*you go out*)	**33** SALEN (*they go out*)

Two of the nine verbs that end in "go" in the first person singular present are radical changing in all forms except the first person singular present. In these verbs the "e" changes to "ie."

TENER, *to have*   VENIR, *to come*

TENGO (*I have*)	TENEMOS (*we have*)	VENGO (*I come*)	VENIMOS (*we come*)
🕃 TIENE (*you have*)	🕃🕃 TIENEN (*they have*)	🕃 VIENE (*you come*)	🕃🕃 VIENEN .(*they come*)

And the last two verbs are irregular in their own sweet way.

DECIR, *to say*   OÍR, *to hear*

DIGO (*I say*)	DECIMOS (*we say*)	OIGO (*I hear*)	OÍMOS (*we hear*)
🕃 DICE (*you say*)	🕃🕃 DICEN (*they say*)	🕃 OYE (*you hear*)	🕃🕃 OYEN (*they hear*)

Actually, in "oír" the letter "i" changes to "y," obeying the Age-Old Rule: The letter "i" changes to "y" when it appears between two vowels.

GROUP II

Of the eighteen nonconformists, four end in "oy" in the first person singular of the present. They are:

VOY, *I go*   SOY, *I am*

DOY, *I give*   ESTOY, *I am*

1. You already know that the present of "ir" is:

IR, *to go*

VOY (*I go, I'm going*)	VAMOS (*we go, we're going*)
🕃 VA (*you go,* *you are going*)	🕃🕃 VAN (*they go, they're going*)

2. You know that the present of "estar" is:

ESTAR, *to be* (where, how)

ESTOY (*I am*)	ESTAMOS (*we are*)
2 ESTÁ (*you are*)	23 ESTÁN (*they are*)

3. The present of "dar" is:

DAR, *to give*

DOY (*I give*)	DAMOS (*we give*)
2 DA (*you give*)	23 DAN (*they give*)

4. "Ser" is the vice-president of the nonconformists. It is a very irregular verb. Its present tense is:

SER, *to be*

SOY (*I am*)	SOMOS (*we are*)
2 ES (*you are*)	23 SON (*they are*)

GROUP III

Of the eighteen nonconformists, two are radical changing in the present tense. They made the nonconformist club for irregularities in other tenses.

QUERER, *to want, to love*

QUIERO (*I want, love*)	QUEREMOS (*we want, love*)
2 QUIERE (*you want, love*)	23 QUIEREN (*they want, love*)

PODER, *to be able*

PUEDO (*I can*)	PODEMOS (*we can*)
�552 PUEDE (*you can*)	�552�552 PUEDEN (*they can*)

GROUP IV

Of the eighteen nonconformists, two are completely different from the others in the first person singular, but aside from that they are regular.

SABER, *to know*   VER, *to see*

SÉ (*I know*)	SABEMOS (*we know*)	VEO (*I see*)	VEMOS (*we see*)
☺ SABE (*you know*)	☺☺ SABEN (*they know*)	☺ VE (*you see*)	☺☺ VEN (*they see*)

Of the eighteen nonconformists, only one ugly duckling is completely regular in the present tense. "Andar" made the nonconformist club for irregularities in other tenses.

ANDAR, *to walk*

ANDO (*I walk*)	ANDAMOS (*we walk*)
☺ ANDA (*you walk*)	☺☺ ANDAN (*they walk*)

LIST OF NONCONFORMIST VERBS

PRESENT TENSE

GROUP I

These end in "go" in the first person singular, present.

1. hacer, *to do*	hago	☺ hace	hacemos	☺☺ hacen
2. poner, *to put*	pongo	☺ pone	ponemos	☺☺ ponen
3. traer, *to bring*	traigo	☺ trae	traemos	☺☺ traen

4. caer, *to fall* — caigo   cae   caemos   caen
5. salir, *to go out* — salgo   sale   salimos   salen
6. tener, *to have* — tengo   tiene   tenemos   tienen
7. venir, *to come* — vengo   viene   venimos   vienen
8. oír, *to hear* — oigo   oye   oímos   oyen
9. decir, *to say* — digo   dice   decimos   dicen

GROUP II

These end in "oy" in the first person singular, present.

10. ir, *to go* — voy   va   vamos   van
11. estar, *to be* — estoy   está   estamos   están
12. dar, *to give* — doy   da   damos   dan
13. ser, *to be* — soy   es   somos   son

GROUP III

These are radical changing in the present.

14. poder, *to be able* — puedo   puede   podemos   pueden
15. querer, *to love, to want* — quiero   quiere   queremos   quieren

GROUP IV

These are different from the other groups.

16. saber, *to know* — sé   sabe   sabemos   saben
17. ver, *to see* — veo   ve   vemos   ven

And then there is one more verb that is completely regular in the present.

18. andar, *to walk* — ando   anda   andamos   andan

This, then, covers the eighteen nonconformist verbs in the present and past tenses. You have seen that, although they are nonconformist, they have many things in common that make them easy to learn. You must pay particular attention to these verbs and learn them well. Among them you will find some of the most used verbs of the Spanish language.

The most important advice that any Spanish teacher could give you is:

MASTER THE NONCONFORMIST VERBS

Nothing you could study before or after these verbs could compare in importance with them. Furthermore, once you have learned them, you will have easy sailing for the rest of your Spanish course.

SENTENCE-FORMING EXERCISES I

Combine the words below in different ways to form as many sentences as you can. Be sure to use words from each of the columns in every sentence you form.

A

1	2
Tengo (*I have*)	un perro (*a dog*)
8 ¿Tiene (*Have you?*)	un caballo (*a horse*)
Tenemos (*We have*)	una casa en el campo
88 Tienen (*They have*)	un gato (*a cat*)
Tuve (*I had*)	un accidente ayer

B

1	2	3
Tengo que	ir (*to go*)	al despacho
(*I have to*)	trabajar	el sábado
8 ¿Tiene que	estudiar	la lección
(*Do you have to?*)	escribir	una carta
Tenemos que	comprar	una casa
(*We have to*)	vender	el auto
88 Tienen que	pintar	la casa
(*They have to*)	lavar	la ropa
Tuve que	(*to wash*)	(*the clothes*)
(*I had to*)	regresar	pronto
8 ¿Tuvo que	(*come back*)	(*soon*)
(*Did you have to?*)	alquilar	la casa
Tuvimos que	(*to rent*)	el teléfono
88 Tuvieron que	contestar	la carta
8 Mi tío tiene que	(*to answer*)	a los niños
(*My uncle has to*)	leer	(*the children*)
	cuidar	la cuenta
	(*to take care of*)	(*the bill*)
	persuadir	
	pagar	
	(*to pay*)	

EXERCISE IN TRANSLATION I

Translate the following sentences into Spanish. Write out each sentence in Spanish, using the columns above as a guide. Check your sentences with the correct translations below this exercise.

1. I have a dog.
2. Have you a horse?
3. We have a house in the country.
4. They have a cat.
5. I had an accident yesterday.
6. I have to go to the office.
7. I have to work on Saturday.
8. Do you have to wash the clothes?
9. We have to buy a house.
10. I had to write a letter.
11. They have to paint the house.
12. Did you have to sell the car?
13. We had to take care of the children.
14. My uncle has to pay the bill.
15. My uncle has to work on Saturday.

Check your sentences with the translations below.

1. Tengo un perro.
2. ¿Tiene un caballo?
3. Tenemos una casa en el campo.
4. Tienen un gato.
5. Tuve un accidente ayer.
6. Tengo que ir al despacho.
7. Tengo que trabajar el sábado.
8. ¿Tiene que lavar la ropa?
9. Tenemos que comprar una casa.
10. Tuve que escribir una carta.
11. Tienen que pintar la casa.
12. ¿Tuvo que vender el auto?
13. Tuvimos que cuidar a los niños.
14. Mi tío tiene que pagar la cuenta.
15. Mi tío tiene que trabajar el sábado.

SENTENCE-FORMING EXERCISES II

Combine the words below in different ways to form as many sentences as you can. Be sure to use words from each of the columns in every sentence you form.

A

In English you sometimes use the present tense instead of the future: *When do you leave?* In Spanish the present tense is also used sometimes instead of the future. "¿Cuándo viene?" (*When do you come? When are you coming?*)

1

1	2
§ ¿Cuándo viene (*When are you coming?*)	a México
§ ¿Por qué no viene (*Why don't you come?*)	a la clase
§ José vino (*Joseph came*)	a la fiesta
§ Mi tío va a venir (*My uncle is going to come*)	al despacho
	a Santa Bárbara
	mañana
	el sábado

B

1	2	3
Quiero (*I want*)	ir (*to go*)	a. cine
§ ¿Quiere (*Do you want?*)	tomar	la cena
	invitar	a Eduardo
Queremos	jugar	tenis
§§ Quieren	una taza	de café
Quería (*I, you, he, she wanted*)	(*a cup*)	el trabajo
	terminar	(*the work*)
Quiere	ver	la casa
Queríamos	comprar	un auto
§§ Querían		

C

1	2	3
Puedo (*I can*)	hablar	español
§ ¿Puede (*Can you?*)	ir	al despacho
§ José puede (*Joseph can*)	nadar	muy bien
§ María puede (*Mary can*)	comprar	el piano
Podemos (*we can*)	venir	el domingo
§§ Pueden	nadar	(*on Sunday*)
He podido (*I have been able to*)	trabajar	mucho
	escribir	toda la tarde
No puedo (*I can't*)	terminar	la carta
No pude (*I couldn't*)		el trabajo

Notice that all forms of "poder" are followed by the infinitive (Column 2).

EXERCISE IN TRANSLATION II

Translate the following sentences into Spanish. Write out each sentence in Spanish, using the columns above as a guide. Check your sentences with the correct translations below this exercise.

1. When are you coming to Mexico?
2. When are you coming to the class?
3. Why don't you come to the party?
4. Why don't you come to the beach?
5. Joseph came to the party.
6. My uncle is going to come to the party.
7. I want to go to the movies.
8. Do you want to finish the work?
9. We wanted to see the house.
10. They wanted to buy a car.
11. Do you want to see the house?
12. They want to play tennis.
13. Can you go to the office?
14. Joseph can swim on Sunday.
15. We can finish the work.
16. I can't finish the work.
17. I couldn't sell the house.
18. They can swim on Sunday.
19. I have been able to write all afternoon.

Check your sentences with the translations below.

1. ¿Cuándo viene a México?
2. ¿Cuándo viene a la clase?
3. ¿Por qué no viene a la fiesta?
4. ¿Por qué no viene a la playa?
5. José vino a la fiesta.
6. Mi tío va a venir a la fiesta.
7. Quiero ir al cine.
8. ¿Quiere terminar el trabajo?
9. Queríamos ver la casa.
10. Querían comprar un auto.
11. ¿Quiere ver la casa?
12. Quieren jugar tenis.
13. ¿Puede ir al despacho?
14. José puede nadar el domingo.
15. Podemos terminar el trabajo.
16. No puedo terminar el trabajo.
17. No pude vender la casa.
18. Pueden nadar el domingo.
19. He podido escribir toda la tarde.

SENTENCE-FORMING EXERCISES III

Combine the words below in different ways to form as many sentences as you can. Be sure to use words from each of the columns in every sentence you form.

A

HACER, meaning "*to make*"

1	2	3
Hago (*I make*)	la cama (*the bed*)	todas las mañanas deliciosos
🎵 María hace	dulces (*candy*)	para los muchachos
Hacemos (*We make*)	café	(*for the boys*)
	sandwiches	para mi tía
🎵🎵 Hacen (*They make*)	una limonada	esta tarde
	un refresco	para mi tío
Hice (*I made*)	(*a refreshment*)	para las muchachas
🎵 ¿Hizo (*Did you make?*)	sombreros	(*for the girls*)
Hicimos	las blusas	para mi mamá
🎵🎵 Hicieron		

B

HACER, meaning "*to do*"

1	2	3
Hago (*I do*)	lo que puedo	en casa
🎵 Carlos hace (*Charles does*)	(*what I can*)	muy bien
	el trabajo	interesantes
Hacemos (*We do*)	muchas cosas	en la mañana
🎵🎵 Hacen (*They do*)	una cosa	diferentes
Hice (*I did*)	lo que pudo	interesante
🎵 Isabel hizo (*Isabel did*)	(*what she could*)	ayer
		hoy (*today*)

C

"Que era" means:

that it was	*that he was*
that you were	*that she was*

"Era" (*was*) is the imperfect of "ser" (*to be*)

1	2	3
Digo (*I say*)	que es	imposible
🎵 Elena dice (*Helen says*)	(*that it is*)	terrible
Decimos (*We say*)	que son	indiscretas

	1	2	3
🐝🐝	Dicen (*They say*)	(*that they are*)	muy interesante
	Dije (*I said*)	muchas cosas	inteligente
🐝	Eduardo dijo (*Edward said*)	que era	muy bueno
		que era	(*very good*)
	Dijimos (*We said*)	que no era	excelente
🐝🐝	Dijeron (*They said*)	que era	bonita

D

"Salir" (*to leave, to go out*) is followed by "de."

	1	2	3
	Salgo (*I leave*)	del trabajo (*work*)	a las cinco (*at five o'clock*)
🐝	Eduardo sale	del despacho	
	Salimos (*We leave*)	de la casa	a las cuatro
		de la tienda	tarde
🐝🐝	Salen	del teatro	temprano (*early*)
	Salí (*I left*)	del cine	a las once (*at eleven o'clock*)
🐝	Salió	del hotel	
	Salimos	a las ocho (*at eight o'clock*)	a las diez
🐝🐝	Salieron		a las ocho
			el sábado

EXERCISE IN TRANSLATION III

Translate the following sentences into Spanish. Write out each sentence in Spanish, using the columns above as a guide. Check your sentences with the correct translations below this exercise.

1. I make the bed every morning.
2. Mary makes delicious candy.
3. We make candy for the boys.
4. They make sandwiches for the girls.
5. I made a lemonade this afternoon.
6. Did you make coffee for my uncle?
7. They made the blouses for the girls.
8. I do what I can at home.
9. Charles does the work very well.
10. We do many interesting things.
11. They do the work very well.
12. Elizabeth did an interesting thing.
13. Elizabeth did what she could yesterday.
14. I say that it's impossible.
15. Helen says that it's terrible.

16. They say many indiscreet things.
17. They say that it's very interesting.
18. I said that he was intelligent.
19. Edward said that he was very good.
20. We said that it wasn't very good.
21. I leave the office at five o'clock.
22. We leave the house late.
23. I left the theater at eleven o'clock.
24. They left at eight o'clock last night.
25. I left the hotel at five o'clock.

Check your sentences with the translations below.

1. Hago la cama todas las mañanas.
2. María hace dulces deliciosos.
3. Hacemos dulces para los muchachos.
4. Hacen sandwiches para las muchachas.
5. Hice una limonada esta tarde.
6. ¿Hizo café para mi tío?
7. Hicieron las blusas para las muchachas.
8. Hago lo que puedo en casa.
9. Carlos hace el trabajo muy bien.
10. Hacemos muchas cosas interesantes.
11. Hacen el trabajo muy bien.
12. Isabel hizo una cosa interesante.
13. Isabel hizo lo que pudo ayer.
14. Digo que es imposible.
15. Elena dice que es terrible.
16. Dicen muchas cosas indiscretas.
17. Dicen que es muy interesante.
18. Dije que era inteligente.
19. Eduardo dijo que era muy bueno.
20. Dijimos que no era muy bueno.
21. Salgo del despacho a las cinco.
22. Salimos de la casa tarde.
23. Salí del teatro a las once.
24. Salieron a las ocho anoche.
25. Salí del ʰotel a las cinco.

USES OF NON-CONFORMIST VERBS

Uses of TENER, *to have*

In Spanish we do not say, "I'm hungry. I'm cold," etc. Instead, we say, "I have hunger. I have cold," etc.

Tengo hambre. *I'm hungry (I have hunger).*
Tengo frío. *I'm cold.*
Tengo calor. *I'm warm.*

§ ¿Tiene hambre? *Are you hungry?*
§ ¿Tiene frío? *Are you cold?*
§ ¿Tiene calor? *Are you warm?*

Tengo sed. *I'm thirsty.*

₴ ¿Tiene sed? *Are you thirsty?*

Tengo sueño. *I'm sleepy.*

₴ ¿Tiene sueño? *Are you sleepy?*

Tengo miedo. *I'm afraid (I have fear).*

₴ ¿Tiene miedo? *Are you afraid?*

Tengo tos. *I have a cough.*

₴ ¿Tiene tos? *Have you a cough?*

Tengo catarro. *I have a cold.*

₴ ¿Tiene catarro? *Have you a cold?*

Tengo razón. *I'm right.*

₴ Tiene razón. *You are right.*

Tengo dolor de estómago. *I have a stomach ache.*

Tengo dolor de cabeza. *I have a headache.*

Tengo dolor de muela. *I have a toothache.*

You can also ask the question "¿Qué tiene?" which means "What's wrong with him?" (*What has he got?*) "¿Qué tiene?" means "What's wrong with you? What's wrong with him? What's wrong with her?" "Qué tiene Carlos?" means "What's wrong with Charles?"

"Tengo ganas de . . ." means "I feel like . . ." and is used with the infinitive.

Tengo ganas de nadar. *I feel like swimming.*

Tuve ganas de nadar. *I felt like swimming.*

He tenido ganas de nadar. *I have felt like swimming.*

₴ ¿Tiene ganas de nadar? *Do you feel like swimming?*

"Tener" is also used to express a person's age.

₴ Tiene un año. *He's a year old (He has one year).*

₴ Tiene dos años. *He's two years old.*

₴ ¿Cuántos años tiene? *How old is he? (How many years has he?)*

₴ Tiene diez años. *He's ten years old.*

Don't forget that "tiene" is the third man form singular and refers to anybody but yourself.

₴ Tiene quince años.
{ *You're fifteen years old.*
{ *He's fifteen years old.*
{ *She's fifteen years old.*

"Tener que . . ." means "to have to . . ."

Tengo que trabajar. *I have to work.*

"Tener" is used in still another expression: "Tengo mucho que hacer" means "I have a lot to do" (I have a lot of work).

Uses of QUERER, *to want, to love.*

Remember that "querer" (*to want*) is used with the infinitive in Spanish just as it's used in English.

> Quiero ver. *I want to see.*
> Quiero ir al cine. *I want to go to the movies.*
> Quería nadar. *I wanted to swim.*
> He querido verlo. *I have wanted to see him.*

When "querer" means "to love," it is followed by a personal "a."

> Quiero a mi madre. *I love my mother.*
> Quiero a Roberto. *I love Robert.*
> § Elena quería a su esposo. *Helen loved her husband.*
> § Luis quería a su esposa. *Louis loved his wife.*
> Queremos al nene. *We love the baby* (*boy*).
> §§ Quieren a la nena. *They love the baby* (*girl*).

Uses of PODER, *to be able*

Remember that in Spanish we do not say, "I can go"; we say, "puedo ir" (*I can to go*). ALL FORMS OF "PODER" ARE FOLLOWED BY THE INFINITIVE.

> Puedo ver. *I can see.*
> Puedo ir. *I can go.*
> § ¿Puede estudiar? *Can you study?*
> He podido estudiar. *I have been able to study.*
> No puedo ir. *I can't go.*

It is very, very important to remember that all forms of "poder" are followed by the infinitive.

Uses of HACER, *to do, to make.*

In Spanish we do not say "It's hot." Instead, we say, "Hace calor" (*It makes heat*).

> Hace calor. *It's hot.*
> Hace mucho calor. *It's very hot.*
> Hace frío. *It's cold.*
> Hace mucho frío. *It's very cold.*

Hizo calor ayer. *It was hot yesterday.*
Hizo frío ayer. *It was cold yesterday.*
Hace viento. *It's windy.*
¡Qué calor! *What heat!*

"Hace" is also the equivalent of "ago."

Hace un momento, *a moment ago*
Hace una hora, *an hour ago*
Hace una semana, *a week ago*
Hace un mes, *a month ago*
Hace un año, *a year ago*
Hace mucho tiempo, *a long time ago*
Hace poco tiempo, *a short time ago*

Sometimes Spanish-speaking people say, "eight days ago," instead of "a week ago," and "fifteen days ago," instead of "two weeks ago." Why? Heaven only knows.

Hace ocho días, *a week ago (eight days ago)*
Hace quince días, *two weeks ago (fifteen days ago)*

"Hacer" is used in three other common idiomatic expressions.

1. Hacer caso. *To pay attention (to make a case)*
   § No hace caso. *He doesn't pay attention.*
   §§ No hacen caso. *They don't pay attention.*
   No hice caso. *I didn't pay attention.*
   § No hizo caso. *You, he, she, didn't pay attention.*

2. Hacer daño. *To be bad for (to make harm)*
   Me hace daño. *It's bad for me (It does me harm).*
   Me hace daño la leche. *Milk doesn't agree with me.*

3. Hacer falta. *To miss (to make a lack), to need*
   Me hace falta Carlos. *I miss Charles (Charles makes me a lack).*
   Me hacen falta los niños. *I miss the children.*
   Me hizo falta Luis. *I missed Louis.*

32

Lección Número Treinta y Dos

DIRECT OBJECT PRONOUNS

*M*ost masculine words end in "o" in Spanish. The letter "o" represents the male and is strong, short, vigorous—a commanding letter. Most feminine words end in "a" in Spanish. The "a" is the feminine letter symbol. It is soft, deep, sustained—an elemental letter. When you pronounce the letter "o" cut it off short as in a command. When you pronounce the letter "a" hang on to it as in "Ah, Sweet Mystery."

THE DIRECT OBJECT PRONOUNS

§ "Lo" means "him" and "you" (masculine).
§ "La" means "her" and "you" (feminine).
When you are addressing a man "I invited you" is "Lo invité."
When you are addressing a woman "I invited you" is "La invité."
"I invited him" is "Lo invité."
"I invited her" is "La invité."

Notice that the pronoun precedes the verb.

All you have to remember about these pronouns is that "lo" is for men and "la" is for women.

Lo visité. *I visited him, you* (masc.).
La visité. *I visited her, you* (fem.).
Lo recomendé. *I recommended him, you* (masc.).
La recomendé. *I recommended her, you* (fem.).

Lo ví. *I saw him, you* (masc.).

La ví. *I saw her, you* (fem.).

§ Lo visitó. *You, he, she visited him.*

§ La visitó. *You, he, she visited her.*

The plural of these pronouns is formed by adding the letter "s."

§ Los visitó. *He visited them* (masc.).

§ Las visitó. *He visited them* (fem.).

When you are speaking of both men and women you use the plural masculine pronoun.

EXAMPLE:

Los ví. *I saw you* (Mary and John).

Los invité. *I invited them* (a group of men and women).

"Me" is *"me."*   "Nos" is *"us."*

§ Me invitó. *He invited me.*   § Nos invitó. *He invited us.*

§ Me visitó. *He visited me.*   § Nos visitó. *He visited us.*

§ Me vió. *He saw me.*   § Nos vió. *He saw us.*

Notice that the pronoun precedes the verb.

THE DIRECT OBJECT PRONOUNS

SINGULAR	PLURAL
ME, *me*	NOS, *us*
§ LO, *him, you* (masc.)	§§ LOS, *them, you* (masc.)
§ LA, *her, you* (fem.)	§§ LAS, *them, you* (fem.)

WORDS TO REMEMBER

Isabel, *Elizabeth*

también, *also, too*

Lo ví. *I saw him.*

la fiesta de Carlos, *Charles's party*

el vals, *the waltz*

mi abuelo, *my grandfather*

La ví. *I saw her.*

¡Qué terrible! *How terrible!*

¿Va su abuelo? *Is your grandfather going?*

con mucho gusto, *with much pleasure, gladly*

"Con mucho gusto" is a charming expression that is used very much in Spanish. It is the answer to any honorable invitation.

BAILAR, *to dance*

BAILÉ (*I danced*)	BAILAMOS (*we danced*)
2 BAILÓ (*you, he, she, it danced*)	2 3 BAILARON (*they, you (pl.) danced*)

Voy a bailar. *I'm going to dance.*
Estoy bailando. *I'm dancing.*

CONVERSACIÓN

¿Vió usted a Juan esta tarde?
Sí, lo ví en el despacho.

¿Invitó usted a Juan a la fiesta?
Sí, lo invité a la fiesta.

¿Vió usted a Marta esta tarde?
Sí, la ví en el despacho.

¿Invitó usted a Marta a la fiesta?
Sí, la invité a la fiesta.

¿Aceptó Marta la invitación?
Sí, Marta aceptó la invitación con mucho gusto.

¿Quién invitó a Roberto a la fiesta?
Juan lo invitó a la fiesta.

¿Quién invitó a Isabel a la fiesta?
Juan la invitó.

¿Va usted al cine esta noche?
No, no voy al cine esta noche; voy a la fiesta de Carlos. Carlos me invitó a la fiesta la semana pasada y acepté la invitación con mucho gusto.

¿Va a bailar en la fiesta?
Sí, voy a bailar mucho en la fiesta. Voy a bailar con Carlos (Marta).

¿Va a bailar la rumba?
Sí, voy a bailar la rumba y el tango.

¿Va a cantar en la fiesta?
No, no voy a cantar.

¿Quién va a cantar?
Roberto va a cantar.

¡No es posible!
Sí, Roberto va a cantar. ¡Qué terrible!

¿Va a bailar la rumba Isabel?
Sí, Isabel va a bailar la rumba y el tango.

¿Bailó usted anoche?
Sí, anoche bailé con Carlos (Marta). Roberto nos invitó a su casa y bailamos mucho.

¿Va usted al cine mañana?
Sí, voy al cine mañana. Roberto me invitó.

¿Invitó Roberto a María y a Juan?
Sí, Roberto los invitó.

¿Invitó Roberto a Marta y a Isabel?
Sí, Roberto las invitó también.

¡Caramba! Roberto invitó a muchas personas.
Sí, Roberto es muy simpático y muy generoso.

¿Está bailando en este momento su abuelo?
No, eso es ridículo, mi abuelo no está bailando. Mi abuelo está leyendo el periódico y fumando su pipa.

¿Va su abuelo a la fiesta esta noche?
Sí, mi abuelo va a la fiesta esta noche. Carlos lo invitó.

¿Va a bailar la rumba su abuelo?
Sí, mi abuelo va a bailar la rumba y también el vals. Mi abuelo está muy contento con la idea de la fiesta. Esta tarde compró chocolates y confetti para la fiesta.

Write out charts of the present and past tenses of the following verbs and compare them carefully with the charts below.

besar, *to kiss*
cuidar, *to take care of*
odiar, *to hate*
sorprender, *to surprise*

interrumpir, *to interrupt*
criticar, *to criticize*
castigar *to punish*

BESAR, *to kiss*

PRESENT		PAST	
BESO (*I kiss*)	BESAMOS (*we kiss*)	BESÉ (*I kissed*)	BESAMOS (*we kissed*)
𝔰 BESA (*you kiss*)	𝔰𝔰 BESAN (*they kiss*)	𝔰 BESÓ (*you kissed*)	𝔰𝔰 BESARON (*they kissed*)

CUIDAR, *to take care of*

PRESENT		PAST	
CUIDO (*I take care of*)	CUIDAMOS (*we take care of*)	CUIDÉ (*I took care of*)	CUIDAMOS (*we took care of*)
𝔰 CUIDA (*you take care of*)	𝔰𝔰 CUIDAN (*they take care of*)	𝔰 CUIDÓ (*you took care of*)	𝔰𝔰 CUIDARON (*they took care of*)

ODIAR, *to hate*

PRESENT		PAST	
ODIO (*I hate*)	ODIAMOS (*we hate*)	ODIÉ (*I hated*)	ODIAMOS (*we hated*)
𝔰 ODIA (*you hate*)	𝔰𝔰 ODIAN (*they hate*)	𝔰 ODIÓ (*you hated*)	𝔰𝔰 ODIARON (*they hated*)

SORPRENDER, *to surprise*

PRESENT	
SORPRENDO (*I surprise*)	SORPRENDEMOS (*we surprise*)
𝔰 SORPRENDE (*you surprise*)	𝔰𝔰 SORPRENDEN (*they surprise*)

PAST

SORPRENDÍ (*I surprised*)	SORPRENDIMOS (*we surprised*)
👤 SORPRENDIÓ (*you surprised*)	👤👤 SORPRENDIERON (*they surprised*)

CASTIGAR, *to punish*

PRESENT

CASTIGO (*I punish*)	CASTIGAMOS (*we punish*)
👤 CASTIGA (*you punish*)	👤👤CASTIGAN (*they punish*)

PAST

CASTIGUÉ (*I punished*)	CASTIGAMOS (*we punished*)
👤 CASTIGÓ (*you punished*)	👤👤 CASTIGARON (*they punished*)

CRITICAR, *to criticize*

PRESENT

CRITICO (*I criticize*)	CRITICAMOS (*we criticize*)
👤 CRITICA (*you criticize*)	👤👤 CRITICAN (*they criticize*)

PAST

CRITIQUÉ (*I criticized*)	CRITICAMOS (*we criticized*)
🎱 CRITICÓ (*you criticized*)	🎱🎱 CRITICARON (*they criticized*)

Notice that "castigué" ends in "gué" and "critiqué" ends in "qué" (As explained in Lesson 28).

SENTENCE-FORMING EXERCISES

Combine the words below in different ways to form as many sentences as you can. Be sure to use words from each of the columns in every sentence you form.

A

1	2	3
El doctor	🎱 la curó	completamente
Carlos	🎱 la vió	en el parque
Roberto	🎱 las vió	en el despacho
Juan	🎱 la invitó	al cine
Papá	🎱 lo invitó	a la fiesta
Isabel	🎱 lo recomendó	muy bien
El conductor	🎱 lo saludó	esta mañana
Isabel	(*greeted him*)	esta tarde
Juan	🎱 lo insultó	a la fiesta (*to the party*)
Carlos	🎱 me invitó	al cine (*to the movies*)
María	🎱 nos invitó	en Acapulco
Luis	🎱 nos visitó	anoche
Isabel	🎱 me visitó	la semana pasada
Marta	🎱 los visitó	en el despacho
Mi abuelo	🎱 las vió	la semana pasada
	🎱 los visitó	cuando entró (*when he came
	🎱 lo abrazó	in*)
	(*hugged him*)	

B

1	2
Alberto	⅋ la sorprendió (*surprised her*)
Eduardo	⅋ la besó
Roberto	⅋ lo castigó
Mi primo (*My cousin*)	⅋ lo interrumpió
Mi tío (*My uncle*)	⅋ la cuidó
Mi tía (*My aunt*)	⅋ lo besó
Marta	⅋ lo interrumpió
Isabel (*Elizabeth*)	⅋ la castigó
Alicia	⅋ lo criticó
Dorotea (*Dorothy*)	⅋ lo odia (*hates him*)
Elena (*Helen*)	⅋ los cuidó (*took care of them*)
Mi tío (*My uncle*)	⅋ los vió (*saw them*)
Mi tía	⅋ nos vió (*saw us*)
	⅋ nos sorprendió
	⅋ las vió (fem.) (*saw them*)
	⅋ me sorprendió
	⅋ me besó

C

1	2
Lo ví (*I saw him*)	esta mañana
La ví	esta tarde
Los ví	la semana pasada
Las ví	el sábado (*on Saturday*)
Lo invité	a la fiesta
La invitó	al cine
Los invité	a mi casa
Las invité	a la clase
Lo visité	ayer
La visité	el otro día (*the other day*)
Lo saludé	⅋ cuando entró
Lo sorprendí	anoche
Lo cuidé (*I took care of him*)	toda la tarde (*all afternoon*)
La cuidé	toda la mañana (*all morning*)
Lo besé	
La besé	

EXERCISE IN TRANSLATION

Translate the following sentences into Spanish.

1. Charles saw her at (in) the office.
2. Robert saw her this morning.
3. John invited her to the movies.
4. Father saw them in the park.
5. Louis invited us to the movies.
6. Mary visited us last week.
7. My grandfather saw them this afternoon.
8. Martha hugged him when he came in.
9. John invited me to the party.
10. My grandfather greeted him when he came in.
11. John insulted him this afternoon.
12. Edward kissed her.
13. Robert surprised her.
14. My uncle punished him.
15. My aunt took care of them.
16. Helen hates him.
17. Elizabeth saw them (fem.).
18. Dorothy saw them (masc.).
19. My uncle surprised me.
20. My aunt kissed me.
21. My uncle saw us.
22. I saw him last week.
23. I saw her this afternoon.
24. I invited them to the party.
25. I kissed him when he came in.
26. I took care of him all afternoon.
27. I invited them to the movies.
28. I visited them the other day.
29. I saw them on Saturday.
30. I saw him yesterday.

Check your sentences with the correct translations below.

1. Carlos la vió en el despacho.
2. Roberto la vió esta mañana.
3. Juan la invitó al cine.
4. Papá los vió en el parque.
5. Luis nos invitó al cine.
6. María nos visitó la semana pasada.
7. Mi abuelo los vió esta tarde.
8. Marta lo abrazó cuando entró.
9. Juan me invitó a la fiesta.
10. Mi abuelo lo saludó cuando entró.
11. Juan lo insultó esta tarde.
12. Eduardo la besó.
13. Roberto la sorprendió.
14. Mi tío lo castigó.
15. Mi tía los cuidó.
16. Elena lo odia.
17. Isabel las vió.
18. Dorotea los vió.
19. Mi tío me sorprendió.
20. Mi tía me besó.
21. Mi tío nos vió.
22. Lo ví la semana pasada.
23. La ví esta tarde.
24. Los invité a la fiesta.
25. Lo besé cuando entró.
26. Lo cuidé toda la tarde.
27. Los invité al cine.
28. Los visité el otro día.
29. Los ví el sábado.
30. Lo ví ayer.

EXTRA WORDS

ayer, *yesterday*

antier, *day before yesterday*

la semana pasada, *last week*

el mes pasado, *last month*

el año pasado, *last year*

ayer en la tarde, *yesterday afternoon*

ayer en la mañana, *yesterday morning*

anoche, *last night*

antenoche, *night before last*

el sábado pasado, *last Saturday*

el domingo pasado, *last Sunday*

el fin de semana, *the week end*

durante, *during*

después, *afterward*

mañana, *tomorrow*

pasado mañana, *day after tomorrow*

en un mes, *in a month*

en dos meses, *in two months*

en un año, *in a year*

en una semana, *in a week*

la semana entrante, *next week*

el año entrante, *next year*

hoy, *today*

esta semana, *this week*

este mes, *this month*

este año, *this year*

mientras, *while*

mientras tanto, *meanwhile*

Remember the different meanings of "vió" used with pronouns.

§ ME VIÓ means:
- *you saw me*   *did you see me?*
- *he saw me*   *did he see me?*
- *she saw me*   *did she see me?*

§ LO VIÓ means:
- *you saw him*   *did you see him?*
- *he saw him*   *did he see him?*
- *she saw him*   *did she see him?*

§ LA VIÓ means:
- *you saw her*   *did you see her?*
- *he saw her*   *did he see her?*
- *she saw her*   *did she see her?*

§ NOS VIÓ means:
- *you saw us*   *did you see us?*
- *he saw us*   *did he see us?*
- *she saw us*   *did she see us?*

§ LOS VIÓ means:
- *you saw them*   *did you see them?*
- *he saw them*   *did he see them?*
- *she saw them*   *did she see them?*

33

Lección Número Treinta y Tres

la puerta y la ventana

The Spanish verb has great versatility. Nothing shows this more clearly than the third man verb form, which can be used in six different ways (see "Vió" below). When you add pronouns to the third man verb form you get even greater variety. The following examples and exercises show how much a little word like "vió" can yield when used with pronouns.

EXAMPLES:

VIÓ means:
- you saw — did you see?
- he saw — did he see?
- she saw — did she see?

LO VIÓ means:
- you saw him — did you see him?
- he saw him — did he see him?
- she saw him — did she see him?

LA VIÓ means:
- you saw her — did you see her?
- he saw her — did he see her?
- she saw her — did she see her?

	you invited	*did you invite?*
$ INVITÓ means:	*he invited*	*did he invite?*
	she invited	*did she invite?*

	you invited him	*did you invite him?*
$ LO INVITÓ means:	*he invited him*	*did he invite him?*
	she invited him	*did she invite him?*

	you invited her	*did you invite her?*
$ LA INVITÓ means:	*he invited her*	*did he invite her?*
	she invited her	*did she invite her?*

WRITTEN EXERCISE

1. Cover up the right-hand column.
2. Translate the sentences in the left-hand column.
3. Check your translations with the right-hand column.

Remember to use "lo" for men and "la" for women. Each italicized word represents "lo" or "la," depending on whether it is masculine or feminine.

$ VIÓ

He saw *her*.	La vió.
She saw *him*.	Lo vió.
You saw *him*.	Lo vió.
You saw *her*.	La vió.
He saw *you* (masc.).	Lo vió.
He saw *you* (fem.).	La vió.

$ INVITÓ

She invited *him*.	Lo invitó.
You invited *him*.	Lo invitó.
He invited *her*.	La invitó.
She invited *her*.	La invitó.
She invited *you* (masc.).	Lo invitó.
He invited *you* (fem.).	La invitó.

$ VISITÓ

He visited *her*.	La visitó.
She visited *him*.	Lo visitó.
You visited *her*.	La visitó.

You visited *him*.	Lo visitó.
He visited *you* (masc.).	Lo visitó.
He visited *you* (fem.).	La visitó.

A VERB TO REMEMBER

LLEVAR, *to take* (someone or something someplace)

llevé	llevamos
(*I took*)	(*we took*)
S llevó	**SS** llevaron
(*you took*)	(*they took*)

Voy a llevar. *I'm going to take.*

WORDS TO REMEMBER

¡Qué lastima! *What a pity!*	anoche, *last night*
mi abuelo, *my grandfather*	mi primo (masc.), *my cousin*
simpático, *charming*	mi prima (fem.), *my cousin*
el campo, *the country*	Lo llevé. *I took him.*
su, *your, his, her, its, their*	La llevé. *I took her.*
S ¿La llevó al cine? *Did you take her to the movies?*	La llevé al cine. *I took her to the movies.*

DIÁLOGOS ENTRE DOS ESTUDIANTES

(*Dialogues between two students*)

The first student asks the questions.
The second student answers them.

DIÁLOGO 1.

This entire conversation is about Carlos. Every "lo" in it refers to Carlos.

1. ¿Vió usted a Carlos?
2. Sí, lo ví esta mañana.
1. ¿Dónde lo vió?
2. Lo ví en el despacho.
1. ¿Lo vió en "Hamlet" anoche?
2. Sí, lo ví en "Hamlet" anoche.

1. ¿Lo vió en "Romeo y Julieta" la semana pasada?
2. No, no lo ví en "Romeo y Julieta" la semana pasada.
1. ¡Que lastima! Trabajó muy bien en el papel de Romeo.

DIÁLOGO 2.

This entire conversation is about Isabel. Every "la" in it refers to Isabel.

1. ¿Vió usted a Isabel?
2. Sí, la ví esta tarde.
1. ¿Dónde la vió?
2. La ví en la clase.
1. ¿La vió en "Romeo y Julieta" la semana pasada?
2. Sí, la ví en "Romeo y Julieta" la semana pasada. Trabajó muy bien.
1. ¿La vió en "Hamlet" anoche?
2. Sí, la ví en "Hamlet" anoche.

DIÁLOGO 3.

This entire conversation is about "mi abuelo" (*my grand-father*). Every "lo" in it refers to grandfather.

1. ¿Vió usted a mi abuelo esta mañana?
2. No, no lo ví esta mañana. Lo ví anoche.
1. ¿Dónde lo vió?
2. Lo ví en mi casa.
1. ¿Lo invitó a su casa?
2. Sí, lo invité a tomar la cena en mi casa anoche.
1. ¿Lo invitó a la fiesta?
2. Sí, lo invité a la fiesta.
1. ¿Aceptó la invitación?
2. Sí, aceptó la invitación con mucho gusto. Su abuelo es muy simpático.

DIÁLOGO 4.

1. ¿Llevó usted a su mamá al cine?
2. Sí, la llevé al cine anoche.
1. ¿Llevó usted a su abuelo a la fiesta?
2. Sí, lo llevé a la fiesta.

1. ¿Llevó usted a su primo al ballet?
2. Sí, lo llevé al ballet.

1. ¿Llevó usted a su prima a la fiesta?
2. Sí, la llevé a la fiesta.

1. ¿Llevó usted a su abuela al campo?
2. Sí, la llevé al campo.

1. ¿La llevó en su auto?
2. Sí, la llevé en mi auto.

1. ¿La llevó a la casa de Roberto?
2. Sí, la llevé a la casa de Roberto.

You can never separate an auxiliary from its verb. For example, in "he invitado" (*I have invited*), you can never separate the word "he" from "invitado."

Pronouns precede both the auxiliary and the main verb. The auxiliary and the main verb can never, never be separated.

EXAMPLES:

Lo he invitado. *I have invited him.*
   (NEVER say, "he lo invitado.")
Los he invitado. *I have invited them.*
Los estoy castigando. *I am punishing them.*
   (NEVER say, "estoy los castigando.")

In the future form the pronouns can go either before the verb or after the verb.

EXAMPLES:

I'm going to see him. Voy a verlo, *or,* Lo voy a ver.
I'm going to invite her. Voy a invitarla, *or,* La voy a invitar.
I'm going to take her to the movies. Voy a llevarla al cine, *or,*
                                       La voy a llevar al cine.

In ordinary conversation you will hear the pronouns used either before or after the verbs of the future form.

SENTENCE-FORMING EXERCISES

Combine the words below in different ways to form as many sentences as you can. Be sure to use words from each of the columns in every sentence you form.

A

1	2	3
Mi primo	§ me llevó (*took me*)	al cine
Mi prima	§ lo llevó	a la playa
Mi hermano	§ la llevó	al campo
(*My brother*)	§ nos llevó	al circo
Mi hermana	§ los llevó	(*to the circus*)
Mi tío	§ las llevó	al despacho
(*My uncle*)	§ me invitó	a la fiesta
Mi tía (*My aunt*)	§ lo invitó	al mercado
El doctor	§ la invitó	a la ópera
Isabel	§ nos invitó	al ballet
Elena (*Helen*)		al concierto
Dorotea		
(*Dorothy*)		

B

1	2
Lo he invitado (*I have invited him*)	a la clase
	a la fiesta
Lo he visto (*I have seen him*)	dos veces (*twice*)
	muchas veces (*many times, often*)
La he visto (*I have seen her*)	
§ Los ha visto (*You have seen them, he, she has seen them*)	en México
	tres veces (*three times*)
§ Lo ha visto (*Have you seen him?*)	hoy (*today*)
	el sábado
Voy a verlo (*I'm going to see him*)	últimamente (*lately*)
	mañana
§ Elena va a verlo	esta noche
Vamos a verlos (*We're going to see them*)	§ porque es travieso (*because he's mischievous*)
Lo estoy castigando (*I'm punishing him*)	

EXERCISE IN TRANSLATION

Translate the following sentences into Spanish. Write out each sentence in Spanish, using the columns above as a guide. Check your sentences with the correct translations below this exercise.

1. My cousin (masc.) took me to the movies.
2. My brother took me to the beach.
3. My uncle took them (masc.) to the circus.
4. My aunt took them (fem.) to the party.
5. My sister took us to the market.
6. The doctor took us to the opera.
7. Helen invited us to the concert.
8. Dorothy invited him to the party.
9. My uncle took her to the office.
10. My uncle took me to the country.
11. I have seen him twice.
12. I have seen them often (many times).
13. Have you seen him lately?
14. I'm going to see him on Saturday.
15. Helen is going to see him tomorrow.
16. We are going to see him tonight.
17. He has seen them three times.
18. We are going to see him on Saturday.
19. I'm punishing him because he's mischievous.
20. Have you seen them lately?

Check your sentences with the correct translations below.

1. Mi primo me llevó al cine.
2. Mi hermano me llevó a la playa.
3. Mi tío los llevó al circo.
4. Mi tía las llevó a la fiesta.
5. Mi hermana nos llevó al mercado.
6. El doctor nos llevó a la ópera.
7. Elena nos invitó al concierto.
8. Dorotea lo invitó a la fiesta.
9. Mi tío la llevó al despacho.
10. Mi tío me llevó al campo.
11. Lo he visto dos veces.
12. Los he visto muchas veces.
13. ¿Lo ha visto últimamente?
14. Voy a verlo el sábado. (*Or*, Lo voy a ver el sábado.)
15. Elena va a verlo mañana. (*Or*, Elena lo va a ver mañana.)
16. Vamos a verlo esta noche. (*Or*, Lo vamos a ver esta noche.)
17. Los ha visto tres veces.
18. Vamos a verlo el sábado. (*Or*, Lo vamos a ver el sábado.)
19. Lo estoy castigando porque es travieso.
20. ¿Los ha visto últimamente?

LO also means "IT" (masc.).

LA means "IT" (fem.).

If "it" refers to a masculine word, use **LO**.

If "it" refers to a feminine word, use **LA**.

EXAMPLES:

1. El libro es interesante. Lo leí.
   The book is interesting. I read it.

Since "it" refers to "book," which is a masculine word in Spanish (el libro), you must use the masculine pronoun for "it," "lo."

2. La blusa es bonita. ¿Dónde la compró?
   The blouse is pretty. Where did you buy it?

Since "it" refers to "blouse," which is a feminine word in Spanish (la blusa), you must use the feminine word for "it," "la."

LAS means "them" (either feminine persons or feminine things).

LOS means "them" (either masculine persons or masculine things).

EXAMPLES:

1. Los artículos son interesantes. Los leí ayer.
   The articles are interesting. I read them yesterday.

Since "them" refers to "articles," which is a masculine word in Spanish (los artículos), you must use the masculine pronoun for "them," "los."

2. Las blusas son muy bonitas. ¿Las vió?
   The blouses are very pretty. Did you see them?

Since "them" refers to "blouses," which is a feminine word in Spanish (las blusas), you must use the feminine pronoun for "them," "las."

If "it" refers to an abstract idea, as in "I doubt it," you must use the masculine pronoun for "it," "lo."

EXAMPLES:

> Lo dudo. *I doubt it.*
> No lo dudo. *I don't doubt it.*
> No lo comprendo. *I don't understand it.*
> Voy a arreglarlo. *I'm going to arrange it.*
> ¿Lo arregló? *Did you arrange it?*

WRITTEN EXERCISE

Translate the following sentences into Spanish. Check your sentences with the correct translations below this exercise.

VERBS USED IN THIS EXERCISE

dudar, *to doubt*	vender, *to sell*
arreglar, *to arrange*	ver, *to see*
dejar, *to leave* (a thing)	comprender, *to understand*
comprar, *to buy*	leer, *to read*
tomar, *to take*	terminar, *to finish*

1. I read it yesterday.   (*the article,* el artículo)
2. I read it last week.   (*the novel,* la novela)
3. I saw it last night.   (*the play,* la comedia)
4. Did you see it?   (*the hat,* el sombrero)
5. I finished it today.   (*the book,* el libro)
6. I sold it last week.   (*the house,* la casa)
7. I bought it this morning.   (*the phonograph,* el fonógrafo)
8. I left it at home.   (*the package,* el paquete)
9. Where did you leave it?   (*the magazine,* la revista)
10. Did you take it?   (*the aspirin,* la aspirina)
11. Did you see them?   (*the roses,* las rosas)
12. Did you buy them?   (*the records,* los discos)
13. Did you see them?   (*the neighbors,* los vecinos)
14. He saw them.   (*the birds,* los pájaros)
15. I saw them.   (*the presents,* los regalos)
16. I doubt it.   (abstract, use masculine form)
17. I don't doubt it.   (abstract)
18. I don't understand it.   (abstract)
19. I arranged it.   (abstract)
20. I'm going to arrange it.   (abstract)

Check your sentences with the correct translations below.

1. Lo leí ayer.
2. La leí la semana pasada.
3. La ví anoche.
4. ¿Lo vió?
5. Lo terminé hoy.
6. La vendí la semana pasada.
7. Lo compré esta mañana.
8. Lo dejé en casa.
9. ¿Dónde la dejó?
10. ¿La tomó?
11. ¿Las vió?
12. ¿Los compró?
13. ¿Los vió?
14. Los vió.
15. Los ví.
16. Lo dudo.
17. No lo dudo.
18. No lo comprendo.
19. Lo arreglé.
20. Voy a arreglarlo. (*Or,* Lo voy a arreglar.)

NOTE:

TOMAR, *to take* (food or vehicles)
Tomé el tren. *I took the train*
Tomé el avión. *I took the plane.*
Tomé café. *I had (took) coffee.*
Tomé la cena. *I had (took) dinner.*

LLEVAR, *to take* (people)
Llevé a mi primo al cine. *I took my cousin to the movies.*
Llevé a mi abuelo a la fiesta. *I took my grandfather to the party.*
Llevé a mamá al campo. *I took mother to the country.*

34

Lección Número Treinta y Cuatro

THE INDIRECT OBJECT PRONOUNS

SINGULAR	PLURAL
ME, *me*	NOS, *we*
LE, *you, him, her*	LES, *you* (pl.), *they*

Verbs that require the indirect object pronouns are as easy as pie to spot. If you can say the word "to" or "for" after the verb in English, it takes "le" in Spanish.

EXAMPLES:

I spoke *to* him.	Le hablé.
I sang *to* her.	Le canté.
I bought *for* him.	Le compré.
I sold *to* her.	Le vendí.
I wrote *to* him.	Le escribí.

But it sounds wrong to say:

I kissed *to* him.
I visited *to* him.
I invited *to* her.

So these verbs do not take "le." They take "lo" or "la."

I kissed him.	Lo besé.
I visited him.	Lo visité.
I invited her.	La invité.

Your ear is your best friend in learning Spanish. You will find that after hearing certain word combinations a few times your ear will lead you unerringly into the same correct combinations. That is why it is so important to read all the lessons aloud. After you have read a lesson or series of lessons that cover a subject, things begin to sound right or wrong to you. Sometimes you can "let your conscience be your guide," but in learning Spanish you must let your ear be your guide.

This lesson takes advantage of your English ear, that is, what sounds right or wrong to you in English: "Kissed to him" sounds wrong; "spoke to him" sounds right.

There is only one thing to remember in this lesson. But that one thing is of vital importance: Verbs must be tested IN ENGLISH to determine whether they take "le" or "lo." I call this the acid test.

Following is an exercise that shows how to give the verbs the acid test. In the left-hand column there is a list of verbs in English.

1. Copy the English verbs to form column 1.

2. If you can say, "to him" or "for him" after the verb, write either "to him" or "for him" (whichever sounds correct) in the second column. If you cannot say "to him" or "for him" after the verb, write "no" in the second column.

3. The third column is the result of the acid test. If you have "to him" or "for him" in the second column, write "le" in the third. If you have "no" in the second column, write "lo, la" in the third.

4. Check your columns with those below.

VERBS	THE ACID TEST	CORRECT PRONOUNS
wrote	to him, her	le
visited	no	lo, la
bought	for him, her	le
invited	no	lo, la
bothered	no	lo, la
gave	to him, her	le
examined	no	lo, la
worried	no	lo, la
sang	to him, her	le
kissed	no	lo, la
sold	to him, her	le
spoke	to him, her	le
insulted	no	lo, la
congratulated	no	lo, la
saw	no	lo, la

All these exercises, examples, and explanations can be reduced to a simple formula:

TO, FOR = LE

WORD ORDER

Le escribí a mi papá. (*To him*) *I wrote to my father.*
Le escribí a mi mamá. (*To her*) *I wrote to my mother.*

Notice that you can't simply say, "I wrote to my mother." In Spanish you must use both the noun and the pronoun with verbs that take "le." You must say, "To him I wrote to my father" or "To her I wrote to my mother."

EXAMPLES:

Le escribí a mi primo. (*To him*) *I wrote to my cousin.*
Le compré una pipa a mi abuelo. (*For him*) *I bought a pipe for my grandfather.*
Le vendí la casa a Carlos. (*To him*) *I sold the house to Charles.*
Le hablé a Roberto. (*To him*) *I talked to Robert.*

The same thing happens when you ask a question.

¿Le vendió la casa a Roberto? (*To him*) *Did you sell the house to Robert?*
¿Le compró una pipa a su abuelo? (*For him*) *Did you buy a pipe for your grandfather?*

The most important thing to remember is that "le" sticks to verbs like a bur.

WORDS TO REMEMBER

cuándo, *when*
largo (masc.), larga (fem.), *long*
una carta larga, *a long letter*
su abuelo, *your grandfather*
la Navidad, *Christmas (Nativity)*
inglés, *English*
un libro, *a book*

Le escribí. *I wrote to you, him, her.*
Le hablé. *I talked to you, him, her.*
Le compré. *I bought for you, him, her.*
el cumpleaños, *the birthday*
un disco, *a phonograph record*
o, *or*
su, *your, his, her, its*

DIÁLOGOS ENTRE DOS ESTUDIANTES

The first student asks the questions. The second answers them.

DIÁLOGO 1.

This entire conversation is about Isabel. Every "le" in it refers to Isabel.

1. ¿Le escribió una carta a Isabel?
2. Sí, le escribí una carta a Isabel.

1. ¿Cuándo le escribió?
2. Le escribí esta tarde.

1. ¿Le escribió en inglés o en español?
2. Le escribí en español.

1. ¿Le escribió una carta larga?
2. Sí, le escribí una carta muy larga.

DIÁLOGO 2.

This entire conversation is about grandfather. Every "le" in it refers to grandfather.

1. ¿Le compró usted una pipa a su abuelo?
2. Sí, le compré una pipa a mi abuelo.

1. ¿Le compró la pipa para la Navidad?
2. No, no le compré la pipa para la Navidad.

1. ¿Le compró la pipa para su cumpleaños?
2. Sí, le compré la pipa para su cumpleaños.

1. ¿Le compró usted un libro a su abuelo?
2. Sí, le compré un libro a mi abuelo. Le compré una novela para su cumpleaños.

DIÁLOGO 3.

This conversation is about grandmother. Every "le" in it refers to grandmother.

1. ¿Le compró usted una blusa a su abuela?
2. Sí, le compré una blusa a mi abuela.

1. ¿Le compró usted la blusa para la Navidad?
2. No, no le compré la blusa para la Navidad.

1. ¿Le compró la blusa para su cumpleaños?
2. Sí, le compré la blusa para su cumpleaños.

1. ¿Le compró usted un disco a su abuela?
2. Sí, le compré un disco para su cumpleaños.

DIÁLOGO 4.

This conversation is about Roberto. Every "le" in it refers to Roberto.

1. ¿Le habló usted a Roberto?
2. Sí, le hablé a Roberto.

1. ¿Le habló por teléfono?
2. Sí, le hablé por teléfono.

1. ¿Le habló esta tarde?
2. Sí, le hablé esta tarde?

1. ¿Le habló en inglés?
2. No, no le hablé en inglés.

1. ¿Le habló en español?
2. Sí, le hablé en español.

MANDAR, *to send*

LE MANDÉ (*I sent [to] you, him, her*)	LE MANDAMOS (*we sent [to] you, him, her*)
3 LE MANDÓ (*you sent [to] him, her*)	**33** LE MANDARON (*they sent [to] you, him, her*)

EXPLICAR, *to explain*

LE EXPLIQUÉ (*I explained to you, him, her*)	LE EXPLICAMOS (*we explained to you, him, her*)
3 LE EXPLICÓ (*you explained to him, her*)	**33** LE EXPLICARON (*they explained to you, him, her*)

ENTREGAR, *to deliver*

LE ENTREGUÉ (*I delivered to you, him,* *her*)	LE ENTREGAMOS (*we delivered to you, him,* *her*)
⅋ LE ENTREGÓ (*you delivered to him, her*)	⅋⅋ LE ENTREGARON (*they delivered to you,* *him, her*)

EXAMPLES

Le mandé un libro. *I sent him a book* (*To him I sent a book*).

Le mandé un cable. *I sent you a cable* (*To you I sent a cable*).

Le mandé una blusa. *I sent her a blouse* (*To her I sent a blouse*).

Le mandamos un regalo. *We sent him a present* (*To him we sent a present*).

Le mandaron unas rosas. *They sent her some roses.* (*To her they sent some roses*).

Le mandé una pipa a Carlos. *I sent Charles a pipe* (*To him I sent a pipe to Charles*).

Le expliqué la situación a mi tía. *I explained the situation to my aunt* (*To her I explained the situation to my aunt*).

Le explicamos la lección a Luis. *We explained the lesson to Louis* (*To him we explained the lesson to Louis*).

Le entregué el paquete a su secretaria. *I delivered the package to your secretary* (*To her I delivered the package to your secretary*).

Le entregué la carta. *I delivered the letter to him* (*To him I delivered the letter*).

Me entregó el paquete. *He delivered the package to me* (*To me he delivered the package*).

entrega, *delivery*

entrega inmediata, *special delivery* (*immediate delivery*)

SENTENCE-FORMING EXERCISES

Combine the words below in different ways to form as many sentences as you can. Be sure to use words from each of the columns in every sentence you form.

A

1	2	3
Le escribí ([*To him*] *I wrote*)	una carta (*a letter*)	a Roberto (*to Robert*)
Le vendí	una casa	a Luis
Le canté	una canción	a Carlos
Le hablé	por teléfono	al doctor
Le compré	una pipa	a mi abuelo
Le compré	una blusa	a mi abuela
Le mandé	un libro	a Isabel (*Elizabeth*)

B

1	2	3
₴ ¿Le escribió ([*To him*] *Did you write?*)	una carta (*a letter*)	a Roberto (*io Robert?*)
₴ ¿Le vendió	ɪa casa	a Luis?
₴ ¿Le cantó	una canción	a Carlos?
₴ ¿Le habló	por teléfono	al doctor?
₴ ¿Le compró	una pipa	a su abuelo?
₴ ¿Le compró	una blusa	a su abuela?
₴ ¿Le compró	un libro	a Isabel?

C

1	2
Le mandé (*I sent you, him, her*)	unos discos (*some records*)
	un libro
₴ Me mandó (*You, he, she sent me*)	un cable
	unas rosas (*some roses*)
₴ Nos mandó (*You, he, she sent us*)	la situación
	la lección
₴₴ Le mandaron (*They sent you, him, her*)	el cable
	la carta
Le expliqué (*I explained to you, him, her*)	un telegrama
	unas flores (*some flowers*)
Le entregué (*I delivered to you, him, her*)	un regalo (*a present*)
	el paquete (*a package*)

EXERCISE IN TRANSLATION

Translate the following sentences into Spanish. Write out each sentence in Spanish, using the columns above as a guide. Check your sentences with the correct translations below this exercise.

Be sure to write these sentences exactly as shown in the columns above.

1. I wrote Robert a letter (*To him I wrote a letter to Robert*).
2. I sold Louis a house.
3. I called up (talked on the phone with) the doctor.
4. I bought my grandfather a pipe.
5. I bought my grandmother a blouse.
6. I bought Elizabeth a book.
7. Did you buy your grandfather a pipe?
8. Did you buy your grandmother a blouse?
9. Did you sell the house to Louis?
10. I sent him some records.
11. I sent you a book.
12. I sent her a cable.
13. He sent me some roses.
14. He sent us a telegram.
15. I explained the situation to him.
16. I delivered the package to him.
17. I explained the lesson to her.
18. They sent him a present.
19. He sent us some records.
20. They sent him a cable.

Check your sentences with the translations below.

1. Le escribí una carta a Roberto.
2. Le vendí una casa a Luis.
3. Le hablé por teléfono al doctor.
4. Le compré una pipa a mi abuelo.
5. Le compré una blusa a mi abuela.
6. Le compré un libro a Isabel.
7. ¿Le compró una pipa a su abuelo?
8. ¿Le compró una blusa a su abuela?
9. ¿Le vendió la casa a Luis?
10. Le mandé unos discos.
11. Le mandé un libro.
12. Le mandé un cable.
13. Me mandó unas rosas.
14. Nos mandó un telegrama.
15. Le expliqué la situación.
16. Le entregué el paquete.
17. Le expliqué la lección.
18. Le mandaron un regalo.
19. Nos mandaron unos discos.
20. Le mandaron un cable.

NOTE: If pronouns seem at all complicated to you, don't worry about them. In fact, forget you ever heard of them. They will come up so often in future lessons that before you know it you will be using them automatically.

35

Lección Número Treinta y Cinco

DAR, *to give*

DÍ	DIMOS
(*I gave*)	(*we gave*)
8 DIÓ	**88** DIERON
(*you gave*)	(*they gave*)

Voy a dar. *I'm going to give.*

Notice that although "dar" is an "ar" verb, it has the past tense endings of "er" verbs. It is irregular.

Le dí means: *I gave (to) you, him, her*

8 le dió means:
$\begin{cases} you~gave~him & did~you~give~him? \\ he~gave~him & did~he~give~him? \\ she~gave~him & did~she~give~him? \end{cases}$

Le dí el libro a Roberto. (*To him*) *I gave the book to Robert.*

In forming sentences using the indirect object, ALWAYS USE the following word order (1,2,3).

(TO HIM) GAVE	WHAT	TO WHOM
1	2	3
Le dí	el libro	a Roberto
Le dí	el suéter	a Carlos
Le dí	la pipa	a Luis
Le dí	la cámara	a Roberto

1	2	3
🤘 ¿Le dió	el libro	al doctor? ([*To him*] *Did you give the book to the doctor?*)
🤘 ¿Le dió	el suéter	a Carlos?
🤘 ¿Le dió	la pipa	a Luis?
🤘 ¿Le dió	la cámara	al doctor?

WORDS TO REMEMBER

la caja, *the box*
la leche, *the milk*
el sofá, *the sofa*
mi hermano, *my brother*
mi hermana, *my sister*
la Navidad, *Christmas*
la botella, *the bottle*
su cumpleaños, *your, his, her birthday*
una caja de chocolates, *a box of chocolates*

perezoso, *lazy*
un disco, *a phonograph record*
mi primo (masc.), *my cousin*
mi prima (fem.), *my cousin*
una botella de leche, *a bottle of milk*

CONVERSACIÓN

¿Le dió un disco a Roberto?
Sí, le dí un disco a Roberto para su cumpleaños.

¿Le dió una blusa a su prima?
Sí, le dí una blusa a mi prima para su cumpleaños.

¿Le dió una pipa a su abuelo?
Sí, le dí una pipa a mi abuelo para su cumpleaños.

¿Le dió un suéter a su primo?
Sí, le dí un suéter a mi primo para la Navidad.

¿Le dió una novela a Carlos?
Sí, le dí una novela a Carlos para la Navidad.

¿Le dió un radio a su mamá?
Sí, le dí un radio a mi mamá para la Navidad.

¿Le dió una guitarra a su hermano?
Sí, le dí una guitarra a mi hermano para su cumpleaños.

¿Le dió una cámara a su hermana para su cumpleaños?
Sí, le dí una cámara a mi hermana para su cumpleaños.

¿Le dió una corbata a su papá para la Navidad?
Sí, le dí una corbata a mi papá para la Navidad.

¿Le dió un tractor a Isabel para la Navidad?
Caramba, profesor, eso es ridículo. No le dí un tractor a Isabel
para la Navidad. Le dí una caja de chocolates.

¿Le dió un auto a Luis para la Navidad?
No, no le dí un auto a Luis para la Navidad. Le dí una corbata.

¿Le dió un avión a Alicia?
No, eso es ridículo, no le dí un avión a Alicia. Le dí una botella
de perfume a Alicia para la Navidad.

¿Le dió una botella de leche a Marta para la Navidad?
Ay no, no le dí una botella de leche a Marta. Le dí una botella de
perfume para la Navidad.

¿Le dió un sofá a Roberto?
Sí, le dí un sofá a Roberto para la Navidad porque es muy perezoso.

SENTENCE-FORMING EXERCISES

Combine the words below in different ways to form as many
sentences as you can. Be sure to use words from each of the columns in every sentence you form.

A

1	2	3
Le dí (*I gave*)	un disco	a mi prima
₿ Le dió (*He gave*)	una blusa	a su hermana
Le dimos (*We gave*)	una corbata	a su hermano
₿₿ Le dieron	(*a necktie*)	
(*They gave*)	un suéter	a su primo
Voy a darle	un radio	a su mamá
(*I'm going to give*)	una novela	a Carlos
₿ ¿Va a darle	una cámara	a Luis
(*Are you going	una guitarra	a Roberto
to give?*)	un tractor	a Isabel
	un sofá	a Alberto

B

1	2	3
Le mandé (*I sent*)	el libro	a Carlos
𝕊 ¿Le mandó	un cable	a su tío
(*Did you send?*)	unas rosas	a Elena
Le mandamos	un telegrama	a su tía
(*We sent*)	el paquete	a Luis
𝕊𝕊 Le mandaron	(*the package*)	
(*They sent*)	un regalo	a Roberto
Voy a mandarle	(*a present*)	
(*I'm going to send*)	unos discos	a mi primo
𝕊 ¿Va a mandarle	las flores	a su prima
(*Are you going to send?*)		

C

1	2
Le hablé (*I talked, spoke*)	a Luis
𝕊 ¿Le habló (*Did you talk?*)	al doctor
Le hablamos (*We talked*)	a su primo
𝕊 Carlos le habló	a Elena
𝕊 Luis le habló	a Dorotea
𝕊 Mi papá le habló	a Eduardo

EXERCISE IN TRANSLATION

Translate the following sentences into Spanish. Write out each sentence in Spanish, using the columns above as a guide. Check your sentences with the correct translations below this exercise.

1. I gave my cousin (fem.) a record.
2. He gave his sister a blouse.
3. We gave your brother a radio.
4. They gave your mother a camera.
5. I'm going to give Robert a guitar.
6. Are you going to give Albert a tractor?
7. Are you going to give Elizabeth a novel?
8. He gave your brother a necktie.
9. I gave your sister a blouse.
10. I gave your cousin (masc.) a necktie.

11. We gave Robert a camera.
12. I'm going to give Robert a sofa.
13. I sent Charles a book.
14. Did you send your uncle a cable?
15. We sent Helen some roses.
16. They sent your aunt a cable.

17. I'm going to send your uncle some records.
18. I sent your aunt a present.
19. I'm going to send Charles a present.
20. Are you going to send the flowers to Helen?

Check your sentences with the translations below.

1. Le dí un disco a mi prima.
2. Le dió una blusa a su hermana.
3. Le dimos un radio a su hermano.
4. Le dieron una cámara a su mamá.
5. Voy a darle una guitarra a Roberto. (Or, Le voy a dar una guitarra a Roberto.)
6. ¿Va a darle un tractor a Alberto? (Or, ¿Le va a dar un tractor a Alberto?)
7. ¿Va a darle una novela a Isabel? (Or, ¿Le va a dar una novela a Isabel?)
8. Le dió una corbata a su hermano.
9. Le dí una blusa a su hermana.
10. Le dí una corbata a su primo.

11. Le dimos una cámara a Roberto.
12. Voy a darle un sofá a Roberto. (Or, Le voy a dar un sofá a Roberto.)
13. Le mandé un libro a Carlos.
14. ¿Le mandó un cable a su tío?
15. Le mandamos unas rosas a Elena.
16. Le mandaron un cable a su tía.
17. Voy a mandarle unos discos a su tío. (Or, Le voy a mandar unos discos a su tío.)
18. Le mandé un regalo a su tía.
19. Voy a mandarle un regalo a Carlos. (Or, Le voy a mandar un regalo a Carlos.)
20. ¿Va a mandarle las flores a Elena? (Or, Le va a mandar las flores a Elena?)

If you use both the direct and indirect object pronouns, THE INDIRECT OBJECT PRONOUN COMES FIRST.

    EXAMPLES:

Me lo dió. *He gave it to me* (*To me it he gave*).
Me lo vendió. *He sold it to me* (*To me it he sold*).

The indirect object LE changes to SE when it is used in combination with LO, LA, LOS, LAS. "Le lo" becomes SE LO.

EXAMPLES:

Se lo dí. *I gave it to him* (*To him* [*her, you*] *it I gave*).

Se lo vendí. *I sold it to you* (*To you* [*him, her*] *it I sold*).

Se la vendí. *I sold it to her.* (The "la" refers to something feminine, such as "la mesa," *the table.*)

Se los vendí. *I sold them to him.* (The "los" refers to something
masculine plural.)

Se las vendí. *I sold them to you.* (The "las" refers to something
feminine plural.)

Nos lo vendió. *He sold it to us.*

Se lo vendí. *I sold it to you, to him, to her, to them.*

"SE" means: *To you, to him, to her, to them.*

36

Lección Número Treinta y Seis

NONCONFORMIST VERBS

ME, *me* (*to, for me*)

§ LE, *you, him, her* (*to, for you, him, her*)

NOS, *us* (*to, for us*)

§§ LES, *you* (pl.), *them* (*to, for them*)

"Traje" (*I brought*) takes "le" because you can say "brought to." Verbs that can be followed by "to" or "for" take "le."

Le traje unos discos. *I brought you some records* (*To you I brought some records*).

Le dí el dinero. *I gave you the money* (*To you I gave the money*).

Le dimos el libro. *We gave you the book* (*To you we gave the book*).

VERB	WHAT	TO WHOM
1	**2**	**3**
§ Carlos le dió (*Charles [to her] gave*)	un libro (*a book*)	a Elena (*to Helen*)
§ Carlos le dió (*Charles [to him] gave*)	el dinero (*the money*)	a Juan (*to John*)
María y yo le dimos (*Mary and I [to her] gave*)	el dinero (*the money*)	a Elena (*to Helen*)

VERB	WHAT	TO WHOM
1	**2**	**3**
§§ Carlos y María le dieron (*Charles and Mary [to her] gave*)	los libros (*the books*)	a mi tía (*to my aunt*)
§ Enrique le trajo (*Henry [to him] brought*)	el periódico (*the newspaper*)	a su papá (*to his father*)
§ María le trajo (*Mary [to her] brought*)	unas rosas (*some roses*)	a mi mamá (*to my mother*)
Roberto y yo le trajimos (*Robert and I [to him] brought*)	unos libros (*some books*)	a Carlos (*to Charles*)
§§ Carlos y María le trajeron (*Charles and Mary [to him] brought*)	unos dulces (*some candy*)	a Juan (*to John*)

PAST PERFECT

había terminado (*I had finished, you had finished, he had finished*)

habíamos terminado (*we had finished*)

§§ habían terminado (*they had finished*)

que habíamos terminado (*that we had finished*)

que habíamos estudiado (*that we had studied*)

"Dije" (*I said*) takes "le" because you can say, "said to." Verbs that can be followed by "to" or "for" take "le."

Le dije a mi tío que habíamos estudiado. *I told my uncle that we had studied* (*To him I said to my uncle that we had studied*).

¿Qué le dijeron a su tío? *What did you tell your uncle (What [to him] did you [plural] say to your uncle)?*

Le dijimos que habíamos estudiado. *We told him that we had studied (To him we said that we had studied).*

ALWAYS REMEMBER: Verbs that can be followed by "to" or "for" take "le."

The object pronouns for nonconformist verbs are:

dar, *to give (to)*   LE   Le dí. *I gave (to) him.*

traer, *to bring (to)*   LE   Le traje. *I brought (to) him.*

decir, *to say (to)*   LE   Le dije. *I said (to) him.*

hacer, *to do (to)*   LE   ¿Qué le hizo? *What did you do to him?*

Some verbs take either "lo" or "le," depending on their meaning.

Le traje el libro. *I brought the book to him.*

Lo traje a la fiesta. *I brought him to the party.*

If you say that you brought "him," then you can't use the word "to." You can't say, "I brought to him to the party," so you can't use the pronoun "le."

If you say that you brought a person, use "lo, la."

If you say that you brought a thing *to* a person, use "le."

"Ver" (*to see*) and "querer" (*to love*) can't be followed by "to" or "for," so they take the direct object pronouns "lo, la."

     La ví. *I saw her.*   Lo quiero. *I love him.*

conmigo, *with me (with my ego)*   con nosotros, *with us* (masc.)

con usted, *with you*   con nosotras, *with us* (fem.)

con él, *with him*   con ellos, *with them* (masc.)

con ella, *with her*   con ellas, *with them* (fem.)

WORDS TO REMEMBER

el domingo, *on Sunday*   descansar, *to rest*

el sábado pasado, *last Saturday*   alquilar, *to rent*

un muchacho, *a boy*   regresar, *to return*

una muchacha, *a girl*   ¿Fué? *Did you go?*

caliente, *hot*   Sí, fuí. *Yes I went.*

chistoso, *funny*
conmigo, *with me*
cosas locas, *crazy things*
siempre, *always*
para ir, *in order to go*
pollo frito, *fried chicken*
todo el tiempo, *all the time*
toda la tarde, *all afternoon*

manejar, *to drive* (a car)
Nos trajo. *He brought us.*
Nos dijo. *He told us.*
Le dimos. *We gave him.*
Somos. *We are.*
Tengo. *I have.*
¿Tiene usted? *Have you?*
el sol, *the sun*

a las diez de la mañana, *at ten in the morning*
a las cuatro de la tarde, *at four in the afternoon*
cansados pero contentos (pl.), *tired but happy*
¿Quiere comprar? *Do you want to buy?*
Vino a ofrecernos. *He came to offer us.*
Está bien frío (fría). *It's good and cold.*
Que era imposible, *that it was impossible*
¿Qué hizo Roberto? *What did Robert do?*
Comenzó a hacer. *He began to do.*
¿Sabe manejar? *Do you know how to drive?*
Sé manejar. *I know how to drive.*
Salí de mi casa. *I left my house* (*I went out of my house*).
Llegué. *I arrived, got there, got here*
¿Hizo calor? *Was it hot* (*Did it make heat*)?
¿Cuántos años tiene? *How old are you? How old is he, she?*
la casa tiene, *the house has*
traje de baño, *bathing suit* (*suit of bath*)
nos pusimos, *we put on*

"Nos pusimos" (*we put on*) and "se puso" (*you, he, she put on*) will be fully explained in Lesson 38. Accept them now on faith.

CONVERSACIÓN

¿Tiene usted un auto?
Sí, tengo un auto nuevo.

¿Sabe usted manejar?
Sí, sé manejar.

¿Fué usted a Acapulco el sábado pasado?
Sí, fuí a Acapulco el sábado. Salí de mi casa en la mañana y llegué a Acapulco a las cuatro de la tarde.

¿Dónde pasó usted el fin de semana?
Pasé el fin de semana en la casa de Luis en Acapulco.

¿Quién fué a Acapulco con usted?
Roberto y mi tío fueron a Acapulco conmigo.

¿Qué hizo Roberto en Acapulco?
Roberto nadó, pescó, tocó la guitarra, y cantó muchas canciones en Acapulco.

¿Qué hizo su tío?
Mi tío tomó baños de sol, nadó, leyó una novela y descansó mucho en Acapulco.

¿Fué usted a la playa el domingo?
Sí, fuí a la playa el domingo.

¿Quién fué con usted?
Roberto, Elena, y Luis fueron conmigo. Fuimos a la playa a las diez de la mañana. Nos pusimos el traje de baño y tomamos un baño de sol. Roberto se puso un traje de baño muy chistoso y comenzó a hacer cosas locas en la playa.

¿Hizo mucho calor en la playa?
Sí, hizo mucho calor en la playa. Nos pusimos unos sombreros muy grandes porque el sol de Acapulco es caliente. Después de unos momentos un muchacho vino a ofrecernos unas botellas de Coca Cola.

¿Qué dijo el muchacho?
El muchacho dijo, "¿Quieren comprar Coca Cola? Está bien fría."

¿Quién compró la Coca Cola?
Roberto compró la Coca Cola.

¿Quién les trajo la Coca Cola?
El muchacho nos trajo la Coca Cola.

¿Qué le dijo el muchacho a Roberto?
El muchacho le dijo a Roberto que era posible alquilar lanchas para ir a pescar.

¿Alquiló Roberto una lancha?
Sí, Roberto alquiló una lancha.

¿Fueron a pescar con él?
Sí, fuimos a pescar con él.

¿Tomaron el almuerzo en la lancha?
Sí, tomamos un almuerzo delicioso en la lancha. Tomamos pollo frito, una ensalada de papas, sandwiches, huevos, y café.

¿Hablaron en español con el muchacho?
Sí, hablamos en español todo el tiempo.

¿Cuántos años tiene el muchacho?
El muchacho tiene quince años.

¿A que hora regresaron a la casa de Luis?
Regresamos a la casa de Luis a las cinco de la tarde.

¿Cuánto dinero le dieron al muchacho?
Le dimos veinte pesos ($20, Mexican money) al muchacho. Después, regresamos a la casa de Luis muy cansados pero muy contentos.

¿Qué le dijeron a su tío?
Le dijimos que habíamos alquilado una lancha y que habíamos pescado toda la tarde.

¿Tomaron la cena en la casa de Luis?
Sí, tomamos la cena en la casa de Luis.

¿Bailaron?
Sí, después de la cena bailamos y cantamos.

¿Cantó Roberto?
Sí, Roberto siempre canta. No sabe cantar, pero canta. Por fortuna Luis y Elena y yo somos muy pacientes y muy tolerantes.

¿Es bonita la casa de Luis?
Sí, la casa de Luis es linda. Tiene un patio muy bonito con plantas tropicales y también tiene una terraza grande. En las noches de luna la vista de la terraza es incomparable—palmeras tropicales, curvas blancas de las playas, y el Pacífico inmenso y tranquilo.

SENTENCE-FORMING EXERCISES

Combine the words below in different ways to form as many sentences as you can. Be sure to use words from each of the columns in every sentence you form.

A
TRAER, *to bring*

1	2	3
Le traje	un libro	a mi tío
𝕊 ¿Le trajo	el periódico	a mi hermano
Le trajimos	una pipa	a mi abuelo
𝕊𝕊 Le trajeron	unas rosas	a mi abuela

B
DAR, *to give*

1	2	3
Le dí	una corbata (*a necktie*)	a mi primo
𝕊 Carlos le dió	un libro	a mi hermana
Le dimos	un reloj (*a watch*)	al doctor
𝕊𝕊 Le dieron	una blusa	a mi prima

C
DECIR, *to say, to tell*

1	2
Le dije (*I told him*)	que había estudiado (*that I, you, he, she had studied*)
𝕊 Carlos le dijo	
Le dijimos	que habíamos pescado
𝕊𝕊 Le dijeron	que habíamos trabajado
𝕊 Me dijo (*you, he, she told me*)	que habían descansado (*that they had rested*)
	que habían terminado (*tha⸵ they had finished*)

D

QUERER, *to want* ⎫
PODER, *to be able* ⎬ followed by infinitives
SABER, *to know how to* ⎭

1	2	3
Quiero (*I want*)	estudiar	la lección
§ Quiere	ir	a Cuba
Queremos	hacer (*do*)	el trabajo
§§ ¿Quieren	bailar	esta noche
Quería (*I, you, he, she wanted*)	tomar	la cena
	venir	a su casa
Queríamos (*We wanted*)	decir (*to say*)	muchas cosas
§§ Querían (*They wanted*)	jugar	tenis
Sé (*I know how to*)	manejar (*drive a car*)	el auto
§ ¿Sabe		
Sabemos	bailar	la rumba
§§ ¿Saben	ganar (*earn*)	dinero
Sabía (*I, you, he, she knew how to*)	bailar	el tango
	manejar	el tractor
Sabíamos	hacer	dulces
(*We knew how to*)	trabajar	mucho
§§ Sabían	escribir	en máquina
Puedo (*I can*)	pescar	mañana
§ ¿Puede	verlo (*see him*)	hoy (*today*)
Podemos	hablarle	esta tarde
§§ ¿Pueden	invitarlo	a la fiesta
Pude (*I could*)	terminar	el trabajo
§ ¿Pudo	ir	a la fiesta
Pudimos	comprender	el problema
§§ ¿Pudieron		

EXERCISE IN TRANSLATION

Translate the following sentences into Spanish. Write out each sentence in Spanish, using the columns above as a guide. Check your sentences with the correct translation below this exercise.

1. I brought my uncle a book.
2. Did you bring my grandfather a pipe?
3. We brought my grandfather the newspaper.
4. They brought my grandmother some roses.
5. I brought my brother a book.
6. I brought some roses to my grandmother.
7. I gave my cousin a necktie.
8. Charles gave my sister a book.
9. We gave the doctor a watch.

10. They gave my sister a blouse.
11. I told him that I had studied.
12. We told him that we had worked.
13. They told him that they had finished.
14. You told me that you had studied.
15. You told me that he had studied.
16. You told me that they had rested.
17. Do you want to go to Cuba?
18. We want to do the work.
19. I wanted to swim this afternoon.
20. We wanted to have dinner.
21. They wanted to say many things.
22. I want to see him today.
23. He wanted to drive the tractor.
24. She wanted to drive the car.
25. Do you know how to dance the tango?
26. They knew how to make candy.
27. I can see him today.
28. Can you go to the party?
29. Could they understand the problem?
30. Can they finish the work?

Check your sentences with the translations below.

1. Le traje un libro a mi tío.
2. ¿Le trajo una pipa a mi abuelo?
3. Le trajimos el periódico a mi abuelo.
4. Le trajeron unas rosas a mi abuela.
5. Le traje un libro a mi hermano.
6. Le traje unas rosas a mi abuela.
7. Le dí una corbata a mi primo.
8. Carlos le dió un libro a mi hermana.
9. Le dimos un reloj al doctor.
10. Le dieron una blusa a mi hermana.
11. Le dije que había estudiado.
12. Le dijimos que habíamos trabajado.
13. Le dijeron que habían terminado.
14. Me dijo que había estudiado.
15. Me dijo que había estudiado.
16. Me dijo que habían descansado.
17. ¿Quiere ir a Cuba?
18. Queremos hacer el trabajo.
19. Quería nadar esta tarde.
20. Queríamos tomar la cena.
21. Querían decir muchas cosas.
22. Quiero verlo hoy.
23. Quería manejar el tractor.
24. Quería manejar el auto.
25. ¿Sabe bailar el tango?
26. Sabían hacer dulces.
27. Puedo verlo hoy.
28. ¿Puede ir a la fiesta?
29. ¿Pudieron comprender el problema?
30. ¿Pueden terminar el trabajo?

USES OF NONCONFORMIST VERBS

1. Uses of DAR, *to give*

   Dar una vuelta, *to take a walk, a ride.* Literally, this means "to give a turn."

   Voy a dar una vuelta. *I'm going to take a walk (or a ride).* (Literally, this means, "I'm going to give a turn.")

   Dar a la calle, *to overlook, to open on, to face the street.*

2. Uses of SALIR, *to go out, to turn out, to leave.*

   Salí de la casa. *I left the house (I went out of the house).*

   ¿A qué hora va a salir del despacho? *At what time are you going to leave the office?*

   ¿Cómo salió? *How did it turn out?*

   Salió bien. *It turned out well.*

3. Uses of DECIR, *to say, to tell*

   Me dijo. *He told me.*

   Le dije. *I told him.*

   ¿Cómo se dice? *How do you say (How does one say)?*

   Dijo que sí. *He said yes.*

   Dijo que no. *He said no.*

4. Uses of ANDAR, *to walk, to go, to run*

   ¿Dónde anda? *Where is he (Where does he go)?*

   Todo anda bien. *Everything goes (is going) well.*

   ¿Cómo anda la clase? *How does the class go (How's the class coming)?*

   ¿Cómo andan los negocios? *How's business?*

   ¿Anda bien el reloj? *Does the clock run well?*

5. Uses of IR, *to go*

   ¿Cómo le va? *How goes it with you (How are you)?*

   ¿Adónde va? *Where are you going?*

   "Dónde" means "where" and "adónde" means "to where."

6. Uses of SABER, *to know*

   "Saber" means to know anything except persons or places.

   "Saber" also means "to know how to."

   Sé nadar. *I know how to swim.*

   Sabe bailar. *He knows how to dance.*

Sé la lección. *I know the lesson.*
Sé la dirección. *I know the address.*
No sé. *I don't know.*
¿Sabe? *Do you know?*

PAST PARTICIPLES
OF NONCONFORMIST VERBS

Most of the past participles of the nonconformist verbs are regular.

In the following list the auxiliary verb "he" (*I have*) will be combined with the past participle to form the present perfect tense.

INFINITIVE	PRESENT PERFECT TENSE
1. salir, *to go out*	he salido, *I have gone out*
2. tener, *to have*	he tenido, *I have had*
3. venir, *to come*	he venido, *I have come*
4. ir, *to go*	he ido, *I have gone*
5. estar, *to be*	he estado, *I have been*
6. dar, *to give*	he dado, *I have given*
7. ser, *to be*	he sido, *I have been*
8. poder, *to be able*	he podido, *I have been able*
9. querer, *to want, love*	he querido, *I have wanted, loved*
10. saber, *to know*	he sabido, *I have known*
11. andar, *to walk*	he andado, *I have walked*

Three past participles are regular except for the fact that they have an accent on the "i."

12. traer, *to bring*	he traído, *I have brought*
13. caer, *to fall*	he caído, *I have fallen*
14. oír, *to hear*	he oído, *I have heard*

There are four completely irregular past participles.

15. hacer, *to do, make*	HE HECHO, *I have done, made*
16. decir, *to say*	HE DICHO, *I have said*
17. poner, *to put*	HE PUESTO, *I have put*
18. ver, *to see*	HE VISTO, *I have seen*

Some of the members of the nonconformist club have large families. "Poner" (*to put*), for example, has quite a number of offspring. You can easily recognize them because they all end in "poner." These verbs have the same irregularities as "poner" in all tenses. In the list below you will find the infinitive and the first person singular of the present of each important member of the "poner" family.

PONER, *to put*	PONGO, *I put*
exponer, *to expose*	expongo, *I expose*
imponer, *to impose*	impongo, *I impose*
oponer, *to oppose*	opongo, *I oppose*
proponer, *to propose*	propongo, *I propose*
suponer, *to suppose*	supongo, *I suppose*
componer, *to compose, fix*	compongo, *I compose, fix*
disponer, *to dispose*	dispongo, *I dispose*

"Descomponer" means "to decompose, to spoil, to get out of order."

Next comes a list of the members of the "tener" family.

TENER, *to have*	TENGO, *I have*
abstener, *to abstain*	abstengo, *I abstain*
contener, *to contain*	contengo, *I contain*
detener, *to detain*	detengo, *I detain*
retener, *to retain*	retengo, *I retain*
sostener, *to maintain*	sostengo, *I maintain*
obtener, *to obtain*	obtengo, *I obtain*
entretener, *to entertain*	entretengo, *I entertain*
mantener, *to support*	mantengo, *I support* (financially)

Next comes a list of the members of the "traer" family.

TRAER, *to bring*	TRAIGO, *I bring*
atraer, *to attract*	atraigo, *I attract*
contraer, *to contract*	contraigo, *I contract*
distraer, *to distract*	distraigo, *I distract*
extraer, *to extract*	extraigo, *I extract*
substraer, *to subtract*	substraigo, *I subtract*

There are a few completely irregular verbs that are not included in the membership of the nonconformist club merely because they are not frequently used.

TRADUCIR, *to translate*

PRESENT

TRADUZCO	TRADUCIMOS
8 TRADUCE	88 TRADUCEN

PAST

TRADUJE	TRADUJIMOS
8 TRADUJO	88 TRADUJERON

he traducido, *I have translated*

Five other verbs have the same irregularities as "traducir," above.

producir, *to produce*   produzco, *I produce*
reducir, *to reduce*   reduzco, *I reduce*
reproducir, *to reproduce*   reproduzco, *I reproduce*

CABER, *to fit* (not clothes), *to have room for*

PRESENT		PAST	
QUEPO	CABEMOS	CUPE	CUPIMOS
8 CABE	88 CABEN	8 CUPO	88 CUPIERON

Ha cabido. *It has fit* (in a trunk, for example).
El libro cabe en la caja. *The book fits in the box.*
No cabe. *It doesn't fit.*

37

Lección Número Treinta y Siete

"CER" VERBS

Verbs that end in "cer" in the infinitive end in "ZCO" in the first person singular of the present.

ESTABLECER, *to establish*

PRESENT		PAST (PRETERITE)	
estableZCO	establecemos	establecí	establecimos
ȝ establece	ȝȝ establecen	ȝ estableció	ȝȝ establecieron

This verb is completely regular except for the "z," which is inserted in the first person singular of the present.

Following is a list of "cer" infinitives that have been converted into the first person singular of the present.

1. Cover up the right-hand column.
2. Remove "cer" from the infinitives in the left-hand column.
3. Add "ZCO" to form the first person singular of the present and translate.
4. Check your results with the right-hand column below.

INFINITIVE	FIRST PERSON SINGULAR
establecer, *to establish*	establezco, *I establish*
conocer, *to know* (people)	conozco, *I know*
reconocer, *to recognize*	reconozco, *I recognize*
crecer. *to grow*	crezco. *I grow*

INFINITIVE	FIRST PERSON SINGULAR
desaparecer, *to disappear*	desaparezco, *I disappear*
obedecer, *to obey*	obedezco, *I obey*
desobedecer, *to disobey*	desobedezco, *I disobey*
merecer, *to deserve*	merezco, *I deserve*
nacer, *to be born*	nazco, *I am born*
ofrecer, *to offer*	ofrezco, *I offer*
parecer, *to seem like*	parezco, *I seem like*
compadecer, *to sympathize* (with)	compadezco, *I sympathize* (with)

USES OF CONOCER

"Conocer" (*to know*) is a very rich verb. It is used frequently in conversation and has several different meanings. They are:

1. "Conocer" is used in the sense of knowing people. In this case it takes the personal "a."

   Conozco a Juan. *I know John.*
   Roberto conoce a Elena. *Robert knows Helen.*
   ¿Conoce a Luis? *Do you know Louis?*
   Conocemos a su tío. *We know your uncle.*
   Conocen a su hermana. *They know your sister.*

   "Conocer" takes the personal pronouns "lo, la" because you don't say "I know to" or "I know for." (Only verbs that can be followed by "to" or "for" take the indirect pronoun "le.")

   Lo conozco. *I know him.*
   La conozco. *I know her.*
   ¿La conoce? *Do you know her?*
   ¿Lo conoce? *Do you know him?*
   ¿Los conoce? *Do you know them?*
   Lo he conocido por mucho tiempo. *I have known him for a long time.*

2. "Conocer" is used in the sense of knowing places, such as cities, countries, roads, buildings, etc. In this case "conocer" does not take the personal "a." The personal "a" is only for persons.

¿Conoce México? *Do you know Mexico?*
¿Conoce la ciudad? *Do you know the city?*
¿Conoce el edificio? *Do you know the building?*
¿Conoce la carretera? *Do you know the highway?*
¿Conoce el camino? *Do you know the road?*
¿Conoce el pueblo? *Do you know the town?*

3. "Conocer" means "to meet" when you are meeting people for the FIRST TIME, that is, when you are being introduced to people. It does not mean to meet people by appointment or to meet people on the street. It only means "to meet" on being introduced.

   ¿Dónde conoció a Roberto? *Where did you meet Robert (Where were you introduced to Robert)?*
   Conocí a Enrique en el barco. *I met Henry on the boat.*
   ¿Cuándo lo conoció? *When did you meet him?*
   Lo conocí ayer. *I met him yesterday.*

RECONOCER, *to recognize*

"Reconocer" also takes the direct object pronouns "lo, la."
   Lo reconocí. *I recognized him.*
   ¿Lo reconoce? *Do you recognize him?*

GUSTAR, *to like*

In Spanish we actually haven't an expression that can be translated to mean "I like it." Instead, we use the expression "me gusta," which really means "it is pleasing TO me." Since you can say "TO me," this verb takes the indirect object pronoun "le."

Me gusta. *I like it.*   ¿Me gusta? *Do I like it?*
Le gusta. *You, he, she likes it.*   ¿Le gusta? *Do you like it? Does he, she like it?*
Nos gusta. *We like it.*   ¿Nos gusta? *Do we like it?*
Les gusta. *They like it.*   ¿Les gusta? *Do they like it?*

Notice that the questions and answers are identical; only the punctuation changes. In conversation only the inflection of the voice changes.

Me gusta la música. *I like music.*

Notice that you use the article "la." The article is absolutely required before the noun.

Me gusta el café. *I like coffee.*
Me gusta la leche. *I like milk.*
Me gusta la carne. *I like meat.*
Le gusta la ensalada. *She likes the salad.*
Nos gusta la casa. *We like the house.*
¿Le gusta la revista? *Do you like the magazine?*
¿Le gusta el garage? *Does he like the garage?*
¿Le gusta el vestido? *Does she like the dress?*
¿Le gusta el vestido a María? *Does Mary like the dress?*
A María le gusta el vestido. *Mary likes the dress.*

In the sentence "Le gusta el vestido" (*She likes the dress*), if you put the words "a María" before the expression, it makes a statement, "Mary likes the dress." If you put "a María" after the expression, it makes a question, "Does Mary like the dress?"

Le gusta la casa. *He likes the house.*
A CARLOS le gusta la casa. *Charles likes the house.*
¿Le gusta la casa A CARLOS? *Does Charles like the house?*
Le gusta la blusa. *She likes the blouse.*
A MI TÍA le gusta la blusa. *My aunt likes the blouse.*
¿Le gusta la blusa A MI TÍA? *Does my aunt like the the blouse?*

If the person goes before the expression, it makes a statement of fact. If a person goes after the expression, it makes a question. The personal "a" is required in all of these expressions.

Les gusta el té. *They like tea.*
A LOS INGLESES les gusta el té. *The English like tea.*
¿Les gusta el té A LOS INGLESES? *Do the English like tea?*

"Me gusta" is also used with the infinitive.
Me gusta nadar. *I like to swim.*
No me gusta trabajar. *I don't like to work.*

A mis primos les gusta jugar bridge. *My cousins like to play bridge.*

IF WHAT YOU LIKE IS PLURAL, "GUSTA" BECOMES PLURAL (GUSTAN).

SINGULAR: Me gusta la rosa. *I like the rose.*
PLURAL: Me gustan las rosas. *I like the roses.*

SINGULAR	PLURAL
Me gusta el sombrero. *I like the hat.*	Me gustan los sombreros. *I like the hats.*
Me gusta el gato. *I like the cat.*	Me gustan los gatos. *I like cats.*
Me gusta el perro. *I like the dog.*	Me gustan los perros. *I like dogs.*
¿Le gusta el disco? *Do you like the record?*	¿Le gustan los discos? *Do you like the records?*
Nos gusta el muchacho. *We like the boy.*	Nos gustan los muchachos. *We like boys.*
Le gusta la muchacha. *He likes the girl.*	Le gustan las muchachas. *He likes girls.*

The past of "gustar" is "gustó" and "gustaron."

SINGULAR	PLURAL
Me gustó el libro. *I liked the book.*	Me gustaron los libros. *I liked the books.*
Me gustó el cine. *I liked the movie.*	Me gustaron las frutas. *I liked the fruits.*
Me gustó la sopa. *I liked the soup.*	Me gustaron los espárragos. *I liked the asparagus.*
Me gustó el baile. *I liked the dance.*	Me gustaron los discos. *I liked the records.*

"Gustar" is used in the third man verb form of all tenses.

SINGULAR	PLURAL
PRESENT:	
3 me gusta, *I like* (something singular)	33 me gustan, *I like* (something plural)

PAST:

ℨ me gustó, *I liked* (something singular)

ℨℨ me gustaron, *I liked* (something plural)

PRESENT PERFECT:

ℨ me ha gustado, *I have liked* (something singular)

ℨℨ me han gustado, *I have liked* (something plural)

FUTURE:

ℨ me va a gustar, *I'm going to like* (something singular)

ℨℨ me van a gustar, *I'm going to like* (something plural)

In Spanish we don't say, "I love ham." Instead, we say, "Ham enchants me" (Me encanta el jamón).

"Encanta" is used in exactly the same way as "gusta."

Me encanta el jamón. *I love ham.*

Me encanto la película. *I loved the film (The film enchanted me).*

A mi papá le encanta nadar. *My father loves to swim.*

Me encantan las aceitunas. *I love olives.*

Me encantaron los niños. *I loved the children (The children enchanted me).*

A mi papá le encantan las flores. *My father loves flowers.*

WORDS TO REMEMBER

lo conozco, *I know him*

el arroz, *rice*

el pollo, *chicken*

las legumbres, *the vegetables*

las zanahorias, *the carrots*

he conocido, *I have known*

arroz con pollo, *rice with chicken*

cenar, *to have dinner, to dine*

una chuleta de puerco, *a pork chop*

Lo he conocido. *I have known him.*

la lechuga, *the lettuce*

el postre, *the dessert*

simpático, *charming*

cerca de, *close to, near*

Lo conozco. *I know him.*

el señor Miranda, *Mr. Miranda*

cenamos, *we had dinner, we dined*

helado de vainilla, *vanilla ice cream*

por mucho tiempo, *for a long time*

He conocido. *I have known* (people, places).
rubio (masc.), rubia (fem.), *blond*
moreno (masc.), morena (fem.), *brunette*
⅜ ¿Dónde nació? *Where were you born?*
un coctel de camarones, *a shrimp cocktail*
una chuleta de carnero, *a lamb chop* (really mutton chop)
⅜ ¿Conoce usted a Roberto? *Do you know Robert?*

CONVERSACIÓN

¿Conoce usted a Roberto?
Sí, lo conozco muy bien.

¿Es simpático Roberto?
Sí, Roberto es muy simpático.

¿Ha conocido a Roberto por mucho tiempo?
Sí, lo he conocido por mucho tiempo.

¿Es rubio Roberto?
No, Roberto no es rubio, es moreno.

¿Dónde nació Roberto?
Nació en México.

¿Dónde nació usted?
Nací en California.

¿Dónde nació el señor Miranda?
El señor Miranda nació en Madrid.

¿Ha conocido al señor Miranda por mucho tiempo?
Sí, he conocido al señor Miranda por mucho tiempo.

¿Tomó usted la cena con el señor Miranda anoche?
Sí, anoche tomé la cena con el señor Miranda. Cenamos en un
restaurante que está cerca de mi casa.

¿Qué tomó usted para la cena?
Tomé un coctel de camarones.

¿Le gustan los camarones?
Sí, me gustan mucho los camarones.

¿Tomó usted una chuleta de puerco?
Sí, tomé una chuleta de puerco.

¿Qué legumbres tomó con la chuleta?
Tomé zanahorias y papas con la chuleta.

¿Le gustan las zanahorias?
Sí, me gustan las zanahorias.

¿Qué tomó Roberto?
Roberto tomó chuletas de carnero, zanahorias, y papas.

¿Le gustan las chuletas de carnero a Roberto?
Sí, a Roberto le gustan mucho las chuletas de carnero.

¿Qué tomó el señor Miranda?
El señor Miranda tomó sopa, arroz con pollo, zanahorias, y papas.

¿Le gusta el arroz con pollo al señor Miranda?
Sí, al señor Miranda le gusta mucho el arroz con pollo.

¿Tomaron una ensalada?
Sí, tomamos una ensalada de lechuga.

¿Tomaron postre?
Sí, tomamos helado de vainilla.

¿Fueron al cine después de la cena?
Sí, fuimos al cine después de la cena.

¿Les gustó la película?
Sí, nos gustó mucho la película.

SENTENCE-FORMING EXERCISES

Write sentences with the following words.

A

1	2
Conozco a (*I know*)	Roberto
3 ¿Conoce a	Enrique
Conocemos a	su hermano
33 Conocen a	su tío

B

1	2	3
Conocí a (*I met,* *I was introduced to*)	Luis	en el barco
	Enrique (*Henry*)	(*boat, ship*)
	Elena	en una fiesta
	Marta	en el avión
	su tío	en el despacho
		el año pasado

C

IF WHAT YOU LIKE IS SINGULAR, YOU MUST USE "GUSTA," WHICH IS SINGULAR.

PRESENT

1	2
Me gusta (*I like*)	la casa
𝕊 ¿Le gusta	el disco (*the record*)
Nos gusta	el libro (*the book*)
𝕊𝕊 ¿Les gusta	el café
(*Do they like?*)	

PAST

1	2
Me gustó (*I liked*)	el té (*tea*)
𝕊 ¿Le gustó	el chocolate
Nos gustó	el tocino (*the bacon*)
𝕊𝕊 ¿Les gustó	el jamón (*the ham*)
Me encantó (*I loved*)	la película

PRESENT

1	2
Me encanta (*I love*)	el arroz con pollo
𝕊 Le encanta (*He, she loves*)	(*rice with chicken*)
Nos encanta	el ajo (*garlic*)
𝕊𝕊 Les encanta (*They love*)	nadar

D

IF WHAT YOU LIKE IS PLURAL, USE "GUSTAN" WHICH IS PLURAL.

PRESENT

1	2
Me gustan	los tomates
𝕊 ¿Le gustan	los espárragos
Nos gustan	los rábanos (*radishes*)
𝕊𝕊 ¿Les gustan	los frijoles (*beans*)

PAST

1	2
𝕊 ¿Le gustaron	los discos (*the records*)
Me gustaron	las flores
Nos gustaron	las papas
𝕊𝕊 ¿Les gustaron	las zanahorias
Me encantaron	las cebollas (*onions*)
𝕊𝕊 Les encantaron	las aceitunas (*olives*)
Nos encantaron	los rábanos (*radishes*)

E

PRESENT

1	2
𝕊 A María le gusta (*Mary likes*)	la comedia
𝕊 A mi tío le gusta	la pipa
𝕊 A mi hermano le gusta	el disco
𝕊 Al doctor le encanta	la ensalada
𝕊 Al general le encanta	la novela
𝕊 Al señor Miranda le gusta	el arroz
𝕊 A la señora Miranda le gusta	la carne (*meat*)
𝕊 A la señorita Miranda le gusta	el libro

F

1	2	3
𝕊 ¿Le gusta	el sombrero	a Elena?
𝕊 ¿Le gusta	la blusa	a su hermana?
𝕊 ¿Le gusta	el disco	a su primo?
𝕊 ¿Le gusta	la película	a Enrique?

EXERCISE IN TRANSLATION

Translate the following sentences into Spanish. Write out each sentence in Spanish, using the columns above as a guide. Check your sentences with the correct translations below this exercise.

1. Do you know Robert?
2. We know your brother.
3. They know your uncle.
4. I met Louis on the boat.
5. I met Henry at a party.
6. I met your uncle last year.

7. I like the house.
8. Do you like the record?
9. We like the book.
10. Do they like the house?
11. Do you like the film?
12. Did you like the book?
13. We liked the film.
14. Did they like the record?
15. I love ham.
16. He loves garlic.
17. She loves to swim.
18. They love to fish.
19. We love to swim.
20. She loves tea.
21. He loves chocolate.
22. We liked the bacon.
23. Do you like asparagus?
24. We like the records.
25. I like tomatoes.
26. Do you like beans?

27. Do you like onions?
28. I loved the flowers.
29. Did you like the records?
30. We liked the carrots.
31. We loved the olives.
32. They loved the radishes.
33. Mary likes the play.
34. My brother likes the novel.
35. My uncle likes the book.
36. Mrs. Miranda likes rice.
37. Mr. Miranda likes the play.
38. Miss Miranda likes the record.
39. Does Helen like the hat?
40. Does your sister like the blouse?
41. Does Henry like the record?
42. Does your cousin like the film?

Check your sentences with the translations below.

1. ¿Conoce a Roberto?
2. Conocemos a su hermano.
3. Conocen a su tío.
4. Conocí a Luis en el barco.
5. Conocí a Enrique en una fiesta.
6. Conocí a su tío el año pasado.
7. Me gusta la casa.
8. ¿Le gusta el disco?
9. Nos gusta el libro.
10. ¿Les gusta la casa?
11. ¿Le gusta la película?
12. ¿Le gustó el libro?
13. Nos gustó la película.
14. ¿Les gustó el disco?
15. Me encanta el jamón.
16. Le encanta el ajo.
17. Le encanta nadar.
18. Les encanta pescar.
19. Nos encanta nadar.

20. Le encanta el té.
21. Le encanta el chocolate.
22. Nos gustó el tocino.
23. ¿Le gustan los espárragos?
24. Nos gustan los discos.
25. Me gustan los tomates.
26. ¿Le gustan los frijoles?
27. ¿Le gustan las cebollas?
28. Me encantaron las flores.
29. ¿Le gustaron los discos?
30. Nos gustaron las zanahorias.
31. Nos encantaron las aceitunas.
32. Les encantaron los rábanos.
33. A María le gusta la comedia.
34. A mi hermano le gusta la novela.
35. A mi tío le gusta el libro.
36. A la señora Miranda le gusta el arroz.

37. Al señor Miranda le gusta la comedia.

38. A la señorita Miranda le gusta el disco.

39. ¿Le gusta el sombrero a Elena?

40. ¿Le gusta la blusa a su hermana?

41. ¿Le gusta el disco a Enrique?

42. ¿Le gusta la película a su primo?

There are some verbs that are converted into nouns by adding the letters "imiento." Remove "er" or "ir" from the infinitive and add "imiento."

conocer, *to know*	conocimiento, *knowledge*
reconocer, *to recognize*	reconocimiento, *recognition*
sufrir, *to suffer*	sufrimiento, *suffering*
nacer, *to be born*	nacimiento, *birth*
establecer, *to establish*	establecimiento, *establishment*
crecer, *to grow*	crecimiento, *growth*
agradecer, *to be grateful*	agradecimiento, *gratitude*

USES OF "CER" VERBS

1. "Agradecer" (*to be grateful*) takes the indirect object pronoun "le" because you can say "I am grateful TO John." As you know, verbs that can be followed by "to" or "for" take the indirect object pronoun "le."

Le agradezco el favor. *I am grateful to you for the favor.*
Se lo agradezco. *I am grateful to you (for it).*

2. "Compadecer" (*to sympathize with, to pity*) takes the direct object pronouns "lo, la" because this verb cannot be followed by the words "to" or "for."

Lo compadezco. *I sympathize with you. I feel sorry for you. I pity you.*
La compadezco. *I sympathize with her.*
¿No lo compadece? *Don't you feel sorry for him?*
Don't forget to use "lo" for a man, "la" for a woman.

3. "Ofrecer" (*to offer*) takes the indirect object "le" because you can offer things TO people.

Le ofrecí un premio. *I offered you (him, her) a prize.*
¿Qué le ofreció? *What did you offer him (her)?*

¿Cuánto le ofreció? *How much did you offer him (her)?*

Le he ofrecido muchas cosas. *I have offered you (him, her) many things.*

Le estoy ofreciendo el sol y la tierra. *I am offering you (him, her) the sun and the earth.*

Voy a ofrecerle un buen sueldo. *I am going to offer you (him, her) a good salary.*

Me ofreció un buen sueldo. *He offered me a good salary.*

4. "Parecer" (*to seem, to appear, to show up*) takes the indirect object "le" because you can say, "It seems TO me."

Me parece que es interesante. *It seems to me that it is interesting.*

¿Qué le parece? *What does it seem to you? What do you think? What do you think of it?*

This is a much used expression and you should learn it well.

¿Qué le parece la comedia? *What do you think of the play?*

¿Qué le parece la casa? *What do you think of the house?*

¿Qué le pareció? *What did you think of it?*

5. "Nacer" (*to be born*)

¿Dónde nació? *Where were you born?*

Nací en California. *I was born in California.*

el nacimiento, *the birth*

el Renacimiento, *the Renaissance*

EXTRA WORDS

huevos fritos, *fried eggs*

pescado frito, *fried fish*

pollo a la parrilla, *broiled chicken*

horno, *oven*

pato al horno, *roast duck*

la pimienta, *the pepper*

apio, *celery*

queso, *cheese*

una cuchara, *a spoon*

un tenedor, *a fork*

un plato, *a plate, a dish*

papas fritas, *fried potatoes*

a la parrilla, *broiled, grilled*

puré de papas, *mashed potatoes*

al horno, *roast, baked*

la sal, *the salt*

el azúcar, *the sugar*

las cebollas, *the onions*

galletas, *crackers*

un cuchillo, *a knife*

un vaso, *a glass*

filete, *filet, steak*

cerca de, *close to, near to*

lejos de, *far from*

en frente de, *in front of*

detrás de, *behind*

encima de, *on top of*

debajo de, *under, underneath*

junto a, *next to*

arriba, *up, upstairs*

juntos (masc.), juntas (fem.), *together*

abajo, *down, downstairs*

pan con mantequilla, *bread and butter (bread with butter)*

café con leche, *coffee with milk*

pan con queso, *bread and cheese*

pan con mermelada, *bread and marmalade*

huevos con tocino, *eggs and bacon*

38

Lección Número Treinta y Ocho

REFLEXIVE VERBS

ME	*myself*
3 SE	*yourself, himself, herself, itself*
NOS	*ourselves*
33 SE	*yourselves, themselves*

The pronouns precede the verbs in all the different tenses. But when the infinitive stands alone the pronoun is added on to it to form one word.

PESARSE, *to weigh yourself*

PRESENT

ME PESO (*I weigh myself*)	NOS PESAMOS (*we weigh ourselves*)
3 SE PESA (*you weigh yourself*)	**33** SE PESAN (*you weigh yourselves*)

PAST (PRETERITE)

ME PESÉ (*I weighed myself*)	NOS PESAMOS (*we weighed ourselves*)
3 SE PESÓ (*you weighed yourself*)	**33** SE PESARON (*they weighed themselves*)

FUTURE

ME VOY A PESAR (*I'm going to weigh myself*)	NOS VAMOS A PESAR (*we're going to weigh ourselves*)
§ SE VA A PESAR (*you're going to weigh yourself*)	§§ SE VAN A PESAR (*they're going to weigh themselves*)

PRESENT PERFECT

ME HE PESADO (*I have weighed myself*)	NOS HEMOS PESADO (*we have weighed ourselves*)
§ SE HA PESADO (*you have weighed yourself*)	§§ SE HAN PESADO (*they have weighed themselves*)

PRESENT PROGRESSIVE

ME ESTOY PESANDO (*I am weighing myself*)	NOS ESTAMOS PESANDO (*we are weighing ourselves*)
§ SE ESTÁ PESANDO (*you are weighing yourself*)	§§ SE ESTÁN PESANDO (*they are weighing themselves*)

Verbs that are followed by "myself" are known as reflexive verbs. Reflexive verbs are verbs whose action is directed back upon the subject.

I kicked myself

The action is directed (reflects) back upon me. Therefore the verb is reflexive.

There are many more reflexive verbs in Spanish than there are in English. It is helpful to remember that many of the reflexive verbs that are commonly used in Spanish refer to a PHYSICAL action that is directed back upon the subject. Many of these physical verbs actually involve touching some part of your body.

EXAMPLES:

PHYSICAL VERBS THAT ARE REFLEXIVE

bañarse, *to bathe* (*yourself, himself, herself, itself*)
lavarse, *to wash* (*yourself*)
peinarse, *to comb* (*yourself*)
secarse, *to dry* (*yourself*)
afeitarse, *to shave* (*yourself*)
pararse, *to stand* (*yourself*) *up, to stop* (*yourself*)
quitarse, *to take off* (*yourself*)
levantarse, *to get* (*yourself*) *up*
ponerse, *to put on* (*yourself*)
sentarse, *to sit* (*yourself*) *down*
acostarse, *to go* (*yourself*) *to bed*
*dormirse, *to go* (*yourself*) *to sleep*
*vestirse, *to dress* (*yourself*)
*desvestirse, *to undress* (*yourself*)

"Sentarse" and "acostarse" are radical changing.

*Don't try to use the verbs that are marked with asterisks. They have irregularities that will be presented in later lessons. These verbs have been included in the above list in order to give you a more complete concept of physical verbs that are reflexive. One of my pupils once said, "It's easy for me to remember reflexive verbs because they're the things I do when I'm getting ready for a party, such as bathe myself, dry myself, shave myself, comb myself, dress myself, and so forth."

SOMETIMES THE SPANISH REFLEXIVE IS EQUIVALENT TO THE ENGLISH WORD "GET."

EXAMPLES:

to get better	mejorarse (related to "mejor," *better*)
to get married	casarse (related to "casa," *house*)
to get tired	cansarse (related to "cansancio," *fatigue*)
to get ready	alistarse (related to "listo," *ready*)
to get sick	enfermarse (related to "enfermo," *sick*)
to get seasick	marearse (related to "mar," *sea*)
to get restless	inquietarse (related to "quieto," *quiet*)
to get exasperated	exasperarse (related to "exasperación")
to get enthusiastic	entusiasmarse (related to "entusiasmo," *enthusiasm*)
to get fat	engordarse (related to "gordo," *fat*)
to get drunk	emborracharse (related to "borracho," *drunk*)
to get close	acercarse (related to "cerca de," *close to*)
to get frightened	asustarse (related to "susto," *fright*)
to get cold	enfriarse (related to "frío," *cold*)

NOTE: "Resfriarse" means *to catch cold.*

PONER, *to put, to set* (the table), *to lay* (an egg)

PAST (PRETERITE)

PUSE (*I put*)	PUSIMOS (*we put*)
3 PUSO (*you put*)	33 PUSIERON (*they put*)

When "poner" is reflexive it becomes a physical verb and means "to put on."

PAST (PRETERITE)

PONERSE, *to put on*

ME PUSE (*I put on*)	NOS PUSIMOS (*we put on*)
2 SE PUSO (*you put on*)	2 2 SE PUSIERON (*they put on*)

Me puse el sombrero. *I put on my hat.*
Me lavé las manos. *I washed my hands.*

Notice that in the above sentences you do not say "my hat" or "my hands," but "the hat" and "the hands." YOU DO NOT USE POSSESSIVE ADJECTIVES AFTER REFLEXIVE VERBS.

We have covered three points in this lesson.
1. Physical verbs such as bathe, get up, shave, and wash are reflexive.
2. Reflexive verbs often are equivalent to the word "get" in English.
3. Possessive adjectives are not used after reflexive verbs.

REFLEXIVE VERB EXERCISE

SAMPLE VERB

BAÑARSE, *to bathe* (*yourself*)

PRESENT

ME BAÑO	*NOS* BAÑAMOS
2 *SE* BAÑA	2 2 *SE* BAÑAN

PAST (PRETERITE)

ME BAÑÉ	*NOS* BAÑAMOS
2 *SE* BAÑÓ	2 2 *SE* BAÑARON

PRESENT PERFECT

ME HE BAÑADO	*NOS* HEMOS BAÑADO
𝟑 *SE* HA BAÑADO	𝟑𝟑 *SE* HAN BAÑADO

PRESENT PROGRESSIVE

ME ESTOY BAÑANDO	*NOS* ESTAMOS BAÑANDO
𝟑 *SE* ESTÁ BAÑANDO	𝟑𝟑 *SE* ESTÁN BAÑANDO

FUTURE

ME VOY A BAÑAR	*NOS* VAMOS A BAÑAR
𝟑 *SE* VA A BAÑAR	𝟑𝟑 *SE* VAN A BAÑAR

Write out the following reflexive verbs, using the sample above as a guide.

1. Remove "ARSE" from each infinitive.
2. Write out each verb, adding the reflexive pronouns that are in heavy type above.

INFINITIVES

casarse, *to get married*   afeitarse, *to shave*
levantarse, *to get up*   lavarse, *to wash*
peinarse, *to comb*   quitarse, *to take off*

WORDS TO REMEMBER

agua, *water*   la cara, *the face*
el jabón, *the soap*   el pelo, *hair, the hair*
el peine, *the comb*   las manos, *the hands*
la toalla, *the towel*   la ropa, *the clothes*
a las once, *at eleven o'clock*   la ropa interior, *underwear*
a las siete, *at seven o'clock*   los calcetines, *the socks*
Me afeité. *I shaved.*   los pantalones, *the trousers*
¿Se afeitó? *Did you shave?*   la corbata, *the necktie*

Me bañé. *I bathed.*

¿Se bañó? *Did you bathe?*

Me peiné. *I combed* (my hair).

¿Se peinó? *Did you comb* (your hair)?

Me levanté. *I got up.*

¿Se levantó? *Did you get up?*

Me puse la camisa. *I put on my shirt.*

Me puse los zapatos. *I put on my shoes.*

Me lavé las manos. *I washed my hands.*

¿Se lavó las manos? *Did you wash your hands?*

¿Se puso los zapatos? *Did you put on your shoes?*

¿Se lavó el pelo? *Did you wash your hair?*

¿A qué hora se levantó? *At what time did you get up?*

¿A qué hora se acostó? *At what time did you go to bed?*

el saco, *the suit jacket*

las medias, *the stockings*

el fondo, *the slip*

la falda, *the skirt*

el vestido, *the dress*

el traje, *the suit* (man's or woman's)

CONVERSACIÓN

¿A qué hora se acostó anoche?

Anoche me acosté a las once.

¿A qué hora se levantó esta mañana?

Me levanté a las siete esta mañana.

¿Se bañó usted esta mañana?

Sí, me bañé esta mañana.

¿Se bañó con agua y jabón?

Sí, me bañé con agua y jabón.

¿Se secó usted con una toalla?

Sí, me sequé con una toalla.

¿Se lavó el pelo?

Sí, me lavé el pelo.

¿Se secó el pelo con una toalla?

Sí, me sequé el pelo con una toalla.

¿Se peinó usted?

Sí, me peiné con un peine.

¿Se lavó usted las manos?

Sí, me lavé las manos.

¿Se lavó usted la cara?

Sí, me lavé la cara.

¿Se puso la ropa interior?

Sí, me puse la ropa interior.

¿Se puso usted los zapatos?

Sí, me puse los zapatos.

The following questions are for men only.

¿Se puso usted los calcetines?

Sí, me puse los calcetines.

¿Se puso usted la corbata?

Sí, me puse la corbata.

¿Se puso usted los pantalones?
Sí, me puse los pantalones.

¿Se afeitó usted?
Sí, me afeité.

¿Se puso usted la camisa?
Sí, me puse la camisa.

¿Se puso usted el saco?
Sí, me puse el saco.

¿Se puso usted el traje?
Sí, me puse el traje.

The following questions are for women only.

¿Se puso usted las medias?
Sí, me puse las medias.

¿Se puso usted el fondo?
Sí, me puse el fondo.

¿Se puso usted la blusa?
Sí, me puse la blusa.

¿Se puso usted la falda?
Sí, me puse la falda.

¿Se puso usted el traje?
Sí, me puse el traje.

¿Se puso usted el vestido?
Sí, me puse el vestido.

SENTENCE-FORMING EXERCISES

Combine the words below in different ways to form as many sentences as you can. Just be sure to use words from each of the columns in every sentence you form.

A

PONERSE, *to put on*

1	2
Me pongo	el sombrero
3 Roberto se pone	la camisa (*the shirt*)
Nos ponemos	el abrigo (*the coat*)
33 Se ponen	los guantes (*the gloves*)
Me puse	el vestido (*the dress*)
3 Se puso	los zapatos (*the shoes*)
Nos pusimos	la bufanda (*the scarf*)
33 Se pusieron	las medias (*the stockings*)
Me he puesto (*I have put on*)	el traje (*the suit*)
	la ropa (*the clothes*)
Me estoy poniendo (*I am putting on*)	los calcetines (*the socks*)
	la ropa interior (*the underwear*)

B

LEVANTARSE, *to get up*
ACOSTARSE, *to go to bed* (radical changing)

1	2
Me acuesto (*I go to bed*)	temprano (*early*)
🐍 Carlos se acuesta	tarde
🐍 ¿Se acuesta (*Do you go to bed?*)	muy temprano
	a las once (11)
Nos acostamos	a las diez (10)
🐍🐍 Se acuestan	a las siete (7)
Me levanto	a las ocho
🐍 ¿Se levanta	a las ocho y media (8:30)
Nos levantamos	a las seis (6)
🐍🐍 Se levantan	a las cinco (5)
Me voy a levantar	

PAST

Anoche me acosté (*Last night I went to bed*)	muy temprano
	muy tarde
🐍 ¿Se acostó (*Did you go to bed?*)	temprano
Nos acostamos	tarde
🐍🐍 Se acostaron	a las once
Me levanté (*I got up*)	a las deiz
🐍 ¿Se levantó	a las seis
Nos levantamos	a las ocho
🐍🐍 Se levantaron	a las cinco

C

CASARSE, *to get married*

In Spanish you don't say, "He married Helen." You must say, "He got married with Helen (Se casó con Elena)."

1	2
Me casé (*I got married*)	en junio (*in June*)
🐍 Eduardo se casó	en agosto
🐍 Elena se casó	con Eduardo
🐍 Luis se casó	el año pasado

3 Marta se casó	con Juan
Nos casamos	en mayo
33 Se casaron	en abril
33 Se van a casar	en septiembre
Juan se casó	en diciembre
Elena se casó	en marzo (March)
Isabel se casó	en enero (January)
Enrique se casó	en febrero

EXERCISE IN TRANSLATION

Translate the following sentences into Spanish. Write out each sentence in Spanish, using the columns above as a guide. Check your sentences with the correct translations below this exercise.

1. We put on (present tense) our coats.
2. They put on (present tense) their gloves.
3. I put on (present tense) my hat.
4. He put on (past tense) his scarf.
5. I put on (past tense) my shoes.
6. They put on (past tense) their stockings.
7. I have put on my suit.
8. I'm putting on my shirt.
9. I go to bed early.
10. Charles goes to bed late.
11. Do you go to bed very early?
12. We went to bed at eleven.
13. They go to bed very early.
14. I get up at seven.
15. Do you get up at eight?
16. We got up at five.
17. They get up at six.
18. I'm going to get up at five tomorrow.
19. Last night I went to bed very early.
20. Did you go to bed early?
21. We went to bed at ten.
22. I got up at six.
23. Did you get up late?
24. We got up at eight.
25. They got up at five.
26. I got married in June.
27. Edward got married in August.
28. Helen married Edward.
29. Martha married John.
30. They got married last year.
31. Henry got married in January.
32. John got married in April.
33. Elizabeth got married in February.
34. They are going to get married in September.
35. Martha got married in May.

Check your sentences with the translations below.

1. Nos ponemos los abrigos.
2. Se ponen los guantes.
3. Me pongo el sombrero.
4. Se puso la bufanda.
5. Me puse los zapatos.
6. Se pusieron las medias.
7. Me he puesto el traje.
8. Me estoy poniendo la camisa.
9. Me acuesto temprano.
10. Carlos se acuesta tarde.
11. ¿Se acuesta muy temprano?
12. Nos acostamos a las once.
13. Se acuestan muy temprano.
14. Me levanto a las siete.
15. ¿Se levanta a las ocho?
16. Nos levantamos a las cinco.
17. Se levantan a las seis.
18. Me voy a levantar a las cinco mañana.
19. Anoche me acosté muy temprano.
20. ¿Se acostó temprano?
21. Nos acostamos a las diez.
22. Me levanté a las seis.
23. ¿Se levantó tarde?
24. Nos levantamos a las ocho.
25. Se levantaron a las cinco.
26. Me casé en junio.
27. Eduardo se casó en agosto.
28. Elena se casó con Eduardo.
29. Marta se casó con Juan.
30. Se casaron el año pasado.
31. Enrique se casó en enero.
32. Juan se casó en abril.
33. Isabel se casó en febrero.
34. Se van a casar en septiembre.
35. Marta se casó en mayo.

USES OF REFLEXIVE VERBS

1. "Ponerse a" means "to start to" (*to put yourself to*). It is used with the infinitive.

> Me puse a cantar. *I started to sing.*
> ꝑ Se puso a llorar. *He started to cry.*
> ꝑꝑ Se pusieron a trabajar. *They started to work.*

"Ponerse" also means "to become" (*to get*) when it is followed by an adjective.

> ꝑ Se puso furioso. *He got furious. He became furious.*
> ꝑ Se puso pálido. *He got pale. He became pale.*

2. Sometimes reflexive pronouns are used instead of a subject.

EXAMPLES:

> ꝑ Se habla español. *Spanish is spoken.*
> ꝑ Se permite. *It is permitted, allowed.*
> ꝑ Se prohibe. *It is prohibited, forbidden.*
> ꝑ Se necesita una criada. *Wanted, a maid (A maid is needed).*

The above sentences do not state who speaks, permits, needs, etc. Therefore the reflexive pronoun is used. These expressions are not frequently used in conversation. You'll find them mostly in signs such as "Se prohibe fumar" (*Smoking is forbidden*) or in newspaper ads such as "Se necesita una criada" (*Maid wanted*).

3. The reflexive is also used in what we call reciprocal action, that is, when people do things to each other.

     Se besaron. *They kissed each other.*
     Nos vemos. *We see each other.*
     Se parecen. *They resemble each other.*
     No se hablan. *They don't speak to each other.*
     Se comprenden. *They understand each other.*

4. You have learned that "I'm going to the theater" is "Voy al teatro" and "He's going to the movies" is "Va al cine."
   When you don't say where you're going all forms of the verb "ir" become reflexive.
   Sometimes you use the word "away" in English when you don't say where you are going: "I'm going away."

IRSE, *to go* (*away*)

PRESENT		PAST	
ME VOY	NOS VAMOS	ME FUÍ	NOS FUIMOS
SE VA	SE VAN	SE FUÉ	SE FUERON

Me fuí con Roberto. *I went (away) with Robert.*
Se fué solo. *He went (away) alone.*
Me voy. *I'm going (away).*
¿Por qué se fué? *Why did you go (away)?*

"Ya" means "already, now," and it's used very much with the different forms of "ir."

Ya me voy. *I'm going now.*
Ya se va. *He's going now.*
Ya nos vamos. *We're going now.*

Ya se van. *They're going now.*
Ya se fué. *He's already gone (left).*
Ya se fueron. *They've already gone (left).*

LIST OF REFLEXIVE VERBS

LLAMARSE, *to be called*

Me llamo Elena. *I'm called Helen (My name is Helen).*
¿Cómo se llama? *How are you called (What's your name)?*
Se llama Carlos. *He's called Charles (His name is Charles).*

"Llamar" means "to call" when it isn't reflexive and "to be called" when it is reflexive.

QUEDARSE, *to stay*

Me quedé con Luis. *I stayed with Louis.*
Nos quedamos en el club. *We stayed at the club.*

CAERSE, *to fall, to fall down*

Me caí. *I fell down.*
Se cayó. *He fell down.*

PARECERSE, *to resemble, to look like*

Se parece a su mamá. *He resembles his mother (He looks like his mother).*
Me parezco a mi tío. *I resemble my uncle (I look like my uncle).*

CEPILLARSE, *to brush* (hair, teeth, clothes)

Me cepillé los dientes. *I brushed my teeth.*
Se cepilló el pelo. *She brushed her hair.*

METERSE, *to put yourself into, to get yourself into*

Me metí en un lío. *I got myself into a scrape (a mess).*

SENTARSE, *to sit down* (radical changing)

Me siento en el sofá. *I sit on the sofa.*

§ Se sentó en el asiento. *He sat down on the seat*
(in the theater, plane, train).

§ Se sentó en el sillón. *He sat down on the armchair.*

§§ Se sentaron en las sillas. *They sat down on the chairs.*

ACOSTARSE, *to go to bed* (radical changing)

Me acosté tarde. *I went to bed late.*

Siempre me acuesto temprano. *I always go to bed early.*

ACORDARSE, *to remember* (radical changing)

Me acuerdo. *I remember.*

§§ ¿Se acuerda? *Do you remember?*

DESHACERSE DE, *to get rid of.* This verb comes from "hacer"
and is conjugated like "hacer" (*to do, to make*).

ATREVERSE, *to dare*

QUEJARSE, *to complain*

PORTARSE, *to behave yourself*

§ Se porta bien. *He behaves.*

§ Se portó mal. *He misbehaved.*

ENTERARSE, *to find out*

PONERSE, *to put on* (clothes), *to set* (sun), *to become* (plus
any adjective)

Me puse el traje. *I put on my suit.*

§ ¿A qué hora se puso el sol? *At what time did the sun set?*

§ Carlos se puso furioso. *Charles got furious*
(*Charles became furious*).

DARSE CUENTA, *to become aware of, to find out, to discover*
(*to give yourself account*)

Me dí cuenta. *I found out.*

§ Se dió cuenta. *He found out.*

EQUIVOCARSE, *to make a mistake, to be mistaken*
Me equivoqué. *I made a mistake.*
Si no me equivoco. *If I'm not mistaken.*

RASCARSE, *to scratch*
§ El mono se rascó la cabeza.
The monkey scratched his head.

RESBALARSE, *to slip, to slide*
Me resbalé en el hielo. *I slipped on the ice.*

ESCAPARSE, *to escape, to get away*
Me escapé de la fiesta. *I got away from the party.*

IMAGINARSE, *to imagine*
Me imagino que llegó esta noche.
I imagine that he arrived tonight.

BAJARSE (DE), *to get down, to get off vehicles*
§ Se bajó del tren. *He got off the train.*

SUBIRSE (A), *to get up on, to climb, to get on vehicles*
§ Se subió al árbol. *He climbed the tree.*
§ Se subió al avión. *He got on the plane.*

APURARSE, *to hurry*
§ ¿Por qué no se apura? *Why don't you hurry?*

ALEGRARSE (DE), *to be glad*
Me alegro de verlo. *I'm glad to see you.*

DESQUITARSE (DE), *to get even, to retaliate*
Hay que gozar mucho para desquitarse de la vida.
("Hay que" means "one must.")
One must enjoy much to get even with life.

VERSE, *to appear, to look* (in appearance)
§ Se ve muy bien. *He looks very well.*
§ Se ve mejor. *He looks better.*

RUBORIZARSE, *to blush, to flush*

VOLVERSE, *to become*
§ Se volvió loco. *He went (became) crazy.*

CUIDARSE, *to take care of yourself, to be careful*
    § Se va a cuidar. *He's going to take care of himself.*

PERDERSE, *to get lost*
    § Se perdió. *You, he, she, it got lost.*

In the future form the pronoun can go either after or before the verb. Use whichever seems more comfortable to you.

    EXAMPLES:

I'm going to weigh myself.	Voy a pesarme. *or* Me voy a pesar.
You're going to weigh yourself.	Va a pesarse. *or* Se va a pesar.
We're going to weigh ourselves.	Vamos a pesarnos. *or* Nos vamos a pesar.
They're going to weigh themselves.	Van a pesarse. *or* Se van a pesar.

Once in a while you will hear a Spanish-speaking person say. "Estoy pesándome," thereby adding the pronoun to the present participle. This is correct, but of less frequent use than the construction where the pronoun precedes both verbs: *Me estoy pesando.*

EXAMPLES OF THE USE OF REFLEXIVE VERBS
CAMBIARSE, *to change* (clothes)

PRESENT	PAST (PRETERITE)
ME CAMBIO, *I change*	ME CAMBIÉ, *I changed*
§ SE CAMBIA, *you change*	§ SE CAMBIÓ, *you changed*

NOS CAMBIAMOS, *we change*	NOS CAMBIAMOS, *we changed*
🎰 SE CAMBIAN, *they change*	🎰 SE CAMBIARON, *they changed*

Me voy a cambiar. *I'm going to change.*
Me he cambiado. *I have changed.*
Me estoy cambiando. *I am changing.*
Me cambié la camisa. *I changed my shirt.*
Me cambié los zapatos. *I changed my shoes.*
🎱 María se cambió la ropa. *Mary changed her clothes.*
🎱 Roberto se está cambiando el traje. *Robert is changing his suit.*

Notice that no possessive pronouns are used in the sentences above.

QUITARSE, *to take off*

PRESENT	PAST (PRETERITE)
ME QUITO, *I take off*	ME QUITÉ, *I took off*
🎱 SE QUITA, *you take off*	🎱 SE QUITÓ, *you took off*
NOS QUITAMOS, *we take off*	NOS QUITAMOS, *we took off*
🎰 SE QUITAN, *they take off*	🎰 SE QUITARON, *they took off*

Me voy a quitar. *I'm going to take off.*
Me he quitado. *I have taken off.*
Me estoy quitando. *I am taking off.*
Me voy a quitar el abrigo. *I'm going to take off my coat.*
🎱 Enrique se quitó el sombrero. *Henry took off his hat.*
🎱 ¿Por qué no se quita el suéter? *Why don't you take off your sweater?*
🎱 Mi abuelo se quitó los zapatos. *My grandfather took off his shoes.*
🎱 ¿Se va a quitar la bufanda? *Are you going to take off your scarf?*

Notice that no possessive pronouns are used in the sentences above.

SENTENCE-FORMING EXERCISES

Combine the words below in different ways to form as many sentences as you can. Be sure to use words from each of the columns in every sentence you form.

A

1	2
Me quité (*I took off*)	los zapatos
𝔹 ¿Se quitó	la bufanda
Nos quitamos	la corbata
𝔹𝔹 Se quitaron	los pantalones
Me voy a quitar	el abrigo
𝔹 Se va a quitar	los calcetines
Nos vamos a quitar	las medias
Me estoy quitando	la falda
Me cambié (*I changed*)	el vestido
𝔹 ¿Se cambió	la ropa interior
Nos cambiamos	la camisa
𝔹𝔹 Se cambiaron	el chaleco (*vest*)
	el cinturón (*belt*)
	el saco (*suit jacket*)
	el impermeable (*raincoat*)
	el fondo (*slip*)
	la ropa

CORTAR, *to cut*

CORTARSE, *to cut yourself*

PRESENT	PAST (PRETERITE)
ME CORTO, *I cut myself*	ME CORTÉ, *I cut myself*
𝔹 SE CORTA, *you cut yourself*	𝔹 SE CORTÓ, *you cut yourself*
NOS CORTAMOS, *we cut ourselves*	NOS CORTAMOS, *we cut ourselves*
𝔹𝔹 SE CORTAN, *they cut themselves*	𝔹𝔹 SE CORTARON, *they cut themselves*

Me voy a cortar. *I'm going to cut myself.*
Me he cortado. *I have cut myself.*
Me estoy cortando. *I am cutting myself.*

LAVAR, *to wash*

LAVARSE, *to wash yourself*

PRESENT	PAST (PRETERITE)
ME LAVO, *I wash myself*	ME LAVÉ, *I washed myself*
3 SE LAVA, *you wash yourself*	3 SE LAVÓ, *you washed yourself*
NOS LAVAMOS, *we wash ourselves*	NOS LAVAMOS, *we washed ourselves*
33 SE LAVAN, *they wash themselves*	33 SE LAVARON, *they washed themselves*

Me voy a lavar. *I'm going to wash myself.*
Me he lavado. *I have washed myself.*
Me estoy lavando. *I am washing myself.*

SECAR, *to dry*

SECARSE, *to dry yourself*

PRESENT	PAST (PRETERITE)
ME SECO, *I dry myself*	ME SEQUÉ, *I dried myself*
3 SE SECA, *you dry yourself*	3 SE SECÓ, *you dried yourself*
NOS SECAMOS, *we dry ourselves*	NOS SECAMOS, *we dried ourselves*
33 SE SECAN, *they dry themselves*	33 SE SECARON, *they dried themselves*

Me voy a secar. *I'm going to dry myself.*
Me he secado. *I have dried myself.*
Me estoy secando. *I am drying myself.*

QUEMAR, *to burn*
QUEMARSE, *to burn yourself*

PRESENT	PAST (PRETERITE)
ME QUEMO, *I burn myself*	ME QUEMÉ, *I burned myself*
𝟛 SE QUEMA, *you burn yourself*	𝟛 SE QUEMÓ, *you burned yourself*
NOS QUEMAMOS, *we burn ourselves*	NOS QUEMAMOS, *we burned ourselves*
𝟛𝟛 SE QUEMAN, *they burn themselves*	𝟛𝟛 SE QUEMARON, *they burned themselves*

Me voy a quemar. *I'm going to burn myself.*
Me he quemado. *I have burned myself.*
Me estoy quemando. *I am burning myself.*

LASTIMAR, *to hurt*
LASTIMARSE, *to hurt yourself*

PRESENT	PAST (PRETERITE)
ME LASTIMO, *I hurt myself*	ME LASTIMÉ, *I hurt myself*
𝟛 SE LASTIMA, *you hurt yourself*	𝟛 SE LASTIMÓ, *you hurt yourself*
NOS LASTIMAMOS, *we hurt ourselves*	NOS LASTIMAMOS, *we hurt ourselves*
𝟛𝟛 SE LASTIMAN, *they hurt themselves*	𝟛𝟛 SE LASTIMARON, *they hurt themselves*

Me voy a lastimar. *I'm going to hurt myself.*
Me he lastimado. *I have hurt myself.*
Me estoy lastimando. *I'm hurting myself.*

Me lastimé la mano. *I hurt my hand.*
Enrique se lastimó la espalda. *Henry hurt his back.*
Se va a lastimar la pierna. *You're going to hurt your leg.*
Se va a lastimar. *You're going to hurt yourself.*
Se va a lastimar el brazo. *You're going to hurt your arm.*

Me lastimé el tobillo. *I hurt my ankle.*
Juan se lastimó el pie. *John hurt his foot.*
Mi tío se lastimó el hombro. *My uncle hurt his shoulder.*
Me quemé el dedo. *I burned my finger.*
Enrique se quemó la mano. *Henry burned his hand.*
Se va a cortar el dedo. *You're going to cut your finger.*
Me corté el dedo. *I cut my finger.*
Me voy a lavar las manos. *I'm going to wash my hands.*
El doctor se lavó las manos. *The doctor washed his hands.*
¿Por qué no se seca las manos? *Why don't you dry your hands?*
Me sequé las manos. *I dried my hands.*
Enrique se secó las manos. *Henry dried his hands.*
Me lavé la cara. *I washed my face.*
¿Por qué no se lava la cara? *Why don't you wash your face?*

EXTRA WORDS

la compañía, *the company*
la iglesia, *the church*
el ferrocarril, *the railroad*
el museo, *the museum*
la cárcel, *the jail*
el colegio, *the school*
la escuela, *the school*
el paraguas, *the umbrella*
el país, *the country, nation*

la botica, *the drugstore*
la lavandería, *the laundry*
la joyería, *the jewelry store*
la carnicería, *the butcher shop*
la zapatería, *the shoe store*
la planchaduría, *the dry cleaners*
la tintorería, *the dyers, the cleaners and dyers*

Test Your Progress

*N*ow that you have covered thirty-eight lessons, test yourself again to see how well you are progressing.

TEST I

Fill in the blanks with the Spanish equivalents of the following words and sentences. You should be able to complete this test in twenty minutes.

1. I said. ———————
2. He did. ———————
3. She made. ———————
4. Who said? ———————
5. They came. ———————
6. We had. ———————
7. I have wanted. ———————
8. They said. ———————
9. I'm going to bring. ———
   ———————
10. Have you been in Cuba? —
    ———————
11. I have been working. ———
    ———————
12. We said. ———————
13. They made. ———————
14. I couldn't. ———————

15. He brought. ———————
16. He has done. ———————
17. They are doing. ———————
18. He has brought. ———————
19. I went out. ———————
20. We heard. ———————
21. They saw. ———————
22. They have heard. ———————
23. She went. ———————
24. We saw. ———————
25. Did he go out? ———————
26. They heard. ———————
27. They are going to come. —
28. I have. ———————
29. He comes. ———————
30. Who came? ———————

31. Have you? —————————

32. I put (present tense). ———

—————————————————

33. They bring. —————————

34. He says. —————————

35. He goes out. —————————

36. They make. —————————

37. Did you make? —————————

38. Do you see? —————————

39. They hear. —————————

40. We go out. —————————

41. They have. —————————

42. Who went out? —————————

43. He's ten years old. ————

—————————————————

44. I feel like going. ————

45. I have a cold. —————————

46. Are you hungry? —————————

47. They are right. —————————

48. Are you sleepy? —————————

49. I'm cold. —————————

50. I want to see. —————————

51. I can't see. —————————

52. Can you go? —————————

53. It's cold. —————————

54. An hour ago. —————————

55. A long time ago. ————

—————————————————

56. I have seen. —————————

57. What have you done? ———

—————————————————

58. We have said. —————————

59. They have seen. —————————

60. I propose. —————————

Check your answers with those below.

1. Dije.
2. Hizo.
3. Hizo.
4. ¿Quién dijo?
5. Vinieron.
6. Tuvimos.
7. He querido.
8. Dijeron.
9. Voy a traer.
10. ¿Ha estado en Cuba?
11. He estado trabajando.
12. Dijimos.
13. Hicieron.

14. No pude.
15. Trajo.
16. Ha hecho.
17. Están haciendo.
18. Ha traído.
19. Salí.
20. Oímos.
21. Vieron.
22. Han oído.
23. Fué.
24. Vimos.
25. ¿Salió?
26. Oyeron.

27. Van a venir.
28. Tengo.
29. Viene.
30. ¿Quién vino?
31. ¿Tiene usted?
32. Pongo.
33. Traen.
34. Dice.
35. Sale.
36. Hacen.
37. ¿Hizo usted?
38. ¿Ve usted? (¿Ve?)
39. Oyen.
40. Salimos.
41. Tienen.
42. ¿Quién salió?
43. Tiene diez años.

44. Tengo ganas de ir.
45. Tengo catarro.
46. ¿Tiene hambre?
47. Tienen razón.
48. ¿Tiene sueño?
49. Tengo frío.
50. Quiero ver.
51. No puedo ver.
52. ¿Puede ir?
53. Hace frío.
54. Hace una hora.
55. Hace mucho tiempo.
56. He visto.
57. ¿Qué ha hecho?
58. Hemos dicho.
59. Han visto.
60. Propongo.

This was a very difficult test. If you made no more than six errors, you are an exceptionally good student. If you made twenty or more errors you should review Lessons 31 and 36 carefully and then try the test again.

TEST II

Now let's see how well you remember the pronouns. Fill in the blanks with the Spanish equivalents of the following sentences. You should be able to complete this test in fifteen minutes.

1. I saw him. ————————

2. She saw us. ————————

3. They recommended him. —
————————————

4. Did you visit him? ————

5. He saw her. ———————

6. We saw them (masc.). ——
————————————

7. Who saw her? —————————

8. He saw us. ———————————

9. He invited me. ————————

10. Who brought it (masc.)? —
————————————

11. Did you see him? ————

12. Did they invite her? ———

13. It surprised me. —————

14. He didn't see her. ———

15. They took us to the movies. ——————————

16. He took me to the party. — ——————————

17. Who bought it (fem.)? — ——————————

18. I didn't see it (masc.). — ——————————

19. I spoke to him. ———

20. He bought it for me. —— ——————————

21. I wrote to him. ———

22. He invited them (fem.). —

23. She wrote to my aunt. ———

24. He bought my uncle a pipe. ——————————

25. I sent them a cable. ———

26. She gave it to him. ———

27. She gave Charles a sweater. ——————————

28. I gave it to him. ———

29. He sold it to her. ———

30. He gave it to me. ———

Check your answers with those below.

1. Lo ví.
2. Nos vió.
3. Lo recomendaron.
4. ¿Lo visitó?
5. La vió.
6. Los vimos.
7. ¿Quién la vió?
8. Nos vió.
9. Me invitó.
10. ¿Quién lo trajo?
11. ¿Lo vió?
12. ¿La invitaron?
13. Me sorprendió.
14. No la vió.
15. Nos llevaron al cine.

16. Me llevó a la fiesta.
17. ¿Quién la compró?
18. No lo ví.
19. Le hablé.
20. Me lo (la) compró.
21. Le escribí.
22. Las invitó.
23. Le escribió a mi tía.
24. Le compró una pipa a mi tío.
25. Les mandé un cable.
26. Se lo (la) dió.
27. Le dió un suéter a Carlos.
28. Se lo (la) dí.
29. Se lo (la) vendió.
30. Me lo (la) dió.

If you made no more than five errors, your work is excellent and you have understood the lessons on pronouns. If you made more than ten errors I suggest that you review Lessons 34 and 35.

TEST III

Now let's see how well you remember the reflexive verbs. Translate the following sentences into Spanish. Write the translations in the blanks below the sentences.

1. I went to bed early.

2. He got up late.

3. They got married.

4. She put on her hat.

5. He shaved.

6. I washed my hands.

7. Why did he go (away)?

8. She stayed with her aunt.

9. H has gone to bed.

10. She is bathing.

Check your answers with the answers below. If you have more than three errors, review Lesson 38.

1. Me acosté temprano.
2. Se levantó tarde.
3. Se casaron.
4. Se puso el sombrero.
5. Se afeitó.

6. Me lavé las manos.
7. ¿Por qué se fué?
8. Se quedó con su tía.
9. Se ha acostado.
10. Se está bañando.

39

Lección Número Treinta y Nueve

THE IMPERFECT

*I*n English there is only one simple past tense, but in Spanish these are two simple tenses that express the past: the preterite and the imperfect.

The preterite is used to express a single completed action in the past and can best be described by a dot.

PRETERITE
(Single completed action)

●

Escribí una carta.	*I wrote a letter.*
Tomé la cena.	*I had dinner.*
Compré la casa.	*I bought the house.*
Tuve un accidente.	*I had an accident.*

The imperfect, on the other hand, is used to express continuous or repeated action in the past and can be described by a long, continuous line or by a series of dashes. The line represents continuity. The dashes represent repetition.

IMPERFECT
(1. Continuous action)

――――――――

| Tenía un auto. | *I had a car.* |
| Quería a su madre. | *He loved his mother.* |

(2. Repeated action)

―― ―― ―― ―― ―― ――

Escribía una carta todos los días. *I used to write a letter every day.*
Mi primo siempre tomaba la cena en el mismo restaurante. *My cousin always used to have dinner in the same restaurant.*

Mi primo compraba el periodico todas las mañanas. *My cousin bought (used to buy) the newspaper every morning.*

The verb endings for the imperfect tense are:

AR verbs		ER and IR verbs	
ABA	ÁBAMOS	ÍA	ÍAMOS
3 ABA	33 ABAN	3 ÍA	33 ÍAN

Examples:

COMPRAR, *to buy*

COMPRABA (*I bought, used to buy*)	COMPRÁBAMOS (*we bought, used to buy*)
3 COMPRABA (*you, he, she bought, used to buy*)	33 COMPRABAN (*they, you bought, used to buy*)

VENDER, *to sell*

VENDÍA (*I sold, used to sell*)	VENDÍAMOS (*we sold, used to sell*)
3 VENDÍA (*you, he, she sold, used to sell*)	33 VENDÍAN (*they, you sold, used to sell*)

Notice that there is no difference between the first person and the third man form in the singular.

WRITTEN EXERCISE I
AR verbs

Following is a list of infinitives converted into the preterite and imperfect tenses.

1. Cover up the two right-hand columns.
2. Remove "ar" from the infinitive in the left-hand column.
3. Add the letter "é" (as in the second column below) for the preterite.

4. Add the letters "aba" (as in the third column below) for the imperfect.

5. Check your columns with the columns below.

INFINITIVES	PRETERITE	IMPERFECT
comprar, *to buy*	compré, *I bought*	compraba, *I used to buy*
estudiar, *to study*	estudié, *I studied*	estudiaba, *I used to study*
tomar, *to take*	tomé, *I took*	tomaba, *I used to take*
hablar, *to speak*	hablé, *I spoke*	hablaba, *I used to speak*
copiar, *to copy*	copié, *I copied*	copiaba, *I used to copy*
trabajar, *to work*	trabajé, *I worked*	trabajaba, *I used to work*
visitar, *to visit*	visité, *I visited*	visitaba, *I used to visit*

WRITTEN EXERCISE II

ER and IR verbs

1. Cover up the two right-hand columns.
2. Remove "er" or "ir" from the infinitives in the left-hand column.
3. Add the letter "í" (as in the second column below) for the preterite.
4. Add the letters "ía" (as in the third column below) for the imperfect.

INFINITIVES	PRETERITE	IMPERFECT
vender, *to sell*	vendí, *I sold*	vendía, *I used to sell*
correr, *to run*	corrí, *I ran*	corría, *I used to run*
ofrecer, *to offer*	ofrecí, *I offered*	ofrecía, *I used to offer*
escribir, *to write*	escribí, *I wrote*	escribía, *I used to write*
recibir, *to receive*	recibí, *I received*	recibía, *I used to receive*
decidir, *to decide*	decidí, *I decided*	decidía, *I used to decide*
salir, *to go out*	salí, *I went out*	salía, *I used to go out*

WRITTEN EXERCISE III

1. Cover up the right-hand column.
2. Translate the verbs in the left-hand column.
3. Check your translations with those below.

I had, used to have	tenía
I wanted, used to want	quería
I knew, used to know	sabía
we sold, used to sell	vendíamos
we had, used to have	teníamos

they were, used to be (estar)	estaban
they sang, used to sing	cantaban
they did, used to do	hacían
they worked, used to work	trabajaban
they bought, used to buy	compraban
he made, used to make	hacía
she could, used to be able to	podía
you went out, used to go out	salía
he said, used to say	decía
we took, used to take	tomábamos
we danced, used to dance	bailábamos
they wrote, used to write	escribían
they came, used to come	venían
she spoke, used to speak	hablaba
we spoke, used to speak	hablábamos
he used, used to use	usaba
she prepared, used to prepare	preparaba
I thought, used to think (opinion)	creía
they said, used to say	decían
we imported, used to import	importábamos
she described, used to describe	describía
I read, used to read	leía
she learned, used to learn	aprendía
I hoped, used to hope	esperaba
we deposited, used to deposit	depositábamos
you ate, used to eat	comía
we walked, used to walk	caminábamos
they took care of, used to take care of	cuidaban
I helped, used to help	ayudaba
he won, used to win	ganaba
she played, used to play (game)	jugaba

Following are examples of the use of the preterite as compared to the imperfect. Remember that the preterite is used for a single completed action and is represented by a dot. The imperfect is used to express continuous or repeated action and is represented by a long line or a series of dashes.

PRETERITE   María tomó un taxi esta mañana.
•   *Mary took a taxi this morning.*
IMPERFECT   María tomaba un taxi todas las mañanas.
— — — —   *Mary used to take a taxi every morning.*

PRETERITE	Marta compró el pan.
•	*Martha bought the bread.*
IMPERFECT	Marta siempre compraba el pan.
— — — —	*Martha always bought the bread.*
PRETERITE	Luis preparó la lección.
•	*Louis prepared the lesson.*
IMPERFECT	Luis siempre preparaba la lección.
— — — —	*Louis always prepared the lesson.*
PRETERITE	Eduardo vino a la fiesta.
•	*Edward came to the party.*
IMPERFECT	Eduardo venía a mi casa todas las tardes.
— — — —	*Edward used to come to my house every afternoon.*
PRETERITE	Juan escribió un artículo.
•	*John wrote an article.*
IMPERFECT	Juan escribía un artículo todos los días.
— — — —	*John wrote (used to write) an article every day.*
PRETERITE	Mi tío pagó la cuenta.
•	*My uncle paid the bill.*
IMPERFECT	Mi tío siempre pagaba las cuentas.
— — — —	*My uncle always paid the bills.*
PRETERITE	Carlos jugó tenis.
•	*Charles played tennis.*
IMPERFECT	Carlos jugaba tenis todos los días.
— — — —	*Charles played (used to play) tennis every day.*
PRETERITE	Elena hizo la cama.
•	*Helen made the bed.*
IMPERFECT	Elena hacía la cama todas las mañanas.
— — — —	*Helen used to make the bed every morning.*
PRETERITE	Tuve dolor de cabeza.
•	*I had a headache.*
IMPERFECT	Tenía un perro.
————	*I had (used to have) a dog.*

There are only three verbs that are irregular in the imperfect.

1. ser, *to be*   era, *I was, used to be*
2. ir, *to go*   iba, *I went, used to go, was going*
3. ver, *to see*   veía, *I saw, used to see*

Use of QUE ERA, *that it was, that you were, that he, she, it was*

§ 1. Alberto dijo que era terrible. *Albert said that it was terrible.*

§ 2. Dorotea dijo que era chistoso. *Dorothy said that it was funny.*

§ 3. Mi hermana dijo que era imposible. *My sister said that it was impossible.*

   4. Creí que era su tío. *I thought that he was your uncle.*

   5. Creí que María era italiana. *I thought that Mary was Italian.*

SER, to be

ERA (*I was, used to be*)	**ÉRAMOS** (*we were, used to be*)
§ ERA (*you were, used to be, he, she, it was, used to be*)	**§§ ERAN** (*they, you* (pl.) *were, used to be*)

IR, to go

IBA (*I used to go, was going*)	**ÍBAMOS** (*we used to go, were going*)
§ IBA (*you used to go, were going*)	**§§ IBAN** (*they used to go, were going*)

    Voy a ver. *I'm going to see.*

    Fuí a ver. *I went to see.*

    Iba a ver. *I was going to see.*

    Iba a comprar una casa. *I was going to buy a house.*

    Iba a verlo. *I was going to see him.*

    Iba a estudiar. *I was going to study.*

  § María iba a traerlo. *Mary was going to bring it.*

  § Juan iba a invitarla. *John was going to invite her.*

    Íbamos a la playa. *We were going to the beach.*

 §§ Iban a México. *They were going to Mexico.*

SENTENCE-FORMING EXERCISES

Combine the words below in different ways to form as many sentences as you can. Be sure to use words from each of the columns in every sentence you form.

A

1	2	3
Quería	comprar	el caballo (*horse*)
(*I wanted*)	jugar	tenis
§ Carlos quería	ir	al cine
(*Charles wanted*)	venir	a la clase
Queríamos	hacer	dulces
(*we wanted*)	tomar	la cena
§§ Querían	quedarse (*to stay*)	en casa
(*they wanted*)	levantarse	temprano

B

1	2
Tenía (*I used to have*)	un perro (*a dog*)
§ Alberto tenía (*Albert used to have*)	un caballo (*a horse*)
Teníamos (*We used to have*)	una vaca (*a cow*)
§§ Tenían (*They used to have*)	un gato (*a cat*)
	gallinas (*hens*)
	una criada (*a maid*)
	un auto
	una secretaria

C

1	2
Me levantaba (*I used to get up*)	temprano
§ Alberto se levantaba	tarde
(*Albert used to get up*)	a las ocho
Nos levantábamos	a las cinco
(*We used to get up*)	a las nueve
§§ Se levantaban (*They used to get up*)	a las diez
Me acostaba (*I used to go to bed*)	a las once
Nos acostábamos	muy tarde
(*We used to go to bed*)	muy temprano
	a las diez y media

EXERCISE IN TRANSLATION I

Translate the following sentences into Spanish.

1. I wanted to buy the horse.
2. I wanted to play tennis.
3. Charles wanted to go to the movies.
4. Charles wanted to come to the class.
5. We wanted to make candy.
6. We wanted to have dinner.
7. They wanted to stay at home.
8. They wanted to get up early.
9. I used to have a horse.
10. Albert used to have a cow.
11. We used to have a maid.
12. They used to have a car.
13. I used to get up early.
14. Albert used to get up late.
15. We used to get up at six.
16. They used to get up very early.
17. I used to go to bed very late.
18. We used to go to bed at ten-thirty.
19. I used to go to bed at eleven.
20. I used to get up at five.

Check your sentences with the translations below.

1. Quería comprar el caballo.
2. Quería jugar tenis.
3. Carlos quería ir al cine.
4. Carlos quería venir a la clase.
5. Queríamos hacer dulces.
6. Queríamos tomar la cena.
7. Querían quedarse en casa.
8. Querían levantarse temprano.
9. Tenía un caballo.
10. Alberto tenía una vaca.
11. Teníamos una criada.
12. Tenían un auto.
13. Me levantaba temprano.
14. Alberto se levantaba tarde.
15. Nos levantábamos a las seis.
16. Se levantaban muy temprano.
17. Me acostaba muy tarde.
18. Nos acostábamos a las diez y media.
19. Me acostaba a las once.
20. Me levantaba a las cinco.

SENTENCE-FORMING EXERCISE

Combine the words below in different ways to form as many sentences as you can.

A

1	2	3
Dije (*I said*)	que era	delicioso
José dijo (*Joseph said*)	(*that it was,*	maravilloso (*marvelous*)
	that you were,	interesante
Quién dijo (*Who said?*)	*that he was,*	fantástico
	that she was)	delgado (*thin* [masc.])

Dijimos
(*We said*)

33 Dijeron
(*They said*)

Creía (*I
thought, used
to think*)

3 Pablo creía
(*Paul
thought, used
to think*)

que era
(*that it was,
that you were,
that he was,
that she was*)

gordo (*fat* [masc.])
simpático
simpática
alto (*tall* [masc.])
guapo (*handsome*
[masc.])
bonita (*pretty*)
linda (*lovely*)

B

1	2	3
Voy a (*I'm going to*)	llegar (*get there*)	tarde
Fuí a (*I went to*)	estar	en casa
	ver	las pinturas (*the paintings*)
Iba a (*I was going to*)	comprar	los boletos
	llevarla (*take her*)	al cine
3 Pablo iba a (*Paul was going to*)	darle (*give him*)	el dinero
	venir	al despacho
	trabajar	el sábado
Íbamos a (*We were going to*)	hacer (*make*)	dulces
	limpiar (*clean*)	la casa
33 Iban a (*They were going to*)	levantarse	temprano
	sentarse (*sit*)	en la hamaca (*in the hammock*)

EXERCISE IN TRANSLATION II

Translate the following sentences into Spanish. Write out each sentence in Spanish, using the columns above as a guide. Check your sentences with the correct translations below this exercise.

1. I said that it was delicious.
2. Joseph said that it was marvelous.
3. Who said that he was thin?
4. Who said that it was marvelous?

5. We said that he was charming.
6. Joseph said that she was charming.
7. They said that he was tall.
8. Joseph said that he was fat.
9. I said that she was thin.
10. I thought that he was handsome.
11. Paul thought that she was pretty.
12. I'm going to be at home.
13. I went to see the paintings.
14. I was going to take her to the movies.
15. Paul was going to give him the money.
16. They were going to come to the office.
17. We were going to make candy.
18. I was going to get up early.
19. We were going to clean the house.
20. They were going to sit in the hammock.

Check your sentences with the correct translations below.

1. Dije que era delicioso.
2. José dijo que era maravilloso.
3. ¿Quién dijo que era delgado?
4. ¿Quién dijo que era maravilloso?
5. Dijimos que era simpático.
6. José dijo que era simpática.
7. Dijeron que era alto.
8. José dijo que era gordo.
9. Dije que era delgada.
10. Creía que era guapo.
11. Pablo creía que era bonita.
12. Voy a estar en casa.
13. Fuí a ver las pinturas.
14. Iba a llevarla al cine.
15. Pablo iba a darle el dinero.
16. Iban a venir al despacho.
17. Íbamos a hacer dulces.
18. Iba a levantarme temprano.
19. Íbamos a limpiar la casa.
20. Iban a sentarse en la hamaca.

USE OF THE IMPERFECT

The imperfect is a past tense that is used to express:

> I HABITUAL ACTION (repeated action)
> II CONTINUOUS ACTION
> III QUALITIES (continuous)
> IV DESCRIPTIONS (in the past)

I

HABITUAL ACTION (repeated)

1. Compraba el periódico todos los días. *He used to buy the newspaper every day.*

2. Siempre hablaba despacio. *He always talked slowly.* (*It was his habit* [custom] *to talk slowly.*)

II

CONTINUOUS ACTION

1. Tenía un perro (continuous). *I had a dog.*
2. El árbol estaba cerca de la casa (continuous). *The tree was close to the house.*
3. La camisa estaba rota (continuous). *The shirt was torn.*

III

QUALITIES

1. Era muy guapo (continuous). *He was very handsome.*
2. Carlos era muy inteligente (continuous). *Charles was very intelligent.*
3. El presidente Lincoln era alto. *President Lincoln was tall.*
4. La casa era muy grande. *The house was very large.*

IV

DESCRIPTIONS

1. La casa tenía puertas grandes. *The house had large doors.*
2. Los perros eran negros. *The dogs were black.*
3. El vestido era lindo. *The dress was lovely.*
4. Los caminos eran anchos. *The roads were wide.*

EXTRA WORDS

hay, *there is, there are, is there? are there?*

hubo (preterite), *there was, there were, was there? were there?*

había (imperfect), *there used to be, did there used to be?*

ha habido, *there has been, there have been, has there been? have there been?*

va a haber, *there is going to be, there are going to be, is there going to be? are there going to be?*

40

Lección Número Cuarenta

THE COMMAND

*T*here is a special verb form in Spanish that must be used when you wish to give a command.

The endings for the command form of the verb are:

E for AR verbs

A for ER and IR verbs

EXAMPLES:

hablar,	hable,	hable despacio, por favor,
to speak	*speak*	*speak slowly, please*
contestar,	conteste,	conteste el teléfono, por favor,
to answer	*answer*	*answer the phone, please*
abrir,	abra,	abra la ventana, por favor,
to open	*open*	*open the window, please*

Pronouns are added on to the verbs in the command form.

EXAMPLES:

levantarse,	levántese,	levántese temprano, *get up*
to get up	*get up*	*early*
escribir,	escríbame,	escríbame pronto, *write to me*
to write	*write to me*	*soon*

Radical changing verbs have the same changes in the command form as they have in the present tense.

$$E = IE$$

$$O = UE$$

EXAMPLES:

INFINITIVE	PRESENT	COMMAND	COMMON EXPRESSION
cerrar	cierro	cierre	cierre la ventana
(*to close*)	(*I close*)	(*close*)	(*close the window*)
sentarse	me siento	siéntese	siéntese, por favor
(*to sit down*)	(*I sit down*)	(*sit down*)	(*sit down, please*)
contar	cuento	cuente	cuente conmigo
(*to count*)	(*I count*)	(*count*)	(*count on me* [*with me*])
soltar	suelto	suelte	suélteme
(*to let go*)	(*I let go*)	(*let go*)	(*let go of me*)

Most of the nonconformist verbs have the same irregularities in the command form as they have in the first person singular of the present tense.

INFINITIVE	PRESENT	COMMAND	COMMON EXPRESSION
venir,	vengo,	venga,	venga acá,
to come	*I come*	*come*	*come here*
tener,	tengo,	tenga,	tenga esto,
to have	*I have*	*have*	*have this, take this*
poner,	pongo,	ponga,	póngalo en la mesa,
to put	*I put*	*put*	*put it on the table*
hacer,	hago,	haga,	haga esto,
to do	*I do*	*do*	*do this*
salir,	salgo,	salga,	salga de la casa,
to go out	*I go out*	*go out*	*go out* (*get out*) *of the house*
oír,	oigo,	oiga,	oiga,
to hear, to listen	*I hear, listen*	*hear, listen*	*listen*
traer,	traigo,	traiga,	tráigamelo,
to bring	*I bring*	*bring*	*bring me it, it to me*
andar,	ando,	ande,	ande,
to walk, to go	*I walk, I go*	*walk, go*	*oh, go on*
decir,	digo,	diga,	no me diga,
to say, to tell	*I say, tell*	*say, tell*	*don't tell me*
caerse,	me caigo,	cáigase,	no se caiga,
to fall down	*I fall down*	*fall down*	*don't fall down*

Pronouns are attached to the command form except when the command is negative.

AFFIRMATIVE	NEGATIVE
dígame, *tell me*	no me diga, *don't tell me*
siéntese, *sit down*	no se siente, *don't sit down*
suéltelo, *let go of it*	no lo suelte, *don't let go of it*
póngalo, *put it*	no lo ponga, *don't put it*
tráigamelo, *bring it to me (me it)*	no me lo traiga, *don't bring it to me*
levántese, *get up*	no se levante, *don't get up*
báñese, *bathe, take a bath*	no se bañe, *don't take a bath*
acuéstese, *go to bed*	no se acueste, *don't go to bed*

You have learned that there are three kinds of verbs in Spanish:

1. Regular Verbs
2. Radical Changing Verbs
3. Nonconformist Verbs

The first person singular present of all these verbs is identical to the command, except for the final letter. Always try to associate the command with the first person present.

EXAMPLES:

REGULAR VERBS

INFINITIVE	PRESENT	COMMAND
tomar, *to take*	tomo, *I take*	tome
vender, *to sell*	vendo, *I sell*	venda
escribir, *to write*	escribo, *I write*	escriba

RADICAL CHANGING VERBS

INFINITIVE	PRESENT	COMMAND
cerrar, *to close*	cierro, *I close*	cierre
contar, *to count*	cuento, *I count*	cuente
recordar, *to remember*	recuerdo, *I remember*	recuerde

NONCONFORMIST VERBS

INFINITIVE	PRESENT	COMMAND
venir, *to come*	vengo, *I come*	venga
hacer, *to do*	hago, *I do*	haga
traer, *to bring*	traigo, *I bring*	traiga

If you associate the command with the present tense, you can't go wrong.

There are only a very few exceptions to this rule and they are:

"Dar" (*to give*) and "estar" (*to be*) are regular in the command, although they are nonconformist verbs. However, they did not deign to be completely regular, since they belong to the select nonconformist club, so they both have accents.

dar, *to give*	dé, *give*	démelo, *give it to me*
estar, *to be*	esté, *be*	esté contento, *be happy*

"Ir" (*to go*) and "ser" (*to be*) are completely irregular:

ir, *to go*	voy, *I go*	vaya, *go*	vaya a la tienda, *go to the store*
ser, *to be*	soy, *I am*	sea, *be*	no sea indiscreto, *don't be indiscreet*

This whole lesson can be reduced to three points.

1. The command is like the first person singular present, except for the final letter.
2. The commands that are not like the first person singular present are:

estar	dar	ir	ser
(*esté*)	(*dé*)	(*vaya*)	(*sea*)

3. In the command, pronouns are attached to the verbs except when the command is negative.

WRITTEN EXERCISE
AR verbs

1. Cover up the right-hand column.
2. Remove "ar" from the infinitive in the left-hand column.
3. Add the letter "e" (as in the second column below).

4. Check your columns with those below.
5. Read the second column aloud, firmly stressing the heavy-type letters.

INFINITIVE	COMMAND
tomar, *to take*	t**o**me
hablar, *to speak*	h**a**ble
trabajar, *to work*	traba**je**
entrar, *to come in*	**e**ntre
pasar, *to pass*	p**a**se
bailar, *to dance*	b**a**ile
terminar, *to finish*	term**i**ne
estacionar, *to park*	estaci**o**ne
comprar, *to buy*	c**o**mpre
anunciar, *to advertise*	an**u**ncie
dibujar, *to draw*	dib**u**je
cambiar, *to change*	c**a**mbie
cantar, *to sing*	c**a**nte
arreglar, *to arrange*	arr**e**gle
caminar, *to walk*	cam**i**ne
enseñar, *to show, to teach*	ens**e**ñe

ER and IR verbs

1. Cover up the right-hand column.
2. Remove "er" or "ir" from the infinitive in the left-hand column.
3. Add the letter "a" (as in the second column below).
4. Check your columns with those below.
5. Read the second column aloud, firmly accenting the heavy-type letters.

INFINITIVE	COMMAND
vender, *to sell*	v**e**nda
correr, *to run*	c**o**rra
comprender, *to understand*	compr**e**nda
aprender, *to learn*	apr**e**nda
leer, *to read*	l**e**a
comer, *to eat*	c**o**ma
beber, *to drink*	b**e**ba

decidir, *to decide*	decida
escribir, *to write*	escriba
permitir, *to allow*	permita
resistir, *to resist*	resista
vivir, *to live*	viva
describir, *to describe*	describa

NONCONFORMIST VERBS

1. Cover up the two right-hand columns.
2. Write the first person singular present of each verb (as in the second column below). They all end in "go."
3. Write the command of each verb (as in the third column below). They all end in "ga."

INFINITIVE	PRESENT	COMMAND
venir, *to come*	vengo, *I come*	venga
tener, *to have*	tengo, *I have*	tenga
hacer, *to do*	hago, *I do*	haga
traer, *to bring*	traigo, *I bring*	traiga
salir, *to go out*	salgo, *I go out*	salga
caer, *to fall*	caigo, *I fall*	caiga
oír, *to hear*	oigo, *I hear*	oiga
poner, *to put*	pongo, *I put*	ponga
decir, *to say*	digo, *I say*	diga

Pronounce the following words aloud. They have a certain ring to them that makes them pleasant to pronounce. Learn these words as you would learn a poem. Pronounce them vigorously and you will see that it is enjoyable to say them.

> tráigamelo, *bring it to me* (*bring me it*)
> hágamelo, *do it for me* (*do me it*)
> dígamelo, *tell me* (*tell me it*)
> cómpremelo, *buy it for me* (*buy me it*)
> mándemelo, *sent it to me* (*send me it*)
> enséñemelo, *show it to me* (*show me it*)
> démelo, *give it to me* (*give me it*)

PLURAL COMMAND

If you give a command to more than one person, add the letter "n" to the singular command.

INFINITIVE	SINGULAR COMMAND	PLURAL COMMAND
comprar	compre	compren
tomar	tome	tomen
hablar	hable	hablen
traer	traiga	traigan
venir	venga	vengan

SENTENCE-FORMING EXERCISES

Combine the words below in different ways to form as many sentences as you can. Be sure to use words from each of the columns in every sentence you form.

A

1	2
Compre (*Buy*)	unas aspirinas, por favor
Compren (pl.)	jabón (*soap*)
	unas toallas (*some towels*)
	una docena de huevos (*a dozen eggs*)
	media docena de naranjas (*a half dozen oranges*)
	azúcar (*sugar*)
	sal (*salt*)
	pimienta (*pepper*)

B

1	2
Siéntese (*Sit down, sit*)	en el sofá, por favor
No se siente (*Don't sit down, don't sit*)	en el sillón (*on the armchair*)
	en la silla (*on the chair*)
	en la hamaca (*on the hammock*)
	junto a mí (*next to me*)
	en la primera fila (*on the first row*)

C

1	2
Venga (*Come*)	a la clase
Vengan (pl.)	a mi casa
No venga (*Don't come*)	al despacho
No vengan (pl.)	al club
Vaya (*Go*)	a la playa
Vayan (pl.)	a la tienda, por favor
No vaya (*Don't go*)	al correo, por favor
No vayan (pl.)	a vernos (*to see us*)
	pronto (*soon, right away*)

EXERCISE IN TRANSLATION I

Translate the following sentences into Spanish. Write out each sentence in Spanish, using the columns above as a guide. Check your sentences with the translations below this exercise.

1. Buy some aspirin, please.
2. Buy some towels.
3. Buy a dozen eggs.
4. Buy a half dozen oranges, please.
5. Buy (some) sugar.
6. Buy (pl.) some towels.
7. Sit down, please.
8. Sit on the sofa, please.
9. Sit on the armchair.
10. Sit next to me.
11. Sit in the first row.
12. Come to the class tomorrow.
13. Come to the office.
14. Come (pl.) to the club.
15. Don't come to the office.
16. Go to the beach.
17. Come (pl.) to see us soon.
18. Go (pl.) to the store.
19. Come to the office right away.
20. Don't go to the post office.

Check your sentences with the translations below.

1. Compre unas aspirinas, por favor.
2. Compre unas toallas.
3. Compre una docena de huevos.
4. Compre media docena de naranjas, por favor.
5. Compre azúcar.
6. Compren unas toallas.
7. Siéntese, por favor.
8. Siéntese en el sofá, por favor.
9. Siéntese en el sillón.
10. Siéntese junto a mí.
11. Siéntese en la primera fila.
12. Venga a la clase mañana.
13. Venga al despacho.
14. Vengan al club.
15. No venga al despacho.
16. Vaya a la playa.
17. Vengan a vernos pronto.
18. Vayan a la tienda.
19. Venga al despacho pronto.
20. No vaya al correo.

SENTENCE-FORMING EXERCISES

Combine the words below in different ways to form as many
sentences as you can. Be sure to use words from each of the
columns in every sentence you form.

A

1	2
Tráigame (*Bring me*)	un vaso de agua
No me traiga (*Don't bring me*)	los libros
Tráigale (*Bring him, her*)	el boleto
No le traiga (*Don't bring him, her*)	un regalo (*a present*)
Llévele (*Take him, her*)	unos helados (*some ice cream*)
	unas toallas (*some towels*)
	unas flores
	unas revistas

B

1	2
Déme (*Give me*)	el dinero (*the money*)
No me dé (*Don't give me*)	cincuenta centavos (*fifty cents*)
Déle (*Give him, her*)	la caja (*the box*)
No le dé (*Don't give him, her*)	los guantes (*the gloves*)
	lo que quiera (*what he, she wants*)
	dulces
	el paquete (*the package*)

EXERCISE IN TRANSLATION II

Translate the following sentences into Spanish. Write out each
sentence in Spanish, using the columns above as a guide. Check
your sentences with the translations below this exercise.

1. Bring me a glass of water, please.
2. Bring me the ticket, please.
3. Bring me some towels, please.
4. Bring him some ice cream.
5. Take her some flowers.
6. Take him some magazines.
7. Take her a present.
8. Don't bring me the books.
9. Don't bring him the tickets.
10. Give me the money, please.
11. Give him fifty cents.
12. Don't give him (any) candy.
13. Give him the package.
14. Give him what he wants.
15. Give her what she wants.

Check you sentences with the translations below.

1. Tráigame un vaso de agua, por favor.
2. Tráigame el boleto, por favor.
3. Tráigame unas toallas, por favor.
4. Tráigale unos helados.
5. Llévele unas flores.
6. Llévele unas revistas.
7. Llévele un regalo.
8. No me traiga los libros.
9. No le traiga los boletos.
10. Déme el dinero, por favor.
11. Déle cincuenta centavos.
12. No le dé dulces.
13. Déle el paquete.
14. Déle lo que quiere.
15. Déle lo que quiere.

SPELLING CHANGES IN THE COMMAND
(orthographic changes)

Verbs that end in "gar" in the infinitive, end in "gue" in the command. This change is made in order to retain the hard sound of the "g."

The "gue" is pronounced "gue" as in "guest."

INFINITIVE	COMMAND
pagar, *to pay*	pague
llegar, *to arrive*	llegue
investigar, *to investigate*	investigue
castigar, *to punish*	castigue
entregar, *to deliver*	entregue
apagar, *to put out* (the light)	apague
*jugar, *to play* (a game)	juegue

*Notice that "jugar" is radical changing. The "u" changes to "ue."

Verbs that end in "car" in the infinitive end in "que" in the command. This change is made in order to retain the hard "k" sound.

The "que" is pronounced "ke" as in "kept."

INFINITIVE	COMMAND
sacar, *to take out*	saque
tocar, *to play* (an instrument)	toque
criticar, *to criticize*	critique
practicar, *to practice*	practique
marcar, *to mark*	marque

explicar, *to explain*   explique
indicar, *to indicate, to point out*   indique
lubricar, *to lubricate*   lubrique

CER verbs

You have learned that the command is like the first person singular present except for the final letter. This is true of "cer" verbs, which end in "zco" in the first person present.

INFINITIVE	PRESENT	COMMAND
conocer, *to know*	conozco, *I know*	conozca
obedecer, *to obey*	obedezco, *I obey*	obedezca
ofrecer, *to offer*	ofrezco, *I offer*	ofrezca
establecer, *to establish*	establezco, *I establish*	establezca

The command form is called the "imperative" in English.

Spanish grammarians call it the "subjunctive used as imperative." I prefer to use the word "command" because it conveys the meaning clearly and because it is easy to remember.

COMMON USES OF THE COMMAND

Levántese. *Get up.*

Siéntese. *Sit down.*

Párese. *Stand up* (from "pararse," *to stand up*).

Pase. *Come in (Pass).*

Pase adelante. *Come in (Pass forward).*

Hágalo. *Do it.*

Venga acá. *Come here.*

Levántelo. *Lift it.*

Váyase. *Go away.*

Suélteme. *Let go of me.*

Suéltelo. *Let go of it, him.*

Déjeme. *Leave me, let me* (from "dejar," *to leave, to let*)

Póngalo en la mesa. *Put it on the table.*

Ponga la mesa. *Set the table.*

Póngaselo. *Put it on.*

Démelo. *Give it to me.*

Escríbame. *Write to me.*

Tráigamelo. *Bring it to me.*

Apúrese. *Hurry up* (from "apurarse," *to hurry*).

Dése prisa. *Hurry up (give yourself haste).*

Limpie la casa. *Clean the house.*

Présteme. *Lend me* (from "prestar," *to lend*).

Échemelo. *Toss it to me* (from "echar," *to throw, to toss*).

Cállese. *Hush up, shut up* (from "callarse," *to hush*).

Conteste el teléfono. *Answer the phone.*

Enséñemelo. *Show it to me.*

Préstemelo. *Lend it to me.*

Hable despacio. *Speak slowly.*

Mire. *Look* (from "mirar," *to look at*).

Mire, que bonito. *Look, how pretty.*

Prométame. *Promise me.*

Enséñemelo. *Show it to me.*

Quédese. *Stay.*

Dispénseme. *Pardon me.*

Apague la luz. *Turn out the light.*

Cierre la ventana. *Close the window.*

Tómelo. *Take it* (medicine, food, vehicle).

Cuídese. *Take care of yourself.*

Salude a Carlos. *Say hello to Charles.*

Permítame presentar. *Allow me to present.*

Tome asiento. *Take a seat.*

Quédese otro ratito. *Stay a little while longer.*

No se moleste. *Don't bother, don't trouble yourself.*

Mándeme. *Send me.*

Oiga. *Listen.*

Dígamelo. *Tell me* (it).

Dígame. *Tell me.*

Permítame. *Allow me.*

Test Your Progress

*n*ow let's see how well you can distinguish the imperfect and the preterite tenses. Translate the following sentences into Spanish. Write the translations in the blanks below the sentences. You should be able to complete this test in ten minutes.

1. I wrote a letter.

   _____

2. He had a car.

   _____

3. She used to visit us often.

   _____

4. She used to do the work very well.

   _____

5. We bought a house.

   _____

6. The house had a terrace.

   _____

7. He used to take a taxi every morning.

   _____

8. He was very charming.

   _____

9. She sold the house.

   _____

10. I was going to do it.

_____

11. We were going to sell the house.

_____

12. He said that it was terrible.

_____

13. He had a dog.

_____

14. He wanted to play tennis.

_____

15. We were going to the beach.

_____

16. He used to swim very well.

_____

17. She was very pretty.

_____

18. The dress was lovely.

_____

19. He loved his mother.

_____

20. I saw him this morning.

_____

Check your answers with those below. If you have more than
5 errors, review Lesson 39.

1. Escribí una carta. (Single completed action)
2. Tenía un auto. (Continuous)
3. Nos visitaba con frecuencia. (Repeated)
4. Hacía el trabajo muy bien. (Repeated)
5. Compramos una casa. (Single completed)
6. La casa tenía una terraza. (Descriptive)
7. Tomaba un taxi todas las mañanas. (Repeated)
8. Era muy simpático. (Descriptive)

9. Vendió la casa. (Single completed)

10. Iba a hacerlo. ("Was going to" is always "iba a")

11. Íbamos a vender la casa.

12. Dijo que era terrible. ("That it was" is "que era")

13 Tenía un perro. (Continuous)

14. Quería jugar tenis. ("Wanted" is "quería")

15. Íbamos a la playa.

16. Nadaba muy bien. (Repeated)

17. Era muy bonita. (Descriptive)

18. El vestido era lindo. (Descriptive)

19. Quería a su mamá. (Continuous)

20. Lo ví esta mañana. (Single completed)

TEST II

Now test yourself on the command. Fill in the blanks below with the Spanish equivalent of the English commands.

1. Open the window. ————————

2. Answer the telephone. ————————

3. Get up. ————————

4. Shut the door. ————————

5. Come here. ————————

6. Put it on the table. ————————

7. Listen. ————————

8. Tell me. ————————

9. Don't fall (down). ————————

10. Sit down. ————————

11. Bring it to me. ————————

12. Give it to me. ————————

13. Go to the store. ————————

14. Buy it. ————————

15. Speak slowly, please. ————————

Check your answers with those below.

1. Abra la ventana.
2. Conteste el teléfono.
3. Levántese.
4. Cierre la puerta.
5. Venga acá.
6. Póngalo en la mesa.
7. Oiga.
8. Dígame.
9. No se caiga.
10. Siéntese.
11. Tráigamelo.
12. Démelo.
13. Vaya a la tienda.
14. Cómprelo.
15. Hable despacio, por favor.

41

Lección Número Cuarenta y Uno

THE PRESENT SUBJUNCTIVE

*T*he verb endings for the present subjunctive and the command are absolutely identical in all verbs. I am very happy to tell you that since you know the command you also know the present subjunctive. The only thing you will have to learn now is the use of the subjunctive.

USES OF THE SUBJUNCTIVE—PART I

The subjunctive is used after certain definite expressions:

1. QUIERO QUE,   *I want you to*
   I want him, her, it to

2. ESPERO QUE,   *I hope that you will*
   I hope that he, she, it will

3. DUDO QUE,   *I doubt that you will*
   I doubt that he, she, it will

4. TEMO QUE,   *I fear that you will*
   I fear that he, she, it will
   I am afraid that you, he, she, it will

5. PREFIERO QUE, *I prefer that you, he, she, it*

6. SIENTO QUE,   *I am sorry, I regret that you, he, she, it will*

Remember that in the command and in the subjunctive "ar" verbs end in "e," "er" and "ir" verbs end in "a".

AR verbs, E

ER and IR verbs, A

Remember also that the subjunctive and the first person singular present are alike except for the final letter.

SENTENCE-FORMING EXERCISES

Combine the words below in different ways to form as many sentences as you can. Be sure to use words from each of the columns in every sentence you form.

A

1	2	3
Quiero que (*I want you, him, her to*)	compre	un sombrero
	venda	la casa
§ Alberto quiere que (*Albert wants you, him, her to*)	escriba	el artículo
	termine	el trabajo
Espero que (*I hope that you, he, she will*)	lea (*read*)	el poema
	mande (*send*)	el paquete
§ Eduardo espera que (*Edward hopes that you will*)	conteste (*answer*)	la carta
	venga	a la fiesta

EXERCISE IN TRANSLATION I

Translate the following sentences into Spanish. Write out each sentence in Spanish, using the columns above as a guide. Check your sentences with the translations below this exercise.

1. I want you to buy a hat.
2. I want you to sell the house.
3. Albert wants you to write the article.
4. Albert wants him to finish the work.
5. I hope that you will read the poem.
6. I hope that he will send the package.
7. Edward hopes that she will answer the letter.
8. I hope that you will come to the party.
9. Albert wants you to come to the party.
10. Albert wants you to send the package.
11. I want you to finish the work.
12. I hope that you will sell the house.

Check your sentences with the translations below.

1. Quiero que compre un sombrero.
2. Quiero que venda la casa.
3. Alberto quiere que escriba el artículo.
4. Alberto quiere que termine el trabajo.
5. Espero que lea el poema.
6. Espero que mande el paquete.
7. Eduardo espera que conteste la carta.
8. Espero que venga a la fiesta.
9. Alberto quiere que venga a la fiesta.
10. Alberto quiere que mande el paquete.
11. Quiero que termine el trabajo.
12. Espero que venda la casa.

The most important thing to remember about the subjunctive is that:

THE FIRST PERSON SINGULAR PRESENT (indicative) AND THE SUBJUNCTIVE ARE ALIKE, EXCEPT FOR THE FINAL LETTER.

WRITTEN EXERCISES

1. Cover up the two right-hand columns.
2. Write the first person singular present of each verb (as in the second column below).
3. Write the subjunctive of each verb (as in the third column below).
4. Check your columns with those below.
5. Read the columns aloud, firmly stressing the heavy-type letters in the second and third columns.

INFINITIVE	PRESENT (INDICATIVE)	COMMAND, SUBJUNCTIVE
hablar, *to speak*	hablo, *I speak*	hable
terminar, *to finish*	termino, *I finish*	termine
caminar, *to walk*	camino, *I walk*	camine
mandar, *to send*	mando, *I send*	mande
manejar, *to drive*	manejo, *I drive*	maneje
lavar, *to wash*	lavo, *I wash*	lave
ayudar, *to help*	ayudo, *I help*	ayude
prometer, *to promise*	prometo, *I promise*	prometa
barrer, *to sweep*	barro, *I sweep*	barra
sorprender, *to surprise*	sorprendo, *I surprise*	sorprenda

aprender, *to learn*	aprendo, *I learn*	aprenda
asistir, *to attend*	asisto, *I attend*	asista
decidir, *to decide*	decido, *I decide*	decida
pensar, *to think*	pienso, *I think*	piense
cerrar, *to close*	cierro, *I close*	cierre
contar, *to tell, to count*	cuento, *I tell*	cuente
recordar, *to remember*	recuerdo, *I remember*	recuerde
tener, *to have*	tengo, *I have*	tenga
venir, *to come*	vengo, *I come*	venga
hacer, *to do, make*	hago, *I do*	haga
salir, *to go out*	salgo, *I go out*	salga
poner, *to put*	pongo, *I put*	ponga
traer, *to bring*	traigo, *I bring*	traiga
oír, *to hear*	oigo, *I hear*	oiga
conocer, *to know*	conozco, *I know*	conozca
obedecer, *to obey*	obedezco, *I obey*	obedezca
ofrecer, *to offer*	ofrezco, *I offer*	ofrezca
merecer, *to deserve*	merezco, *I deserve*	merezca
ver, *to see*	veo, *I see*	vea

REFLEXIVE VERBS

INFINITIVE	PRESENT (INDICATIVE)	SUBJUNCTIVE
levantarse, *to get up*	me levanto, *I get up*	se levante
acostarse, *to go to bed*	me acuesto, *I go to bed*	se acueste
enfermarse, *to get sick*	me enfermo, *I get sick*	se enferme
asustarse, *to get frightened*	me asusto, *I get frightened*	se asuste
mejorarse, *to get better*	me mejoro, *I get better*	se mejore
irse, *to go away*	me voy, *I go away*	se vaya
quedarse, *to stay*	me quedo, *I stay*	se quede
casarse, *to get married*	me caso, *I get married*	se case

Pronouns ALWAYS go before the verb in the present subjunctive.

EXAMPLES:

WITH REFLEXIVE VERBS

Quiero que se levante.	*I want you to get up.*
Quiero que se acueste.	*I want you to go to bed.*

Quiero que se bañe.	*I want you bathe.*
Espero que se mejore.	*I hope he'll get better.*
No quiero que se canse.	*I don't want you to get tired.*
Quiero que se aliste.	*I want you to get ready.*

EXAMPLES:

WITH DIRECT AND INDIRECT OBJECT PRONOUNS

Quiero que lo haga.	*I want you to do it.*
Quiero que lo vea.	*I want you to see it.*
Quiero que lo traiga.	*I want you to bring it.*
Quiero que me lo dé.	*I want you to give it to me.*
Quiero que me lo traiga.	*I want you to bring it to me.*
Espero que lo invite.	*I hope that you will invite him.*
Espero que la invite.	*I hope that you will invite her.*

SENTENCE-FORMING EXERCISES

Combine the words below in different ways to form as many sentences as you can. Be sure to use words from each of the columns in every sentence you form.

A

1	2
Quiero que (*I want you, him, her to*)	lo haga (*do it*)
Espero que (*I hope you, he, she will*)	lo traiga (*bring it*)
Dudo que (*I doubt that you, he, she will*)	lo diga (*say it*)
Temo que (*I fear that you, he, she will*)	lo vea (*see it*)
Prefiero que (*I prefer that you, he, she*)	me lo mande (*send it to me*)
	me lo compre (*buy it for me*)
	me lo dé (*give it to me*)
	me lo preste (*lend it to me*)
	me lo explique (*explain it to me*)

B

1	2
Quiero que (*I want you, him, her to*)	se levante (*get up*)
No quiero que (*I don't want you, him, her to*)	se acueste (*go to bed*)
	se quede (*stay*)
Elena quiere que (*Helen wants you, him, her to*)	se mejore (*get better*)
	se divierta (*have a good time*)
Espero que (*I hope that you, he, she will*)	se vaya (*go away*)
	se case (*get married*)
Pedro espera que (*Peter hopes that you, he, she will*)	se enferme (*get sick*)
	se asuste (*get frightened*)

EXERCISE IN TRANSLATION II

Translate the following sentences into Spanish. Write out each sentence in Spanish, using the columns above as a guide. Check your sentences with the translations below this exercise.

1. I want you to do it.
2. I want him to bring it.
3. I hope that she will see it.
4. I doubt that he will do it.
5. I fear that he will do it.
6. I want you to see it.
7. I want you to buy it for me.
8. I hope that he will give it to me.
9. I doubt that he'll send it to me.
10. I'm afraid that he'll do it.
11. I hope that you will send it to me.
12. I hope that you will explain it to me.
13. I hope that he will lend it to me.
14. I doubt that he'll lend it to me.
15. I want him to get up.
16. I want her to go to bed.
17. I don't want you to get sick.
18. I don't want him to get frightened.
19. I want him to stay.
20. I don't want him to go.
21. I hope that you'll get better.
22. I hope that you'll have a good time.
23. Helen wants you to stay.
24. Peter wants you to have a good time.
25. Peter wants her to get married.

Check your sentences with the translations below.

1. Quiero que lo haga.
2. Quiero que lo traiga.
3. Espero que lo vea.
4. Dudo que lo haga.

5. Temo que lo haga.
6. Quiero que lo vea.
7. Quiero que me lo compre.
8. Espero que me lo dé.
9. Dudo que me lo mande.
10. Temo que lo haga.
11. Espero que me lo mande.
12. Espero que me lo explique.
13. Espero que me lo preste.
14. Dudo que me lo preste.
15. Quiero que se levante.

16. Quiero que se acueste.
17. No quiero que se enferme.
18. No quiero que se asuste.
19. Quiero que se quede.
20. No quiero que se vaya.
21. Espero que se mejore.
22. Espero que se divierta.
23. Elena quiere que se quede.
24. Pedro quiere que se divierta.
25. Pedro quiere que se case.

PRESENT SUBJUNCTIVE ENDINGS

AR verbs		ER and IR verbs	
E	EMOS	A	AMOS
3 E	33 EN	3 A	33 AN

EXAMPLES OF VERBS:

COMPRAR, *to buy*		VENDER, *to sell*	
COMPRE	COMPREMOS	VENDA	VENDAMOS
3 COMPRE	33 COMPREN	3 VENDA	33 VENDAN

Irregular verbs have the same endings. ALL verbs in the present subjunctive have regular endings.

IR, *to go*		TENER, *to have*	
VAYA	VAYAMOS	TENGA	TENGAMOS
3 VAYA	33 VAYAN	3 TENGA	33 TENGAN

SENTENCE-FORMING EXERCISES

Combine the words below in different ways to form as many sentences as you can. Be sure to use words from each of the columns in every sentence you form.

A

1

§ Quiere que (*You want, he, she wants. Do you want? Does he, she want?*)

§§ Quieren que (*They want; Do they want?*)

§ Pedro quiere que (*Peter wants*)

§ Alberto quiere que (*Albert wants*)

2

cante (*me, you, him, her to sing*)

§§ canten (*them to sing*)

escriba (*me, you, him, her to write*)

escribamos (*us to write*)

§§ escriban (*them to write*)

cantemos (*us to sing*)

lo haga (*me, you, him, her to do it*)

lo hagamos (*us to do it*)

§§ lo hagan (*them to do it*)

B

1

§ Espera que (*You, he, she hopes that*)

§§ Esperan que (*They hope that*)

§ Pablo espera que (*Paul hopes that*)

2

lo haga (*I, you, he, she will do it*)

lo hagamos (*we will do it*)

§§ lo hagan (*they will do it*)

escriba pronto (*I, you, he, she will write soon*)

EXERCISE IN TRANSLATION III

Translate the following sentences into Spanish. Write out each sentence in Spanish, using the columns above as a guide.

1. He wants me to sing.
2. Does he want her to sing?
3. Do you want them to sing?
4. He wants us to sing.
5. She wants them to sing.
6. Peter wants you to sing.
7. They want you to sing.
8. They want you to write.
9. Albert wants us to do it.
10. Peter wants them to do it.
11. He wants me to write.
12. Albert wants you to sing.
13. Albert wants us to sing.
14. He hopes that they will do it.
15. They hope that he will do it.
16. Paul hopes that she will write soon.
17. They hope that he will write soon.

Check your sentences with the translations on the next page.

1. Quiere que cante.
2. ¿Quiere que cante?
3. ¿Quiere que canten?
4. Quiere que cantemos.
5. Quiere que canten.
6. Pedro quiere que cante.
7. Quieren que cante.
8. Quieren que escriba.
9. Alberto quiere que lo hagamos.
10. Pedro quiere que lo hagan.
11. Quiere que escriba.
12. Alberto quiere que cante.
13. Alberto quiere que cantemos.
14. Espera que lo hagan.
15. Esperan que lo haga.
16. Pablo espera que escriba pronto.
17. Esperan que escriba pronto.

You have learned several expressions that must be followed by the subjunctive in this lesson. No doubt you have noticed that all these expressions involve two people; ONE PERSON who fears, wants, doubts, hopes, or prefers that ANOTHER PERSON will do something.

Don't confuse these subjunctive expressions that involve TWO people with the expressions that you have already learned that involve only ONE person.

ONE PERSON—INFINITIVE

1. Quiero ir. *I want to go.*
2. Alberto quiere cantar. *Albert wants to sing.*
3. Elena quiere terminar. *Helen wants to finish.*
4. Espero ir. *I hope to go.*
5. Prefiero caminar. *I prefer to walk.*
6. Marta prefiere caminar. *Martha prefers to walk.*

TWO PERSONS—SUBJUNCTIVE

1. Quiero que vaya. *I want you to go.*
2. Alberto quiere que cante. *Albert wants me to sing.*
3. Elena quiere que termine. *Helen wants you to finish.*
4. Espero que vaya. *I hope that he will go.*
5. Prefiero que camine. *I prefer that you walk.*
6. Marta prefiere que camine. *Martha prefers that you walk.*

Notice that when the action involves one person you use the verb alone (quiero). But when the action involves two people the verb is followed by "que" (quiero que).

USES OF THE SUBJUNCTIVE—PART II

"Es" when followed by an adjective or a noun and the word "que" requires the subjunctive.

EXAMPLES:

1. ES NECESARIO QUE (*it's necessary that*) is followed by the subjunctive.
2. ES BUENO QUE (*it's good that*) is followed by the subjunctive.
3. ES MALO QUE (*it's bad that*) is followed by the subjunctive.

Use the following words to fill in the blanks below.

1. necesario, *necessary*
2. terrible, *terrible*
3. posible, *possible*
4. increíble, *incredible*
5. raro, *strange*
6. extraordinario, *extraordinary*
7. lástima, *a pity, too bad, a shame*
8. bueno, *good*
9. malo, *bad*
10. probable, *probable*
11. triste, *sad*
12. preferible, *preferable*
13. natural, *natural*
14. imperativo, *imperative*

Es —————————— que lo haga.
(*It's*   *that he do it, that he does it, that he should do it.*)

Es —————————— que lo hagan.
(*It's*   *that they do it, that they should do it.*)

EXERCISE IN TRANSLATION IV

Translate the following sentences into Spanish. Remember that "es" followed by an adjective or a noun and the word "que" requires the subjunctive.

1. It's necessary that he do it.
2. It's terrible that he should do it.
3. It's possible that he does it.
4. It's incredible that he should do it.
5. It's a pity that they do it.
6. It's preferable that they do it.
7. It's natural that he should do it.
8. It's good that he should do it.

Check your sentences with the translations below.

1. Es necesario que lo haga.
2. Es terrible que lo haga.
3. Es posible que lo haga.
4. Es increíble que lo haga.
5. Es lástima que lo hagan.
6. Es preferible que lo hagan.
7. Es natural que lo haga.
8. Es bueno que lo haga.

Another expression that requires the subjunctive is: "que," *let, may* (with the subjunctive).

EXAMPLES:

Que cante. *Let him sing. Let her sing.*

Que venga. *Let him come. Let her come.*

Que lo haga. *Let him do it. Let her do it.*

Que haga lo que quiera. *Let him do what he wants. Let her do what she wants.*

Que lo compre. *Let him buy it. Let her buy it.*

Que lo piense. *Let him, her think it over.*

Que salga. *Let him go out. Let her go out.*

Que tenga suerte. *May he, she have luck.*

Que llegue a tiempo. *May he, she get there on time.*

Que vuelva pronto. *May he come back soon.*

Que canten. *Let them sing.*

Que vengan. *Let them come.*

Que lo hagan. *Let them do it.*

Que lo piensen. *Let them think it over.*

Que tengan suerte. *May they have luck.*

The expression "May they" (que) belongs to a whole subjunctive family that expresses hope, desire, or a sincere wish that heaven be on your side.

THE FAMILY OF HOPE

1. ESPERO QUE (*I hope that*) is followed by the subjunctive.
2. QUE (*May you, he, she, they*) is followed by the subjunctive.
3. DIOS QUIERA QUE (*God grant, want that, God be willing that*) is followed by the subjunctive.
4. OJALÁ QUE (*I certainly hope that, Oh Allah that*) is followed by the subjunctive.

This last expression was borrowed from the Moors who lived in Spain for eight centuries (711–1492).

EXAMPLES:

1. Espero que tenga suerte. *I hope that you'll have luck.*
2. Que tenga suerte. *May you have luck.*
3. Dios quiera que tenga suerte. *God grant that you have luck.*
4. Ojalá que tenga suerte. *I certainly hope that you'll have luck.*

REQUEST, PREFERENCE, COMMAND

In Spanish an expression that states that somebody wants you to do something requires the subjunctive. This ranges from the most delicate request or preference to the most authoritative command.

1. QUIERE QUE mande. *He wants you to send.*
2. DICE QUE mande. *He says that you should send.*
3. PREFIERE QUE mande. *He prefers that you should send.*
4. PIDE QUE mande. *He asks you to send.*
5. EXIGE QUE mande. *He demands that you send.*
6. LE RUEGA QUE mande. *He begs you to send.*
7. LE SUPLICA QUE mande. *He begs you to send.*
8. PROPONE QUE mande. *He proposes that you send.*
9. PROHIBE QUE mande. *He forbids you to send.*

Notice that the above expressions involve two people.

Notice also that all the verbs above are followed by "que" and that they are all commands in one degree or another. "Dice que es bonito" (*He says that it's pretty*) is not a command; therefore it does not belong to the above group.

SENTENCE-FORMING EXERCISES

Combine the words below in different ways to form as many sentences as you can. Be sure to use words from each of the columns in every sentence you form.

A

1	**2**
Que (*Let*)	cante (*him, her sing*)
	llore (*him, her cry*)
	venga (*him, her come*)
	salga (*him, her go out*)
	lo haga (*him, her do it*)
	lo traiga (*him, her bring it*)
	entre (*him, her come in*)
	vaya (*him, her go*)
	se quede (*him, her stay*)
	juegue (*him, her play*)

B

1	2	3
Espero que	compre	la casa
(*I hope that*)	venda	el auto
Ojalá que	vengan	a la fiesta
(*I certainly hope that*)	vea (*see*)	a su hijo
Dios quiera que	encuentre (*find*)	(*her son*)
(*God want that*)		el dinero

C

1	2	3
𝟛 Dice que	mande	el dinero
(*He, she says that*)	(*you should send*)	el paquete
𝟛𝟛 Dicen que	vaya	al despacho
(*They say that*)	(*you should go*)	al club
	termine	el trabajo
	(*you should finish*)	la carta

EXERCISE IN TRANSLATION V

Translate the following sentences into Spanish. Write out each sentence in Spanish, using the columns above as a guide. Check your sentences with the translations below this exercise.

1. Let him sing.
2. Let her come.
3. Let him go out.
4. Let her do it.
5. Let him bring it.
6. Let him come in.
7. Let her go.
8. Let her stay.
9. Let him play.
10. I hope that you will sell the car.
11. I hope that you will buy the house.
12. I certainly hope that you will find the money.
13. I certainly hope that they will come to the party.
14. God want (grant) that she see her son.
15. He says that you should send the money.
16. She says that you should go to the office.
17. They say that you should finish the work.

Check your sentences with the translations below.

1. Que cante.
2. Que venga.
3. Que salga.
4. Que lo haga.

5. Que lo traiga.
6. Que entre.
7. Que vaya (*Let her go away.* Que se vaya).
8. Que se quede.
9. Que juegue.
10. Espero que venda el auto.
11. Espero que compre la casa.
12. Ojalá que encuentre el dinero.
13. Ojalá que vengan a la fiesta.
14. Dios quiera que vea a su hijo.
15. Dice que mande el dinero.
16. Dice que vaya al despacho.
17. Dicen que termine el trabajo.

Remember that "dice" is followed by the subjunctive ONLY when it is used as a command.

THE INDEFINITE OR UNKNOWN FAMILY

When you speak of an indefinite or unknown person, place, or thing you must use the subjunctive.

EXAMPLES:

PERSONS UNKNOWN

1. *I want a maid who will do the work well.*
   Quiero una criada que **haga** el trabajo bien.
   Since you don't know who the maid will be you must use **the** subjunctive.
2. *I want a secretary who won't talk all the time.*
   Quiero una secretaria que no **hable** todo el tiempo.
   Since you don't know who the secretary will be you must use the subjunctive.
3. *Serve coffee to those who come (anybody who comes).*
   Sírvales café a los que **vengan**.
   Since you don't know who they will be you must use the subjunctive.

THINGS AND PLACES UNKNOWN

1. *I want a house that has a fireplace.*
   Quiero una casa que **tenga** chimenea.
   Since you don't know which house it will be you must use the subjunctive.
2. *I want a house that is near the station.*
   Quiero una casa que **esté** cerca de la estación.
   Since you don't know which house it will be you must use **the** subjunctive.

3. *Let them say what they will* (*say*).
Que digan lo que digan.
Since you don't know what they will say you must use the subjunctive.
4. *Let them do what they will* (*do*).
Que hagan lo que hagan.
Since you don't know what they will do you must use the subjunctive.
5. *Let them do what they want.*
Que hagan lo que quieran.
Since you don't know what they will want to do you must use the subjunctive.

THE SUBJUNCTIVE EXPRESSES
ACTION THAT HAS NOT TAKEN PLACE

CUANDO (*when*), followed by action in the future, requires the subjunctive.

EXAMPLES:

1. *when he comes* (in the future), cuando **venga**
2. *when he does it* (in the future), cuando lo **haga**
3. *when he arrives* (in the future), cuando **llegue**
4. *when he hears it* (in the future), cuando lo **oiga**

When "cuando" is not followed by action in the future it does not require the subjunctive. "When he did it" (cuando lo hizo) is an accomplished fact. The action has taken place, therefore it is not expressed in the subjunctive. The subjunctive is used to express the uncertainty of an action that has not taken place.

HASTA QUE (*until*) requires the subjunctive when followed by action in the future. Hasta que **venga**. *Until he comes;* Hasta que lo **haga,** *Until he does it.*

SUBJUNCTIVE

Quédese hasta que **termine** el trabajo. *Stay until you finish the work.*

NOT SUBJUNCTIVE

Se quedó hasta que terminó el trabajo. *He stayed until he finished the work.* This sentence is not in the subjunctive because "hasta que" is NOT followed by action in the future.

AUNQUE (*even though, even if*) requires the subjunctive when followed by action in the future.
Aunque **venga.** *Even if he comes;* Aunque **vaya.** *Even if he goes.*

CON TAL QUE (*provided that*) requires the subjunctive.
Con tal que **se quede.** *Provided that he stays.*

PARA QUE (*so that*) requires the subjunctive when it expresses the purpose of an action.
Lo cuidamos para que no **se enferme.** *We take care of him so that he won't get sick.*

THE "MAYBE" FAMILY

All expressions that mean "maybe" are followed by the subjunctive.
1. TAL VEZ (*maybe*)
   Tal vez **venga.** *Maybe he'll come.*
2. QUIZÁ, QUIZÁS (*maybe*)
   Quizá lo **haga.** *Maybe he'll do it.*
   Quizás **venga.** *Maybe he'll come.*
3. ES POSIBLE QUE (*it is possible that*)
   Es posible que **termine.** *It's possible that he will finish.*
4. POSIBLEMENTE (*possibly*)
5. PUEDE SER QUE (*it may be that*)
   Puede ser que **hable** con mi tío. *It may be that he will talk to my uncle.*
6. PUEDE QUE (*it may be that*)
   Puede que **visite** a mi tío. *It may be that he will visit my uncle.*

PROBABILITY

Expressions of probability are followed by the subjunctive.
1. ES PROBABLE QUE (*it is probable that*)
   Es probable que lo **haga.** *It's probable that he will do it.*

2. PROBABLEMENTE (*probably*)

Probablemente gane. *Probably he will win (He'll probably win).*

NO CREO QUE (*I don't think that*) is ALWAYS followed by the subjunctive.

CREO QUE (*I think that*) is NEVER followed by the subjunctive.

EXAMPLES:

Subjunctive 1.   No creo que compre la casa.   *I don't think he'll buy the house.*

Not subjunctive 2.   Creo que va a comprar la casa.   *I think that he is going to buy the house.*

Subjunctive 1.   No creo que estudie.   *I don't think he studies.*

Not subjunctive 2.   Creo que estudia mucho.   *I think he studies a lot.*

42

Lección Número Cuarenta y Dos

THE PAST SUBJUNCTIVE

PAST SUBJUNCTIVE ENDINGS

AR verbs		ER and IR verbs	
ARA	ÁRAMOS	IERA	IÉRAMOS
2 ARA	23 ARAN	2 IERA	23 IERAN

When an expression that requires the subjunctive is in the present tense, it requires the present subjunctive; when it is in the past tense it requires the past subjunctive.

PRESENT INDICATIVE	PRESENT SUBJUNCTIVE
Quiero que————————compre la casa.	
I want you————————to buy the house.	

PAST IMPERFECT	PAST SUBJUNCTIVE
Quería que————————comprara la casa.	
I wanted you————————to buy the house.	

The following expressions require the past subjunctive because they are in the past. These expressions are usually used in the imperfect as below:

1. QUERÍA QUE, *I wanted you, him, her, to . . .*
2. ESPERABA QUE, *I hoped that you, he, she would . . .*
3. DUDABA QUE, *I doubted that you, he, she would . . .*
4. TEMÍA QUE, *I feared that you, he, she would . . .*
5. PREFERÍA QUE, *I preferred that you, he, she would . . .*

The following expressions usually indicate single completed action, so they are in the preterite.

1. DIJO QUE, *he said that you should* . . .
2. PIDIÓ QUE, *he asked that you* . . .
3. EXIGIÓ QUE, *he demanded that you* . . .
4. LE ROGÓ QUE, *he begged that you, he, she* . . .
5. LE SUPLICÓ QUE, *he begged that you, he, she* . . .
6. LE PROPUSO QUE, *he proposed that you, he, she* . . .
7. LE PROHIBIÓ QUE, *he forbade that you, he, she* . . .

The plural third person PRETERITE and the PAST subjunctive are alike except for the ending.

THIRD PERSON PRETERITE (PL.)	PAST SUBJUNCTIVE
💲💲 TUVIERON (*they had*)	TUV*IERA*
💲💲 ESTUVIERON (*they were*)	ESTUV*IERA*
💲💲 ANDUVIERON (*they walked*)	ANDUV*IERA*
💲💲 HICIERON (*they did, made*)	HIC*IERA*
💲💲 PUSIERON (*they put*)	PUS*IERA*
💲💲 SUPIERON (*they knew*)	SUP*IERA*
💲💲 TRAJERON (*they brought*)	TRAJ*ERA*
💲💲 DIJERON (*they said*)	DIJ*ERA*
💲💲 CAYERON (*they fell*)	CAY*ERA*
💲💲 OYERON (*they heard*)	OY*ERA*
💲💲 FUERON (*they went*)	FU*ERA*

SENTENCE-FORMING EXERCISE

Combine the words below in different ways to form as many sentences as you can. Be sure to use words from each of the columns in every sentence you form.

A

1	2	3
Quería que (*I, you, he, she wanted*)	trabajara (*you, him, her to work;*	mañana anoche
Esperaba que (*I, you, he, she hoped that*)	*you, he, she would work; you, he, she should work*)	esta mañana esta tarde

1	2	3
8 Dijo que (*You, he, she said that*)	fuera	a la fiesta
	(*you, him, her to go;*	al cine
Queríamos que (*We wanted*)	*you, he, she would go;*	al club
	you, he, she should go)	a la clase
88 Querían que (*They wanted*)	vendiera	la casa
	(*you, him, her to sell;*	el auto
Esperábamos que (*They hoped that*)	*you, he, she would sell;*	el edificio
	you, he, she should sell)	(*the building*)
Dijimos que (*We said that*)	trajera	el dinero
	(*you, him, her to bring;*	los libros
88 Dijeron que (*They said that*)	*you, he, she would bring;*	a su primo
	you, he, she should bring)	la guitarra
	se levantara	
	(*you, him, her to get up;*	
	you, he, she would get up;	
	you, he, she should get up)	
	se lo diera	
	(*you, him, her to give it to me; you, he, she would give it to me; you, he, she should give it to me*)	

EXERCISE IN TRANSLATION

Translate the following sentences into Spanish. Write out each sentence in Spanish, using the columns above as a guide. Check your sentences with the correct translations below this exercise.

1. I wanted you to work tomorrow.
2. He wanted her to work this afternoon.
3. She wanted him to work this morning.
4. I hoped that he would work this afternoon.
5. He hoped that she would work this morning.
6. He said that you should work tonight.
7. She said that he should work this afternoon.
8. We wanted him to work tomorrow.
9. They wanted her to work this morning.
10. We said that he should work this morning.
11. I wanted you to go to the party.
12. He wanted her to go to the party.

13. I hoped that he would go to the party.
14. She hoped that he would go to the club.
15. We wanted him to go to the class.
16. They wanted her to go to the movies.
17. They said that he should go to the class.
18. I wanted him to sell the house.
19. He wanted her to sell the car.
20. They wanted him to sell the building.
21. I wanted you to bring the guitar.
22. He said that you should bring the money.
23. We hoped that you would bring your cousin.
24. I wanted you to get up.
25. We wanted him to get up.
26. She said that you should get up.
27. She wanted him to give it to me.
28. She hoped that he would give it to me.
29. She said that he should give it to me.
30. They wanted her to give it to me.

Check your sentences with the translations below.

1. Quería que trabajara mañana.
2. Quería que trabajara esta tarde.
3. Quería que trabajara esta mañana.
4. Esperaba que trabajara esta tarde.
5. Esperaba que trabajara esta mañana.
6. Dijo que trabajara esta noche.
7. Dijo que trabajara esta tarde.
8. Queríamos que trabajara mañana.
9. Querían que trabajara esta mañana.
10. Dijimos que trabajara esta mañana.
11. Quería que fuera a la fiesta.
12. Quería que fuera a la fiesta.
13. Esperaba que fuera a la fiesta.
14. Esperaba que fuera al club.
15. Queríamos que fuera a la clase.
16. Querían que fuera al cine.
17. Dijeron que fuera a la clase.
18. Quería que vendiera la casa.
19. Quería que vendiera el auto.
20. Querían que vendiera el edifico.
21. Quería que trajera la guitarra.
22. Dijo que trajera el dinero.
23. Esperábamos que trajera a su primo.
24. Quería que se levantara.
25. Queríamos que se levantara.
26. Dijo que se levantara.
27. Quería que me lo diera.
28. Esperaba que me lo diera.
29. Dijo que me lo diera.
30. Querían que me lo diera.

When you speak of indefinite or unknown persons or things in the past use the past subjunctive.

EXAMPLES:

1. *I wanted a maid who would do the work well.*
   Quería una criada que **hiciera** el trabajo bien.
2. *I wanted a secretary who wouldn't talk all the time.*
   Quería una secretaria que no **hablara** todo el tiempo.
3. *He wanted a house that was near the station.*
   Quería una casa que **estuviera** cerca de la estación.

Remember that the subjunctive is used when an action has not taken place. If an action has taken place, you do not use the subjunctive.

If the following expressions refer to the past, they are followed by the past subjunctive PROVIDED THAT THEY DO NOT EXPRESS AN ACTION THAT HAS TAKEN PLACE.

1. HASTA QUE (*until*)

   EXAMPLE:

   We wanted him to stay until he finished the work. Queríamos que se quedara hasta que **terminara** el trabajo.
2. AUNQUE (*even though, even if*)

   EXAMPLE:

   We wanted to play tennis even if it rained. Queríamos jugar tenis aunque **lloviera.** (from the verb "llover" *to rain*)
3. CON TAL QUE (*provided that*)

   EXAMPLE:

   She wanted him to do it, provided he would do it well. Quería que lo **hiciera,** con tal que lo **hiciera** bien.
4. PARA QUE (*so that*)

   EXAMPLE:

   We told him to leave early so that he would get here on time. Le dijimos que **saliera** temprano para que **llegara** a tiempo.
5. SI (*if*)

When you express an "iffy" wish, that is, a wish which begins with the word "if" (si), the verb which follows "if" must always be in the past subjunctive.

EXAMPLES:

If I were king!
¡Si fuera rey!

If I (only) had the money!
¡Si tuviera el dinero!

If he would (only) do it!
¡Si lo hiciera!

If I (only) could!
¡Si pudiera!

If you would understand!
¡Si comprendiera!

THE CONDITIONAL AND THE PAST SUBJUNCTIVE

The conditional of "hablar" is:

HABLARÍA (*I would talk*)	HABLARÍAMOS (*we would talk*)
3 HABLARÍA (*you, he, she would talk*)	**33** HABLARÍAN (*they would talk*)

To form the conditional of "ar," "er," and "ir" verbs, add the following endings to the COMPLETE INFINITIVE:

ÍA	ÍAMOS
3 ÍA	**33** ÍAN

EXAMPLES:

COMPRAR, *to buy*

COMPRARÍA (*I would buy*)	COMPRARÍAMOS (*we would buy*)
3 COMPRARÍA (*you, he, she would buy*)	**33** COMPRARÍAN (*they would buy*)

VENDER, *to sell*

VENDERÍA (*I would sell*)	**VENDERÍAMOS** (*we would sell*)
§ VENDERÍA (*you, he, she* *would sell*)	**§§ VENDERÍAN** (*they would sell*)

IR, *to go*

IRÍA (*I would go*)	**IRÍAMOS** (*we would go*)
§IRÍA (*you, he, she* *would go*)	**§§ IRÍAN** (*they would go*)

LEER, *to read*

LEERÍA (*I would read*)	**LEERÍAMOS** (*we would read*)
§ LEERÍA (*you, he, she* *would read*)	**§§ LEERÍAN** (*they would read*)

The conditional is used with the past subjunctive in the following way:

CONDITIONAL + (IF) PAST SUBJUNCTIVE

IRÍA a México .... SI FUERA posible.
I would go to Mexico .... *if it were possible.*

This order can be reversed:

(IF) PAST SUBJUNCTIVE + CONDITIONAL

SI FUERA posible, ... IRÍA a México
If it were possible, ... *I would go to Mexico*

EXAMPLES:

1. **Leería** el libro si **fuera** interesante.
   I would read the book if it were interesting.
2. **Escribiría** una carta si **tuviera** tiempo.
   I would write a letter if I had time.
3. **Compraría** un aeroplano si **fuera** posible.
   I would buy an airplane if it were possible.
4. Si **fuera** posible, **compraría** un aeroplano.
   If it were possible, I would buy an airplane.

There are a few verbs that are irregular in the conditional.

INFINITIVE	CONDITIONAL
tener, *to have*	tendría, *I would have*
venir, *to come*	vendría, *I would come*
poner, *to put*	pondría, *I would put*
poder, *to be able to*	podría, *I would be able to*
saber, *to know*	sabría, *I would know*
hacer, *to do*	haría, *I would do*
querer, *to want*	querría, *I would want*
decir, *to say*	diría, *I would say*
salir, *to go out*	saldría, *I would go out*

Notice that these verbs are all nonconformist verbs.

COMPOUND SUBJUNCTIVE

You have learned the present perfect tense (indicative).

EXAMPLES:

He estudiado. *I have studied*
Ha estudiado. *You have studied.*
Hemos estudiado. *We have studied.*
Han terminado. *They have finished.*

In Spanish when you say "I HOPE THAT you have studied" the "have studied" is subjunctive.

I hope that you have studied. Espero que **haya estudiado.**
I hope that he has finished. Espero que **haya terminado.**

Whenever you say that you hope (in the present) that something happened (in the past) you use the compound subjunctive.

IN THE PRESENT
Espero que (*I hope that*)

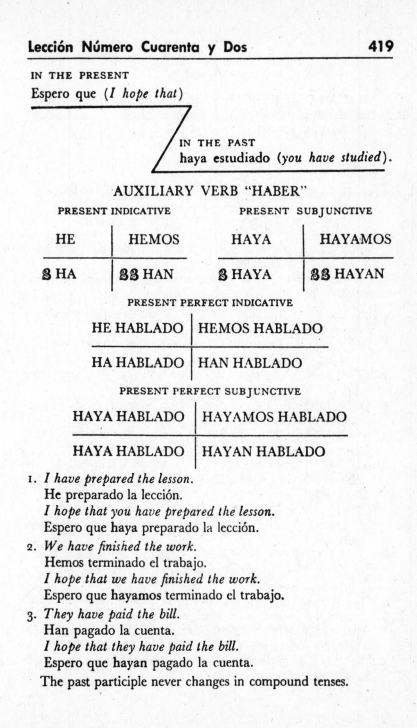

IN THE PAST
haya estudiado (*you have studied*).

AUXILIARY VERB "HABER"

PRESENT INDICATIVE		PRESENT SUBJUNCTIVE	
HE	HEMOS	HAYA	HAYAMOS
𝕊 HA	𝕊𝕊 HAN	𝕊 HAYA	𝕊𝕊 HAYAN

PRESENT PERFECT INDICATIVE

HE HABLADO	HEMOS HABLADO
HA HABLADO	HAN HABLADO

PRESENT PERFECT SUBJUNCTIVE

HAYA HABLADO	HAYAMOS HABLADO
HAYA HABLADO	HAYAN HABLADO

1. *I have prepared the lesson.*
   He preparado la lección.
   I hope that you have prepared the lesson.
   Espero que haya preparado la lección.
2. *We have finished the work.*
   Hemos terminado el trabajo.
   I hope that we have finished the work.
   Espero que hayamos terminado el trabajo.
3. *They have paid the bill.*
   Han pagado la cuenta.
   I hope that they have paid the bill.
   Espero que hayan pagado la cuenta.

The past participle never changes in compound tenses.

AR verb

HAYA COMPRADO	HAYAMOS COMPRADO
HAYA COMPRADO	HAYAN COMPRADO

ER verb

HAYA VENDIDO	HAYAMOS VENDIDO
HAYA VENDIDO	HAYAN VENDIDO

Notice that the participles (comprado, vendido) do not change. Only the auxiliary changes.

The subjunctive present perfect is used with the following expressions.

1. ESPERO QUE (*I hope that*), when you hope that something happened or has happened in the past.
2. DUDO QUE (*I doubt that*), when you doubt that something happened or has happened in the past.
3. TEMO QUE (*I fear that*), when you fear that something happened or has happened in the past.
4. SIENTO QUE (*I'm sorry that, I regret that*), when you are sorry that something has happened in the past.
5. NO CREO QUE (*I don't think that*), when you don't think that something happened or has happened in the past.
6. AUNQUE (*even though, even if*), when followed by the auxiliary "have." Aunque **haya trabajado**, *even though you have worked*.
7. CUANDO (*when*), when followed by the auxiliary "have" or "has." Example: *When you have finished,* Cuando **haya terminado.**
8. CON TAL QUE (*provided*), when followed by the auxiliary "have" or "has." Example: *Provided he has read the book,* Con tal que **haya leído** el libro.
9. "Es" followed by any adjective or noun and the word "que" requires the present perfect subjunctive when followed by the auxiliary "have" or "has." EXAMPLE: ES POSIBLE QUE (*It is possible that*), when followed by the auxiliary "have" or "has." *It is possible that he has read the book.* Es posible que **haya leído** el libro.

PAST PERFECT SUBJUNCTIVE

PAST PERFECT INDICATIVE

HABÍA HABLADO	HABÍAMOS HABLADO
HABÍA HABLADO	HABÍAN HABLADO

PAST PERFECT SUBJUNCTIVE

HUBIERA HABLADO	HUBIÉRAMOS HABLADO
HUBIERA HABLADO	HUBIERAN HABLADO

The past perfect subjunctive is used in the following construction:

I WOULD HAVE————————IF I HAD————
HUBIERA————————————SI HUBIERA————

EXAMPLES:

1. **I would have** known the lesson **if I had** studied.
   Hubiera sabido la lección **si hubiera** estudiado.
2. **I would have** spoken Spanish **if I had** studied.
   Hubiera hablado español **si hubiera** estudiado.
3. **I would have** gone to Mexico **if I had** had time.
   Hubiera ido a México **si hubiera** tenido tiempo.

Notice that the Spanish translation is:

I WOULD HAVE————————IF I HAD————————
HUBIERA————————————SI HUBIERA————

The order of this construction may be reversed.

IF I HAD————————I WOULD HAVE————————
SI HUBIERA————————HUBIERA————————

EXAMPLES:

1. **If I had** *studied,* **I would have** *known the lesson.*
   Si **hubiera** estudiado, **hubiera** sabido la lección.
2. **If I had** *studied,* **I would have** *spoken Spanish.*
   Si **hubiera** estudiado, **hubiera** hablado español.

3. If I had *had time*, I would have *gone to Mexico.*
Si hubiera tenido tiempo, hubiera ido a México.
4. If we had *had time*, we would have *gone to Mexico.*
Si hubiéramos tenido tiempo, hubiéramos ido a México.
5. If they had *studied*, they would have *spoken Spanish.*
Si hubieran estudiado, hubieran hablado español.

SENTENCE-FORMING EXERCISES

Combine the words below in different ways to form as many sentences as you can. Be sure to use words from each of the four groups in every sentence you form.

A

1	2
HUBIERA (*I, you, he, she would have*)	ido (*gone*)
	estudiado (*studied*)
HUBIÉRAMOS (*We would have*)	terminado (*finished*)
	escrito (*written*)
ᏋᏋ HUBIERAN (*They would have*)	

3	4
SI HUBIERA (*if I, you, he, she had*)	tenido un auto (*had a car*)
	tenido tiempo (*had time*)
SI HUBIÉRAMOS (*If we had*)	podido (*been able to*)
	sabido (*known*)
ᏋᏋ SI HUBIERAN (*if they had*)	

B

1	2
SI HUBIERA (*If I, you, he, she had*)	tenido un auto (*had a car*)
	tenido tiempo (*had time*)
SI HUBIÉRAMOS (*If we had*)	podido (*been able to*)
	sabido (*known*)
ᏋᏋ SI HUBIERAN (*If they had*)	

3	4

HUBIERA (*I, you, he,*   ido (*gone*)
    she would have)   estudiado (*studied*)
HUBIERAMOS   terminado (*finished*)
    (*we would have*)   escrito (*written*)
88 HUBIERAN
    (*they would have*)

EXERCISE IN TRANSLATION

Translate the following sentences into Spanish.

1. I would have gone if I had had a car.
2. He would have gone if he had been able to.
3. We would have gone if we had had a car.
4. They would have gone if they had been able to.
5. He would have studied if he had had time.
6. They would have studied if they had had time.
7. He would have finished if he had had time.
8. We would have written if we had known.
9. I would have finished if I had had time.
10. I would have written if I had been able to.
11. If I had had a car, I would have gone.
12. If we had had time, we would have studied.
13. If they had known, they would have written.
14. If they had had time, they would have studied.

Check your sentences with the translations below.

1. Hubiera ido si hubiera tenido un auto.
2. Hubiera ido si hubiera podido.
3. Hubiéramos ido si hubiéramos tenido un auto.
4. Hubieran ido si hubieran podido.
5. Hubiera estudiado si hubiera tenido tiempo.
6. Hubieran estudiado si hubieran tenido tiempo.
7. Hubiera terminado si hubiera tenido tiempo.
8. Hubiéramos escrito si hubiéramos sabido.
9. Hubiera terminado si hubiera tenido tiempo.
10. Hubiera escrito si hubiera podido.
11. Si hubiera tenido un auto, hubiera ido.
12. Si hubiéramos tenido tiempo, hubiéramos estudiado.
13. Si hubieran sabido, hubieran escrito.
14. Si hubieran tenido tiempo, hubieran estudiado.

43

Lección Número Cuarenta y Tres

RADICAL CHANGING VERBS I, II, III

RADICAL CHANGING VERBS II

*T*here are some verbs in which the letter "e" changes to "i" in the stem (root, body) of the verb.

PRESENT TENSE
SERVIR, *to serve*

SIRVO	SERVIMOS
(*I serve*)	(*we serve*)
8 SIRVE	88 SIRVEN
(*you serve*)	(*they serve*)

The "e" changes to "i" except in the first person plural.
THE FIRST PERSON PLURAL DOES NOT CHANGE.

WRITTEN EXERCISE

In the present tense of the following verbs the letter "e" changes to "i," except in the first person plural.

1. Write out the present tense of each verb. Write the verbs in four columns as shown under "PRESENT TENSE" below.
2. Check your columns with those in the book.

1. competir, *to compete*
2. pedir, *to ask for, order*
3. despedirse, *to take leave of*
4. impedir, *to impede*

5. repetir, *to repeat*
6. medir, *to measure*
7. derretir, *to melt*
8. freír, *to fry*

9. vestirse, *to dress*
10. desvestirse, *to undress*
11. reírse, *to laugh*
12. sonreírse, *to smile*

PRESENT TENSE

1. compito	🧑 compite	competimos	🧑🧑 compiten
2. pido	🧑 pide	pedimos	🧑🧑 piden
3. me despido	🧑 se despide	nos despedimos	🧑🧑 se despiden
4. impido	🧑 impide	impedimos	🧑🧑 impiden
5. repito	🧑 repite	repetimos	🧑🧑 repiten
6. mido	🧑 mide	medimos	🧑🧑 miden
7. derrito	🧑 derrite	derretimos	🧑🧑 derriten
8. frío	🧑 fríe	freímos	🧑🧑 fríen
9. me visto	🧑 se viste	nos vestimos	🧑🧑 se visten
10. me desvisto	🧑 se desviste	nos desvestimos	🧑🧑 se desvisten
11. me río	🧑 se ríe	nos reímos	🧑🧑 se ríen
12. me sonrío	🧑 se sonríe	nos sonreímos	🧑🧑 se sonríen

In the preterite of these verbs the letter "e" changes to "i" in the third man form singular and plural.

SERVIR, *to serve*

SERVÍ (*I served*)	SERVIMOS (*we served*)
🧑 SIRVIÓ (*you served*)	🧑🧑 SIRVIERON (*they served*)

1. Write out the preterite of each of the following verbs. Write the verbs in four columns as shown under "PRETERITE" below.
2. Check your columns with those in the book.

1. competir, *to compete*
2. pedir, *to ask for, to order*
3. despedirse, *to take leave of*
4. impedir, *to impede*
5. repetir, *to repeat*
6. medir, *to measure*

7. gemir, *to moan*
8. derretir, *to melt*
9. vestirse, *to dress*
10. desvertirse, *to undress*
11. reírse, *to laugh*
12. sonreírse, *to smile*

PRETERITE

1. competí	§ compitió	competimos	§§ compitieron
2. pedí	§ pidió	pedimos	§§ pidieron
3. me despedí	§ se despidió	nos despedimos	§§ se despidieron
4. impedí	§ impidió	impedimos	§§ impidieron
5. repetí	§ repitió	repetimos	§§ repitieron
6. medí	§ midió	medimos	§§ midieron
7. gemí	§ gimió	gemimos	§§ gimieron
8. derretí	§ derritió	derretimos	§§ derritieron
9. me vestí	§ se vistió	nos vestimos	§§ se vistieron
10. me desvestí	§ se desvistió	nos desvestimos	§§ se desvistieron
11. me reí	§ se rió	nos reímos	§§ se rieron
12. me sonreí	§ se sonrió	nos sonreímos	§§ se sonrieron

SENTENCE-FORMING EXERCISE I

Combine the words below in different ways to form as many sentences as you can. Be sure to use words from each of the three columns in every sentence you form.

A

1	2	3
Me reí	cuando ví	al payaso
(*I laughed*)	(*when I saw*)	(*clown*)
§ Pedro se rió	§ cuando vió	la caricatura
(*Peter laughed*)	(*when he saw*)	(*the cartoon*)
Nos reímos	cuando vimos	la fotografía
§§ Se rieron	§§ cuando oyeron	el chiste
§ Alberto se rió	§ cuando leyó	el artículo
§ Juan se rió	§ cuando vió	el sombrero
Me sonreí	cuando lo ví	anoche
(*I smiled*)	(*when I saw him*)	con Juan
§ Elena se sonrió	§ cuando habló	el nene (*baby*)
Nos sonreímos	cuando vimos	con Marta
§§ Se sonrieron	§§ cuando lo vieron	

EXERCISE IN TRANSLATION

Translate the following sentences into Spanish. Write out each sentence in Spanish, using the columns above as a guide. Check your sentences with the translations below this exercise.

1. I laughed when I saw the clown.
2. Peter laughed when he saw the cartoon.
3. We laughed when we saw the clown.
4. They laughed when they heard the joke.
5. Albert laughed when he read the joke.
6. John laughed when he saw the hat.
7. I smiled when I saw him last night.
8. Helen smiled when she talked with John.
9. We smiled when we saw the baby.
10. They smiled when they saw him with Martha.

Check your sentences with the translations below.

1. Me reí cuando ví al payaso.
2. Pedro se rió cuando vió la caricatura.
3. Nos reímos cuando vimos al payaso.
4. Se rieron cuando oyeron el chiste.
5. Alberto se rió cuando leyó el chiste.
6. Juan se rió cuando vió el sombrero.
7. Me sonreí cuando lo ví anoche.
8. Elena se sonrió cuando habló con Juan.
9. Nos sonreímos cuando vimos al nene.
10. Se sonrieron cuando lo vieron con Marta.

SENTENCE-FORMING EXERCISES II

Combine the words below in different ways to form as many sentences as you can. Be sure to use words from each of the columns in every sentence you form.

A

1	2
Me vestí (*I dressed*)	pronto
₿ El niño se vistió	esta mañana
(*The child* [*boy*] *dressed*)	en el dormitorio
Nos vestimos (*We dressed*)	después del desayuno
₿₿ Se vistieron	en cinco minutos
Me visto (*I dress*)	muy despacio (*slowly*)
₿ El niño se viste	solos
₿₿ Los niños se visten	

B

1	2	3
Mido (*I measure*)	la tela	antes de cortarla
§ Alberto mide	(*the material*)	(*before cutting it*)
(*Albert measures*)	las tablas	en la carpintería
Medí (*I measured*)	(*the boards*)	(*in the carpenter shop*)
§ ¿Midió usted	la tela	para las cortinas
(*Did you measure?*)	el olán	(*for the curtains*)
Medimos	(*the ruffle*)	para la blusa
§§ Midieron	la seda	para el vestido
	(*the silk*)	para el saco
	la lana	
	(*the wool*)	

SUBJUNCTIVE OF RADICAL CHANGING VERBS

Remember that in the command and in the present subjunctive "ar" verbs end in "e" and "er" and "ir" verbs end in "a."

Remember also that irregularities in the present tense are carried over to the command and the present subjunctive.

PRESENT INDICATIVE	COMMAND AND PRESENT SUBJUNCTIVE
sirvo, *I serve*	sirva, *serve*
pido, *I ask for*	pida, *ask for*
repito, *I repeat*	repita, *repeat*
mido, *I measure*	mida, *measure*

Remember that irregularities in the preterite are carried over into the past subjunctive.

PRETERITE	PAST SUBJUNCTIVE
sirvió, *you served*	sirviera
midió, *you measured*	midiera
repitió, *you repeated*	repitiera
pidió, *you asked for*	pidiera

REVIEW OF RADICAL CHANGING VERBS

RADICAL CHANGING VERBS I

In these verbs the "e" changes to "ie" or the "o" changes to "ue" in the present, but the preterite is regular (as explained in Lesson 30).

pensar, *to think*	pienso, *I think*
volar, *to fly*	vuelo, *I fly*

RADICAL CHANGING VERBS II

In these verbs the "e" changes to "i" in the present and in the third man singular and plural of the past (as explained at the beginning of this lesson).

RADICAL CHANGING VERBS III

These verbs combine the present tense of Radical Changing Verbs I with the past of Radical Changing Verbs II. That is, in these verbs the "e" changes to "ie" in the present (except for the first person plural) and the "e" changes to "i" in the third man singular and plural of the past (preterite).

PREFERIR, *to prefer*

PRESENT		PRETERITE	
prefIEro	preferimos	preferí	preferimos
3 prefIEre	**33** prefIEren	**3** prefIrió	**33** prefIrieron

PRESENT SUBJUNCTIVE AND COMMAND	PAST SUBJUNCTIVE
prefiera	prefiriera

The following verbs belong to Radical Changing Verbs III and have the same irregularities as "preferir" above.

sentir, *to feel*	convertir, *convert*
consentir, *to consent, to spoil*	sugerir, *to suggest*

arrepentirse, *to repent*
requerir, *to require*
divertirse, *to have a good time*
hervir, *to boil*
pervertir, *to pervert*

referir, *to refer*
digerir, *to digest*
herir, *to wound*
invertir, *to invest*
mentir, *to tell a lie*

There are two verbs in Radical Changing Verbs III that change from "o" to "ue" in the present, and from "o" to "u" in the third man singular and plural of the past.

DORMIR, *to sleep*

PRESENT		PRETERITE	
dUErmo	dormimos	dormí	dormimos
3 dUErme	**33** dUErmen	**3** dUrmió	**33** dUrmieron

PRESENT SUBJUNCTIVE AND COMMAND	PAST SUBJUNCTIVE
duerma	durmiera

MORIR, *to die*

PRESENT		PRETERITE	
mUEro	morimos	morí	morimos
3 mUEre	**33** mUEren	**3** mUrió	**33** mUrieron

PRESENT SUBJUNCTIVE AND COMMAND	PAST SUBJUNCTIVE
muera	muriera

LIST OF RADICAL CHANGING VERBS I

Following is a list of Radical Changing Verbs I. It contains all the common and fairly common Radical Changing Verbs I. Only verbs that are seldom used have been omitted.

"Ar" verbs in which the "e" changes to "ie."

PENSAR *to think*

PIENSO (*I think*)	PENSAMOS (*we think*)
2 PIENSA (*you think*)	**33** PIENSAN (*they think*)

E = IE

apretar, *to squeeze*	pensar, *to think*
atravesar, *to cross* (street)	quebrar, *to break*
calentar, *to heat*	recomendar, *to recommend*
cerrar, *to close*	regar, *to irrigate, to sprinkle*
confesar, *to confess*	regimentar, *to regiment*
desconcertar, *to disconcert*	remendar, *to mend*
despertar, *to wake up*	reventar, *to burst*
encerrar, *to lock in*	sembrar, *to sow, to seed*
enterrar, *to bury*	temblar, *to tremble*
gobernar, *to govern*	tentar, *to tempt, to touch*
helar, *to freeze*	sentar, *to seat*
manifestar, *to manifest*	

"Er" verbs in which the "e" changes to "ie"

SAMPLE VERB:

PERDER, *to lose*

PIERDO (*I lose*)	PERDEMOS (*we lose*)
2 PIERDE (*you lose*)	**33** PIERDEN (*they lose*)

E = IE

ascender, *to ascend, climb*	defender, *to defend*
atender, *to attend* (*a person*)	descender, *to descend, go down*
concernir, *to concern*	encender, *to light* (*a fire*)

entender, *to understand*   perder, *to lose*
extender, *to extend*   tender, *to hang out* (*clothes*)
heder, *to stink*

"Ar" verbs in which the "o" changes to "ue"

SAMPLE VERB:

ENCONTRAR, *to find*

ENCUENTRO (*I find*)	ENCONTRAMOS (*we find*)
8 ENCUENTRA (*you find*)	88 ENCUENTRAN (*they find*)

O = UE

acordar, *to remind*   mostrar, *to show*
acostar, *to put to bed*   probar, *to taste, to test*
apostar, *to bet*   recordar, *to remember*
aprobar, *to approve*   renovar, *to renew*
colar, *to strain* (juice)   rodar, *to roll*
comprobar, *to prove*   soltar, *to let loose*
consolar, *to console*   sonar, *to sound*
contar, *to count, tell*   soñar, *to dream*
costar, *to cost*   tostar, *to toast*
demostrar, *to demonstrate*   tronar, *to thunder*
descontar, *to discount*   volar, *to fly*
encontrar, *to find, to encounter*

"Er" verbs in which the "o" changes to "ue"

O = UE

conmover, *to move* (emotion-   morder, *to bite*
  ally)   mover, *to move*
moler, *to grind*

There are some radical changing verbs that end in "gar." All verbs that end in "gar" in the infinitive end in "gué" in the first person singular of the past.

FREGAR, *to scrub*
E = IE

PRESENT		PAST	
FRIEGO	FREGAMOS	FREGUÉ	FREGAMOS
FRIEGA	FRIEGAN	FREGÓ	FREGARON

CEGAR, *to blind*
E = IE

PRESENT		PAST	
CIEGO	CEGAMOS	CEGUÉ	CEGAMOS
CIEGA	CIEGAN	CEGÓ	CEGARON

NEGAR, *to deny*
E = IE

PRESENT		PAST	
NIEGO	NEGAMOS	NEGUÉ	NEGAMOS
NIEGA	NIEGAN	NEGÓ	NEGARON

SOSEGAR, *to calm, to quiet*
E = IE

PRESENT		PAST	
SOSIEGO	SOSEGAMOS	SOSEGUÉ	SOSEGAMOS
SOSIEGA	SOSIEGAN	SOSEGÓ	SOSEGARON

COLGAR, *to hang*
O = UE

PRESENT		PAST	
CUELGO	COLGAMOS	COLGUÉ	COLGAMOS
CUELGA	CUELGAN	COLGÓ	COLGARON

ROGAR, *to beg, to implore*
O = UE

PRESENT		PAST	
RUEGO	ROGAMOS	ROGUÉ	ROGAMOS
RUEGA	RUEGAN	ROGÓ	ROGARON

"Volcar" ends in "qué" in the first person singular of the past.

VOLCAR, *to overturn*
O = UE

PRESENT		PAST	
VUELCO	VOLCAMOS	VOLQUÉ	VOLCAMOS
VUELCA	VUELCAN	VOLCÓ	VOLCARON

There are some radical changing verbs that end in "zar" in the infinitive. In ALL verbs which end in "zar" in the infinitive the "z" changes to "c" in the first person singular of the past and in the present subjunctive.

COMENZAR, *to begin, to start*
E = IE
PRESENT

COMIENZO	COMENZAMOS
COMIENZA	COMIENZAN

PAST

COMENCÉ	COMENZAMOS
COMENZÓ	COMENZARON

"Empezar" also means to begin and is interchangeable with "comenzar." "Empezar" (*to begin*) and "tropezar" (*to stumble*) have the same irregularities as "comenzar," above.

ALMORZAR, *to have lunch*

O = UE

PRESENT

ALMUERZO	ALMORZAMOS
ALMUERZA	ALMUERZAN

PAST

ALMORCÉ	ALMORZAMOS
ALMORZÓ	ALMORZARON

"Esforzar" (*to make an effort*) and "forzar" (*to force*) have the same irregularities as "almorzar" above.

Radical Changing Verbs II and III are listed earlier in this lesson.

44

Lección Número Cuarenta y Cuatro

IRREGULAR PAST PARTICIPLES

THE "PONER" FAMILY

INFINITIVE	PAST PARTICIPLE
poner, *to put*	PUESTO, *put*
exponer, *to expose*	EXPUESTO, *exposed*
suponer, *to suppose*	SUPUESTO, *supposed*
proponer, *to propose*	PROPUESTO, *proposed*
oponer, *to oppose*	OPUESTO, *opposed*
imponer, *to impose*	IMPUESTO, *imposed*
componer, *to repair, to compose*	COMPUESTO, *repaired*
descomponerse, *to get itself out of order*	DESCOMPUESTO, *gotten out of order*

PRESENT PERFECT TENSE

he puesto, *I have put*
he expuesto, *I have exposed*
he supuesto, *I have supposed*
he propuesto, *I have proposed*
he opuesto, *I have opposed*
he impuesto, *I have imposed*
he compuesto, *I have repaired*
se ha descompuesto, *it has gotten out of order*

THE "VOLVER" FAMILY

INFINITIVE	PAST PARTICIPLE
volver, *to return*	VUELTO, *returned*
devolver, *to return* (a thing)	DEVUELTO, *returned*
revolver, *to mix, to stir*	REVUELTO, *mixed*
envolver, *to wrap*	ENVUELTO, *wrapped*
desenvolver, *to unwrap*	DESENVUELTO, *unwrapped*

PRESENT PERFECT TENSE

he vuelto, *I have returned*
he devuelto, *I have returned* (a thing)
he revuelto, *I have mixed*
he envuelto, *I have wrapped*
he desenvuelto, *I have unwrapped*

THE "ESCRIBIR" FAMILY

INFINITIVE	PAST PARTICIPLE
escribir, *to write*	ESCRITO, *written*
describir, *to describe*	DESCRITO, *described*
subscribir, *to subscribe*	SUBSCRITO, *subscribed*
inscribir, *to inscribe*	INSCRITO, *inscribed*

PRESENT PERFECT TENSE

he escrito, *I have written*
he descrito, *I have described*
he subscrito, *I have subscribed*
he inscrito, *I have inscribed*

OTHER IRREGULAR PAST PARTICIPLES

INFINITIVE	PAST PARTICIPLE
abrir, *to open*	ABIERTO, *opened*
cubrir, *to cover*	CUBIERTO, *covered*
descubrir, *to discover*	DESCUBIERTO, *discovered*
imprimir, *to print*	IMPRESO, *printed*
resolver, *to solve, to resolve*	RESUELTO, *solved, resolved*
disolver, *to dissolve*	DISUELTO, *dissolved*
freír, *to fry*	FRITO, *fried*
morir, *to die*	MUERTO, *died*
romper, *to tear, to break*	ROTO, *torn*

ver, *to see*	VISTO, *seen*
decir, *to say*	DICHO, *said*
hacer, *to do, to make*	HECHO, *done, made*
deshacer, *to undo*	DESHECHO, *undone*
deshacerse de, *to get rid of*	DESHECHO DE, *gotten rid of*
satisfacer, *to satisfy*	SATISFECHO, *satisfied*

PRESENT PERFECT TENSE

he abierto, *I have opened*
he cubierto, *I have covered*
he descubierto, *I have discovered*
he impreso, *I have printed*
he resuelto, *I have solved, re-solved*
he disuelto, *I have dissolved*
he frito, *I have fried*
ha muerto, *he has died*
he roto, *I have torn*
he visto, *I have seen*
he dicho, *I have said*
he hecho, *I have done, made*
he deshecho, *I have undone*
me he deshecho de, *I have gotten rid of*
he satisfecho, *I have satisfied*

Remember that the past participle is also used as an adjective (with masculine, feminine, singular, and plural endings).

EXAMPLES:

un huevo frito, *a fried egg*
huevos fritos, *fried eggs*
La puerta está abierta. *The door is open.*
Está satisfecho. *He is satisfied.*
Está satisfecha. *She is satisfied.*
Está muerto. *He is dead.*
Está muerta. *She is dead.*
un paquete envuelto, *a wrapped package*
Las puertas están abiertas. *The doors are open.*
Están satisfechos. *They are satisfied.*
unos paquetes envueltos, *some wrapped packages*

VERBS THAT END IN "UIR"

When verbs end in "uir" the letter "y" is inserted in the following manner:

CONSTRUIR, *to build, to construct*

PRESENT

CONSTRUYO (I build)	CONSTRUIMOS (we build)
3 CONSTRUYE (you build)	33 CONSTRUYEN (they build)

PRETERITE

CONSTRUÍ (I built)	CONSTRUIMOS (we built)
3 CONSTRUYÓ (you built)	33 CONSTRUYERON (they built)

PRESENT SUBJUNCTIVE

CONSTRUYA	CONSTRUYAMOS
3 CONSTRUYA	33 CONSTRUYAN

PAST SUBJUNCTIVE

CONSTRUYERA	CONSTRUYÉRAMOS
3 CONSTRUYERA	33 CONSTRUYERAN

PRESENT PARTICIPLE:

construyendo, *building*
estoy construyendo, *I am building*

In the following verbs the "y" is inserted as in the sample verb above.

reconstruir, *to reconstruct*	excluir, *to exclude*
destruir, *to destroy*	incluir, *to include*
distribuir, *to distribute*	huir, *to flee, to run away*
instruir, *to instruct*	concluir, *to conclude*
substituir, *to substitute*	atribuir, *to attribute*
contribuir, *to contribute*	constituir, *to constitute*
disminuir, *to diminish*	diluir, *to dilute*

IMPERSONAL VERBS

Impersonal verbs are verbs in which no person acts. These verbs are used only in the singular third man form.

LLOVER, to *rain*

PRESENT	LLUEVE, *it rains;*
	LLUEVE MUCHO, *it rains a lot*
PRETERITE	LLOVIÓ, *it rained;*
	LLOVIÓ MUCHO, *it rained a lot*
IMPERFECT	LLOVÍA, *it used to rain*
FUTURE	VA A LLOVER, *it is going to rain*
FUTURE	LLOVERÁ, *it will rain*
PRESENT PERFECT	HA LLOVIDO, *it has rained*
PRESENT PROGRESSIVE	ESTÁ LLOVIENDO, *it is raining*
PAST PROGRESSIVE	ESTABA LLOVIENDO, *it was raining*

NEVAR, to *snow*

PRESENT	NIEVA, *it snows*
PRETERITE	NEVÓ, *it snowed*
IMPERFECT	NEVABA, *it used to snow*
FUTURE	VA A NEVAR, *it is going to snow*
FUTURE	NEVARÁ, *it will snow*
PRESENT PERFECT	HA NEVADO, *it has snowed*
PRESENT PROGRESSIVE	ESTÁ NEVANDO, *it is snowing*
PAST PROGRESSIVE	ESTABA NEVANDO, *it was snowing*

HABER, to *be*

PRESENT	HAY, *there is, there are, is there? are there?*

PRETERITE	HUBO, *there was, there were, was there? were there?*
IMPERFECT	HABÍA, *there used to be, did there used to be?*
FUTURE	VA A HABER, *there is going to be, there are going to be, is there going to be? are there going to be?*
FUTURE	HABRÁ, *there will be, will there be?*
PRESENT PERFECT	HA HABIDO, *there has been, there have been*
PRESENT SUBJUNCTIVE	HAYA
PAST SUBJUNCTIVE	HUBIERA

USES OF DEBER, OUGHT, SHOULD, MUST

"Deber" is a regular verb

DEBO (*I ought, should, must*)	DEBEMOS (*we ought, should, must*)
3 DEBE (*you, he, she, it ought, should, must*)	**33** DEBEN (*they, you* (pl.) *ought, should, must*)

"Deber" is an auxiliary verb that must be followed by an infinitive.

Debo estudiar. *I ought to study.*
Pablo debe estar en Cuba. *Paul must be in Cuba.*
Debemos ir al concierto. *We should go to the concert.*
Deben pagar la cuenta. *They should pay the bill.*
Debe ser muy difícil. *It must be very difficult.*
No debe ser fácil. *It must not be easy.*
Debe haber ido al despacho. *He must have gone to the office.*
Debe haber estudiado. *He must have studied.*

PASSIVE VOICE

The passive voice is used much more in English than it is in Spanish.

In English you say, "I was invited to a party," and you don't say who invited you. In Spanish we prefer an active subject, so we use the figurative "they" and say, "They invited me to a party." *"Me invitaron a una fiesta."* This still doesn't say who invited you, but the implication that "they" invited you gives the sentence a much needed subject.

EXAMPLES:

The ships were painted. Pintaron los barcos. (*"They" painted the ships.*)

The rooms were cleaned. Limpiaron los cuartos. (*"They" cleaned the rooms.*)

The clothes were washed. Lavaron la ropa. (*"They" washed the clothes.*)

The house was bought. Compraron la casa. (*"They" bought the house.*)

NEGATIVES AND DOUBLE NEGATIVES

nada, *nothing*   ninguno, *no one*
nadie, *nobody*   jamás, *never*

The word "no" when it appears before a noun:

MASCULINE	FEMININE
ningún	ninguna
ningunos	ningunas

EXAMPLES:

ningún hombre, *no man*   ninguna mujer, *no woman*
ningunos hombres, *no men*   ningunas mujeres, *no women*

In Spanish the double negative is the correct grammatical construction for sentences beginning with the word "no."

EXAMPLES:

No ví nada. *I didn't see anything* (*I didn't see nothing*).

No oí nada. *I didn't hear anything* (*I didn't hear nothing*).

No ví a nadie. *I didn't see anyone* (*I didn't see no one*).

No hablé con ninguno. *I didn't talk to anyone* (*I didn't talk to no one*).

No hice nada. *I didn't do anything* (*I didn't do nothing*).

45

Lección Número Cuarenta y Cinco

THE INTIMATE FORM OF ADDRESS

*I*n Spanish there is an intimate form of address that is used with members of your family and close friends. In this case the pronoun "usted" (*you*) becomes "tú" (*thou*) and the verbs change their endings.

In order to change verbs into the intimate form ADD THE LETTER "S" TO THE SINGULAR THIRD MAN IN ALL TENSES (except the preterite and the command).

	FORMAL	INTIMATE
PRESENT	usted habla	tú hablas, *you speak*
IMPERFECT	usted hablaba	tú hablabas, *you used to speak*
FUTURE TENSE	usted hablará	tú hablarás, *you will speak*
CONDITIONAL	usted hablaría	tú hablarías, *you would speak*
PRES. SUBJUNCTIVE	hable	hables
PAST SUBJUNCTIVE	hablara	hablaras

In compound tenses add the letter "s" to the auxiliary verb

	FORMAL	INTIMATE
PRES. PERFECT	usted ha hablado, *you have spoken*	tú has hablado, *you have spoken*
PAST PERFECT	usted había hablado, *you had spoken*	tú habías hablado, *you had spoken*

PRES. PROGRESSIVE	usted está hablando, *you are speaking*	tú estás hablando, *you are speaking*
PAST PROGRESSIVE	usted estaba hablando, *you were speaking*	tú estabas hablando, *you were speaking*
FUTURE	usted va a hablar, *you are going to speak*	tú vas a hablar, *you are going to speak*

ER and IR verbs

	FORMAL	INTIMATE
PRESENT	usted vende	tú vendes, *you sell*
IMPERFECT	usted vendía	tú vendías, *you used to sell*
FUTURE TENSE	usted venderá	tú venderás, *you will sell*
CONDITIONAL	usted vendería	tú venderías, *you would sell*
PRES. SUBJUNCTIVE	venda	vendas
PAST SUBJUNCTIVE	vendiera	vendieras

To form the intimate preterite of "ar" verbs remove "ar" from the infinitive and add "aste."

> EXAMPLES:
>
>> tú hablaste, (intimate) *you talked*
>> tú compraste, (intimate) *you bought*

To form the intimate preterite of "er" and "ir" verbs remove the "er" or "ir" and add "iste."

> EXAMPLES:
>
>> tú vendiste, (intimate) *you sold*
>> tú escribiste, (intimate) *you wrote*

To form the intimate command of "ar" verbs remove "ar" and add the letter "a."

    habla, *speak*   compra, *buy*

To form the intimate command of "er" and "ir" verbs remove the "er" or the "ir" and add "e."

    vende, *sell*   escribe, *write*

Remember that subject pronouns are very frequently dropped in Spanish. "Tú" is dropped more often than not because the ending of the verb makes it clear who the subject is.

You can either say, "Tú hablas muy bien" (*You speak very well*) or simply "Hablas muy bien."

The intimate form has an archaic English equivalent (thou, thee, thine), but it has not been used here since it is not used in present-day speech.

The actual translation of "Tú hablas" is *"Thou speakest."*

Only one nonconformist verb is irregular in the present tense intimate form: "usted es" becomes "tú eres." All the rest of the nonconformist verbs follow the regular rule in the present: Add the letter "s" to the singular, third man form.

EXAMPLES:

tú haces, *you do;* tú vienes, *you come;* tú tienes, *you have*

To form the intimate preterite of nonconformist verbs remove the letter "o" from the singular third man form of the preterite and add "iste."

EXAMPLES:

FORMAL	INTIMATE
usted tuvo, *you had*	tú tuviste, *you had*
usted estuvo, *you were*	tú estuviste, *you were*
usted vino, *you came*	tú viniste, *you came*
usted puso, *you put*	tú pusiste, *you put*

In "fué," you remove the "é" and add "iste":

usted fué, *you went;* tú fuiste, *you went*

In "cayó," "oyó," "leyó" and all other verbs that end in "yo" remove the "yo" and add "iste" (accent the í).

EXAMPLES:

FORMAL	INTIMATE
usted cayó, *you fell*	tú caíste, *you fell*
usted leyó, *you read*	tú leíste, *you read*
usted oyó, *you heard*	tú oíste, *you heard*

To form the intimate command of nonconformist verbs drop the "ga" from the formal command.

FORMAL COMMAND	INTIMATE COMMAND
venga, *come*	ven, *come*
salga, *go out*	sal, *go out*
diga, *say*	di, *say*
ponga, *put*	pon, *put*
tenga, *have* (*take*)	ten, *have* (*take*)
traiga, *bring*	trae, *bring*
caiga, *fall*	cae, *fall*

The "i" changes to "e" in the intimate form of the verbs "trae" and "cae."

To form the negative of the intimate command add "s" to the formal command.

FORMAL COMMAND	INTIMATE NEGATIVE COMMAND
venga, *come*	no vengas, *don't come*
salga, *go out*	no salgas, *don't go out*
diga, *say*	no digas, *don't say*
ponga, *put*	no pongas, *don't put*
tenga, *have* (*take*)	no tengas, *don't have*
traiga, *bring*	no traigas, *don't bring*
caiga, *fall*	no caigas, *don't fall*

Four verbs do not follow the rule:

FORMAL COMMAND	INTIMATE COMMAND	INTIMATE NEGATIVE COMMAND
oiga, *hear, listen*	oye, *hear, listen*	no oigas, *don't hear*
haga, *do, make*	haz, *do, make*	no hagas, *don't do*
vaya, *go*	vé, *go*	no vayas, *don't go*
sea, *be*	sé, *be*	no seas, *don't be*

"Con usted" (*with you*) has an intimate form: "contigo" (*with thee*).

The intimate equivalent for LO, LA, LE is TE.

FORMAL	INTIMATE
lo ví, *I saw you* (masc.)	te ví, *I saw you* (*thee*)
le dí, *I gave you*	te dí, *I gave you* (*thee*)
la invité, *I invited you* (fem.)	te invité, *I invited you*

POSSESSIVE PRONOUNS

MI (sing.), MIS (pl.), *my*

SU (sing.), SUS (pl.), *your, his, her, their, its*

NUESTRO (*our*) has masculine, feminine, singular, and plural endings:

NUESTRO	NUESTROS
NUESTRA	NUESTRAS

EXAMPLES:

> mi casa, *my house*
> mis casas, *my houses*
> su casa, *your, his, her, their house*
> sus casas, *your, his, her, their houses*
> nuestras casas, *our houses*
> nuestro auto, *our car*
> nuestros autos, *our cars*

MÍO (*mine*), SUYO (*yours, his, hers, theirs*) and NUESTRO (*ours*) have masculine, feminine, singular, and plural endings.

Mine:

mío	míos
mía	mías

Yours, his, hers, theirs:

suyo	suyos
suya	suyas

Ours:

nuestro	nuestros
nuestra	nuestras

EXAMPLES:

> El libro es mío. *The book is mine.*
> La blusa es mía. *The blouse is mine.*
> Los libros son míos. *The books are mine.*
> Las blusas son mías. *The blouses are mine.*
> El libro es suyo. *The book is yours.*
> La blusa es suya. *The blouse is yours.*
> Los libros son suyos. *The books are yours.*
> Las blusas son suyas. *The blouses are yours.*

Es mío. *It's mine* (referring to a masculine thing).
Es mía. *It's mine* (referring to a feminine thing).
El dinero es nuestro. *The money is ours.*
Ese hijo mío. *That son of mine.*

DIMINUTIVES

ITO, ITA, ITOS, ITAS are diminutive endings in Spanish.

el sombrero, *the hat*   el sombrerito, *the little hat*
la casa, *the house*   la casita, *the little house*
los sombreros, *the hats*   los sombreritos, *the little hats*
las mesas, *the tables*   las mesitas, *the little tables*

The diminutive is often used in Spanish as an expression of
endearment.

EXAMPLES:

abuelo, *grandfather*
mi abuelito, *my grandfather* (an endearing term)
ojos, *eyes*
ojitos, *sweet eyes, pretty eyes* (a term of endearment)
un gato, *a cat*
un gatito, *a kitten, a cute little cat*
una casa, *a house*
una casita, *a cute little house, a charming little house*

STRESSES AND ACCENTS

RULE I: When a word ends in N, S, or a vowel it receives the
stress on the next to the last syllable.

EXAMPLES:

entran, EN–tran (stress the e)
sombreros, som–BRE–ros (stress the e)
dentista, den–TIS–ta (stress the i)
posible, po–SI–ble (stress the i)
loco, LO–co (stress the first o)

RULE II: When a word does not end in N, S, or a vowel it receives the accent on the last syllable.

EXAMPLES:

tractor, trac–TOR (stress the o)
postal, pos–TAL (stress the a)

Any word that does not follow either Rule I or Rule II is an abnormal word and therefore must have a written accent.

EXAMPLES:

público, pú–bli–co
dramático, dra–má–ti–co
árbol, ár–bol
azúcar, a–zú–car
conversación, con–ver–sa–ción
café, ca–fé

The letters A, E, O form syllables whether used alone or in combination with any other letter.

EXAMPLES:

le–o
cre–e

The letters I and U form syllables when they are not combined with any vowel.

EXAMPLES:

popular, po–pu–lar
capital, ca–pi–tal

When I and U are combined with another vowel they do not form separate syllables.

EXAMPLES:

ciudad, ciu–dad
oigo, oi–go
familia, fa–mi–lia
traigo, trai–go

If you are a beginner, do not read the following rules until you have mastered lesson 40.

Accents are used to distinguish two identical words that have different meanings.

EXAMPLES:

de, *of, from*	dé, *give*
el, *the*	él, *he*
mi, *my*	mí, *me*
si, *if*	sí, *yes*

Some words require accents when they are used in exclamations or in questions.

USED IN EXCLAMATIONS OR QUESTIONS	USED OTHERWISE
¿Cómo? *How?*	como, *how, as, like*
¡Cómo duele! *How it hurts!*	
¿Qué? *What?*	que, *what, that, than*
¡Qué lindo! *How lovely!*	
¿Dónde está? *Where is it?*	donde, *where*
¿Cuándo? *When?*	cuando, *when*
¿Cuál es? *Which is it?*	cual, *which*

Common Spanish Expressions

Acabar de (plus infinitive), *to have just*
Acabo de llegar, *I have just arrived*
Adiós, *good-by*
A pesar de, *in spite of*
¡Apúrese! *Hurry up!* (Mex.)

Bueno, *O.K., all right*
Buenos días, *good morning*
Buenas noches, *good evening, good night*
¡Buena suerte! *Good luck!*
Buenas tardes, *good afternoon*

Claro, *of course (clear)*
Claro que no, *of course not*
Cómo no, *of course (how not)*
Como usted quiera, *as you wish, as you like*
Con mucho gusto, *with much pleasure, I'd be delighted*
Con razón, *no wonder (with reason)*
¿Cuánto va a durar? *How long is it going to last?*
Cuidado, *take care, watch out, look out*
Cuídese, *take care of yourself*

Dar la mano, *to shake hands (to give the hand)*
Dejar de (plus infinitive), *to stop*
Dejó de verlo, *she stopped seeing him*
De nada, *you are welcome (of nothing)*
¡Dése prisa! *Hurry up! (Give yourself haste!)*
Despacio, *slow* (road sign)
¿De veras? *Really? Is that so?*
Dicho y hecho, *no sooner said than done*
Duerma bien, *sleep well*

Echar la culpa, *to blame (to throw the fault)*
Échemelo, *toss it to me*

El gusto es para mí, *the pleasure is mine*
Encantado (masc.), encantada (fem.), *delighted, enchanted*
Es muy divertido, *it's very amusing*
Espantoso, *ghastly*
Espero que se divierta, *I hope you'll have a good time*
Espero que se mejore, *I hope you, he she will get better*
Está a cargo de, *he's in charge of*
Esta vez, *this time*

¡Figúrese! *Just imagine! (figure!)*

Gracias, *thank you*
güero, (masc.), güera, (fem.), *blond* (slang, Mex.)
Hacer caso, *to pay attention (to make a case)*
Hecho a mano, *hand made*
Haga caso, *pay attention (make a case)*
Hágalo pronto, *do it right away*
Hágame un favor, *do me a favor*
Hasta luego, *good-by, so long (till later)*

¡Imagínese! *Just imagine!*

La echo de menos, *I miss her*
Lléveselo, *take it away*
Lo echo de menos, *I miss you* (masc.), *him, it*
Lo siento, *I'm sorry, I feel it*
Lo volví a ver, *I saw him again*

Más o menos, *more or less*
Más vale tarde que nunca, *better late than never*
Me alegro, *I'm glad*
Me alegro de verlo (verla), *I'm glad to see you*
Me cayó en gracia, *it amused me*
Me da lástima, *I feel sorry for him, her, it (it gives me pity)*
Me divertí, *I had a good time*
Me duele, *it hurts me*
Me duele la cabeza, *my head aches (my head hurts me)*
Me hace falta, *I miss you, him, her, it*
Mejor dicho, *better said*
Meter la pata. *to stick your foot in it*
Mire, *look*

Muchas gracias, *thank you very much*

Mucho gusto, *how do you do* (on being introduced)

No es justo, *it isn't fair* (*it isn't just*)

No hay de que, *you are welcome* (*there is not for what*)

No importa, *it doesn't matter*

No le hace, *it doesn't matter*

No lo haga, *don't do it, stop it*

No me ande con esas, *don't come around with that, don't give me that stuff*

¡No me lo diga! *Don't tell me!*

No se moleste, *don't bother, don't trouble yourself*

No se preocupe, *don't worry*

No se tarde, *don't be long*

Nos vemos, *I'll be seeing you* (*we'll be seeing each other*)

No tiene razón, *you're wrong* (*you haven't reason*)

Otra vez, *again*

Para peores cuentas, *to make things worse*

Parece mentira, *it doesn't seem possible* (*it seems like a lie*)

Parece que va a llover, *it looks as if it's going to rain*

Pase adelante, *come in*

Peligro, *danger* (road sign)

Permítame, *allow me*

Permítame presentarle a mi amigo, *allow me to present my friend* (*to you*)

Plata, slang for *money* (*silver*)

Poco a poco, *little by little*

Por nada, *you are welcome*

Por supuesto, *of course* (*supposed*)

Quédese, *stay*

¡Qué extraño! *How strange!*

¿Qué hay de nuevo? *What's new?*

Qué lástima, *what a shame, what a pity*

¿Qué le hace? *What does it matter?*

¿Qué le parece? *What do you think of that!*

¿Qué pasó? *What happened, what's up?*

¡Qué raro! *How strange!* (*How rare!*)

¿Qué se le ofrece? *What can I offer you?* (*What can be offered to you?*)

¡Qué sorpresa! *What a surprise!*
Qué va, *of course not*

Rascacielos, *skyscraper* (*sky scratcher*)

Salió bien, *it came out well* (*it went out well*)
Salud, (*health*), *God bless you* (a word you say when someone
    sneezes, and also a toast)
Seguro, *sure*
Se me hizo tarde, *I'm late* (*it made itself late for me*)
Se me olvidó, *I forgot, I forgot it*
¿Se puede? *May I? May I come in?*
Siéntese, por favor, *sit down, please*
Sin falta, *without fail*

¿Tan pronto? *So soon?*
¿Tan temprano? *So early?*
Tengo un compromiso, *I have an appointment*
Tiene razón, *you're right* (*you have reason*)
Todo el mundo, *everybody* (*all the world*)
Tráigamelo, *bring it to me*
Tratar de (plus infinitive) *to try to*
Traté de verlo, *I tried to see him*

Unas veces, *sometimes*

Volver a (plus infinitive), *to do again*
Volví a hacerlo, *I did it again*

Ya, *already, now*
Ya lo creo, *of course* (*now I believe it*)
Ya no, *no more, any more*
Ya no puedo, *I can't any more*
Ya no puedo nadar, *I can't swim any more*
Ya terminé, *I'm through now* (*I already finished*)
Ya vino, *he's here now* (*he already came*)
Ya voy, *I'm coming* (*I'm going now*)

There are thousands of colorful idiomatic expressions and prov-
erbs in Spanish. Unfortunately, space permits us only a few of
these. But I hope these few will tickle your fancy.

Dar gato por liebre, *to cheat* (*to give a cat instead of a hare*)

Dejarlo plantado, *to stand him up* (*to leave him planted*), *to leave him waiting* (a date)

Echar la casa por la ventana, *to spend a lot of money on a party* (*to throw the house out the window*)

Echar una cana al aire, *to sow wild oats* (*to throw a white hair to the winds*)

Está entre la espada y la pared, *he's between the devil and the deep blue sea* (*he's between the sword and the wall*)

Habla hasta por los codos, *he, she talks all the time* (*he talks even through his elbows*)

Lo cogió con las manos en la masa, *she caught him red-handed* (*she caught him with his hands in the bread dough*)

Le tomó el pelo, *she pulled his leg* (*she took him by the hair*)

Le vió la oreja, *she made a fool of him* (*she saw his donkey ear*)

Ni a tiros, *not under any circumstance*

No lo haría ni a tiros, *I wouldn't do it under any circumstance* (*I wouldn't do it even by bullets, I wouldn't do it even if bullets were singing at my heels*)

Sabe a gloria, *it's delicious* (*it tastes like heaven, glory*)

Se metió en camisa de once varas, *he bit off more than he could chew* (*he got into an eleven yard shirt*)

Se puso como fiera, *he got furious* (*he got like a wild beast*)

Soltar una carcajada, *to laugh, to guffaw* (*to release a belly laugh*)

Un rompecabezas, *a puzzle* (*a head breaker, a skull cracker*)

Vocabulario

The words in this vocabulary have been listed according to the English alphabet.

A

a, to, at (time); *a la una,* at one o'clock; *a las dos,* at two o'clock
abajo, down, downstairs
abdominal, abdominal
abogado, *m.* lawyer
abominable, abominable
abrazar, to hug, to embrace
abrazo, *m.* hug, embrace
abreviación, *f.* abbreviation
abrigo, *m.* coat
abril, *m.* April
abrir, to open
absolutamente, absolutely
absoluto, -a, absolute
absorber, to absorb
abstención, *f.* abstention
abstener, to abstain
abstinencia, *f.* abstinence
abstracción, *f.* abstraction
abstracto, -a, abstract
abuela, *f.* grandmother
abuelo, *m.* grandfather
abundancia, *f.* abundance
abundante, abundant
abusivo, -a, abusive
acabo *(de),* I have just; *acabo de ver,* I have just seen
académico, -a, academic
accesible, accessible
accidental, accidental
accidente, *m.* accident
acción, *f.* action
aceituna, *f.* olive

acelerador, *m.* accelerator
aceptable, acceptable
aceptar, to accept
acera, *f.* sidewalk
acercarse, to get close
acompañamiento, *m.* accompaniment
acordar, to remind
acordarse, to remember
acordeón, *m.* accordion
acostarse, to go to bed, to lie down
acrobático, -a, acrobatic
actividad, *f.* activity
activo, -a, active
acto, *m.* act
actor, *m.* actor; *actor de cine,* movie actor
actriz, *f.* actress
acuático, -a, aquatic
acumulación, *f.* accumulation
acumulando, accumulating
acumular, to accumulate
acusación, *f.* accusation
acusar, to accuse
adaptable, adaptable
adelante, forward; *pase adelante,* come in
adhesión, *f.* adhesion
adhesivo, -a, adhesive; *tela adhesiva,* adhesive tape
adjetivo, *m.* adjective
administración, *f.* administration
admirable, admirable
admiración, *f.* admiration

admirar, to admire
admisible, admissible
adolescencia, f. adolescence
adolescente, adolescent
adopción, f. adoption
adorable, adorable
adoración, f. adoration
adorar, to adore
adulación, f. adulation
adversario, m. adversary
adversidad, f. adversity
aeronáutico, -a, aeronautic
aeropuerto, m. airport
afable, affable
afeitarse, to shave
afinidad, f. affinity
afirmación, f. affirmation
afirmar, to affirm
afortunado, -a, fortunate
agencia, f. agency
agente, m. agent
agilidad, f. agility
agitación, f. agitation
agitar, to agitate
agnóstico, -a, agnostic
agonía, f. agony
agosto, m. August
agradable, agreeable, nice
agradecer, to be grateful for
agradecimiento, m. gratitude, appreciation
agresivo, -a, aggressive
agresor, m. aggressor
agricultura, f. agriculture
agua, f. water; *el agua,* the water (use masc. article)
aire, m. air
ajo, m. garlic
al, to the, at the, on the; *al cuarto para las tres,* at a (the) quarter to three; *al contrario,* on the contrary; *al fin,* finally
Alberto, Albert
alcalde, m. mayor
alcohol, m. alcohol
alegórico, -a, allegorical

alegrarse, to be glad; *me alegro,* I'm glad
alfombra, f. the rug
Alicia, Alice
alistarse, to get ready
almohada, f. pillow
armamento, m. armament
almorzar, to have lunch
almuerzo, m. lunch
alquilar, to rent
alternativo, alternative
alto, -a, tall
amarillo, -a, yellow
ambición, f. ambition
ambicioso, -a, ambitious
ambulancia, f. ambulance
América, America; *América del Sur,* South America; *América Latina,* Latin America
amigo, -a, friend
amor, m. love
amoroso, -a, amorous
amputación, f. amputation
amputar, to amputate
analogía, f. analogy
anatomía, f. anatomy
andar, to walk
anduve, I walked
anémico, -a, anemic
ángel, m. angel
angélico, -a, angelic
animación, f. animation
animal, m. animal
animar, to animate
aniversario, m. anniversary
año, m. year
anoche, last night
antena, f. antenna
antenoche, night before last
antes (de), before
anticipación, f. anticipation
anticipando, anticipating
anticipar, to anticipate
antier, day before yesterday
antiséptico, m. antiseptic
antología, f. anthology

Antonio, Anthony
anual, annual
anunciar, to advertise, to announce
anuncio, m. advertisement
apagar, to put out (light)
aparente, apparent
apio, m. celery
aplaudiendo, applauding
aplaudir, to applaud
apostar, to bet
apreciación, f. appreciation
apreciar, to appreciate
aprehender, to arrest
aprender, to learn
apretar, to squeeze
aprieto, m. a jam, a tight spot;
  aprieto, I squeeze
aprisa, fasc
aprobar, to approve
aproximación, f. approximation
aproximar, to approximate
apuesta, f. bet
apurarse, to hurry
apúrese, hurry up
árbol, m. tree
archivar, to file (letters)
archivo, m. file (letters)
ardor, m. ardor
Argentina, f. Argentina
argumento, m. plot (of a play,
  book, etc.)
aristocracia, f. aristocracy
aristocrático, -a, aristocratic
aromático, -a, aromatic
arqueología, f. archeology
arquitecto, m. architect
arquitectura, f. architecture
arreglar, to arrange
arreglo, m. arrangement
arrepentirse, to repent
arrogancia, f. arrogance
arrogante, arrogant
arroz, m. rice
arsenal, m. arsenal
arsénico, m. arsenic
artículo, m. article

artificial, artificial
artista, m., f., artist
artístico, -a, artistic
ascender, to ascend, to climb
asiento, m. seat
asistencia, f. assistance, attendance
asistido, attended
asistiendo, attending
asistir, to attend
asociación, f. association
asociar, to associate
aspecto, m. aspect
aspiración, f. aspiration
aspirar, to aspire
aspirina, f. aspirin
astringente, m. astringent
astronomía, f. astronomy
astuto, -a, astute
asustarse, to get frightened; *no se
  asuste,* don't get frightened
atacar, to attack
atención, f. attention
atender, to attend, to take care of
Atlántico, m. Atlantic
atómico, -a, atomic
atractivo, -a, attractive
atraer, to attract
atravesar, to cross
atreverse, to dare
atribuir, to attribute
atributo, m. attribute
atrocidad, f. atrocity
auditor, m. auditor
aunque, even though
aureomicina, f. aureomycin
ausencia, f. absence
austeridad, f. austerity
auténtico, -a, authentic
auto, m. auto
autobiografía, f. autobiography
autobús, m. bus
autocrático, -a, autocratic
automático, -a, automatic
automóvil, m. automobile
autor, m. author
autoridad, f. authority

autorización, f. authorization
avenida, f. avenue
aventura, f. adventure
aversión, f. aversion
aviación, f. aviation
avión, m. airplane
ay, alas; *ay,* equivalent of "oh"; *ay no,* oh no; *ay sí,* oh yes
ayer, yesterday
ayudar, to help, to aid
azúcar, sugar
azul, blue

B

bailado, danced
bailando, dancing
bailar, to dance
baile, m. dance
bajar, to go or come down, to get off, to get down
bajarse, to get down, get off vehicles
ballet, m. ballet
bañarse, to bathe (yourself)
banco, m. bank
banda, f. band
baño, m. bath, bathroom; *cuarto de baño,* bathroom; *baño de sol,* sun bath
barato, -a, cheap
barco, m. ship
barrer, to sweep
batir, to beat (eggs, foods)
beber, to drink
begonia, f. begonia
beisbol, m. baseball
beneficial, beneficial
benevolencia, f. benevolence
besar, to kiss
beso, m. kiss
biblioteca, f. library
bicicleta, f. bicycle
bien, well
biftec, m. beefsteak
bilioso, -a, bilious
biografía, f. biography

blanco, -a, white
blusa, f. blouse
boleto, m. ticket; *billete,* ticket (in Spain)
bolsa, f. bag, purse
bonito, -a, pretty
botella, f. bottle
botica, f. drugstore
brazo, m. arm
bridge, m. bridge (game)
brutal, brutal
brutalidad, f. brutality
bruto, m. brute
buen, good
bueno, -a, good; *bueno,* all right, O.K.
bufanda, f. scarf
burocracia, f. bureaucracy
burocrático, -a, bureaucratic
buzón, m. mailbox

C

caballero, m. gentleman
caballo, m. horse
cabe, it fits (in a place)
caber, to fit, to have room for
cabeza, f. head; *dolor de cabeza,* headache
cable, m. cable
cablegrama, m. cablegram
caer, to fall
caerse, to fall down
café, m. coffee; *color café,* brown
cafeína, f. caffeine
caigo, I fall
caja, f. box
calamidad, f. calamity
calcetines, m. socks
calculación, f. calculation
calcular, to calculate
calendario, m. calendar
calentar, to heat
caliente, hot
calle, f. street

calor, m. heat; *tengo calor,* I'm warm
cama, f. bed
cámara, f. camera
camarón, m. shrimp
cambiado, -a, changed
cambiar, to change, to exchange
cambiarse, to change (clothes)
cambio, m. change
camelia, f. camellia
caminado, walked
caminar, to walk
camino, m. road
camión, m. truck, bus (Mex.)
camisa, f. shirt
campo, m. country, field
cana, f. a white hair
Canadá, Canada
canal, m. canal
canario, m. canary
canasta, f. basket, canasta (card game)
cancelar, to cancel
canción, f. song
candor, m. candor
cansado, -a, tired
cansarse, to get tired
cantado, -a, sung
cantando, singing
cantar, to sing
canto, m. song
capacidad, f. capacity
capital, f. capital
capitalista, capitalist
capitulación, f. capitulation, surrender
cara, f. face
caramba, gee whiz
cárcel, f. jail
cardinal, cardinal
carga, f. load
cargar, to load
cargo, m. charge; *a cargo de,* in charge of
caricatura, f. cartoon
caridad, f. charity

Carlos, Charles
carnal, carnal
carne, f. meat
carnero, m. mutton
carnicería, f. butcher shop
caro, -a, expensive
carpintería, f. carpenter's shop
carretera, f. highway
carta, f. letter
casa, f. house, home; *en casa,* at home
Casa Blanca, White House
casarse, to get married
caso, m. case; *hacer caso,* to pay attention
castidad, f. chastity
castigar, to punish
catarro, m. a cold
catastrófico, -a, catastrophic
catedral, f. cathedral
católico, -a, catholic
catorce, fourteen
causa, f. cause
causado, -a, caused
causar, to cause
cáustico, -a, caustic
cavidad, f. cavity
cayó, fell
cebolla, f. onion
cegar, to blind
celebración, f. celebration
celebrando, celebrating
celebrar, to celebrate
celebridad, f. celebrity
cena, f. supper, dinner, evening meal
cenar, to dine, to have supper
censor, m. censor
centavo, m. cent
central, central
cepillar, to brush
cepillarse, to brush (hair, teeth, etc.)
cepillo, m. brush
cerca (de), close to, near
cereal, m. cereal
ceremonial, ceremonial

ceremonioso, -a, ceremonious

cerrado, -a, closed

cerrar, to close, shut

chaleco, m. vest

chiles, m. peppers

chimenea, f. fireplace

chiquito, -a, small, little

chiste, m. joke

chistoso, -a, funny

chocolate, m. chocolate

chofer, m. driver (taxi), chauffeur

chuleta, f. chop; chuleta de puerco, pork chop

cielo, m. sky

cien, one hundred

ciencia, f. science

científico, -a, scientific

ciento, a hundred

cierro, I close, shut

cigarrillo, m. cigarette

cigarro, m. cigarette

cinco, five

cincuenta, fifty

cine, m. movies, movie, moving picture

cinturón, m. belt

circo, m. circus

circulación, f. circulation

circular, to circulate

circunferencia, f. circumference

circunspecto, -a, circumspect

circunstancia, f. circumstance

cita, f. appointment, date

ciudad, f. city

civilización, f. civilization

claridad, f. clarity

claro, of course; claro, -a, clear, light; azul claro, light blue

clase, f. class

clásico, -a, classical

clasificación, f. classification

cliente, m. client

clima, m. climate

club, m. club

coagulación, f. coagulation

coagular, to coagulate

coautor, m. coauthor

cocaína, f. cocaine

cocina, f. kitchen, cooking

cocinar, to cook

cocinera, f. cook

coctel, m. cocktail

codo, m. elbow

coherencia, f. coherence

coincidencia, f. coincidence

colaboración, f. collaboration

colaborador, m. collaborator

coloborar, to collaborate

colar, to strain

colección, f. collection

colectivo, -a, collective

colegio, m. school

colgar, to hang

coliflor, f. cauliflower

Colombia, Columbia

colonia, f. colony

colonial, colonial

color, m. color

colorado, -a, red

colosal, colossal

columna, f. column

combinación, f. combination

combinar, to combine

comedia, f. play, comedy

comedor, m. dining room

comentario, m. comment, commentary

comenzado, -a, begun

comenzar, to begin

comer, to eat

comercial, commercial

cometer, to commit

cómico, -a, comical, funny

comida, f. meal, lunch, daytime dinner

comisión, f. commission

como, as, I eat

cómo, how; ¿cómo está? how are you? how is he, she?; ¿cómo se dice? how do you say?; cómo no, of course

compacto, -a, compact

compadecer, to sympathize with, to feel sorry for

compañía, f. company (commercial)

comparable, comparable

comparar, to compare

comparativamente, comparatively

comparativo, -a, comparative

compasión, f. compassion

compatibilidad, f. compatibility

compatible, compatible

compensación, f. compensation

compensar, to compensate

competente, competent

competir, to compete

compilación, f. compilation

compilar, to compile

completamente, completely

completo, -a, complete

complexión, f. complexion

complicar, to complicate

componer, to fix, to compose

composición, f. composition

compra, f. purchase

comprado, -a, bought

comprando, buying

comprar, to buy

comprender, to understand

comprendido, -a, understood

comprendiendo, understanding

compresión, f. compression

comprobar, to prove

compromiso, m. appointment, date

compulsión, f. compulsion

comunicación, f. communication

comunidad, f. community

comunista, m., f. communist

con, with; *con tal que,* provided; *con frecuencia,* with frequence, often

concentración, f. concentration

concentrar, to concentrate

concepción, f. conception

concernir, to concern

concesión, f. concession

conciencia, f. conscience

concierto, m. concert

conclusión, f. conclusion

condensación, f. condensation

condensado, -a, condensed

condensar, to condense

condición, f. condition

condicional, conditional

conductor, m. conductor

concluir, to conclude

conferencia, f. lecture, conference

confesar, to confess

confesión, f. confession

confeti, m. confetti

confidencial, confidential

confirmación, f. confirmation

confirmar, to confirm

conflicto, m. conflict

confundir, to confuse

confusión, f. confusion

congestión, f. congestion

conglomeración, f. conglomeration

congregación, f. congregation

conjugación, f. conjugation

conmigo, with me

conmover, to move emotionally

conoce, know, knows (people); *¿conoce?* do you know?

conocer, to know (people, places), to be introduced to

conocido, known; *bien conocido,* well known

conocimiento, m. knowledge

conozco, I know (people, places)

consecuencia, f. consequence

consecutivo, -a, consecutive

consentir, to consent, to spoil a person

conservación, f. conservation

conservar, to conserve

conservativo, -a, conservative

consideración, f. consideration

considerar, to consider

consistir, to consist

consolación, f. consolation

consolar, to console

consolidación, f. consolidation

consolidar, to consolidate
consonante, f. consonant
constante, constant
constantemente, constantly
constelación, f. constellation
constitución, f. constitution
constitucional, constitutional
constituir, to constitute
construcción, f. construction
construir, to build, to construct
consuelo, m. consolation; *consuelo,*
  I console
consultante, m. consultant
contacto, m. contact
contagioso, -a, contagious
contaminación, f. contamination
contaminar, to contaminate
contar, to count, to recount, to tell,
  to depend on
contemplación, f. contemplation
contemplar, to contemplate
contener, to contain
contento, -a, happy
contestado, -a, answered
contestar, to answer
contigo, with thee
continental, continental
continente, m. continent
contingente, m. contingent
continuación, f. continuation
continuar, to continue
contradicción, f. contradiction
contraer, to contract
contrario, -a, contrary; *al contrario,*
  on the contrary
contrato, m. contract
contribución, f. contribution
contribuir, to contribute
convalecencia, f. convalescence
convencer, to convince
convencido, -a, convinced
convención, f. convention
convencional, conventional
conveniencia, f. convenience
conveniente, convenient
conversación, f. conversation

conversando, conversing
conversar, to converse
conversión, f. conversion
convertir, to convert
convicción, f. conviction
convulsión, f. convulsion
cooperación, f. co-operation
cooperando, co-operating
cooperar, to co-operate
coordinación, f. co-ordination
coordinar, to co-ordinate
copia, f. copy
copiando, copying
copiar, to copy
coqueta, f. coquette
coral, m. coral
corbata, f. necktie, cravat
cordial, cordial
cordialidad, f. cordiality
corral, m. corral
corrección, f. correction
correcto, -a, correct
corredor, m. corridor, hall
correo, m. post office, mail; *correo*
  aéreo, air mail
correr, to run
correspondencia, f. correspondence
corrupción, f. corruption
cortar, to cut
cortarse, to cut yourself
cortés, courteous
cortesía, f. courtesy
cortina, f. curtain, drape
cosa, f. thing
coser, to sew
cosmético, m. cosmetic
costar, to cost
creación, f. creation
creador, m. creator
creativo, -a, creative
crecer, to grow
crecimiento, m. growth
credencial, m. credential
creer, to believe, to think (opinion)
crema, f. cream

creo, I think, I believe; *creo que sí,* I think so; *creo que no,* I don't think so; *¿qué cree usted?* what do you think?

criada, f. maid

criatura, f. creature

criminal, m. criminal

cristal, m. crystal

crítica, f. criticism, review of a play, book, etc.

criticar, to criticize

cromático, -a, chromatic

crueldad, f. cruelty

cuál, which

cuándo, when

cuánto, -a, how much?; *¿cuánto tiempo?* how long?; *¿cuánto cuesta?* how much does it cost?

cuántos, -as, how many?

cuarenta, forty

cuarto, m. room, quarter

cuarto, -a, fourth

cuatro, four

cuatrocientos, four hundred

cubano, -a, Cuban

cubrir, to cover

cuchara, f. spoon

cuchillo, m. knife

cuenta, f. bill, restaurant check, account

cuento, m. story; *cuento,* I tell

cuidado, be careful, take care

cuidar, to take care of

cuidarse, to take care of yourself

culinario, -a, culinary

culminación, f. culmination

culminar, to culminate

culpa, f. fault, blame

culpar, to blame

cultivación, f. cultivation

cultivado, -a, cultivated

cultivando, cultivating

cultivar, to cultivate

cultura, f. culture

cultural, cultural

cumpleaños, m. birthday

cuñada, sister-in-law

cuñado, brother-in-law

curable, curable

curar, to cure

curiosidad, f. curiosity

curioso, -a, curious

curva, f. curve

D

dalia, f. dahlia

daño, m. harm; *hacer daño,* to be bad for, to do harm

dar, to give

de, of, from, about; *de veras,* really

dé, give (command)

debajo (de), under, underneath

deber, ought, should, must; *deber, m.* duty

debilidad, f. weakness

decadencia, f. decadence

decadente, decadent

decencia, f. decency

decente, decent

decidido, decided

decidiendo, deciding

decidir, to decide

decimal, m. decimal

décimo, -a, tenth

decir, to say, to tell

decisión, f. decision

decisivo, -a, decisive

declaración, f. declaration

declarar, to declare

decoración, f. decoration

decorar, to decorate

dedicación, f. dedication

dedicar, to dedicate

dedo, m. finger

deducción, f. deduction

defectivo, -a, defective

defecto, m. defect

defender, to defend

defensivo, -a, defensive

deficiente, deficient

definición, f. definition

definitivo, -a, definitive
degeneración, f. degeneration
degradación, f. degradation
dejar, to leave, to let, to allow
del, of the, from the, about the
delgado, -a, thin
deliberación, f. deliberation
deliberar, to deliberate
delicioso, -a, delicious
demandando, suing
demandar, to sue
démelo, give it to me
democracia, f. democracy
democrático, -a, democratic
demostrar, to demonstrate
dental, dental
dentista, dentist
denunciación, f. denunciation
denunciar, to denounce
departamento, m. apartment, department
depender, to depend
deplorable, deplorable
depositado, deposited
depositar, to deposit
depresión, f. depression
derecha, right; *a la derecha,* on the right-hand side, to the right
derecho, straight, straight ahead
derivativo, derivative
derretir, to melt
desaparecer, to disappear
desastroso, -a, disastrous
desayuno, m. breakfast
descansar, to rest
descender, to descend, to go down
desconcertar, to disconcert
descontar, to discount
describiendo, describing
describir, to describe
descripción, f. description
descriptivo, -a, descriptive
descubrir, to discover
descuento, m. discount
desenvolver, to unwrap
deshacerse (de), to get rid of

desinfectante, m. disinfectant
desobedecer, to disobey
desobediencia, f. disobedience
desolación, f. desolation
despacio, slowly
despedirse (de), to take leave of
despertar, to wake up
después (de), after; *después,* afterward
desquitarse, to get even, to retaliate
destructivo, -a, destructive
destruir, to destroy
desvestirse, to undress
detener, to detain
deterioración, f. deterioration
deteriorar, to deteriorate
determinación, f. determination
determinar, to determine
detestable, detestable
detestación, f. detestation
detestar, to detest
detrás (de), behind
devoción, f. devotion
devolver, to return (a thing)
di, say
dí, I gave
día, m. day
diabético, diabetic
diablo, m. devil
diagnóstico, m. diagnosis
diagrama, m. diagram
dialecto, m. dialect
diario, daily, diary
dibujar, to draw
dibujo, m. drawing
dicción, f. diction
diccionario, m. dictionary
dice, say, says
dicho, said, told; *un dicho, m.* a saying; *dicho y hecho,* said and done
diciembre, m. December
dictador, m. dictator
dictando, dictating
dictar, to dictate
diez, ten

diez y nueve, nineteen
diez y seis, sixteen
diez y siete, seventeen
diferencia, f. difference
diferente, different
difícil, difficult
difidencia, f. diffidence
dificultades, f. difficulties, trouble
dígame, tell me
digerir, to digest
digestible, digestible
digestión, f. digestion
digestivo, digestive
dignidad, f. dignity
digo, I say, tell
dije, I said, told
dijo, said, told
dilema, m. dilemma
diligencia, f. diligence
diligente, diligent
diluir, to dilute
dimensión, f. dimension
diminutivo, -a, diminutive
dinámico, -a, dynamic
dinero, m. money
Dios, God
diplomacia, f. diplomacy
diplomático, -a, diplomatic
dirección, f. address, direction
directo, -a, direct
director, m. director
directorio, m. directory
dirigible, m. dirigible
disciplina, f. discipline
disciplinario, -a, disciplinary
disco, m. phonograph record
discreción, f. discretion
discrepancia, f. discrepancy
discreto, -a, discreet
discurso, m. speech
discusión, f. discussion
discutido, discussed
discutir, to discuss, to argue
diseñar, to design
diseño, m. design
disolver, to dissolve

disminuir, to diminish
disponer, to dispose
distancia, f. distance
distinción, f. distinction
distintivo, -a, distinctive
distinto, -a, different, distinct
distracción, f. distraction
distraer, to distract
distribución, f. distribution
distribuir, to distribute
distrito, m. district
diversidad, f. diversity
diversión, f. entertainment
divertirse, to have a good time; *me diverti,* I had a good time
dividido, divided
dividiendo, dividing
dividir, to divide
divinidad, f. divinity
división, f. division
divorciar, to divorce
divorcio, m. divorce
doce, twelve
docena, f. dozen
doctor, m. doctor
doctrina, f. doctrine
dólar, m. dollar
dólares, m. dollars
doler, to hurt; *me duele,* it hurts
dolor, m. pain, ache
dogmático, dogmatic
dominación, f. domination
dominante, dominant
dominar, to dominate
domingo, m. Sunday
donde, where
dónde, where?
dormir, to sleep
dormirse, to go to sleep
dormitorio, m. bedroom
Dorotea, Dorothy
dos, two
doscientos, two hundred
doy, I give
drama, m. drama
dramático, -a, dramatic

drástico, -a, drastic
duda, f. doubt
dudar, to doubt
duele, hurts; *me duele,* it hurts me
dulce, sweet
dulces, m. (pl.) candy
duplicación, f. duplication
duplicar, to duplicate
durable, durable
durante, during
durar, to last

E

echar, to pour, to throw, to toss,
    to dump, to put out, to throw out
échemelo, toss it to me
economía, f. economy
económico, -a, economic, economi-
    cal
economista, economist
edición, f. edition
edificio, m. building
editor, m. editor
editorial, m. editorial
Eduardo, Edward
educacional, educational
educado, -a, educated
educador, m. educator
efectivo, -a, effective
efecto, m. effect
efervescencia, f. effervescence
eficacia, f. efficacy, efficiency
eficiente, efficient
el, m. the
él, he; *con él,* with him
elasticidad, f. elasticity
elástico, elastic
elección, f. election
electo, -a, elect, chosen
electoral, electoral
electricidad, f. electricity
eléctrico, -a, electric
elefante, m. elephant
elegancia, f. elegance
elegante, elegante

elemental, elemental
Elena, Helen
elevación, f. elevation
elevador, m. elevator
eliminación, f. elimination
ella, she; *con ella,* with her
ellos, -as, they; *con ellos,* with them
elocuencia, f. eloquence
elocuente, eloquent
emblema, m. emblem
emborracharse, to get drunk
emergencia, f. emergency
eminente, eminent
emisario, m. emissary
emoción, f. emotion
emocional, emotional
en, in, on, at (places); *en casa,* at
    home
encantado, -a, enchanted
encantar, to enchant, to love; *me
    encanta el jamón,* I love ham
encender, to light (a fire, cigarette)
encerrar, to lock in
enciclopédico, encyclopedic
encima (de), on top of
encontrar, to meet, to find, to en-
    counter
encuentro, m. encounter; *encuentro,*
    I find, meet, encounter
energía, f. energy
enero, m. January
enfermarse, to get sick
enfermo, -a, sick
enfriarse, to get cold
engordarse, to get fat
enigmático, -a, enigmatic
enojado, -a, angry
Enrique, Henry
ensalada, f. salad
entender, to understand
entendido, understood
enterarse, to find out
enterrar, to bury
entiendo, I understand
entrante, entering, coming, next;
    el año entrante, next year

entrar, to enter, to go in, to come in
entrega, f. delivery; *entrega inmediata,* special delivery
entregar, to deliver
entretener, to entertain
entrevista, f. interview
entrevistar, to interview
entusiasmarse, to get enthusiastic
entusiasmo, m. enthusiasm
envidia, f. envy
envidiar, to envy
envolver, to wrap
envuelto, -a, wrapped
epigrama, m. epigram
episcopal, episcopal
equivalente, equivalent
equivocarse, to make a mistake
era, was, were; used to be; it was, it used to be
erótico, -a, erotic
error, m. error
es, is, (you) are, it is
escalera, f. staircase, ladder
escaparse, to escape, to get away
escribiendo, writing
escribir, to write
escrito, written
escritorio, m. desk
escuela, f. school
escultura, f. sculpture
ese, -a, that
esencia, f. essence
esencial, essential
eso, -a, that; *eso es,* that's it
espada, f. sword
espalda, f. back
España, Spain
español, Spanish, Spanish man; *española,* Spanish woman
espantoso, -a, ghastly
espárragos, m. asparagus
especial, special
especialidad, f. specialty
especialista, specialist
especialmente, specially, especially
esperado, hoped, waited, expected

esperar, to hope, to wait, to expect
espía, m., f. spy
espiritual, spiritual
esplendor, m. splendor
esposa, f. wife
esposo, m. husband
esquina, f. corner
esta, f. this
ésta, this one
está, is (you) are
estaba, was, used to be
estabilidad, f. stability
estable, (adj.) stable
establecer, to establish
establecimiento, m. establishment
estación, f. station, season of the year
estacionar, to park (car)
estado, m. state
estado, been
Estados Unidos, United States
estamos, we are
estampilla, f. stamp
están, they are, you (pl.) are
estar, to be
estas, f. these
estatura, f. stature
este, m. this, east
éste, this one
estilo, m. style
estimulación, f. stimulation
estimular, to stimulate
estómago, m. stomach
estos, m. these
estoy, I am
estrangulación, f. strangulation
estrangular, to strangle
estructura, f. structure
estudiando, studying
estudiante, student
estudiar, to study
estudio, m. study (noun)
estúpido, -a, stupid
estuve, I was
eternidad, f. eternity
ético, ethical
evadir, to evade, avoid

evangélico, -a, evangelic
evangelista, evangelist
evaporación, f. evaporation
evaporado, -a, evaporated
evaporar, to evaporate
evasión, f. evasion
evasivo, -a, evasive
evidencia, f. evidence
evidente, evident
exacto, -a, exact
exageración, f. exaggeration
exagerar, to exaggerate
examinar, to examine
exasperación, f. exasperation
exasperar, to exasperate
excavación, f. excavation
excavar, to excavate
exceder, to exceed
excelencia, f. excellence
excelente, excellent
excéntrico, -a, eccentric
excepción, f. exception
excepcional, exceptional
excesivo, -a, excessive
exclamación, f. exclamation
exclamar, to exclaim
excluir, to exclude
exclusivo, -a, exclusive
exhibición, f. exhibition
exhibir, to exhibit
exigir, to demand
existencia, f. existence
existido, existed
existir, to exist
exito, m. success
exótico, -a, exotic
expedición, f. expedition
experiencia, f. experience
experimentación, f. experimentation
experimental, experimental
experimentar, to experiment
explicable, explicable, explainable
explicar, to explain
exploración, f. exploration
explorado, -a, explored
explorar, to explore

explosión, f. explosion
explosivo, m. explosive
exponer, to expose
exportación, f. export, exportation
exportando, exporting
exportar, to export
exposición, f. exposition
expresar, to express
expresión, f. expression
expresivo, -a, expressive
extender, to extend
extendiendo, extending
extensión, f. extension
extensivo, -a, extensive
exterior, exterior; *cuarto exterior,* outside room
exterminación, f. extermination
exterminar, to exterminate
extracto, m. extract
extraer, to extract
extraordinario, -a, extraordinary
extraño, -a, strange
extremidad, f. extremity
exuberancia, f. exuberance

F

fábrica, f. factory
fabricar, to manufacture
fabuloso, -a, fabulous
facial, facial
fácil, easy
facilidad, f. facility, ease
factor, m. factor
falda, f. skirt
falta, f. lack, want; *sin falta,* without fail; *hacer falta,* to miss, to lack
faltar, to lack, to miss
familia, f. family
familiaridad, f. familiarity
famoso, -a, famous
fantástico, -a, fantastic
farmacia, f. drugstore
fascinación, f. fascination
fascinar, to fascinate

fatal, fatal
fatalidad, f. fatality
favor, m. favor; *por favor,* please
favorable, favorable
favorecer, to favor
febrero, m. February
federación, f. federation
federal, federal
felicidad, f. happiness
felicitar, to congratulate
feo, -a, ugly
fermentación, f. fermentation
fermentar, to ferment
ferrocarril, m. railroad
fertilidad, f. fertility
fervor, m. fervor, enthusiasm
festival, m. festival
festividad, f. festivity, feast
fidelidad, f. fidelity, faithfulness
fiesta, f. feast, party
figura, f. figure
figurarse, to imagine, to figure out
figúrese, imagine! imagine that!
filantrópico, -a, philanthropic
filarmónico, -a, philharmonic
filete, m. steak, filet
filosofía, f. philosophy
fin, m. end; *fin de semana,* week end
final, final
finalidad, f. finality
finalmente, finally
firma, f. signature
firmar, to sign
físico, -a, physical
fisiología, f. physiology
flauta, f. flute
flexibilidad, f. flexibility
flexible, flexible
flor, f. flower
flores, f. flowers
florista, m., f. florist
flotando, floating
flotar, to float
fluctuación, f. fluctuation
fluctuar, to fluctuate
fondo, m. slip (underwear)

fonético, -a, phonetic
fonógrafo, m. phonograph
formación, f. formation
formar, to form
formal, formal
formalidad, f. formality
formidable, formidable, terrific
formulación, f. formulation
formular, to formulate
fortuna, f. fortune; *por fortuna,* fortunately
foto, f. photograph, snapshot
fotografía, f. photograph
fotografiar, to photograph
fotográfico, a, photographic
fracasar, to fail
fracaso, m. failure
fractura, f. fracture
fragmentario, -a, fragmentary
fragmento, m. fragment
francamente, frankly
Francia, France
frase, f. sentence
fraternal, fraternal, brotherly
fraternidad, f. fraternity, brotherhood
frecuencia, f. frequence, frequency
frecuente, frequent
fregar, to scrub
freír, to fry
frente, front; *en frente de,* in front of
frente, f. forehead
fresco, -a, fresh
frijoles, m. beans
frío, m. cold; *tengo frío,* I'm cold
frito, -a, fried; *un huevo frito,* a fried egg
frivolidad, f. frivolity
frugal, frugal, thrifty
frugalidad, f. frugality, thriftiness
frutas (pl.), *f.* fruit
fuera, were; *si fuera,* if it were
fuí, I was, I went
fugitivo, -a, fugitive
fumar, to smoke
fumigar, to fumigate

fundamental, fundamental
funeral, m. funeral
furioso, -a, furious
furor, m, furor, rage
furtivo, -a, furtive
futbol, m. football
futilidad, f. futility
futuro, -a, future

G

gabardina, f. gabardine, raincoat
galante, gallant, attentive to ladies
galleta, f. cracker, cookie
gallina, f. hen
ganado, earned, won, gained
ganado, m. cattle
ganar, to earn, to win, to gain
ganas, f. desire, yen; *tengo ganas de*
  (plus infinitive), I feel like—
garage, m. garage
garantía, f. guaranty
gardenias, f. gardenias
gasolina, f. gasoline
gato, m. cat; *gata, f.* cat
gelatina, f. gelatine, Jello
generación, f. generation
generador, m. generator
general, m. general
generalidad, f. generality
generalmente, generally, usually
generoso, -a, generous
gente, f. people
geografía, f. geography
geográfico, -a, geographic
geología, f. geology
geometría, f. geometry
glicerina, f. glycerine
gloria, f. glory
glorioso, -a, glorious
glosario, m. glossary
gobernar, to govern
gobierno, m. government
golf, m. golf
gordo, -a, fat
gorila, m. gorilla

gozar, to enjoy
gracia, f. grace, charm
gracias, f. thanks
gracioso, -a, graceful, amusing
graduación, f. graduation
gradual, gradual
graduar, to graduate
gramatical, grammatical
grande, large, big
gris, gray
gritar, to shout, to scream
grito, m. shout, scream
grupo, m. group
guantes, m. gloves
guapo, -a, handsome
guitarra, f. guitar
guitarrista, m., f. guitarist
gustar, to be pleasing, to like; *me
  gusta,* I like, I like it; *le gusta,*
  you like, he, she likes; *¿le gusta?*
  do you like? does he, she like?;
  me gustó, I liked it
gusto, m. pleasure
gutural, guttural

H

ha, you have (aux. verb)
había, there was, there were, was
  there? were there?; there used to
  be, did there used to be?; had
  (aux. verb)
habla, you speak; he, she speaks
hablado, talked
hablando, talking, speaking
hablar, to talk, to speak
hace, do, does, make, makes; *hace
  calor,* it's hot; *hace frío,* it's cold;
  hace, ago; *hace una hora,* an hour
  ago
hacer, to do, to make
hacienda, f. large farm, ranch
hago, I do, make
hamaca, f. hammock
hambre, hunger; *tengo hambre,* I'm
  hungry

han, they have (aux. verb)
hasta, until, till
hay, there is, there are
hay que, one must
haz, do, make
he, I have (aux. verb)
hecho, done, made; *dicho y hecho,* no sooner said than done; *hecho, m.* fact
heder, to stink
helado, m. ice cream
helar, to freeze
hemos, we have (aux. verb)
hereditario, -a, hereditary
herir, to wound
hermana, f. sister
hermano, m. brother
heroína, f. heroine
hervir, to boil
hice, I did, made
hielo, m. ice
hija, f. daughter
hijo, m. son
hipnótico, -a, hypnotic
hipocresía, f. hypocrisy
histérico, -a, hysterical
histórico, -a, historical
hizo, did, made
hombre, m. man
hombro, m. shoulder
honor, m. honor
honorable, honorable
hora, f. hour
horizontal, horizontal
horno, m. oven; *al horno,* baked
horrible, horrible, terrible
horror, m. horror
horticultura, f. horticulture
hospital, m. hospital
hospitalidad, f. hospitality
hostilidad, f. hostility
hotel, m. hotel
hoy, today
hubiera, were; *si hubiera,* if there were

hubo, there was, there were, was there? were there?
huevo, m. egg
huir, to flee, to run away
humanidad, f. humanity
humor, m. humor

I

iba, went, used to go, was going
idea, f. idea
ideal, ideal
idealista, m., f. idealist
idéntico, -a, identical
identidad, f. identity
ideología, f. ideology
idioma, m. language
idiomático, -a, idiomatic
iglesia, f. church
ignorancia, f. ignorance
ignorante, ignorant
ilegal, illegal
ilimitable, illimitable
ilusión, f. illusion
ilustración, f. illustration
imaginable, imaginable
imaginación, f. imagination
imaginar, to imagine
imaginario, -a, imaginary
imaginarse, to imagine
imaginativo, -a, imaginative
imagínese, just imagine!
imitación, f. imitation
imitar, to imitate
impaciencia, f. impatience
impaciente, impatient
imparcial, impartial
imparcialidad, f. impartiality
impedir, to impede
impenetrable, impenetrable
imperativo, -a, imperative
imperceptible, imperceptible
imperfecto, -a, imperfect
imperial, imperial
imperioso, -a, imperious
impermeable, m. raincoat

impertinencia, f. impertinence
impertinente, impertinent
impetuoso, -a, impetuous
implemento, m. implement
implicación, f. implication
imploración, f. imploration
implorar, to implore, to beg
imponer, to impose
importa, it matters; *no importa,* it doesn't matter, it makes no difference
importancia, f. importance
importante, important
importar, to matter
imposibilidad, f. impossiblity
imposible, impossible
impotente, impotent
impregnable, impregnable
impresión, f. impression
imprimir, to print
improbable, improbable
improvisación, f. improvisation
improvisar, to improvise
imprudente, imprudent
impulsivo, -a, impulsive
inalterable, inalterable
inauguración, f. inauguration
inaugurar, to inaugurate
incalculable, incalculable
incendiario, -a, incendiary
incentivo, m. incentive
incesante, incessant
incidencia, f. incidence
incidente, m. incident
incisivo, -a, incisive
inclinación, f. inclination
incluir, to include
incomparable, incomparable
incompatible, incompatible
incompetente, incompetent
inconsistente, inconsistent
inconveniente, inconvenient
incorrecto, -a, incorrect
increíble, incredible, unbelievable
incurable, incurable
indecente, indecent

independencia, f. independence
independiente, independent
indicación, f. indication
indicar, to indicate
indicativo, indicative
indiferencia, f. indifference
indiferente, indifferent
indigestión, f. indigestion
indirecto, -a, indirect
indiscreción, f. indiscretion
indiscreto, -a, indiscreet
individualidad, f. individuality
indolencia, f. indolence
indolente, indolent
indulgencia, f. indulgence
indulgente, indulgent, lenient
industrial, industrial
industrioso, -a, industrious
inefable, ineffable, unutterable
inestimable, invaluable
inevitable, inevitable
inexplicable, unexplainable
infalible, infallible
infección, f. infection
inferior, inferior
inferioridad, f. inferiority
infernal, infernal
infidelidad, f. infidelity, unfaithfulness
infierno, m. hell
infinidad, f. infinity
infinitivo, m. infinitive
inflación, f. inflation
inflamable, inflammable
inflamación, f. inflamation
inflar, to inflate, to puff up
influencia, f. influence
información, f. information
informal, informal
informar, to inform
informativo, -a, informative
ingeniero, m. engineer
ingenioso, -a, ingenious
inglés, English, Englishman
inherente, inherent
iniciación, f. initiation

inicial, initial
iniciar, to initiate
inimitable, inimitable
inmensidad, f. immensity
inmenso, -a, immense
inmoralidad, f. immorality
inmortalidad, f. immortality
inocencia, f. innocence
inoculación, f. inoculation
inocular, to inoculate
inquietarse, to get restless, to be worried
insaciable, insatiable
inscribir, to inscribe
inscripción, f. inscription
insecto, m. insect
inseparable, inseparable
insignificancia, f. insignificance
insignificante, insignificant
insinuación, f. insinuation
insinuar, to insinuate
insistencia, f. insistence
insistente, insistent
insistiendo, insisting
insistir, to insist
insolencia, f. insolence
insolente, insolent
inspección, f. inspection
inspector, m. inspector
inspiración, f. inspiration
inspirar, to inspire
instalación, f. installation
instalar, to install
instante, m. instant
instintivo, -a, instinctive
instinto, m. instinct
institución, f. institution
instituto, m. institute
instrucción, f. instruction
instructivo, -a, instructive
instructor, m. instructor
instruir, to instruct
instrumental, instrumentai
insuficiente, insufficient
insultar, to insult
insulto, m. insult

intangible, intangible
integridad, f. integrity
intelecto, m. intellect
intelectual, intellectual
inteligencia, f. intelligence
inteligente, intelligent
intención, f. intention
intencional, intentional
intensidad, f. intensity
interesante, interesting
interesantísimo, most interesting
interior, interior
interminable, interminable, endless
interminablemente, interminably
intermitente, intermittent
internacional, international
interpretación, f. interpretation
interpretar, to interpret
interrogativo, -a, interrogative
interrumpir, to interrupt
intervención, f. intervention
intestinal, intestinal
íntimamente, intimately
íntimo, -a, intimate
intolerable, intolerable
intolerancia, f. intolerance
intolerante, intolerant
intransitivo, -a, intransitive
introducción, f. introduction
intuición, f. intuition
intuitivo, -a, intuitive
invadir, to invade
invasión, f. invasion
invención, f. invention
inventar, to invent
inventivo, inventive
inventor, m. inventor
invertir, to invest
investigar, to investigate
investigación, f. investigation
investigador, m. investigator
invierno, m. winter
invisible, invisible
invitación, f. invitation
invitar, to invite
involuntario, -a, involuntary

inyección, f. injection
ir, to go
ironía, f. irony
irónico, -a, ironic
irracional, irrational
irreparable, irreparable
irreprochable, irreproachable
irresistible, irresistible
irresoluto, -a, irresolute
irreverente, irreverent
irrevocable, irrevocable
irrigación, f. irrigation
irrigar, to irrigate
irritable, irritable
irritación, f. irritation
irritar, to irritate
irse, to go away
Isabel, Elizabeth
italiano, -a, Italian
itinerario, m. itinerary
izquierda, left; *a la izquierda,* on the
     left-hand side, to the left

J

jabón, m. soap
jamás, never
jamón, m. ham
jardín, m. garden
jefe, m. chief, boss
José, Joseph
joven, young
jovial, jovial
joyería, f. jewelry store
Juan, John
judicial, judicial
juego, m. game; *juego,* I play
jueves, m. Thursday
jugar, to play (a game), to gamble
jugo, m. juice
jugué, I played
Julieta, Juliet
julio, m. July
junio, m. June
junto, -a, next to
juntos, -as, together

justicia, f. justice
justo, -a, just, fair; *no es justo,* it
     isn't fair

L

la, f. it, her, you, the
laborioso, -a, laborious
laceración, f. laceration
lacerar, to lacerate, to hurt
lamentable, lamentable, deplorable
lamentación, f. lamentation
lamentar, to lament, to regret
lámpara, f. lamp
lana, f. wool
lancha, f. launch, boat
lápiz, m. pencil
largo, -a, long
las, f. you (pl.), them, the (pl.)
lástima, f. pity, shame
lastimarse, to hurt yourself
laudable, laudable, praiseworthy
lavandería, f. laundry
lavar, to wash
lavarse, to wash (yourself)
le, (to, for) him, her, you
lección, f. lesson
leche, f. milk
lechuga, f. lettuce
leer, to read
legal, legal
legión, f. legion
legislativo, -a, legislative
legumbre, m. vegetable
leído, read (past part.)
les, (to, for) you (pl.), them
levantarse, to get up
leyendo, reading
leyó, he, she, you read (pret.)
liberación, f. liberation
liberal, liberal
libertad, f. liberty
librería, f. bookstore
libro, m. book
licencia, f. license
liebre, f. hare

limitación, f. limitation
limitar, to limit
limonada, f. lemonade
limpiar, to clean
lindo, -a, lovely
linimento, m. liniment
lío, m. a scrape, trouble
lista, f. list
listo, -a, ready
literal, literal
literario, -a, literary
literatura, f. literature
litográfico, -a, lithographic
llamar, to call
llamarse, to be called
llave, f. key
llegar, to arrive, to get here, to get there
llegué, I arrived, got here, got there
llevar, to wear, to carry, to take (someone or something someplace)
llorar, to cry
llover, to rain
lo, m. it, him, you
local, local
localidad, f. locality, location
loco, -a, crazy
los, m. you (pl.), them, the (pl.)
lubricación, f. lubrication
lubricante, lubricant
lubricar, to lubricate
lucrativo, -a, lucrative
luego, later, afterward; *hasta luego,* so long, till later
Luis, Louis, Lewis
luminoso, -a, luminous
luna, f. moon
lunes, m. Monday
luz, f. light

M

madre, f. mother
maestra, f. teacher
mágico, -a, magic

magnético, -a, magnetic
magnífico, -a, magnificent
mal, badly, ill
malicia, f. malice
malicioso, -a, malicious
malo, -a, bad
mamá, f. mom, mama
mañana, tomorrow
mandado, sent
mandado, m. errand
mandando, sending
mandar, to send
mande, send (command); *mándeme,* send me
manejar, to drive (car), to manage
manifestación, f. manifestation, declaration
manifestar, to state, to declare
manipulación, f. manipulation
manipular, to manipulate
mano, f. hand
mansión, f. mansion
mantel, m. tablecloth
mantener, to support (financially)
mantequilla, f. butter
manual, manual
manufactura, f. manufacture
máquina, f. machine, typewriter
maravilloso, -a, marvelous
marcar, to mark
marchando, marching
marchar, to march
marearse, to get seasick
María, Mary
marina, f. navy
Marta, Martha
martes, m. Tuesday
marzo, m. March
más, more
masa, f. bread dough
material, material
materialista, m., f. materialist
maternal, maternal
maternidad, f. maternity
matriculación, f. registration

matricular, to matriculate, to register

matrimonial, matrimonial

mayo, m. May

mayor, eldest, major

mayoría, f. majority

me, me, myself

mecánico, m. mechanic

medias, f. stockings

medicina, f. medicine

medicinal, medicinal

médico, -a, medical

medio, -a, half; *a las dos y media,* at two-thirty (at two and a half)

medir, to measure

meditación, f. meditation

meditar, to meditate

mejor, better; *el mejor,* the best

mejorarse, to get better

melodía, f. melody

melodioso, -a, melodious

melodramático, -a, melodramatic

mención, f. mention

menos, less

mental, mental

mentas, f. mints

mentir, to lie

mentira, f. (a) lie

menú, m. menu

mercado, m. market

mercenario, -a, mercenary

merecer, to deserve

merezco, I deserve

mermelada, f. marmalade

mes, m. month; (pl.) meses

mesa, f. table

metal, m. metal

metálico, -a, metallic

metalúrgico, -a, metallurgic

meterse, to put yourself into, to get yourself into

meticuloso, -a, meticulous

metódico, -a, methodical

metodista, methodist

mexicano, -a, Mexican

México, Mexico

mi, my

mí, me; *para mí,* for me

microscópico, -a, microscopic

miedo, m. fear; *tengo miedo,* I'm afraid

mientras, while; *mientras tanto,* meanwhile

miércoles, m. Wednesday

mil, thousand

millón, m. million

mina, f. mine

mineral, m. mineral

miniatura, f. miniature

ministro, m. minister

minuto, m. minute

mío, -a, mine

mire, look (command)

mis, (pl.) my

miserable, miserable

misión, f. mission

misterioso, -a, mysterious

moderación, f. moderation

modernista, modernist

moler, to grind

molestar, to bother; *no se moleste,* don't bother, don't trouble yourself

momento, m. moment

monástico, -a, monastic

monetario, -a, monetary

mono, -a, monkey

monograma, m. monogram

monotonía, f. monotony

monstruoso, -a, monstrous

monumental, monumental

monumento, m. monument

moral, moral

moralidad, f. morality

moralista, m., f. moralist

morder, to bite

moreno, -a, brunette

morir, to die

mortal, mortal

mortalidad, f. mortality

mosaico, m. mosaic, tile

mostrar, to show

motivo, m. motive
motor, m. motor
mover, to move
moviendo, moving
muchacha, f. girl
muchacho, m. boy
mucho, -a, much, a great **deal**
muchos, many
muela, f. molar tooth; *tengo dolor de muela,* I have a toothache
muestra, f. sample
mujer, f. woman
multiplicación, f. multiplication
mundo, m. world; *todo el mundo,* everybody
munición, f. ammunition
municipal, municipal
municipalidad, f. municipality
mural, m. mural
murmurando, murmuring
murmurar, to murmur
museo, m. museum
musica, f. music
musical, musical
muy, very
muy bien, very well

N

nacer, to be born
nací, I was born
nacimiento, m. birth
nación, f. nation
nacional, national
nacionalidad, f. nationality
nada, nothing; *de nada,* you are welcome; *por nada,* you are welcome
nadando, swimming
nadar, to swim
nadie, nobody
naranja, f. orange
narcótico, m. narcotic
narrativo, narrative
nativo, -a, native
natural, natural
naturalista, m., f. naturalist

naturalmente, naturally
naval, naval
navegable, navigable
navegación, f. navigation
navegar, to navigate
Navidad, f. Christmas
nebuloso, -a, nebulous
necesario, -a, necessary
necesidad, f. necessity
necesitar, to need
negar, to deny
negativo, negative
negligente, negligent
negocios, m. (pl.) business
negro, -a, black
nena, f. baby girl
nene, m. baby boy
nervioso, -a, nervous
neurótico, -a, neurotic
neutral, neutral
nevar, to snow
nicotina, f. nicotine
nieta, f. granddaughter
nieto, m. grandson
nieve, f. snow
niñas, f. girls
ningún, -a, no; *ningún hombre,* no man
ninguno, no one
niños, m. children, boys
no, no
noble, noble
noche, f. night
noches de luna, moonlight nights
nombre, m. name
normal, normal
normalmente, normally
nos, us, ourselves
nosotros, -as, we, us; *con nosotros,* with us
nostálgico, -a, nostalgic
nota, f. note
notable, notable, outstanding
notar, to note, to notice
notario, m. notary
notario público, m. notary public

noticiario, m. newsreel

noticias, f. news

novecientos, nine hundred

novela, f. novel

novelista, m., f. novelist

noveno, -a, ninth

noventa, ninety

noviembre, m. November

nuestro, -a, our, ours

nueve, nine

Nueva York, New York

nuevo, -a, new

número, m. number

numeroso, -a, numerous

nunca, never

nutrición, f. nutrition

nutritivo, -a, nutritive, nutritious

O

o, either, or

obedecer, to obey

obediencia, f. obedience

obesidad, f. obesity, fatness

obituario, m. obituary

objetivo, objective

obligación, f. obligation

obligar, to obligate, to compel, to force

obscenidad, f. obscenity

obscuridad, f. darkness

obscuro, -a, dark

observación, f. observation

observar, to observe

obsesión, f. obsession

obstrucción, f. obstruction

obtener, to obtain

ocasión, f. occasion

ocasional, occasional

occidente, m. Occident, West

ochenta, eighty

ocho, eight

ochocientos, eight hundred

octavo, -a, eighth

octubre, m. October

oculista, m., f. oculist

ocupación, f. occupation

ocupado, -a, occupied, busy

ocupar, to occupy

ocurrencia, f. occurrence

ocurrir, to occur

odiar, to hate

odio, m. hate, hatred

odioso, -a, odious, hateful

ofender, to offend

ofendido, offended

ofendiendo, offending

ofensivo, -a, offensive

oficial, official

oficina, f. office

ofrecer, to offer

ofrecido, offered

ofreciendo, offering

ofrezco, I offer

oí, I heard

oído, heard

oiga, listen, hear (command)

oigo, I hear

oír, to hear

ojalá, I certainly hope, I certainly hope so

olán, m. ruffle

olvidar, to forget; se me olvidó, I forgot

omnipotencia, f. omnipotence

once, eleven

ópera, f. opera

operador, m. operator

operación, f. operation

operar, to operate

opinión, f. opinion

oponer, to oppose

oportunista, m., f. opportunist

oposición, f. opposition

opresión, f. oppression

opresivo, -a, oppressive

opresor, m. oppressor

óptico, -a, optic

optimista, m., f. optimist

opulencia, f. opulence

orador, m. orator

oral, oral

ordinario, -a, ordinary
oreja, f. ear
orgánico, -a, organic
organista, m., f. organist
organización, f. organization
órgano, m. organ
orientación, f. orientation
oriental, oriental
oriente, Orient, East
original, original
originalidad, f. originality
ornamental, ornamental
orquesta, f. orchestra
ortopédico, orthopedic
otoño, m. autumn
otro, -a, another, other; *el otro día,* the other day
otros, -as, other, others
ovación, f. ovation
oye, hear, hears, listen
oyendo, hearing
oyó, you, he, she heard; did you, he, she hear?

P

paciencia, f. patience
paciente, patient
pacífico, -a, pacific; *Pacífico, m.* Pacific
pacifista, m., f. pacifist
padre, m. father
pagado, -a, paid
pagando, paying
pagar, to pay
pagué, I paid
país, m. country (nation)
pájaro, m. bird
palabra, f. word
palacio, m. palace
palmeras, f. palm trees
pan, m. bread; *pan tostado,* toast
panorama, m. panorama
pantalla, f. movie screen, lamp shade
pantalones, m. trousers

papá, m. dad
papas, f. potatoes
papel, m. paper, role in a play
paquete, m. package
para, for
parafina, f. paraffin
paraguas, m. umbrella
paralítico, -a, paralytic
pararse, to stand up, to stop
parcial, partial
pardo, brown
parecer, to seem like
parecerse, to resemble
pared, f. wall
parientes, m. relatives
París, Paris
parlamentario, -a, parliamentary
parque, m. park
parrilla, f. grill; *a la parrilla,* grilled, broiled
participación, f. participation
participar, to participate
pasado, -a, last, past; *el sábado pasado,* last Saturday; *pasado mañana,* day after tomorrow
pasados por agua, soft-boiled; *huevos pasados por agua,* soft-boiled eggs
pasar, to pass, to spend (time), to happen
pase, pass (command); *pase,* come in; *pase adelante,* come in
pasión, f. passion
pasivo, -a, passive
pastor, m. shepherd
pastoral, pastoral
pata, animal foot; *meter la pata,* to stick your foot in it
patentar, to patent
patente, f. patent
paternal, paternal
patio, m. patio, courtyard
pato, m. duck
patología, f. pathology
patriótico, -a, patriotic
payaso, m. clown

pedal, m. pedal
pedestal, m. pedestal
pedir, to order, to ask for
peinarse, to comb (yourself)
peine, m. comb
película, f. film
peligro, m. danger
pelo, m. hair
penetración, f. penetration
penetrar, to penetrate
penicilina, f. penicillin
pensar, to think
pensión, f. pension
peor, worse; *el peor,* the worst
perceptivo, -a, perceptive
perder, to lose
perezoso, -a, lazy
perfección, f. perfection
perfectamente, perfectly
perfecto, -a, perfect
perforación, f. perforation
perforado, -a, perforated
perforar, to perforate
perfume, m. perfume
periódico, m. newspaper
periodista, m., f. journalist
permanencia, f. permanence
permanente, permanent
premítame, allow me, permit me
permitido, permitted
permitir, to permit, to allow
pero, but
perro, m. dog
persecución, f. persecution
perseverancia, f. perseverance
persistencia, f. persistence
persona, f. person
personal, personal
personalidad, f. personality
personalmente, personally, in person
persuadiendo, persuading
persuadir, to persuade
persuasión, f. persuasion
perversidad, f. perversity
pesar, m. sorrow; *a pesar de,* in spite of

pesar, to weigh
pesarse, to weigh yourself
pescado, m. fish; *pescado* (past part.), fished
pescando, fishing
pescar, to fish
pesimista, pessimist
peso, m. weight
petición, f. petition
pianista, m., f. pianist
piano, m. piano
pie, m. foot
pienso, I think
pierna, f. leg
pimienta, f. pepper
piña, f. pineapple
pintar, to paint
pintoresco, -a, picturesque
pintura, f. painting
pipa, f. pipe
piso, m. floor, story (building)
plan, m. plan
planchaduría, f. dry cleaners
planchar, to iron
planta, f. plant
plantar, to plant
plástico, plastic
plato, m. plate
platónico, platonic
platos, m. plates, dishes
plausible, plausible
playa, f. beach
pleuresía, f. pleurisy
pluma, f. pen
plural, plural
plutocrático, -a, plutocratic
pobre, poor
poco, -a, a little, a little bit; *poco a poco,* little by little
poder, to be able
podía, I could, used to be able
poema, m. poem
política, f. politics
político, -a, political
pollo, m. chicken; *pollo frito,* fried chicken

pomposo, -a, pompous
pon, put
poner, to put, to set, to lay
ponerse, to put on; *ponerse a* (plus inf.), to begin, to start to
pongo, I put, set, lay (present)
popular, popular
popularidad, f. popularity
populoso, -a, populous
por, by, for
poroso, -a, porous
porque, because
por qué, why
portal, m. portal
portarse, to behave
posesión, f. possession
posesivo, possessive
posibilidad, f. possibility
posible, possible
posiblemente, possibly
posición, f. position
positivo, -a, positive
postal, postal
postre, m. dessert
potencial, potential
potente, potent
practicar, to practice
práctico, -a, practical
precedencia, f. precedence
precedente, m. precedent
precio, m. price
precioso, -a, precious
precipitación, f. precipitation
precipitar, to precipitate, to hasten
precisión, f. precision
predilecto, preferred, favorite
predominación, f. predominance
predominar, to predominate
prefacio, m. preface
preferencia, f. preference
preferible, preferable
preferir, to prefer
pregunta, f. question
preguntar, to ask
prehistórico, -a, prehistoric
prematuro, -a, premature

premeditación, f. premeditation
premeditar, to premeditate
premio, m. prize
preocupación, f. preoccupation
preocupado, -a, worried
preocupar, to worry
preparación, f. preparation
preparado, -a, prepared
preparando, preparing
preparar, to prepare
preponderancia, f. preponderance
preposición, f. preposition
presentable, presentable
presentación, f. presentation
presentar, to present
presente, present
preservación, f. preservation
preservar, to preserve
presidente, m. president
prestar, to lend
pretensión, f. pretense
pretérito, -a, preterite, past
prevención, f. prevention
primario, -a, primary
primavera, f. spring
primer, m. first
primero, -a, first
primitivo, -a, primitive
primo, -a, cousin
principal, principal
principalmente, principally, mainly
prisa, haste; *tengo prisa,* I'm in a hurry
probable, probable
probablemente, probably
probar, to taste, to prove, to test
problema, m. problem
proceder, to proceed
procesión, f. procession
proclamación, f. proclamation
proclamar, to proclaim
prodigioso, -a, prodigious
producción, f. production
producir, to produce
productivo, -a, productive
producto, m. product

profanidad, f. profanity
profecía, f. prophecy
profesión, f. profession
profesional, professional
profesor, m. professor
profético, -a, prophetic
proficiente, proficient
programa, m. program
progresando, progressing
progresar, to progress
progreso, m. progress
progresivo, -a, progressive
prohibir, to prohibit
prolífico, -a, prolific
prometer, to promise
prominente, prominent
pronto, soon
pronunciación, f. pronunciation
pronunciar, to pronounce
propagación, f. propagation
propina, f. tip (money)
proponer, to propose
proporción, f. proportion
proposición, f. proposition
propulsión, f. propulsion
prosaico, -a, prosaic
prosperidad, f. prosperity
protección, f. protection
protector, m. protector
protestación, f. protestation
protestar, to protest
provincia, f. province
provincial, provincial
provisión, f. provision
provisional, provisional
provocativo, -a, provocative
proximidad, f. proximity
proyectar, to project
proyecto, m. project
prudente, prudent
prueba, f. proof
psicología, f. psychology
publicación, f. publication
públicamente, publicly
publicar, to publish
publicidad, f. publicity

publicista, m. publicist
público, -a, public
publiqué, I published
pude, I could
pueblo, m. town
puedo, I can
puerco, m. pork, pig
puerta, f. door
puesto, put; *un puesto,* a post, a stand
pugilista, m. pugilist
puntual, punctual
puré, m. purée; *puré de papas,* mashed potatoes
puro, m. cigar
puro, -a, pure
puse, I put, set, lay (past)

Q

que, that, than
qué, what, how; *qué bonito,* how lovely
quebrar, to break
quedarse, to stay, to remain
quédese, stay (command)
quejarse, to complain
quemarse, to burn yourself
querer, to want; *querer a,* to love
quería, I, you, he, she wanted; *quería a,* I, you, he, she loved
queso, m. cheese
quién, who?
quiero, I want; *quiero a,* I love
quince, fifteen
quinientos, five hundred
quinina, f. quinine
quinto, -a, fifth
quise, I wanted
quitarse, to take off
quizá, maybe
quizás, maybe

R

rábanos, m. radishes
racial, racial

racional, rational
radiación, f. radiation
radiador, m. radiator
radiante, radiant
radical, radical
radio, m. or *f.* radio; *por radio,* by radio
rancho, m. ranch
rápidamente, rapidly
rápido, -a, rapid
raro, -a, strange, rare
rascacielos, m. skyscraper
rascarse, to scratch (yourself)
razón, f. reason; *con razón,* no wonder; *tiene razón,* you are right
reacción, f. reaction
reaccionario, -a, reactionary
realidad, f. reality
rebelión, f. rebellion
recepción, f. reception
receptivo, -a, receptive
recibido, received
recibiendo, receiving
recibir, to receive
reciente, recent
recitación, f. recitation
recitando, reciting
recitar, to recite
reclamación, f. complaint
reclamar, to reclaim, to complain
recomendación, f. recommendation
recomendar, to recommend
reconocer, to recognize
reconocimiento, m. recognition
reconstruir, to reconstruct
recordar, to remember
recreación, f. recreation
recuerdo, m. souvenir, remembrance
recuerdo, I remember
recuperación, f. recuperation
recuperar, to recuperate
reducción, f. reduction
reducir, to reduce
reelección, f. re-election
referir, to refer
reflector, m. reflector

reflexión, f. reflection
reflexivo, reflexive
reforma, f. reform
reformación, f. reformation
reformar, to reform
refrescar, to refresh
refresco, m. refreshment
refrigeración, f. refrigeration
refrigerador, m. refrigerator
regalo, m. gift, present
regar, to irrigate, to sprinkle
regeneración, f. regeneration
regenerar, to regenerate
regimentar, to regiment
región, f. region
regional, regional
registración, f. registration
registrar, to register
regresado, returned
regresar, to return
regularidad, f. regularity
reírse, to laugh
relación, f. relation
relativo, -a, relative
religión, f. religion
religioso, -a, religious
reloj, m. clock, watch
remendar, to mend
remuneración, f. remuneration
Renacimiento, Renaissance
renovar, to renew
renta, f. rent, income
renuncia, f. resignation
renunciar, to resign
reparación, f. reparation
reparar, to repair
repetición, f. repetition
repetir, to repeat
representación, f. representation
representar, to represent
reproducción, f. reproduction
reproducir, to reproduce
repugnancia, f. repugnance
repugnante, repugnant
repulsivo, -a, repulsive
requerir, to require

resbalarse, to slip, to slide
reservación, f. reservation
reservista, m., f. reservist
resfriarse, to catch cold
residencial, residential
resistido, resisted
resistir, to resist
resolución, f. resolution
resolver, to solve, to resolve
resonancia, f. resonance
respectivo, -a, respective
respetable, respectable
responsabilidad, f. responsibility
responsable, responsible
restaurante, m. restaurant
retener, to retain
retroactivo, -a, retroactive
reunión, f. reunion
revelación, f. revelation
reventar, to burst
revista, f. magazine
revolución, f. revolution
revolucionario, -a, revolutionary
revolver, to mix
revuelto, scrambled; *huevos re-*
vueltos, scrambled eggs
ridículo, -a, ridiculous
río, m. river
rival, rival
robar, to steal, to rob
Roberto, Robert
robo, m. theft, robbery
rodar, to roll
rogar, to beg
rojo, -a, red
romántico, -a, romantic
romper, to tear, to break
ropa, f. clothes, clothing; *ropa in-*
terior, underwear
rosa, f. rose
rosario, m. rosary
rosbif, m. roast beef
rotación, f. rotation
rubio, -a, blond
ruborizarse, to blush
rueda, f. wheel

rumba, f. rumba
rumor, m. rumor
rural, rural
rústico, -a, rustic
rutina, f. routine

S

sábado, m. Saturday
sábanas, f. sheets
sabe, know, knows
saber, to know
sabía, I, you, he, she knew
sacado, -a, taken out
sacar, to take out
saco, m. suit jacket, sack
sacramento, m. sacrament
sacrificar, to sacrifice
sal, go out (intimate command)
sal, f. salt
sala, f. living room
salario, m. salary
salgo, I go out, leave (a place)
salir, to go out, to come out, to leave
(a place), to turn out
saltar, to jump
salud, f. health, to your health, God
bless you
saludar, to greet
saludo, m. greeting
salvación, f. salvation
salvar, to save
sandwich, m. sandwich
saqué, I took out
sarape, m. Mexican blanket
sarcástico, -a, sarcastic
sardina, f. sardine
sardónico, -a, sardonic
satánico, -a, satanic
satisfacción, f. satisfaction
satisfacer, to satisfy
saturación, f. saturation
saturar, to saturate
se, yourself, himself, herself, itself,
yourselves, themselves, to you, to
him, to her, to them, to it

sé, I know
secarse, to dry (yourself)
sección, f. section
secretaria, f. secretary
secretario, m. secretary
sector, m. sector
secundario, -a, secondary
sed, f. thirst; *tengo sed*, I'm thirsty
seda, f. silk
sedativo, m. sedative
seducción, f. seduction
segundo, m. second
segundo, -a, second (adj.)
seguro, sure
seis, six
seiscientos, six hundred
selección, f. selection
semana, f. week; *semana pasada*, last week
sembrar, to plant
seminario, m. seminary
señor, Mr., sir, gentleman
señorita, Miss, young girl
sensación, f. sensation
sensacional, sensational
sensual, sensual
sentar, to seat
sentarse, to sit down
sentimental, sentimental
sentir, to feel, to be sorry; *lo siento*, I'm sorry
separación, f. separation
separar, to separate
septiembre, m. September
séptimo, -a, seventh
ser, to be
serenidad, f. serenity
sermón, m. sermon
servicio, m. service
servilleta, f. napkin
servir, to serve
sesenta, sixty
sesión, f. session
setecientos, seven hundred
setenta, seventy
severidad, f. severity

sexto, -a, sixth
si, if
sí, yes
siempre, always
siéntese, sit down (command)
siete, seven
significancia, f. significance
significante, significant
silla, f. chair
sillón, m. armchair
simpático, -a, charming
simplicidad, f. simplicity
sinceridad, f. sincerity
sinfonía, f. symphony
sinfónico, -a, symphonic
singular, singular
sistema, m. system
situación, f. situation
situar, to situate
sobre, m. envelope; (prep.) over, above
sobrina, f. niece
sobrino, m. nephew
sociabilidad, f. sociability
sociable, sociable
social, social
socialista, m., f. socialist
sociedad, f. society
sociología, f. sociology
sofá, m. sofa
sol, m. sun
solitario, -a, solitary
solo, -a, alone
sólo, only (adv.)
solución, f. solution
soltar, to let loose
sombrero, m. hat
somos, we are
son, are
sonar, to sound
soñar, to dream
sonreírse, to smile
sopa, f. soup
sorprender, to surprise
sorpresa, f. surprise
sosegar, to calm. to quiet

sostener, to maintain, to sustain

soy, I am

su, your, his, her, their

suave, soft

subir, to go up, to climb, to get on

subirse, to get on, to climb, to get on vehicles

subscribir, to subscribe

subscripción, f. subscription

substancia, f. substance

substituir, to substitute

substituto, -a, substitute; *m.* substitute

substraer, to subtract

subversivo, -a, subversive

suegra, mother-in-law

suegro, father-in-law

sueldo, m. salary

suelto, m. loose change; *suelto,* I let loose

sueño, m. dream, sleepiness; *sueño,* I dream; *tengo sueño,* I'm sleepy

suerte, f. luck

suéter, m. sweater

suficiente, sufficient, enough

sufrido, suffered

sufriendo, suffering

sufrimiento, m. suffering

sufrir, to suffer

sugerir, to suggest

sumario, m. summary

supe, I knew, I found out

superficial, superficial

superintendente, m. superintendent

superior, superior

superlativo, superlative

superstición, f. superstition

supersticioso, -a, superstitious

suplementario, supplementary

suplemento, m. supplement

suplicar, to beg, to supplicate

suponer, to suppose

suposición, f. supposition

supuesto, supposed; *por supuesto,* of course

sur, south

susceptibilidad, f. susceptibility

susceptible, susceptible

suspender, to suspend

suyo, yours, his, hers, its

T

tabla, f. board

tacto, m. tact, touch

talón, m. heel, stub

tal vez, maybe

también, also, too

tan, so; *tan bonito,* so pretty

tangente, m. tangent

tangible, tangible

tango, m. tango

tanto, -a, so much

tantos, -as, so many

taquilla, f. box office

tarde, f. afternoon; *tarde,* late

tarjeta, f. card; *tarjeta postal,* post card

taxi, m. taxi

taza, f. cup; *una taza de café,* a cup of coffee

te, thee

té, m. tea

teatro, m. theater

técnico, -a, technical

tela, f. material, fabric

teléfono, m. telephone

telegrafista, m., f. telegraph operator

telegrama, m. telegram

televisión, f. television

temblar, to tremble

temer, to fear

temperamento, m. temperament

temperancia, f. temperance

temperatura, f. temperature

temporario, -a, temporary

temprano, early

ten, have, take (intimate)

tenacidad, f. tenacity

tendencia, f. tendency

tender, to hang out (clothes)

tenedor, m. fork
tener, to have; *tener que,* to have to
tengo, I have
tenis, m. tennis
tenor, m. tenor
tensión, f. tension
tentar, to tempt, to touch
tercer, third
tercero, -a, third
terminado, finished
terminal, terminal
terminar, to finish
terraza, f. porch, veranda
terrible, terrible
terror, m. terror
testamento, m. testament, will
teutónico, Teutonic
tía, f. aunt
tiempo, m. time; *a tiempo,* on time
tienda, f. store
tiene, have, has
tierra, f. earth
timbre, m. doorbell, buzzer
tinta, f. ink
tintorería, f. dyers, cleaners and dyers
tío, m. uncle
típico, -a, typical
tiro, m. shot, bullet
toalla, f. towel
tobillo, m. ankle
tocado, -a, played
tocando, playing (instrument)
tocar, to play (instrument), to ring, to knock on the door
tocino, m. bacon
todavía, still, yet
todo, everything; *todo, -a,* all, every
todos, -as, all, every; *todos los días,* every day
tolerable, tolerable
tolerancia, f. tolerance
tolerante, tolerant
tolerar, to tolerate
tomado, taken
tomando, taking

tomar, to take
Tomás, Thomas
tomate, m. tomato
tónico, m. tonic
tópico, m. topic
toqué, I played (an instrument), rang, knocked on the door
tortura, f. torture
tos, f. cough
tostado, -a, toasted
tostar, to toast
total, total
trabajado, worked
trabajando, working
trabajar, to work
trabajo, m. work
tracción, f. traction
tractor, m. tractor
tradición, f. tradition
tradicional, traditional
traducir, to translate
trae, bring, brings
traer, to bring, to wear
tráfico, m. traffic
trágico, -a, tragic
traiga, bring (command)
tráigamelo, bring it to me
traigo, I bring, wear
traje, m. suit
traje, I brought, wore
tranquilidad, f. tranquillity
tranquilo, -a, tranquil, peaceful
transacción, f. transaction
transatlántico, -a, transatlantic
transcripción, f. transcription
transformación, f. transformation
transformar, to transform
transitivo, transitive
transparente, transparent
transportación, f. transportation
transportar, to transport
tratar (de), to try (to)
travieso, -a, mischievous
trece, thirteen
treinta, thirty
tren, m. train

tres, three
trescientos, three hundred
tributario, m. tributary
tributo, m. tribute
trigonometría, f. trigonometry
trinidad, f. trinity
trío, m. trio
triste, sad
triunfar, to triumph
triunfo, m. triumph
trivial, trivial
tronar, to thunder
tropical, tropical
trópico, m. tropics
trueno, m. thunder
tú, thou
tu, your (thine)
tumor, m. tumor
turbulencia, f. turbulence
turista, m., f. tourist
tutor, m. tutor
tuve, I had

U

últimamente, lately
un, a, an
unanimidad, f. unanimity
unidad, f. unity, unit
universal, universal
universidad, f. university
uno, -a, one
unos, -as, some
urgencia, f. urgency
urgente, urgent
usar, to use
uso, m. the use
usted, you
ustedes, (pl.) you
utilidad, f. utility

V

va, go, goes
va a, you are going to—, he, she is going to—; are you going to—?
is he, she going to—? you go to —, he, she goes to—; do you go to—? does he, she go to—?
vaca, f. cow
vacación, f. vacation
vacilación, f. hesitation
vacilar, to hesitate
vainilla, f. vanilla
vale, it is worth, is it worth?
valor, m. value, bravery
vals, m. waltz
vámonos, let's go
vamos a, we are going to—, let's go to—
van a, you (pl.) are going to, are you (pl.) going to? they are going to, are they going to?
vapor, m. steam, vapor, steamship
variable, variable
variación, f. variation
variado, -a, varied
variar, to vary
variedad, f. variety
varios, -as, several
vaselina, f. vaseline
vaso, m. glass; *un vaso de leche,* a glass of milk
ve, see, sees
vé, go
veces, f. occasions, times; *unas veces,* sometimes; *dos veces,* two times, twice; *muchas veces,* many times, often
vecino, -a, neighbor
vegetación, f. vegetation
vehemencia, f. vehemence
vehemente, vehement
veinte, twenty
veinticinco, twenty-five
veinticuatro, twenty-four
veintidós, twenty-two
veintinueve, twenty-nine
veintiocho, twenty-eight
veintiséis, twenty-six
veintisiete, twenty-seven
veintitrés, twenty-three

veintiuno, twenty-one
velocidad, f. speed, velocity
ven, come (intimate)
vender, to sell
vendido, sold
vendiendo, selling
venerable, venerable
veneración, f. veneration
venga, come, come here
vengo, I come
venir, to come
ventana, f. window
ventilación, f. ventilation
ventilado, -a, ventilated
ventilador, m. ventilator, electric fan
ventilar, to ventilate
veo, I see
ver, to see
veracidad, f. veracity
verano, m. summer
verde, green
versatilidad, f. versatility
verse, to appear, to look (in appearance)
versión, f. version
vertical, vertical
vestido, m. dress
vestirse, to dress (yourself)
veterinario, m. veterinary
vez, f. occasion, time; *una vez,* once, one time; *tal vez,* maybe; *en vez de,* instead of; *otra vez,* again
ví, I saw
viajado, traveled
viajar, to travel
viaje, m. trip
viajero, -a, traveler
vibración, f. vibration
vibrar, to vibrate
vicio, m. vice
vicioso, -a, vicious
victorioso, -a, victorious
vida, f. life
viejo, -a, old

viendo, seeing
viene, come, comes, are coming, is coming
viento, m. wind
viernes, m. Friday
vieron, you (pl.) saw, they saw
vigilancia, f. vigilance
vigor, m. vigor
vigoroso, -a, vigorous
vimos, we saw
vine, I came
vió, you saw, he saw, she saw
violencia, f. violence
violeta, f. violet
violín, m. violin
violinista, m., f. violinist
virilidad, f. virility
virtuoso, -a, virtuous
virulencia, f. virulence
visibilidad, f. visibility
visible, visible
visión, f. vision
visionario, m. visionary
visita, f. visitor, (the) visit; *visitas, f.* visitors, company
visitando, visiting
visitar, to visit
vista, view
visto, seen
visual, visual
vital, vital
vitalidad, f. vitality
vitamina, f. vitamin
vivacidad, f. vivacity
vivido, lived
viviendo, living
vivir, to live
vocabulario, m. vocabulary
vocal, f. vowel; (adj.) vocal
volar, to fly
volcánico, -a, volcanic
volcar, to turn over, overturn
voluminoso, -a, voluminous
voluntario, m. volunteer, (adj.) voluntary

voluptuoso, -a, voluptuous

volver, to return, to do again; *volver
a ver,* to see again

volverse, to become

vota, he, she votes

votando, voting

votar, to vote

voto, m. vote

voy, I go, I'm going

voy a, I'm going to—

vuelo, m. flight; *vuelo,* I fly

vulnerable, vulnerable

Y

y, and

ya, now, already; *ya no,* no longer

yo, I

Z

zanahoria, f. carrot

zapatería, f. shoe store

zapatos, m. shoes

zoología, zoology

Index